ちくま文庫

五・一五事件

橘孝三郎と愛郷塾の軌跡

保阪正康

筑摩書房

目次

五・一五事件　橘孝三郎と愛郷塾の軌跡

まえがきにかえて

五・一五事件は陸上競技でいう〝三段跳び〟である。ホップ、ステップ、ジャンプで飛距離を競うあの三段跳びである。——こういう言いかたは短絡的すぎるという批判があるかもしれないが、私は五・一五事件を調べながらなんどかそんな思いをもった。

ホップというのは決行者であり、ステップというのは、当時の軍部と政党政治家が拮抗しながらも維持していた権力集団である。そしてジャンプは、公判での減刑嘆願書に殺到した人びとである。ではこの三段跳びをした〝正体〟は何だったかということになるが、それが「軍国主義」であり、「ファシズム」だったといえまいか。もちろんホップ、ステップ、ジャンプそれぞれの場面で、さまざまな人や集団がそのことを認識していたのではない。決行者のなかでも、軍人側は、軍縮条約に怒り政党政治に不満をもっていたのだろうし、民間側は農村の病弊を痛憤していたのだ。ステップのなかでも、軍部は政治的な野望を着々と実現させ、より強力な座を求めていた。政党政治家のなかにもその動きに同調する議員がふえていた。そこには〝五・一五事件〟を待望する素地があった。

そして事件後一年余を経てはじまった公判では、大衆はテロに反感をもちつつ、しだいに決行者の動機に共鳴していった。百万通に及ぶ減刑嘆願書、新聞・雑誌での被告を讃える記事、転向する無産政党、そんな事実がなによりもこのへんの事情をものがたっている。

三段跳びはホップとステップだけならファウルになる。聞くところによると、ジャンプしだいで飛距離がどのていど伸びるか決まるそうだが、五・一五事件もまったくそうだった。もしあれほどの減刑嘆願運動が起こらなかったら、五・一五事件は単なるテロ事件として人びとの嫌悪感のなかで消え去ったろう。事件が起こってから、公判が始まるまでに、いくら青年将校や国家主義団体が減刑嘆願の動きを起こしても、人びとが無視していた事実はそれを裏づける。それが公判の始まりとともに、なぜあのような異常ともいえる状態になったのだろうか。なぜあのように飛距離が伸びてしまったのだろうか。

こういう状態を単に〝大衆のファナチックさは作られたものだ〟と片づけるのは易《たやす》い。〝大衆を駆りたてる状況はつくられた〟というのも易い。だがたとえそうであっても、あれほど燃えあがるには原因があったにちがいない。それを私は知りたいと思った。それが否定されなければならぬものであるだけに知りたいと思った。だからもし私がこの時代に生を享け、すでに思考をもっていた世代であったとして、私は町内会や在郷軍人会がさしだす署名簿に決してサインをしないと言い切れるかどうか、そう考えつつ取材し本書を書いた。

さて、本書は五・一五事件を橘 孝三郎《たちばなこうざぶろう》と愛郷塾《あいきょうじゅく》の側から見たもので、その意味で「五・一五事件」というタイトルが必ずしもふさわしいとは思わない。公判で明らかになるように、決行者たちの思惑はさまざまである。さまざまであるけれども、多くの資料を読むと橘孝三郎の影響は相応にあったといえるだろう。農業恐慌下の農民と軍縮条約以後政党に不満をもつ青年将校との結合に、橘孝三郎が思想を注入したということができるのである。従って「(農業恐慌下で橘孝三郎と愛郷塾が参加した)五・一五事件(の意味とその社会的影響)」というのが、本書のタイトルの前後に付随することばである。話は前後するが、私が五・一五事件を書きたいと思ったのは、「農民決死隊」というのはどんな人たちだったのか、農本主義とはどんな思想なのか、なぜ新聞・雑誌はこの事件を同情的にとりあげたか、ということを知りたいと思ったからだった。私自身明治以後の日本人のつくる集団とはどんなものかという関心をもちつづけているし、それを愛郷塾をとおして書いてみたいとも思っていた。だが取材をし、いろいろな資料を読んでいるうちに、私の初めに考えていた主題はしだいに消えていき、橘孝三郎の軌跡がきわめてユニークなものであることに関心が移った。大正時代の橘は、武者小路実篤の「新しき村」と並び称された共同社会「兄弟村」をつくり柳宗悦《やなぎむねよし》と親しく交わり、むしろ人道主義者の系列にはいっていたのである。柳から教えられた木喰行道《もくじきぎょうどう》は彼の終生の師になっているともいう。

ところが国家主義者へとしだいに変貌していくのは、つまり昭和に入ってからの農業恐慌を媒介にしてだが、それは当時の青年将校やいわゆる民間右翼団体と比べると、まったく異質の思想といえた。実際に兄弟村の延長として愛郷会をつくり、〝流血は好まない〟とい改良運動をひとつずつ進め、それを短期間に捨てて国家主義運動へ近づいた故に、その思想にはいろいろなものが混合している。橘孝三郎について書かれた書は、橘の農本思想にひそむロマンチシズムを語る。だからそれが五・一五事件と結びつくとき、ある種のとまどいを覚えるとしている。

橘孝三郎が政治的領域への特質をもつ人間ではなく、むしろ宗教的、文化的な性向をもっていることがそうした疑問へのいとぐちである。大正時代にジェームスやベルグソンを読み、その神秘的な思想とプラグマティズム的萌芽の線上に「五・一五事件」はあった。きわめて宗教的なにおいを色濃くもつ指導者のもとに愛郷塾はあり、塾生たちの感性もあった。したがって、そういう人とその人に指導される集団にとって、五・一五事件は現実の政治的な事件というよりも、むしろ〝加担そのものが覚醒〟であるということが目的になっていったのは疑問の余地がない。そこに決行者たちの感性と減刑運動に殺到した人たちの感性とが交錯し、それがまた相乗作用を起こして増幅された。

――五・一五事件は三段跳びであるというのは、実は愛郷塾や橘孝三郎が考え行なった軌跡が、ちょうど太平洋戦争のなかにひそんでいた日本人的発想を七、八年も前に先どりしていたという意味もあるのだ。太平洋戦争の際に見られた国を挙げての神国不滅という発想は、すでに昭和初期の農本主義運動にある抽象的概念と軌を同じくしていることに気づいてくる。

五・一五事件は三段跳びだが、歴史のなかで五・一五事件もまた三段跳びのホップの役割を果たしていたことが、そんな視点からまた明らかになってくるのである。そしていま、昭和のある時代を支配した感性を凝視しておかなければならない。なぜならそれは常に回帰するものだからだ。

なお、本書は五・一五事件前後の橘孝三郎と愛郷塾と社会情勢をつづったものであって、事件後の橘孝三郎の著作物や五・一五事件と太平洋戦争がどう結びついていったかなどは対象にしていない。また文中の敬称はいっさい省略している。

プロローグ

超自然的啓示、霊感というものは本当に存在するのだろうか。神の啓示、霊感にうたれる、悟りをひらく、神秘的な経験——実際にそんなことがありうるのだろうか。思索や冥想や観想の涯《はて》に開ける世界、歴史上に残る人物の多くがそのような世界をみたという。開けた世界に見えた影、霊、そして声。彼らはそれに従い、考え、行動し、死んでいったという。ずばぬけた感性をもち、病的なまでの気質をもちあわせていた人間の、それは特権だったのだろうか。

橘孝三郎が超自然的な啓示を受けたのは、一度や二度のことではない。岐路に立ったとき、この啓示が彼に囁いた。いつもどんなときでも、彼はその囁きに従った。従うのが当然であるかのように……である。

その日、つまり厳密にいえば大正四年(一九一五)二月七日のことである。孝三郎は二カ月ぶりに本郷にある第一高等学校の正門をくぐった。故郷に帰っての二カ月の静養は、彼を精神的に落ち着かせていた。校舎の玄関まえに植えられているかんらんの樹、その枝はきれいに刈りこまれていて、半円形をえがいている。樹木にまでもこまごまとした配慮を与えるようになったのは、二年まえに校長を辞した新渡戸《にとべ》稲造《いなぞう》の教育方針のせいであった。花が好きな新渡戸は、とりわけ萩が好きで、私費で数百株の萩を求め、それを校庭に植えていた。このかんらんもまた新渡戸の愛でた花だった。——いく分落ち着きをとりもどしての帰京は、孝三郎を改めて感傷的にさせた。手にかかえた風呂敷包みを置くと、腕を伸ばし深呼吸をした。青い空、本郷の杜、そして正面に拡がる時計台。ひときわ高くそびえ、四方に時を告げる時計台。明治二十二年に新校舎の上に据えつけられた時計台。すでに二十五年にわたって一高生を受けいれ、送りだし、また受けいれてきた時計台。その時計台が、突然孝三郎の目にはぐらぐらと揺れた。見つめれば見つめるほどぐらぐらと揺れた。

　孝三郎はとまどった。逃がしてはいけないというように、目を据えた。だが、時計台は視覚に固定せず、それどころかやがて声をだした。地から湧きでる太い声、それがまた孝三郎の耳に聞えてくる。あのときと、二カ月まえのあのときと同じように、太い声は言葉になっていく。

「もうおまえには用がない……」

「ここはおまえには用がない……」

　言葉は孝三郎にまとわりついてくる。縄で身体が縛られるように、言葉が徐々に身体を縛りつけていく。しかし、その言葉は冷たく拒否するのではなく、暖かく優しくなだめるかのようにであった。そして、この啓示が彼の人生を変えた。

孝三郎が身体の異状に気がついたのは、二カ月ほどまえのことだった。

その日もいつものとおり、十時の消灯時間が過ぎても自習室にとじこもっていた。試験が近くなれば自習室では、ろうそくの炎を頼りに勉強する「ロー勉」が大はやりだが、中間試験を終えたそのころは、「ロー勉」組の寮生は少ない。……十一月の寒さが自習室を冷やす。とりわけ寒さが厳しい日だった。やがて疲れた目は活字をつかむことができなくなる。目を休めるためと、精神統一のために、孝三郎は冥想に入った。このころ孝三郎だけではなく、ガリ勉にあけくれる寮生たちは冥想に入る習慣を身につけていた。

手足が冷える。寒さが身体に響いてくる。手を擦りあわせてみる。ところが手足はなかなか暖まらない。いっこうに暖まらない。それどころか、かえって手足の感覚が薄れていく。孝三郎は起ちあがり、手足を伸ばし、縮め、また伸ばしてみる。しかし神経が切れたように、なんの感覚も伝わってこない。それどころか、さわってもつねっても感覚はない。おずおずと歩いてみるが、足には知覚がなかった。神経障害の病気にでもなったのだろうか、と孝三郎は思った。

孝三郎は自室に戻り、湯たんぽに湯を入れて暖めてみる。しかし手足にはなんの応答もない。初めて恐怖が広がった。

「死ぬのではないか、死ぬんではないだろうか。だめだ、だめだ。もうだめだ」そんなことを口走りながら、憑かれたように手足をつねり、指を曲げてみるが、意思はまったく無視された。柱に手足をぶつけてみる。痛いという感覚もなかった。やがて狂ったように、孝三郎は手足を柱にぶつけた。傷ができ血が吹きだした。それでもなんの感覚もなかった。目を覚ました寮生たちが、とび起きてきて孝三郎を抱きとめる。

「どうした、橘。どうしたんだ」

「橘君、橘君」

血だらけの手足には、相かわらずなんの感覚もなかった。孝三郎の訴えを聞いた友人たちは、並外れた勉強が、こうした症状を起こしたのだろうということを疑ってはいなかった。一人が心配そうに言う。

「橘君、最近岡田式静座法というのがあるんだけど、いっしょに行ってみんか」

この恐怖から逃れるためなら、どんなものでもいいと孝三郎はうなずいた。

毎週木曜日の夕刻、本郷区追分町の西教寺で静座法の講習会があった。農民の出で、アメリカへ行って放浪し、やがて哲学を学び、日本に帰り独得の静座法を見出したという岡田虎二郎は、この頃一般の人びとに救いの神のようにあがめられていた。精神疾患を癒す不思議な先生という評判は、安田財閥の安田善次郎の後援も得て、広く信者を集めていた。とくに社会主義思想から禅に傾いた木下尚江という同志を得てからは、静座の型も決まり、全国各地に信者を集めていた。岡田虎二郎側の資料によれば、坪内逍遥、島村抱月、石川啄木、中里介山なども、一時はその門をくぐり、木下尚江の紹介で晩年の田中正造も岡田の門をたたいたという。また生活綴り方運動の祖でもある芦田恵之助は、岡田の静座法で神経衰弱を克服したという。岡田虎二郎とは近代史のうえでどんな役割を果たした人物か。鶴見俊輔はいう。「……借物意識に悩みはじめた明治末期のインテリの心のすきまにのりこんで、新興宗教として流行した。輸入品の重荷によろめく自分の姿にみにくさを感じた知識人にとって、岡田式静座法は何か自分のしぜんのスタイルに根ざした生活美学をあたえた……」（『現代日本の思想』岩波新書）

岡田式静座法の真髄は簡単だった。足の甲を重ねて正座し、両手を軽く握りあわせて膝に置く。呼吸は共に鼻でする。息を吐くときに丹田（下腹部）に力を集中し、吸うときに丹田の力を緩める。丹田に力を凝縮するごとに精神を集中し、よけいなことは考えないようにするというのであった。孝三郎が本郷の西教寺に出席したころは、岡田はその神髄を説くだけで、実際の指導には弟子たちがあたった。出席者に学生が多いと見れば学問の話を、女性が多いと見れば女性の生き方を、そんな講話をして引きあげていくだけだった。たとえば、学生が多いとみたときは、こんな話をした。

「詰込主義の教育は学生を殺します。人間に内在する偉大な力、これが開発されれば、先生が一方的に知識を詰めこまなくても自分の力でどんどん勉強ができるようになります。学校の先生はこの根本の力を開発しようとしないで、ただ知識を少しずつ注入しようとします。鶏を小さな金網張り巣箱に閉じこめて、餌を間断なく食べさせ、短い月日の間に太らせるのがあります。食用のためだけのものですが、自然が要求する眠る時間も満足に与えずに食物を詰め込みます。こういう鶏は太って大きくなっても、時を告げることはできません。自然の霊能を失ってしまい、とんでもないときに鳴きます」

友人につれられて、孝三郎が西教寺に行った日、岡田虎二郎はやはりこんな話をした。そして、岡田に寄り添うようにして立っている幹部のなかに、孝三郎が書物のうえで師としていた木下尚江の姿があったのだ。……以来、学校で、寮で、図書館でしばしば静座を実行するようになった。手足の麻痺が和らぎ、知覚がもどってくるからだった。そのうち、孝三郎は奇妙なことに気づいた。手を組み、丹田に力を入れ精神統一をすると、身体が律動してくるのである。そして、「神田の神保町で火事がある」と具体的なことばを伝えるのである。静座法が流行しているといっても、寮生のなかにそこまで予知能力が備わった者はいない。彼らの驚きもさることながら、孝三郎自身も驚いた。

だが、傍目には孝三郎は異常に見えたにちがいない。痩せた身体は病人のそれであったし、食事の量ときたら幼児の量ほどだった。同室の友人たちは、ますます気味悪がった。三年間、図書館に通いつめている孤独な友人の変化を、ただ呆然と見守るだけであった。

最初の身体の異状から二週間ほどあとのことであろうか、やはり小一時間もまどろんだあとのことだった。孝三郎は身体が押しつけられるような苦しみを覚えた。まるで自分の身体であって、自分の身体でないようだった。孝三郎は起きあがった。誘われるように歩を進め、廊下を歩いて本館の教室に入った。椅子に坐り無意識に静座を組んだ。吸気と吐気を交互にくり返しながら、丹田に力を集中していった。しだいに孝三郎は、冥想の世界へ入った。どれほど経たのか、突然「デカンショ節」が聞えてきた。酔った寮生が、放歌しながら部屋に帰るのであろう。孝三郎はその声を手で払いのけた。

そのときだった。急に恐怖が襲って身体がふるえた。それが合図でもあるかのように腹の底から声が聞えてきた。声はふたつにわかれていて、問答を始める。問答は「あなた」と「わたし」に分かれていて、「わたし」は、どこか恐ろしい所に自分は進んでいくのではないかと言っているようであり、「あなた」は、そこへ進んでいこうと言っているように思えた。「あなた」と「わたし」は、だんだんと弱まっていき、やがて声は重なった。「あなた」と「わたし」が合致したとでもいうのだろうか、声はひとつになった。ひとつになったその声が、孝三郎に強く囁きかけてきた。精神統一の涯に、なにもなくなった涯に、ひとつになった声は孝三郎を責め、さいなみ、やがて強く命令した。どのくらい経ってか、孝三郎が気がついたとき、押しつけるようなあの感じはなくなっていた。手足にも知覚がもどっていた。

この経験のあと、孝三郎の生活は徐々に変わっていった。二年半にわたって潜在化していた「一高なんかなんだ」「真理に生きる自分には、名誉栄達の肩書きなんかいらない」「山の手の門構えの家に住む大学教授だけが自分の生きる道ではない」という意識が、顕在化しはじめたのである。真理を追求して生きぬくという道と、一高から東京帝大に進み栄達を目ざす道とが、所詮はかみ合わぬ道であるということを、この経験によって孝三郎ははっきりと自覚した。

友人たちにすれば、あれほど本の虫だった孝三郎が、本を閉じ授業にもでないで自室で座禅を組むのは理解できないことだった。寮監の勧めもあり、孝三郎は同室の友人に連れられて、静養のために水戸に帰った。水戸に帰っても、孝三郎は座禅を組んで冥想にふけっていた。そのあと急に布団を重ねて、その上に乗り、まるで馬にでも乗っているかのように鞭をあてる真似をした。こういう奇行に、家族は困惑したように孝三郎を見つめるだけだったが、父母は「もう一度一高にもどりたければもどりなさい」と言い、ことあるごとに「心配することはない。なにも心配することはないぞ」と励ました。そうした環境で、孝三郎はしだいに落ち着きをとりもどした。落ち着いてはいったが水戸中学時代からの八年間近い哲学書の読破は、孝三郎にはっきりと人間の生き方や社会のあり方にたいする考えを植えつけていた。それを簡単に捨てるふんぎりはつかなかった。

倉田百三と並んで校友会誌や文芸部の機関誌に意見を発表して、一高生たちにそれなりに影響を与えていた孝三郎には、寮生たちの早く学校に帰ってこいという呼びかけもあった。家族や友人たちの期待にこたえよう……孝三郎はそう決意すると、また水戸から東京に出た。トルストイやミレーのように、あるいは徳冨蘆花のように自分に忠実に生きなければならない、いやそう生きるのだという、彼の本心の叫びをふりきるようにして、また一高にもどることにしたのだった。

だが、それは孝三郎にとって許せぬ偽善の道だった。いま一高のまえに立った孝三郎に、あれほど通いつめた図書館の上にある時計台が、すべて見ぬいているかのように、

「もうおまえには用がない」

と叫んでいるのだった。「確かにそうだ、そうなんだ。おれにはもう用がないんだ」と彼はつぶやきつづけるだけだった。

この日、孝三郎は躊躇なく退学届をだした。その足で東京美術学校に行っている林正三を訪ねた。正三は水戸中学時代の後輩で、一高時代の孝三郎は正三を訪ね、おたがいの専攻の知識を交換していた。孝三郎が神経質に思索を続けるタイプとすれば、正三は柔和で静物画を描くのが好きな円満なタイプの画学生だった。のちに兄弟村をつくり、愛郷会へと発展していくなかで、正三は孝三郎の傍にいて一貫して孝三郎を認めていたのである。

このとき、正三もまた、久しぶりに見る孝三郎に驚いた。目を光らせ、服装の乱れもかまわずにまくしたてるその姿は、正三には別人のようにさえ思えた。孝三郎は「名誉とか地位やお金などの物質を求めてはならぬ、真に生きるということは神の下僕になって生きることだ、神の意思に従って生きることだ、ぼくは今日学校はやめた、もう学校に行かない、これからは現世の一時的なものは求めぬ」とまくしたてた。正三に相づちをうつ間も与えず、孝三郎はしゃべり続けた。

孝三郎が上野を発つ日、駅には三十人ほどの同級生が見送りに来た。

「おれは筑波山のむこうで百姓をする。ぜひ遊びに来てくれ。待っているぞ」

友人たちはうなずき、一高の寮歌を歌って送った。だが友人たちの表情は複雑だった。黙っていればあと半年で卒業だ。秋には帝大生じゃないか。なにも好き好んで百姓になることはないじゃないか。そんな囁きをもらす者はなかったが、のどまでそうしたことばがでかかっているにちがいなかった。一高の校友会誌（大正四年二月号）の編集後記は「彼は学校の点取り労働を蹴飛して、筑波山の向うで百姓をやるといつて、敢然退学していつた」と書き、彼の勇気に敬意を表した。将来を約束されている一高生にとって、自らその道を断ちきるというのは、やはり勇気以外のなにものでもなかったのだ。

孝三郎が二十二歳になってまもなくのころである。

Ⅰ　一高を去る

1　幼年時代

橘孝三郎は、明治二十六年三月十八日、茨城県水戸市上市馬口労町二丁目で生まれた。父市五郎、母もんの三男である。長男鉄太郎は十二歳上、次兄徳次郎が三歳上で、そのほか姉が二人、妹が三人いた。

馬口労町というのは、馬喰町と書いた時代もあるほどで、その名のとおり、正保年間に人家が建ち町らしくなり、ここにまず馬市がたったためである。維新前にはさまざまな店が並ぶまでになり、城下第一の問屋町として栄えた。橘家は安永六年にここに店を構えた橋屋奥衛門の流れを汲むという。孝三郎の祖父祖兵衛は水戸藩の足軽にとりたてられたというが、維新後は染物に手をだし、性来豪気で商才にたけていて、店はたちまちのうちに大きくなった。なにより、水戸で一軒という紺屋業だけに広く顧客をもつことができたためだった。そのいっぽうで、近在の山林も手に入れ、市内でも有数の資産家となる。祖兵衛のあとを継いだ市五郎は、熱心に紺屋業に励み、ときおり農業にも手をだした。紺屋業は農閑期に忙しく、農繁期には暇になるからだった。孝三郎が生まれた頃、橘家で使う野菜は、ほとんどが家人が畑から採ったものであり、また、倉には米が二年から三年分もあった。味噌や醤油、木炭などもたっぷり貯えられていた。食糧の保存というのは、のちの彼の理論の断面をあらわすものだった。

幼年時の孝三郎は、経済的にはなんの心配もない環境で育った。だが、家内手工業の色彩の強い紺屋業は、一面子供に手をかけていられないほどの多忙さもある。「孝、孝《こう》」と呼ばれてかわいがられはしたが、甘えたりすねたりという感情を充分に楽しんだのではない。そうした感情は、母方の祖父の家へ行くことで解消したといえるだろう。かつては庄屋を務めていた祖父綿引馬之丞は漢学の素養があった。正坐してじっと聞いている孝三郎に、馬之丞は「孝、わかるかのう」と言いながら目を細めて論語を話した。

明治三十二年四月、水戸市立第二尋常小学校に入学する。成績はよかったが優等生というわけではなかった。操行の点数が悪かったからだ。いっぱしの親分肌を発揮し、子分を引きつれて歩いた。しかしそんな行動に飽くと馬之丞の家に行った。そこでは昔の中国の勇士たちの話が聞けるからだった。諸葛孔明——「出師表《すいしのひょう》」を奉り、漢中に出陣し、魏と戦ったというその話は、とくに孝三郎の記憶に残った。餓鬼大将ではあったが、祖父の熱心な話に耳を傾ける平凡な少年時代であったといえようか……。明治三十九年九月、水戸中学に入学する。中学に入ると、孝三郎の生き方には、はっきりと二つの道ができあがる。ひとつは徹底した読書生活だった。彼はよく本を読んだ。恵まれていた経済生活が、彼の希望するとおりの本を容易に買ってくれたせいもあるが、この道は、また祖父の論語に耳を傾ける延長線上にあった。

大西祝《はじめ》を読み、高山樗牛《ちょぎゅう》を読んだ。高山樗牛を読みこなす者が、「ひとりの天才のためには万人が犠牲になってもいいのだ」と豪語する時代である。周囲がそこまで陶酔しているとき、彼自身はそういうかたちの陶酔はなかったという。「中央公論」「早稲田文学」に触発されて、ロシア文学も読んだ。トルストイ、ツルゲーネフを英訳で読んだが、こみいった話の展開には、どうしても関心がわかなかった。

そして、文学はつまらないとニーチェにはじまる哲学書を読み耽るようになる。いっぽうでは四年生になって間もなく、社会主義思想に目ざめている先輩から、木下尚江の話を聞いた。「平民社ではこの日露戦争に反対している」「戦争はどんなばあいも人間性に反する」――そういう考えを聞き、孝三郎は木下尚江の著作物を漁《あさ》っては読んだ。彼の論は、いつでもどこでも実に明快に事物や現象を分析していると思ったからでもある。ちょうど東京日日新聞には、「火の柱」が連載されていたころである。

孝三郎の中学時代のもうひとつの道は、スポーツに力を入れたことであった。二年、三年のときには、ボート部や野球部にはいっている。身体は小さく痩せていて、スポーツに不向きではあったから、運動部のマネジャーをした。それは餓鬼大将の系譜につながるものであったろう。

野球部では選手の面倒をよくみた。孝三郎が二年生の時、五年生に飛田穂洲《とびたすいしゅう》がいた。大きな身体で校内をのっしのっし歩く飛田は、野球部の名物男だったし、日本でもっとも強いといわれていた慶応中学を破って以来、〝水中の飛田〟は日本中に知れ渡っていた。孝三郎はそういう野球部員をまとめるマネジャーだった。ボート部では、コックスだった。ひと回りも大きい同級生を相手に、「右」とか「ピッチ43」とか、その状況に応じて機敏に命令をだすのは、孝三郎を満足させた。しかも練習が終わると、不自由しない小遣いを気前よくつかって、たらふく食べさせたから、彼は名マネジャー、名コックスとして部員たちの人気を集めた。試験前になると決まって、自宅に呼び集めては試験勉強の手助けをした。学年が進むにつれ、学校のなかでもバンカラグループの統領として一目置かれる存在になったのである。

二つの道――を着実に進んでいた孝三郎だが、学校の授業にはほとんどでなかった。教師の知識を凌駕すれば、なにも教わる必要はないのだとばかりに、図書館にばかり出入りしていた。したがって欠席日数は多かったが、成績は常に二十番あたりにいた。毎朝校門の前でくるりと向きを変えると水戸城の近くにある図書館に駆け込んだ。教師の知識をのり越えるには、英語を読みこなせることが必要なのだと感じていたからだ。三年生になると、図書館に行って、英語の勉強をただ一人続けるようになった。それはいちど自分で決めたら、とことんまでやりぬくという彼の性格がよりはっきりと固まっていく徴候であった。

図書館には「ジャパンタイムス」が置いてある。当時、水戸市内では県立図書館にしか、その新聞はない。初め彼はジャパンタイムスの一面を半日かけて読んだ。辞書をもたずに、直読直解しようと、わからなくても意味をさぐった。何カ月か経つと、読んだだけで意味がわかるようになった。新聞はふつうの参考書とちがって、昨日、今日の動きを伝えているから、読んでもなんとか意味をさぐることができた。やがて孝三郎は一年もすると目で追いながら意味がわかるようになった。家に揃えたウェブスター大辞典で、さらに意味を調べるから、彼の独学は完全に成功した。英語がどうにか読みこなせるようになってから、時折り孝三郎は授業にでた。教師の誤りも指摘できるようになったが、教師は困惑して孝三郎の意見に同意したという。英語や漢学だけではなく、他の学科も原書で勉強するようになった頃には、教師のほうもまた、孝三郎に近づいて追従することがあった。たとえばある教師は孝三郎がウェブスターをもっていると聞き、驚嘆しその借用を願いでてくることさえあった。欠席日数が多いとはいえ、こんなうるさい生徒を落第させると大変だとでも考えたのだろうし、ウェブスターを揃えている生徒などいなかったから珍重されもしたのだ。孝三郎は二年から三年へ、三年から四年へと順調に進級することができた。

このころの水戸中学は、校紀が紊乱《びんらん》していると県の教育界では問題になっていた。生徒が集団で水戸の街で大声をあげて騒いだり、校内でも教師が生徒に袋だたきにあったり……。それは世界への窓を開いてから三十年を経て日本の社会の構造が、急激な西洋化のもとで揺れだしたことの反映なのかもしれない。このころの中学生の父親は、維新前後を見た。それが息子に受け継がれ、ある者は欧化主義の教育に反感をもち、教師に食ってかかったりしていた時代だった。あるいはその五十年前には、彼ら中学生の実家は士族や地主であったから、刀をさげて水戸藩に仕えている人生があったに違いない。しかも中学に進むのは、いわばエリートだったから、「俺たちはなにをやってもいいのだ」という特権意識もあったためだった。

茨城県当局は、文部省と相談のうえ、仙台の第二高等学校の校長菊池謙二郎を招請することになった。菊池は水戸中学の出身で、東京帝国大学国史科を卒業してからは、山口高等学校長、岡山県立津山中学校長、千葉中学校長を経て、二高の校長、さらには東亜同文書院監督兼教頭などを歴任していた。当時四十三歳の少壮の教育者である。菊池は明治四十三年、水戸中学の校長に赴任するや、「成績如何に拘わらず授業全時間の三分の一以上を休んだ者は落第」「風紀を紊《みだ》す不良学生は落第」という方針を発表した。孝三郎はこの方針が発表された頃、水戸中学の五年生だった。成績は二十番ていどだったが、五年生になればどんな成績の悪い学生でも落第させないというのが、いわば鉄則のようなものである。孝三郎は悠然とかまえ、卒業したらどこの大学に進もうか、早稲田の文科にでも入ろうか、とのんびりと考えていた。

ところが、その考えはまったく甘かった。

――橘孝三郎は言っている。

「その方針に最初にひっかかったのが、わしだった。半分くらい休んでいた。そうすると、わしが落第したのを機に一年生、二年生でもわしの仲間と覚しき連中は、皆落第してしまった。日頃からマークしていたんだな。ところが落第させられた奴は怒って、夜、学校に殴りこんだ。なかにはドスを懐にいれている奴もいた。それで学校に殴りこんだ。酒くらっている奴もいた。博物の教師の面当てに、その剝製を堀のなかに投げこんだ。柔道の教師が憎まれていたが、この野郎とばかりに、畳全部を外に放り投げた。それから木馬をひっくり返した。なかにはひどい奴もいたものだ、酔った勢いで鉄棒をひっこぬいた者もいたくらいだ。それが新聞にでた。社会問題になった。その親方がわしだといわれた。放校だといった。わしはそんなつまらぬことはしないのだが……」

2 〝愛〟の自覚

口ひげを生やした菊池は、間近で見ると意外に柔和な顔をしていると孝三郎は思った。のちに自由主義教育を鼓吹《こすい》したとして、文部省と衝突する菊池は、大物校長でもあったろうが、筋をとおす教育者だった。

「君は図書館にばかりいってるそうだね」

面罵されると思っていた孝三郎は、その問いにとまどった。「はい」とうなずくほかはなかった。

「そんなに本を読むのが好きかね」

「はい」

「なにを読んでいるんだね」

「ジャパンタイムスを読んでいます」

「はい、英語をマスターしたいと思って」

こんな会話がきっかけになって、孝三郎は、大西祝の西洋哲学史や姉崎正治を読んでいることを菊池に話した。樗牛からニーチェを知り、ショーペンハウエルに関心をもっているとその読書傾向を話しているうちに、菊池はこのいく分ませた生徒に関心を示して、また熱心に孝三郎を説いた。菊池は東京帝大時代に、正岡子規や夏目漱石と同級でこの頃も親交があった。そうした交流と自らの長い教師生活の体験からか、孝三郎に何か事を成す人物という考えをもったようだった。そしてこの邂逅は、それから二十年以上にわたってつづくふたりの関係の始まりとなった。教師と生徒の関係が、愛郷会の顧問と塾長という関係に、また片や国事犯として獄舎に囚われの身となったとき、片や代議士の経験をもつ水戸学の権威となってつづいた。菊池は、孝三郎の変貌を一貫して見つめていたが、実践運動への傾斜が深まると激しく戒めた。だから孝三郎もまた師のまえでは、その傾斜を見せはしなかったのである。

……孝三郎が校長に呼ばれたと知った下級生たちが、彼の家に集まってきた。自分たちの非を認めないで、一方的に学校側を責める青年期特有のあの厭らしさが、たちまち孝三郎を包んだ。「学校騒動を起そう」「知事の所に行って菊池を辞めさせるんだ」——。その罵りは際限なかった。が、孝三郎はそれに同調せず、いやむしろ押さえる側に回りながら、まったく別のことを考えていた。「菊池謙二郎はそのへんのふわふわした教師とはちとわけがちがう。菊池校長こそ本当の教育者なんだ」

春休みに入る前、もういちど孝三郎は菊池に呼ばれた。校長室に入るなり、菊池は、こんどの事件で君が関係していないのはわかった、と言ってから、

「しかし学校のルールは守ってもらわなくちゃいかん。君は半分ちかく学校を休んでいる。これではどうにもならん。落第をさせることは変えない。ただし、もういちど五年生をやらなくてもいい。成績は卒業してもおかしくはないのだから、要は君の真面目になった態度を確認できればいい。一学期だけ学校に通学するように」

とつけ加えた。

しかし孝三郎には落第というのは、大きな衝撃だった。傍若無人にふるまっていた孝三郎に初めてくだされた制裁だった。

自宅に帰ると、離れから母家へはでていかなかった。父や母に合わせる顔がない。かてて加えて、兄や姉、そして妹たちにもどんな申し開きもできないのだから、黙って終日うちひしがれていた。家中でいちばん頭のいいのは自分だなどと自惚《うぬぼ》れていた元気もなくなった。妹が食事を運んで、こっそり顔をうかがうように、覗き見ていった。離れに閉じこもって一週間も経ってから、ある晩、ふすま越しに「孝」という声が聞えた。母親のもんだった。言葉もなく孝三郎はうつむいていた。もんは六畳間に入ってくると、炉《いろり》をはさん

で向い側に坐った。坐ったきりなにもいわなかった。いつまでたってもなにもいわなかった。孝三郎は炉に足をいれたまま、罵倒や叱責を覚悟していた。朝、弁当を入れてもってきても、いちども母親のいうとおり学校に行ったことはない。そんなことが改めて孝三郎を責めた。盗み見るように目を上げた。もんの目はじっと孝三郎にそそがれていて、涙がこぼれていた。孝三郎は一言も発することができず、心のなかで〈すまない、すまない〉と詫び続けた。もんには、今回の事件に自分はからんでいないということも説明していない。それを言って安心させることもなんの意味もない。孝三郎は化石のように、じっとうなだれるだけだった。

やがて立ちあがりふすまを閉めて出て行った。そのうしろ姿を見たとき、孝三郎は〈罪〉ということばを思いだしていた。母の〝まごころ〟に叛いた自分の〈罪〉――。「落第するようなおまえは、これからどうなるんだろう」という無言の問いに、〈すまない〉と詫びなければならない〈罪〉。もんが一言も発しなかっただけに孝三郎は自らを責めたてた。すべての思想の底に、家族の〝愛〟をおく、孝三郎の自立のはじまりだった。

母親の責めに応える道は何か。そして父親の期待に応える道は何か。

模索したあとに、孝三郎がたどりついたのは、天下の秀才が集まる第一高等学校に入学することだった。母親の「この子は将来どうなるんだろう」という不安に応えるため一高から東京帝大に進むエリートコース、父親の言う「十五円を毎月送ってくれる生活」をするためには大学教授、山の手の門がまえの家庭をもつ生活、そして自分のために好きな本を読み研究を続けることができる学者、これはすべての条件を満たすものであった。この条件を満たすためには、まず一高に入学することではないか。

学校が始まった。孝三郎は進級してきた下級生にまじって、授業を受けた。かつてのように授業中も小説や英語の原書を広げるということはなくなり、ひたすら勉強にいそしんだ。図書館に通うのは、学校の休みの日か授業を終えてからだった。一学期も終わりに近づくと、菊池は孝三郎に言った。

「君はもう学校にこなくていい。来年の七月には卒業させよう。これからは受験勉強でもすることだ。ところで文科に進みたいというのは、かわらんかね」

「ええ、自分としては文科に進み、哲学をやるつもりでいます」

ちょっと残念そうな表情を菊池は見せた。一高に行くのなら、文科ではなく法科に進めと誘っていたからだった。

「橘、これからは法科の時代だ。日本はいままで世界に目を開いていなかったから、まだ遅れたところが多い。これからりっぱな国家となるために、日本は法律がしっかりしていかなければならん。西園寺《さいおんじ》公爵などもそうしたことに力をいれている。どうだ法科に進んでみたら……。君は法科から政治家になったほうがいいようだ。加藤高明《たかし》や原敬のような大政治家になれる。君ならなれる」

原敬のような大政治家に君ならなれる――この言葉は孝三郎の胸にいつまでも残った。

このころの原敬は西園寺内閣のもとで、内相をつとめ、将来の宰相まちがいなしという政治家だった。しかし、孝三郎は政治そのものに、たいした興味はもっていなかった。人間は自分の進みたい道を進むべきであろうが、それは当人と周囲との相互関係において考えられるべきで、自分はせっかく見つけた自分の夢を、原敬ではなく、菊池が折りにふれ、孝三郎に語ってくれる夏目漱石の世界のほうに託する気持が強かった。孝三郎のその志向は、政治の世界の論理とはまったく相反するものであった。自らの世界にとじこもる人間が、どうして人を指導したり動かしたりする政治という化け物に向いているだろうか。孝三郎は菊池の勧めにもかかわらず法科に進む気持はまったくなかったが、自分の性質のなかに原敬に匹敵するほどの性質があることを、多くの人間を見てきたはずの菊池が見抜いていたことを、のちにしばしば思いだし、そのことに自信をもった。

校長の許可もあり、孝三郎は二度目の五年生生活の大半を読書と受験勉強ですごすことになった。明けて明治四十五年、孝三郎は十九歳になった。六月に入ってから、孝三郎は東京に出ることにした。本格的に予備校に通い、受験勉強に力を入れることにしたのだ。

「そして東京にでていった。暗い話だ。貧民窟に入った。子供のころ、隣に住んでいた人がいた。その人が株で失敗して貧民窟にいた。ぜひ来てくれというので行った。行っておどろいた。あまりの悲惨さにおどろいた。生活のことが、そのときやっとわかった。わしのばあいは非常に恵まれていたんだ。わしの家は用心がよかった。米、みそ、木炭がいつも備わっていた。そんなこと当たりまえだった。粗食だったが健康だった。これは天国だったのだ。賀川豊彦が『死線を越えて』を書いたが、あの内容がよくわかった」
「……勉強はよくした。早稲田の予備校に赤坂から小石川まで歩いた。電車に乗るのが嫌いだった。歩いちゃった。猛烈だ。だんだん馬鹿くさくなってきたが、辞書を見ながら歩いた。それから人力車に乗るようになった。赤坂から人力車で通った。人力車の上で歴史、地理を勉強した。数学と英語だけを（重点的に）やった。国語も文法なんかみやしない。車の上で勉強した。そのうちから三題でた。運がいい。おれは試験に強い男だった。必ず一発で当てた。数学は答案を見て、すぐにわかった。十五分くらいでできた。英語なんか全部わかった。和文英訳は四題のうち三題は（聞取り不明）からでた。すらすらだった。文法なんか真面目にやれば一番だったろう」

こうして大正元年九月、第一高等学校文科哲学科に入学した。当時、一高には推薦入学制があり、文科には三、四人が推薦入学で入ってくるのが慣習だった。彼らは自動的に上位にランクづけされるが、それでも孝三郎は七番の成績だった。人力車の上で開いていた参考書のなかから数多く出題されるという幸運があったにしても、その成績は落第を機に奮起して、受験勉強に励んだ結果としては、申し分なかった。

母親への期待に応えると同時に、父への孝行を果たせる第一歩でもあり、そして自ら真理の世界を知りたい、その三つを見透した涯に広がる「山の手の門がまえの大学教授宅」

の実現に、こうして彼は第一歩を踏みだした。

3 立身出世主義

明治七年十二月に設立された東京英語学校が、第一高等学校の前身である。明治二十六年に高等学校令が公布され、専門学問をさずけることを目的に、いわば高等学校教育の質的向上を狙ったものであったが、その実帝国大学の基礎教育機関である。第一高等学校は、東京帝国大学の教養課程のようなもので、在校生はよほどの事情がない限り、そのまま帝大に入学することができた。

孝三郎が入学した年、最上級生にはのちに日本の各界で活躍する人たちが目白押しに並んでいた。作家の芥川龍之介、久米正雄、菊池寛、藤森成吉、さらには実業界の秦豊吉、渋沢秀雄、学者の矢内原《やないはら》忠雄らがいた。校長は新渡戸稲造だったが、新渡戸は当時五十一歳、札幌農学校での教壇生活をふりだしに多くの若人を育てたが、とくに第一高等学校の校長になってからは、ともすれば日露戦争のあと広まった粗暴な風潮が学生にはねかえってくるのを恐れ、キリスト教精神に裏打ちされた人格主義・理想主義教育を唱え、またそれを実践した。

孝三郎は、寮に入ってからは、しばらくは学校の規則に従い、授業にもでた。一高の規則では、全授業時間の三分の一までは、欠席しても留年をさせないということになっていたが、孝三郎は中学時代とは逆によく授業に出た。半年もでたあとだろうか、孝三郎にまたぞろ反感が浮んできた。教師は、要するに、われわれよりいく分多く本を読んでいるにすぎないのだ、なにも授業にでることはない、と思うようになった。それなら図書館に行って本を読めばいいのじゃないか――。それは、水戸中学で授業にでないときの孝三郎の考え方そのままであった。教師は知識を出し惜しみするのか、あるいは不勉強なのか、いつもノートを見て話すだけだ。授業を受ける生徒や寮で勉強ばかりしている生徒たちのほうに、優秀な生徒が多いようにさえ孝三郎には見えた。とくに哲学科には、そんな生徒が多かった。彼らは、すでに故郷では神童と噂されていて、明らかに特異児童としての体験をもっているようだった。ドイツ観念論を完全に読みこなしていて、寮でのたまの茶話会では「デカルトがどうの……」とか「カントが……」とか、受験勉強を終えてのんびりと一高に入ってきた連中には、別世界の知識をいとも簡単に披瀝して煙に巻いている者もいる。孝三郎は、中学時代から折りにふれ読んでいたドイツ観念論の知識をもってはいたが、二、三人の驚くべき生徒たちにはやはり脱帽した。

半面、当時の一高生には、立身出世主義の亡者になっている者も多かった。事実一高から東京帝大に進み、官庁にでも入れば、その将来は保証されている。東京帝大に、日本が近代国家になるための人材養成機関としての役割があった以上、末は博士か大臣かという言葉どおり、学者か役人になり、それから政治家になるという人生の目標は、青年たちの学問への意欲をかきたてるという役目も果していたのだ。学生の半分以上は平民であり、士族もまたいたが、卒業証書にまで平民、士族が記入されるその頃は、一高、東京帝大を出て立身出世をしていくことは、肉親だけではなく、故郷の栄誉も担っていた。しかし当時の一高生が思惟、思索の面で、日本の青年の代表的な存在であることも確かだった。

当時の知識人がその知識を理解してもらう場として、一高は恰好の場でもあった。たとえば明治四十四年二月には、『自然と人生』『不如帰《ほととぎす》』などを発表し、すでに売りだし中の新進作家徳冨蘆花が一高を訪れ講演したが、「謀叛論」と題したその講演は、痛烈な現状批判であった。武蔵野の岡に吉田松陰と井伊直弼が眠っている、安政の大獄で井伊は松陰を死罪にした、しかし謀叛人の松陰は国士と神社に祭られたが、井伊の墓を訪れるものはいまはいない、明治維新で六十余州の封建諸侯は天皇のもとに統一された、そしてキリスト教徒の私は天帝のもとに統一されることを信じる、そのとき維新前の謀叛人が国士となったように、反逆者幸徳秋水が国士となるだろうことを誰が否定できようか、人間の価値は現世の業績で定まるものではないし、死後に定まるものでもない、それを決定するのは、ただ神の審判のみ——という蘆花の話を理解することができ、それにまた拍手をするだけの勇気をもっていたのも一高生だったのだ。巷の隅でひそひそ話をするように、大逆事件の暗黒裁判が語られている時代に、そして「主義者」という伝染病の病人がいると考えるような多くの大衆が、蘆花の話を聞いたら精神に異常をきたしたのではと離れていくに違いない時代に、一高の校風にはそれを充分理解し、許容する雰囲気が確かにあったのだ。

孝三郎は、一高の雰囲気に、というより教師の授業にあき足りぬ気持をもってからは、自習室に行ったり、図書館に行くようになった。所詮は、勉強は一人でやらなければならぬものなのだ、という悟りにも似た気持をもち始めてからは、なんでも点数主義の席順争いをする一高よりは、比較的解放的といわれる早稲田にでも入ってゆっくり勉強したほうがいいのではないか、と考えるようにもなった。いちど決断するとがむしゃらにやりぬく孝三郎は、一日つぶして戸塚の早稲田に行った。学務課の窓から身をのりだした職員は、一高生が早稲田に転校してくるなんてそんなことはありえない、という目で見つめて「なにもうちにくることはありませんよ、一高で勉強しなさい、一高で」と冷たくつき離した。その目は怪訝そのものであった。職員が不審な目で見つめたのは、まったく理由がないことではない。将来の保証された生活を捨てて、早稲田に入れば、末はどうなるのかという不安で社会に送りだされる。職員が、まだ世の中を知らない少年が、一時的な思いつきで学務課を訪れたのを軽く諫《いさ》めたのは、当時の時代風潮をはっきりと物語っていたのだ。

自分で勉強するということは、語学をマスターし、そのうえで原典に触れることだと考えている孝三郎は、水戸中学時代に英語を覚えた要領でドイツ語とフランス語を学ぶことに決めた。一年生の二学期からは、彼は自分で自分を御するカリキュラムをつくった。憑かれたように勉強する日常生活がこうしてはじまった。

朝五時に起きる。まだ熟睡している同室の友人の枕元を歩いて自習室に降りていく。朝八時から始まる授業時間、そのまえに開く食堂には寮生が七時半頃から集まり食事をする。

孝三郎は、自習室から洗面所に寄り顔を洗い、そして食堂で食事をする。そのまま図書館へ走る。昼食はまた食堂へ行き、すぐに図書館に帰る。そして、夕食まで勉強する。それから寮生のほとんどがそうするように、散歩に出る。二、三人が雑談しながらマントをひるがえして散歩する姿は、本郷界隈の名物にもなっていた。興がのると寮歌である「嗚呼玉杯に花うけて」を歌いだす。しかし、孝三郎はひとりで、上野に出て帝国大学の裏をとおり、細い道を幾つか歩き、せんべい屋の前をとおる。せんべい屋の前で、器用にせんべいをつくる職人をガラス越しに見つめて、それから正門に帰り図書館に入る。図書館は九時に閉館になる。それからは自習室に入り、十時の消灯をすぎると、ローソクをつけ、いわゆるロー勉に入るのだ。午前一時まで、勉強し、それから五時まで眠る。ときに、午前二時まで自習室にとじこもることもあった。

授業にでるときは、始業のベルが鳴ってから、十分ほど経って教室に走ってゆく。十分というのは、教師がちょうどそのくらいたってから、教室に入ってくるからだった。いちばんうしろに坐り、どんな授業であっても、彼は自分のカリキュラムで勉強に励んだ。授業が終わると、また図書館に走っていく。十分の休みとさらに教師が入ってくるまでの十分間、計二十分間の時間も惜しかったのである。

このスケジュールが、以後孝三郎の二年半をしばった。同級生たちが語らいを通じて、垣間見ていく社会にたいしてそれぞれの感想をもつのに、孝三郎は特定の友人をつくることなく、ただひたすら本ばかり読んでいた。しまいには、図書館から食堂へ行くまでの時間が惜しくなり、昼食をぬいたり、自室の洗面器に水を入れておいて顔を洗い、図書館にとじこもるほど読書ばかりしていた。

初め、孝三郎は数学を独習した。数学の極致にあるのは哲学だという発想からだった。平行しながらフランス語とドイツ語を勉強した。閲覧室には、フランス語やドイツ語の辞典類が二、三冊あったわけだが、これを借りだすには早くに行かなければならないという理由があったのだ。そのあと、デカルト、カントを読んだ。デカンショ節――デカンショ、デカンショで半年くらす、あとの半年寝てくらすというあの歌、当時の一高生が辿るきっかけになるドイツ観念論、孝三郎もまたそこから出発した。デカンショで半年くらしたあと、ヘーゲルにはいった。このころ、孝三郎はデカルトにはあまりなじまなかった。読んでもちんぷんかんぷんな状態で、そのことはむしろ、孝三郎に〝デカルトというのは本当にわかっているのか〟という疑問をもたせた。が、カントははっきりしたことをいっているように思えた。デカルト、カント、ショーペンハウエルといきつき、やがて二年生になると、ウィリアム・ジェームスにいきついた。当初、ジェームスには反感をもった。それは、科学では究められないものがある、その科学のカスを吸うのが哲学だといっていたからだった。科学のカスを吸うのが哲学だって……そんなバカなことがあるものか。しかしジェームスを読みだすにつれ、抽象論一本ではなく、具体的な事実が巧みに説得の材料に使われていることに魅かれた。とくに子供の成長を通じて説得する考え方には得心がいくようになり、やがてジェームスからベルグソンを知った。アメリカプラグマティズムの祖でもあるジェームスへの傾倒や生哲学のベルグソンの愛読は、つまるところ科学的発想への物足りなさの結果であり、それは孝三郎がより深く自らの内面生活へと入っていく契機となったであろう。生物学や社会学へは、そのあと入っていったが、当然のように〝神秘な世界〟の具体的例証を求めるためであった。とくにベルグソンのいう生あるものと生のないものとの対比的思考は、孝三郎の農本主義思想の根幹にもなっていったのである。

木下尚江の著作を読んでいた系譜に、マルクスの『共産党宣言』や石川三四郎の『西洋社会運動史』があった。石川三四郎のようなキリスト教的発想は、尚江の影響につらなるものであった。社会主義思想というより空想的社会主義に位置するロバート・オーエンやアナキズムのクロポトキン、トルストイがさらに強い印象で孝三郎に読まれていく。また二年生の終わりころに、ある同級生が孝三郎にこの本を読めといってもってきた。発禁本の北一輝の『国体論及び純正社会主義』だった。もちろんこのような本を読んでいるのを見つかると、即座に退校処分になる。孝三郎は布団をかぶり、こっそりと読んだ。日本人が書いた社会主義関係の書物は、初めて読んだものであったが、具体的に日本の土壌を、たとえたどたどしくであっても、それなりに分析しているということで孝三郎の目は急に開けてくるような感じがした。当時、北一輝は「主義者」のまぎれもない一員であり、こっそりと布団をかぶって読むというスリルに酔ったにしても、北一輝は孝三郎に強く印象に残った。

自分の決めたスケジュールが進むにつれ、孝三郎は知識だけは、だれにも負けないほどのものをもつようになる。当然のように、知識を体得したあと、「ではどうすればいいのか、どう生きればいいのか」と考えるようになる。黙って勉強し、一高に入学したときの目標を忠実に具現するか。でなければ、自分に忠実な方向で生きていくか。ときおり、そのふたつの考え方が衝突する。折衷する、妥協する、曖昧にぼかす、という語は、孝三郎にはなかった。自分に忠実に生きようとすれば、父や母の期待に叛くことになるだろう、しかし父や母の期待どおり一高を出て帝大に進むのは、そうした立身出世に疑問をもちつつある自分に反する。

その衝突が徐々に進みはじめていたのだ。

4　懊悩

孝三郎には、独得な、というよりも人からみれば、一途な、と見えるところがあった。たとえば、彼は閲覧室で坐る席がいつも決まっていた。貸出に近い席である。極端にいえば図書館があいている間はいつもそこに坐っていた。学生たちが「あいつは図書館の主だ」と噂したが、それはまんざらあたっていないわけではなかった。どんなに込んできても、その席にはだれも坐らない。試験が始まる一週間前ともなれば閲覧室は満員になる。早く閲覧室に入った者は級友のために、机の上に本をのせて座席を確保するのだが、孝三郎の机には決して本を置かなかった。だから孝三郎がいくら遅く閲覧室に入っても、その席はポツンと空いていた。夕食のあと散歩にでるコースもまた決まっていた。正門を出て上野をひとまわりし、帝大の裏側を通りぬけ、そして正門に帰ってくるというコースも、時間もはっきりと決まっていて、たとえたまには別な道を歩けばという問いにも、うなずくことはなかった。このようないちど決めたらどんなことがあっても変えない、とことんまでやりとおすという孝三郎の性質は、のちの五・一五事件でもはっきりとあらわれたといえるだろう――。

彼が語らいを求めた数少ない友人のなかに、水戸中学時代に一級下だった林正三がいた。正三は、水戸中学をおえると東京美術学校に入学していたので、おなじ上野近辺という便利のよさから、二人はときどき会った。そんなとき、孝三郎は一冊の画集から、畑のなかで一日の作業を終え、アンジェラスの鐘に祈りを捧げている農民夫婦の絵に強く魅かれた。鍬《くわ》を立て帽子を手に祈る農夫、手を合わせ頭を垂れるその妻。この一枚の絵には、いつわりがない。汚れがない。真に人間らしい生活がある。ロマン・ローランが言ったように「アンジェラスにはそれ独自の音楽的な魅力がある。ミレーは田舎の夕暮れの音である遠い鐘の声を、画の中で聞かせようとした」のである。素朴で孤独な祈禱者の厳粛さ――そこには真に人間らしい生活があるといえるのではないか――。情にもろい孝三郎は、涙を流しながら、自分を変えつつあるこの絵を見つめるようになった。そして自分が生きるとすれば、こんな生活ではないかと自問自答した。

このころ、孝三郎は一高校友会誌に原稿を発表している。二年生になってまもなくのころで、「真面目に生き様とする心」（大正三年一月号）と題した論文の内容は、その後の孝三郎の軌跡を予想せしめる――。

「……此処に真理と言ひ実在と云ふのは生活を離れ、生きた経験を離れた、概念を縫ひ合せて作り上げた抽象的理論の事ではない。血の通つた生活を土台とした生命あるものの謂《いい》である。それは生活を離れて何の意義もなく価値もない。として真理は直ちに実行上の善であり、実在は生活の中心である。真理の在る所に善があり、実在のある所に充実した真実な生活がある。……真理を求め実在を求めて真面目に生き様とする事は偽らざる自我の叫びに従つて徹底しやうとする所に始らねばならない。……内的に成長しつつある大きな人格の力を得て始めて真理は善となり、実在は生の中心となる。かくて真理と実在は生活に対して力となり得るのである。而して之《しこう》の人格の力と真理と実在の存する所に、如何なる力を以てしても動かす事の出来ない生の肯定が生ずるのである。私等にかかる生の肯定が生じた時、始めて私等は分裂、矛盾、衝突の生活を証明し得てそして生の dilemma を超越しうるのである。烈しい勢で廻る生の渦巻に身を投じて美事に之を乗切つて彼岸に達し、其処に新しい価値ある意義ある生活を生きる事が出来るのである。……」

「真理を求め実在を求めて真面目に生き様とする事は偽らざる自我の叫びに従つて徹底しやうとする所に始らねばならない」という考えこそ、孝三郎の軌跡の核であった。二十一歳を前にして体得したこの思想は、孝三郎の潜在的な価値観の露出をうかがわせるものだった。

ミレーの絵、トルストイの人生。軍人として社交界で人目を奪い、やがて創作活動にはいり、そして宗教的な覚醒で芸術家から求道者へと転換していったトルストイ。上流階級の知的、芸術的な生活、因襲と個人的野心の生活——そこにある虚偽と虚栄を拒否したトルストイは、「神を認めることと生きることとは同一のことなのだ。神は生命なのだ。そうなら、さあ、生きよ、神を求めよ、神なしには生命はないであろう……」と言い、人々の困窮を救い、簡素な生活をし、神を信ずる、そこにこそ幸福があるのだ、という地点に晩年にはたどりついた。

そういうトルストイは孝三郎を虜《とりこ》にした。そして、その具体的なイメージとして、ロバート・オーエンにゆきついた。オーエンはイギリスで織物会社の経営者にまでなるが、一八二五年には自らの理論の実践として、アメリカのインディアナ州にニュー・ハーモニーをつくった。これはオーエンの個人的な性向でわずか二年で失敗した。しかし、オーエンが築こうとした理想社会は、徹底した自己尊重の協同組合社会であり、その後も歴史の流れにただよいながらなんどか浮かんできている。

トルストイ、オーエンにつながる一本の道——孝三郎の生き方にその系譜が徐々にあらわれはじめた。自我を尊重し、人間の尊厳をつくる社会、そしてまたそうした生き方をつらぬく救済救民の自己の姿……自らの姿がそこに重なりはじめたのであった。孝三郎はトルストイ、ミレー、オーエンの話ばかりするようになった。とはいっても胸襟を広げる友人は少なく、正三のもとをたずねては礼讃するのだった。たとえばつぎのようにだ。

「アンジェラス、あれこそ本当に人間の生きる道だ。ミレー、彼こそ本物の思想家なんだ。一夫一婦天地の恵みを心から受けて、心から生きぬく。心から神に感謝して生きぬく。そこには争いもない、いつわりもない。愛と誠を尽くして、神に仕える。これが真の人間のあるべき姿なんだ。できたら自分もそう生きたい。あのように生きたい」

孝三郎は、神に仕え、農業に仕え、真に人間らしい生活をしなければならないということを考えはじめていた。彼は一高校友会雑誌（大正三《ママ》年五月号）に書いた。「さらば享楽の生活よ、痛快の生活よ、自惚の生活よ、すべての不満目なる生活よ、私は今君等と永久に訣別せねばならない。私は君等の黒き影に於てなつかしき私を観ることが出来る。……さらば永久に。……私は一人の求道者としてのアクティフィストでなくばならん」。悩み苦しみながらも自分のスケジュールに従って、孝三郎は読書を続けた。が、読書の内容は、自らがめざめた「我」が、具体的にはどのようなかたちをとるのか、ということの研究であった。自覚した「我」は社会的な関係をもったとき、どうなるのか。彼はそれぞれが、ひとりひとりが「我」にめざめたとき、そこに「強い人間」が生まれ、その相互を連携するのは、神に仕えるというあの感情すなわち「愛」が役割を果たすということにゆきついた。相互に信頼し、愛がブリッジをかければ、そこに真の同胞意識が生まれ、理想社会ができあがる。愛というのは無原則な広がりをもつのではなく、彼が水戸中学時代に味わった、母親が息子を心配し案じる、あの愛であり、アンジェラスの農民夫婦が祈るあの愛であった。

度の過ぎた勉強で、孝三郎は目を痛めた。あまり長い時間にわたって書物を読むと、活字は二重になり、紙の上に浮いたり沈んだりする。しばしば本から目を離して休むようになる。もとより身体が丈夫だったのではない。郊外で同級生たちが野球に興じるときも、孝三郎はあまり加わらない。友人たちに「ガイコツ」「骨」という綽名《あだな》をつけられたが、それは自分でも認めないわけにはいかなかった。しだいに強まっていく一高をやめて自分に忠実に生きるかという考えと、しかしせっかく入学した一高を離れることの恐さとで、彼は逡巡していた。肉体からも精神からも、二十一歳の彼は押しつけられる日々を過すこととなった。沸騰した土瓶がやがて限界点を越すと、蓋をはじきだすような日々の積み重ねだった。

寮生をみても、だれもが大学教授や総理大臣をめざしている。だが、それは単なる世俗的な野心を満たすにすぎないではないか。そうは思いつつ孝三郎も迷った。〝おれだって負けたくない……〟という競争心が湧いてくるのを押さえようはなかった。その競争心を制御するのは、えらくなることだけが人間の生き方なのか、という考え方だった。父や母のように、そして兄のように黙々と働いている人生、それこそ真に人間らしい生き方ではないのか――。

そうしたときに、あの劇的な転機がきたのであった。少年期から青年期にかけての脱皮という生易しいものではなく、生き方が一八〇度回転してしまうという、まるで別人に変貌する転機。この転機は、孝三郎のなかで滅びたものと、新しく誕生したものとの衝突であったのだ。

孝三郎は一高を中退して水戸に帰って来たが、しばらくは奇妙な行動を示した。孝三郎のすぐ上の兄徳次郎は言っている。

「……学校をふり棄てて一介の百姓になるといつて帰つて参りました。その時は常人ではなく気狂ひじみたようで、家に居つては一向に落着かず、眼は炯々《けいけい》として光つて、身体は瘠せほうじて、やることがおかしい。……夜はブラブラ飛出す。私は心配になつて後を付け狙つてゐましたが、お墓の蔭に行つたり、山の中へ彷徨したりして、さういふやうな状態が可なり長く続いて居りました」(「文藝春秋」昭和七年九月号)

しかし、三カ月もすると奇妙な行動はおさまった。そして身体も健康をとりもどし、ときどき橘家の所有である堀原練兵場の原野に一梃の鍬と鎌をもって耕しに行った。しだいに原野を訪れる回数がふえ、しかも朝から晩まで、雨の日も風の日も原野をこつこつと開墾するようになり、やがて彼は、一日の作業を終え街にある自宅に帰るのでは非能率と考えたのか、畑のなかに掘っ立て小屋をつくった。そこに寝泊りし、ひとりもくもくと働く孝三郎の姿は、常盤《ときわ》村の農民たちの噂にもなった。朝早くから夜遅くまで働くその姿は、彼らよりもむしろ熱心だったからだ。

「あいつは小林屋の息子だそうだ」

「一高に行ってるんじゃなかったのかねえ。おかしいね、一高まで行った若者が百姓をする気かね」

「世の中さまざまだよ。百姓が嫌いだって東京に逃げる者もいるのに、わざわざ百姓するとはね……」

Ⅱ　兄弟村

1　帰農

孝三郎が師と仰いだロバート・オーエンは「ラメーク州への報告」(『世界大思想全集』河出書房)のなかで言う。

「第一、土壌を犂《プラウ》にかえて鍬《スペイド》で耕すこと。第二、鍬《くわ》耕作を個々人にとって容易で有利なものとし、国にとって、有益なものとするために、それが必要となる諸変革をなす。第三、富がその一層の増大が無益だと考えられ、また欲せられもしなくなるほど豊富になるまで、労働諸生産物の交換が障害あるいは制限なしにすすむような、価値基準を採用すること」「だから、農業はこれまでのようにその土壌と同様に開拓のある精神をもつ農民や農学者の職業ではなく、最良の慣習と気質のうちで育てられ、諸技術及び諸科学のもっとも有意義な実践に精通し、もっとも価値ある見聞と包括的一般的な知識とにみちた精神をもち——それは他の、たとえば貿易、商業、工業を結合できるような——人類の楽しい仕事となるであろう」

やりはじめたらとことんまでやりぬく、という孝三郎の性向は、自らが一介の農民になってからもかわりはなかった。まず彼は水戸郊外常盤村の橘家の所有地三町歩を開墾しはじめた。たったひとりでこつこつと松や雑木林を切り倒し整地をした。周囲からは変人扱いされ、「大馬鹿三太郎」と陰口を言われた。阿部次郎の『三太郎の日記』がこのころ出版され青年の間で読まれていたが、大馬鹿三太郎というのも、主人公の青田三太郎をもじったものであった。この青田三太郎は、あわわの三太郎、阿呆の三太郎に通ずる馬鹿、阿呆、愚者の意味だが、明治時代の剛直さが取り払われた大正時代に、一人悩み自立する三太郎の真の姿がこの期の青年に理解されたとき、この本は爆発的に売れた。村人たちが大馬鹿三太郎というとき、もちろん阿呆の三太郎という意味であったが、がんじがらめの農村のなかで、ただひとり自立に目ざめていると解すれば、それは決して不名誉な噂ではなかった。

整地をし、どうやら畑の体裁をつくってきゅうりやなすを植えた。こうした作業を通じて、孝三郎は一見単純に見える農業のなかにかなり複雑なシステムがあることをしだいに知っていった。疑問をもつと農事試験場や近在の精農をたずね歩いて知識を吸収した。きゅうりやなすが思うように成育せず、その理由を知るすべがなく困惑していたときも、それが地質に関係があるのだということを、精農が教えてくれた。孝三郎はこうした経験を通じて農事試験場の職員や精農たちが聞かれれば教えてくれるが、疑問をなげださなければ決して教えてはくれないということを知った。それは彼らが別に不親切だというのではなく、知識そのものが体系だってはいなかったためであった。孝三郎の土地が、地味がやせているため、家畜の糞尿でつくった堆肥しか効果がないことも、彼は農作業のかたわら図書館で知ったり、試験場の研究熱心な職員によって教えられた。ひとたびそのことに気づくと、孝三郎は朝の二時か三時には、とび起きて近くの堀原練兵場にかよった。この練兵場の砲兵、歩兵、憲兵隊の馬糞をはらいさげてもらうためだった。そして夜の十時すぎに畑仕事をやめ、掘っ立て小屋に帰るという生活がつづけられた。

このころ、孝三郎はよく聖書を読んだ。ランプの下で、聖書の頁をめくりながら、ミレーの「晩鐘」の底にひそんでいるものをさぐろうとした。そしてミレーを教えた林正三も学校の休暇ごとに、この掘っ立て小屋をたずね話しあい、そして朝になれば、孝三郎とともに農作業にでかけた。大正五年十二月、孝三郎は母方の従妹綿引ふくと結婚した。ふくは二十歳になったばかりだった。結婚して、家事をいっさいふくに任せた孝三郎は、ますます畑にでて働くようになった。孝三郎は家庭をもって、あのミレーがえがいた世界がわかるような気がしたからだった。

第一次世界大戦が起こり、またロシアでは三月革命が起こっていた。日本もその谷間で、地中海まで駆逐艦隊を送り、列国のなかに伍していくだけの力を誇示するようになっていた。孝三郎より一年早く一高を退学していた倉田百三は、雑誌「生命の川」に発表した『出家とその弟子』が注目され、青年の間で読まれていた――そんなこととはいっさい無縁に、ひたすら〝本物の百姓には負けられない〟と、孝三郎は畑に出ていた。より熱心に種をまき、より熱心に肥料をいれると、野菜はきちんとその努力に応えてくれる。その神秘に孝三郎はただ酔っていた。農業は、本質的に精神作業である。一人の農民と種子、陸稲の一粒一粒との対峙、そこには単なる肉体労働ではない、どんな媒介も許さない交流がある。それはむしろ宗教であり、芸術であり、神秘なものでさえある。いま孝三郎は、産業革命後の社会を批判し、自ら理想社会を築こうとした、オーエンのことばが実感としてわかりはじめていたのだ。

大正六年の秋である。一日一日見ている限りでは気づかなかったが、あるとき畑に出てはっとなった。――孝三郎はつぎのように言う。

「それは雑草だ、雑草だ。動きがとれない。わしはそのまえに学徒の生活をしてきた。(だから)学的に検討する習慣があった。経験より知識を先行させる習慣があった。帰農まえ、周辺の農家を見て回った。精農のことをよく聞いた。どこへ行っても、〝ざ〟の字もでない。雑草など考えることはできなかった。いやでも取り組まなければならなくなった。しかし、自分のところは七町歩みな雑草ばかりになってしまった。どこに行っても雑草がなかった。対象がないんだから、取り組むのが容易でなかった。その頃農薬などなかった。それは一本一本とらなければならないのだ。それで……、私は単に帰農したのではない。そのとき雑一言で言えば、信仰なのだ。〝これじゃあ駄目だ。敗北だ〟と思うに至った。そのとき雑草がないのはなぜだという疑問が生じた。〝どうしてどこの家にもないのだろう〟と考えた。どうしてなかったのだろう――それがわかった。村のおっかさんが朝早く起きてむしっているのだ。だから農業というのは、実は村のおっかさんの犠牲の下に成り立っているというわけだ……」

雑草は孝三郎の自信をゆるがした。学問を身につけてきたのだから、最先端の農法をとりいれるつもりでいたのだ。資金は豊富だったから、トラクターを買ってできるだけ機械化しようとさえ考えていたのだ。なぜ日本の農民はあの非能率な鍬なんかに頼るのか、と不審な気持をもってさえいた。トラクターでもっとスピードをだし、農業を大型化すればよいではないか――孝三郎のもくろみは、しかし雑草によって、根底から考え直さなければならなくなったのである。

孝三郎は、それからしばらく、いわゆる精農といわれている人たちは、どのようにして雑草を追っ払っているのか、ということをじっくり見つめてみた。それがやっとわかった。農家の主婦たちが朝早くに起きて、食事をつくる前に手でむしりとっていたのだ。そういえば……と孝三郎は思った。村のおっかさんたちは表むき男まで顔が赤くなるような色話に夢中になっているが、その実彼女たちはだれよりも早く起き、雑草をぬきとっている。日本の農業を裏から支えているのは、このおっかさんたちではないか。そのことに気づいてから、孝三郎は農業に果たす女性の役割を考えるようになり、その種の研究に力をいれれば、一本の鍬をまるで非能率のように考える誤りを、彼は認めなければならなかった。また、雑草をなくするためには、鍬で適度の深さで土壌を耕し、それを鍬でまたすくうのだ、それをくり返す、これをなんどもくり返す。農民は耕した土壌に人がはいるのを、なによりも嫌う。それは本能的なものであったのだ。このように耕すことによって、雑草が生えるのを防ぎ、そして穀物の種にちょうどよい水はけができるのである。ところがトラクターは、鍬とはくらべものにならないほどのスピードで土壌を掘り起こしはするが、ていねいに土をすくうということはできない。農業をはじめてから三年、村のおっかさんの地道な苦労と日本の伝統的な農法に、彼は改めて目を開かざるを得なくなった。

自然はまったく不思議な生き物であった。人間の考えや努力が、ある意味では正直に投影するものである。こちらが、自然を軽んぜず相応に対峙すると、それはそのままはね返ってくる。こちらが、人間の社会のように、策を弄したり、相手の心を推し測っていかなければならない気づまりはない。ただひたすら相手に尽くせば、自然はそれに素直に応えてくる。これこそが人間の生きる本当の姿ではなかったか。こう考えたとき、孝三郎は農業を軽んじる風潮や農業を破壊する要因に初めて怒りを感ずるようになった。孝三郎が、単に机のうえで農業を論じる人たちを信じなくなったのは、このころからであるが、それは同時に、ではなぜ農業が必要であり、それがどうして真に人間の生きる道であり、どのようなあり方こそがもっとも日本にふさわしいのか、ということを自らも納得できるだけの論理をもたなければならないことを意味した。

彼のがむしゃらな勉強が、またそこから始まったのである。水戸の街にでて本屋で本をあさるだけではなく、丸善にも注文してイギリスやアメリカから原書をとりよせ、畑から帰ったあと読みはじめた。とことんまでやる――孝三郎の意地がひとしお激しくなっていった。

大正六年九月、林正三は東京美術学校洋画科を卒業した。その足で孝三郎のもとへかけつけた。休暇ごとに水戸へ帰ってきて、孝三郎と働いていた正三は、孝三郎の考えにすっかり和するようになっていた。翌七年には、孝三郎のすぐ下の妹うめと結婚した。掘っ立て小屋は孝三郎の結婚とともに改築されたが、その隣に正三の家も建てられた。また、孝三郎の生き方に共鳴を寄せていた次兄徳次郎も、常盤村の孝三郎の近くに家を建て、農業に従事することになった。孝三郎夫婦、正三夫婦、そして徳次郎――。近在の人たちは、しだいにこの農場を「兄弟村」と呼ぶようになった。

このころの農村の実態はどうだったか。

全国の農家は約五五〇万戸だった。このうち一五〇万戸は小作人。二四六万戸は自作兼小作農だった。残り一五四万戸が自作農であった。この自作農のうち、五町歩以上をもつものは一六万戸で、約三％である。孝三郎が荒れ地を開墾したときは三町歩であったが、正三や徳次郎などが加わってからは、荒れ地をさらに開墾したり、あるいは譲り受けたりして、七町歩になった。彼らは小作人を使ってはいなかったから、時代が含みもっている小作争議などにはまったく考えを払う必要がなかった。

ときおり農作業が忙しくなると、日雇いを使った。しかしその作業は、金めあてのためか、誠意がこもってないと、彼らはいつも軽い不満をもつのが常だった。それはつまるところ、その人間の置かれた環境のためではなく、人間としての〝質の問題〟だと彼らには思われた。

ひとたび街にでたとき、事実彼らは街の人間の蔑む視線にぶつかるときがあった。肥を汲み桶に入れ、荷車に積み、ことんことんと運びながら、街の人間とすれ違うことがある。そんなとき、彼らは荷車をさも胡散《うさん》くさそうに見てよけるのであるが、桶からちょっとはみだした小水がズボンにでもかかろうものなら、喰ってかかる。その視線には、農業を農民を蔑む光がこもっている。こうまで怒り狂う街の人間は、孝三郎からみれば、人間としての〝質〟に欠けるものがあり、ひいては、そういう人間をつくりだす社会の構造があるということに気づいていったのである。それをなべていくと、つまりは農業の歴史を知らなければならない。農業を蔑む人間と、蔑まれてそれを甘受しつづける農民との相関関係。その相関関係をさぐりあてようとした孝三郎が、徳川時代から〝生かさず殺さず〟と押さえつづけられ、経済的、物質的にも搾取されるだけでなく、知識までいわば頭のなかまで搾取されつづけてきた農民の像を想いうかべていくのは、当然のなりゆきだった。だが、彼は米騒動にみられた農民や下層労働者が自らそうした像を変えつつあるという時代の底流を見ぬけなかった。

2 木喰上人への憧憬

農業がもつという宗教的、芸術的側面――稲作がもつ神秘性というのは、古代日本を支える重要な心理作用だったのではなかろうか。狩猟から稲作への転換は、日本の歴史では定かではない。しかし、紀元前五百年頃、九州に稲作を礎とする一団が、流れてきたといわれている。この一団が、すでに定着している狩猟を中心にしていた縄文人と、狩猟の獲物や石でできた鍬を交換するときに稲籾を与えたと考えられている。この稲作を古代日本にもちこんだ一団は、母系社会だったか父系社会だったかは明らかでないが、女性がかなり大きな比重を占めていたことは間違いないといわれる。したがって、当然のように古代日本もまた、そのような移行をした。そのことは、『古事記』『日本書紀』などからも、充分うかがえる。たとえば、日本書紀には農業のはじめは、天照大神が「是の物は即ち顕見蒼生の食ひて活くべきものなりとのたまひて、乃ち粟、稗、麦、豆を以て陸田種子と為し、稲を以て水田種子と為す。又因て天邑君を定む。即ち其の稲種を以て始めて天狭田及長田に殖《う》う」と、女性が主導性をもっているという記述がある。

孝三郎は、農業のもつ本来の「母性」にかつて彼が水戸中学の最終学年で落第したとき、静かにふすまをあけて入ってきて、無言で諫めた、あのときの母の慈愛を重ね合わせることができた。母親にたいして感じた、〝すまない〟と自らを責めた罪。彼は、そこに母親のまごころを感じた。そのまごころには、自らもまごころで応えなければならない。農業には、まごころがあるのだ。それには自分もまたまごころで応えるのだ——。日本の農業を支える村のおっかさんのまごころ、そしてそれに応える自分のまごころ、そんな図式ができていった。

孝三郎の読書量が増した。まず農業とはなにかということからはじまり、実際に農作業の進め方を知った。しかしこのころは、まず農業の存在を脅かす外的要因の研究、たとえば米騒動を因とする研究には進まず、むしろ共同社会の試みや稲作についての著作に目をとおしている。第一次世界大戦後の農村恐慌は、孝三郎が肌で感じとるまでの規模はなかったからでもあったが、それはこの頃から盛りあがりつつある地主と小作人の関係、その対立的な関係が、この兄弟村にはまったく影響なかったからでもあったろう。ひたすら村のおっかさんという図を底流にしていたのである。

読書を進めながら、孝三郎は正三や徳次郎と語りあった。作業分担の話から、ときにジェームスやベルグソンに及んだ。「生とは何か」「いかに生くべきか」という命題は、このころの青年たちを虜にしていたのだ。そういう傾向は第一次大戦後の唯物論の輸入や明治時代の国家中心主義ともいうべきものの反動であったが、総合雑誌でもこんな特集が幅をきかし、またその実践活動として白樺派などが、当時のインテリ青年をひきつけていた。そうした時代背景で、ベルグソンが、唯物論の反動でもあるかのように論壇に登場していた。孝三郎は一高時代にベルグソンを読んでいた。読んでいたとはいっても、原典を図書館から借りるのだから、充分読みこなしたかどうかは定かでない。

しかし孝三郎はベルグソンに関心をもちつづけていた。トルストイやオーエンやミレーは生き方のひとつの形態であるが、ベルグソンは人間が生きるということはどんなことかを教えてくれる師であった。正三や徳次郎との話で、ベルグソンをよく語りあったのだろう。徳次郎は、五・一五事件のあと、孝三郎にもっとも影響を与えたのはベルグソンだと言っているほどだった。

たしかにベルグソン哲学は孝三郎の感覚にもっともよく合致すると思われる。ベルグソンは「哲学者は知性を越えた領域を説明できない」といったが、そのことばは孝三郎を魅きつけてやまなかったろう。――後年、孝三郎は『天皇論』のなかで、ベルグソン哲学は皇道哲学に近いと断定するに到る。エラン・ビタルこそ、神皇産霊神《かみむすひのかみ》にほかならないと考えたためである。

そして一高を中退する契機になった内面の叫び、それもベルグソンを読むことで納得されたであろう。いやベルグソンを読んでいたからこそ、あの契機を迎えたのかもしれない。とすれば、孝三郎から見てトルストイもオーエンもミレーも、ベルグソンの言うように生の飛躍（エラン・ビタル）をなして人類の進むべき道を明示したのだ、そして自分もまたそうではなかろうか……と考えたのでなかったか。このころ孝三郎はベルグソンのいう「二元性」に着目している。それはつぎのようなことであった。

「たとえば、これを白米に当てはめてみるとしよう。籾から玄米にする、玄米から白米にする。これは籾では食えないから玄米にするわけだ、玄米では食えないからさらに進めて白米にする。これは工業生産というわけだ。だけど、籾をぜんぶ白米にしてしまうわけではない。籾をそのままにして種子をまく。そして、そこでまた二つの面がでてくる。ひとつは、ベルグソンのいう〝社会的威圧〟という意味になる。威圧というふうには解さないで、社会的行動、もっといえば工業的部門ということにでもなるだろう。そして籾が種子としての側面をもつ。この理論はまだ断定できないけど、多分ほとんどのものに当てはまると思う。日本の農業が、がたがたするのもこの二面性を見ないからに違いない。どこの農家だって面積が少なすぎて、そして農具だって幼稚だからに違いない。これは農業の一面しか見ていないからに違いない。生産という面ばかり見て、工業面、そうだ、社会的行動ということを考えないからだ……」

二次性原理、彼らはこれをこう名づけた。とはいえ、孝三郎も、正三も、そして徳次郎もまだこのことをはっきりと理論としてかたづけたわけではなかった。が、このような、といっても多くは孝三郎が自身で考え、その意見を述べることが多かったのだが、後年、それなりに理論づけされる芽が徐々につくられていき、それはのちの孝三郎の講演内容に色濃くあらわれていく。

〝兄弟村〟は七町歩という田畑を開墾するのだから、日常の農作業は忙しかった。春先には畑を耕し、野菜を植え、すでにこのころは米作もしていたから水田には水を引き、野菜には肥料を与え、作業の休まるときはなかった。雑草で痛い目にあってからは、雑草を根元から根気よく一本一本抜き繁殖を防ぐ。そのために朝の三時、四時には畑にでる。とくに陸稲をするようになってからは、人糞を求めて紺屋を営む本家の周囲を汲み歩き、それをリアカーに積んで兄弟村に帰ったときは夜明けになっていることさえあった。

そうした農作業のあとで、彼らは読書をしたり絵をかいたりする。こういう雰囲気に輪をかけるかのように、夏、冬の休みには孝三郎より六歳下の妹はやが東京から帰ってくる。はやは水戸女学校を出て、東京音楽学校に進んでいた。当時、音楽学校へ進むというのは、水戸でもかなり珍しかったのだろう。のちに昭和の初めに刊行された『茨城人名辞書』に「水戸唯一の婦人音楽家として知らる」と紹介されているが、各界でそれなりに功を成した人たちにまじってのその紹介文には、明らかに経歴の異彩を感じさせる。また、正三も農業のかたわら水戸市内の教師や画家と洋画の研究会「白牙会」を興していたし、孝三郎もときにつれだって出席し、会員たちの話に耳を傾けたり、乞われるままにトルストイやベルグソンを語ったりした。

なにしろ、このころは「大正デモクラシー」の時代である。白樺派の名まえは地方のインテリ青年には時代を先取りしている魅力的なことばだった。そうした雰囲気を、水戸という小さな街で味わうとすれば、兄弟村だとなったのも当然のなりゆきだった。しかも彼らは、孝三郎の朴訥な話し方、しかし自分の関心あることには一転して情熱のこもった口振りになる純粋さには、孝三郎の博識と相まってかなり魅きつけられたのであった。

ところが孝三郎と白樺派のつきあいが、ひょんなことからはじまった。

はやは音楽学校でピアノと声学を専攻していた。それは孝三郎の「あちらさんの真似をして楽団みたいなものを組んでちゃかちゃかやるくらいならピアノをやれよ」という忠告を受け入れたのであったが、はやは才能に恵まれていたようで教師や先輩に目をかけられていた。その先輩のなかに柳兼子がいた。兼子は当時民芸家としてぽつぽつ知られていた白樺派の柳宗悦の夫人だった。兼子自身も声楽家として名をだしはじめていたが、はやは弟子のようなかたちでいつも往来していた。はやが柳家をたずねたり、兼子が宗悦と連れだって水戸に来たりという親しい関係になった。こんな機会に、孝三郎は宗悦と会話を交すことがあった。宗悦は孝三郎より五歳ほど年長であったが、白樺派に結集する人のことを語り、白樺派の考え方を説明した。徹底して自我を見つめ、ひとりひとりがそうすることによって、それが社会に還元されると説く彼らの考え方は、一面で孝三郎の考えとも合致した。

倉田百三がすでに有力な白樺派の同人であり、武者小路実篤もまた宮崎県の日向村に「新しき村」をつくっていることも知った。孝三郎自身、武者小路が大正七年四月に発表した「新しき村に就ての対話」を知っていたし、また関心ももっていたのだ。だが、孝三郎が宗悦との交流で得た収穫は、ウィリアム・ブレークと木喰上人《もくじきしょうにん》を知ったことだった。さらに宗悦が関心をもっている〝心霊〟もまた、孝三郎を魅きつけた。宗悦はすでに『ヰリアム・ブレーク』を出版していたが、ブレークが「人間はどんな抑圧にだって、強制にだって、身を圧することはなく、大気と火の中を自由に歩く霊的な存在ではなかろうか」

といい、霊を語る詩人、画家と知ると、孝三郎の関心はさらに増した。宗悦がことあるごとにいう神秘的なものへの憧れは、孝三郎のもつ感性とまったく一致したからだった。

宗悦はブレークを日本に紹介するかたわら、木喰上人に関心をもっていた。全国各地を行脚し木彫仏をつくったという木喰上人を、彼は幕末の最大の芸術家だと激賞していた。孝三郎は、やがて宗悦がまとめた『木喰五行上人略伝』を読み、木喰上人をミレーとともに心の師とするに到る。

3「新しき村」との対比

大正七年九月につくられた〝新しき村〟には、多くの青年が集まった。いずれも武者小路実篤らの白樺派の考え方に共鳴する感受性豊かな青年たちだった。この村では、各人の個性と自覚のもとで他人には干渉しないという鉄則をつくった。したがって個性尊重という旗に適応できる能力をもっていることが前提であった。新しき村に集まった青年たちは、慣れない手で開墾に力をいれた。朝は六時に起き食事をし、七時には畑にでる。昼食は十一時に食べ、二時半にはおやつを食べ、五時には仕事を終え、夕食後は自由に自らの精神生活を楽しむ。読書に耽り、レコードを聞き、絵を描く。ある者は翌日の農作業に備えて縄をなったり、農機具の手入れをする。毎月五の日は休日にし、その日はそれぞれが自由に過ごす。村の祭日は釈迦の誕生日とキリストの誕生日、そして正月一日、村の土地が決まった日、ロダンの誕生日、トルストイの誕生日、この日が休日であった。休日の設定、そこには国家の休日は一日もなく、彼らの信念の延長にある人たちの誕生日をもって休日にあてるというのは、いかにも理想郷をつくると燃えている彼らの意気ごみをあらわしているといえるだろう。このころいくつかの家父長的な集団があったが、それらがいずれもなんらかのかたちで国家の志向と集団の規範を合致させているとき、この個人志向の集団は日本に初めて生まれた独得の集団といえた。

だがこの新しき村の核は、あくまでも武者小路であった。村の運営資金がなくなると、武者小路が作品を発表し、その印税が資金に充てられた。もともと白樺派自体、三つの雑誌を吸収した雑誌「白樺」をよりどころにしたもので、長與善郎、小泉鉄、千家元麿、岸田劉生、犬養健、尾崎喜八、志賀直哉、倉田百三などまだ二十代の作家、画家、彫刻家、演出家、詩人を結集させてはいたのだが、武者小路が同人たちの中枢であった。「僕はトルストイの影響を受けたことは否定できない。トルストイを知らなかつたら、どんな自分になつてゐたか一寸見当がつかない」という武者小路は、同人だけではなく、この理想社会にあってもやはり核であり、それゆえに一歩まちがえば武者小路を家父長とする集団に転化する危険があった。それはオーエンの失敗した因とおなじ芽を含んでいた。

この新しき村は新聞や雑誌に、時代のもっとも進んだ姿としてなんども紹介された。一方〝金持のおぼっちゃんが……〟という皮肉な目を露骨に書きあらわす雑誌もあった。一方では同じ白樺派の有島武郎は、この試みには批判的であった。彼は「武者小路兄へ」のなかで〝新しき村をかこむ資本主義社会は死にもの狂いの暴威をふるうであろうから、もし今の世でこのような企てが成功したように見えたら、それはかえって怪しむべきことであろう〟と述べた。すでに社会主義思想に目ざめていた有島にとって、この新しき村は単なる気休めにしか見えなかったのであろうか。

社会主義者の側はどう見たか。

山川均はたとえば「社会主義者の社会観」（大正七年）で書いている。「武者小路氏によれば、氏の新しい村が全世界を一変するためには『この世の制度にさからふ必要はない。それは内が成長すれば自ずとかはるものだ』からである。此の言葉は直ちに移して、個人の生活が変れば社会組織が変ると云ふことにもなる。……一つの樫の芽は、堅い外殻と闘ふことなしに成長することが出来るかどうかは、武者小路氏の『新しい村』の運動が、少しく進んで来た時に最も明白に見られると思ふ。……」。こうした冷酷なつき離しかたは山川だけではなく堺利彦にも見られ、彼らはこうした個の目ざめをなんら積極的に見ることができない教条的解釈に終始していた。

ところが逆に大杉栄などアナーキストは、武者小路のこの新しき村を評価し、だが武者小路はいつかこの思想を行為にもっていくにちがいないと断じる探訪記事を書いている。もっともアナーキスト陣営は、しだいにこの新しき村への関心を失っていったという。

孝三郎の新しき村を見る目はどうだったのか。

孝三郎は、もちろんこれらの側とは異なった立場から批判し、また一面では、かなりの評価を与えたといえる。新しき村の実態についてはさして詳しくはなかったのだが、その具体的な像は柳宗悦の話や目をとおした雑誌から受けたものであった。その批判というのは、どうにもならないほどのロマンチストぞろいということに対する反撥であったろうか。雑誌「白樺」に目をとおすとすぐわかる冷たさ、田舎の学生は歯牙にもかけないというスマートさ。そしてたしかに優秀な資質がうかがえる論文の数々。同人たちが紹介する外国の哲学者や画家など。それは孝三郎のもっていた知識とは違っていた。違っているがゆえの反撥を、彼はまたもった。そして、なにより知識は経験に押しつぶされるはずだと彼は見ていたのだった。

また白樺派の周囲には、近衛文麿もいた。近衛は同人の長與善郎と学習院時代に同級生だったが、彼もまた白樺派の空気に触れることを好んだ。京大を卒業すると内務省に入ったが、大正七年には「英米本位の和平を排す」という論文を発表し、後年彼の首相としての基本哲学になる世界観を明らかにしている。

近衛と白樺派同人との接触は、近衛が権力の中枢を占めた昭和十年代に意外なかたちであらわれていく。昭和十五年の大政翼賛会に、同人たちは乞われるままに、あるいは積極的に入っていった。だが、これは結果的に白樺派の汚点になってしまった。激しい国家意識の高揚のなかで、あくまでも自我の確立を目ざした白樺派の、底流にあるヒューマニズムが大義のまえにもろくも崩れ去ったといえるが、それは孝三郎においてもいえることであったろう。それは大正時代の教養主義があまりにも高邁《こうまい》であり、理想的すぎたために、ひとたび政治の枠に組み込まれたとき意外に大きな振幅を見せたともいえるのだ。白樺派同人が近衛体制に直接入っていったとき、孝三郎はまた別な回路で近衛とのルートをもっていた。五・一五事件後の保釈はそうしたルートを明らかにしているのでもあったわけだが、近衛の、一方では白樺派同人とそしてもう一方では孝三郎や井上日召との接触をもつという二面性は、その性格の一端をうかがわせる断面として彼の人間像につながっていくのであった。

4 ある試み

はやは東京音楽学校を卒業すると、茨城県女子師範学校に講師として奉職し、兄弟村に居をかまえた。また正三の弟も水戸中学を中退し、兄弟村にはいり、孝三郎の妹と結婚した。徳次郎もまた妻帯した。

こうして大正十年すぎには、五世帯総数十人余りが住むほどの規模になった。名実ともに兄弟村であった。孝三郎の兄弟や正三の兄弟たちは、孝三郎の唱える人道主義、大地主義にうたれて住みつくようになったのだが、なにより孝三郎の人なみはずれた働きぶりにうたれたという因もあった。たとえば徳次郎は「実業家になるとか、或は商船学校へはいるとか世俗的の成功といふものを夢みて居つたんですが、彼の真剣な人としての生活といふものを如実に示されて」（「文藝春秋」昭和七年九月号）兄弟村にはいってきた。他の者もみなそうであった。それだけに、新しき村が武者小路が核になったのと同様に、この兄弟村の核も孝三郎であった。兄弟村のかもしだす雰囲気は孝三郎のもつ気質の断面であることはまちがいなかった。

一日の農作業を終えたあとの祈り、とりたてて目に見える対象にではなく、しいていえばそれは漠然とした〝神〟というものへであるが、そうした祈りも日常の習慣であった。たまの休日には、そろって一室に集まり、語りあい、それぞれの得意な芸術活動をする。ピアノが近在の人にはやはもちこんだピアノを弾き、またきれいなソプラノを聞かせる。ピアノが近在の人には珍しがられ、ますます彼らの生活とかけ離れていることを認められつつ、兄弟村はむしろ文化村といわれるようになった。

こうした生活の一方で、孝三郎はまた度の過ぎた読書と農作業の労働で身体をこわしてしまった。素人百姓だからと、ふつうの農民の三倍は働こうと心に決め、そのほかに本を読みつづけるのであったから、身体をこわすのも無理はなかった。家人からの「あまり無理をせずに……」との意見など、むしろ励ましのように解して畑にでるほどだった。そういう無理がまた身体をいためたのである。寝たり起きたりをくり返しながら、兄弟村が農業にどういう具合に取り組むべきかを、彼は考えた。かつての一世帯、二世帯では、従来の農業方法で充分であったのだが、世帯数がふえ、人がふえ、ということは、曖昧にこれまでの農業方法を踏襲するだけではかなりの無駄がでる。たとえば農機具の使用ひとつをとっても、効率よく各家庭でつかわなければならないし、これまでのように兄弟村は全員の所有地であり、収穫物も全員で分配するという方法は、当時の集団のありかたとしては岐路にさしかかっているともいえた。

　このころの兄弟村は完全な共同社会で、相互扶助が前提であった。それはオーエンやクロポトキンの描いた世界そのままであった。兄弟村のこの共同社会には単に米作や畑作だけではなく、もう一歩進んでもっと大型化、複合化した農業が必要ではないかと、孝三郎は考えるようになった。

　こんな考えをもっているとき、孝三郎はひとつの経験をし、ひとりの青年と知り合った。


　大正十年一月十日、水戸中学の菊池謙二郎校長は、前年一年間にわたってアメリカ、イギリスなどの諸外国の視察を終え、帰朝報告を兼ねていはらき新聞社での十日会という会合の席で、「国民道徳と個人道徳」と題して講演を行なった。水戸学者から自由主義教育へと発想を転換させた菊池は、帰国するやすぐに、試験制度を廃止したり、自発的教育という教育方針を打ちだしたりしていた。「これからの教育で必要なのは生徒の自主、自立、自治を尊重することだ」という講演内容は、県内に大きな反響を与えた。県選出の代議士、小久保喜七、飯村丈三郎らは批判の先頭に立ち、「菊池の講演は忠孝一本の道徳を批判しすこぶる危険。即刻罷免《ひめん》すべきだ」と騒いだ。小久保も飯村も明治時代には自由民権運動の闘士で、県内には大きな勢力をきずいていた。折りから開会中の帝国議会でもこの発言はとりあげられ、菊池は結局二月七日に辞表を提出した。

　これを怒った水戸中学の在校生たちは、さっそく同盟休校に突入した。代表委員が県知事に会い撤回を迫ると、知事は「学生は勉強することだ。同盟休校はもってのほか」と答える。生徒たちは、「菊池校長がいない水中は水中でない」と帽章と白線をはぎとり、「慕菊池先生」「尽忠報国」などののぼりを立て、水戸の街をのし歩いた。街では先輩や市民が生徒たちを激励し、水戸市内が異常な興奮状態になった。東京からも多くの中学生が、応援に水戸にのりこんできた。同盟休校は、結局在校生が菊池校長の説得に涙し、警官が並ぶ校門の前をうなだれるように学園にもどることでおさまった。これは全国にも報じられ、たとえば東京朝日新聞は「政府の言論にたいする禁止的態度、さらには文部省の無定見が地方に波及した結果が今回の水中問題だ」と述べた。いちどは学校にもどった生徒たちも、すっかり荒《すさ》んだ気持になり、寮生たちは寮長を袋叩きにし、あげくのはてには水戸市内の電線をズタズタにしてしまうほどの暴れようであった。数人の寮生が警察に逮捕されたが、星島二郎や中野正剛など同盟休校の応援にかけつけた代議士たちが寮生の弁護に立った。

この騒動が一段落して、孝三郎のところに水戸高校の学生が会いにきた。学生は孝三郎の知人の弟だった。「困ったことができちゃって……、相談にのってください」といってつぎのような話をした。――同盟休校には、東京からも多くの学生が応援にきたが、彼らを泊めるところがなくて宿屋に泊めてしまった。ところがこの騒ぎが落ち着くのに時間がかかり、宿屋の支払いがたまってしまった。宿屋の主人には催促されるし、困っているというのである。このままにしていると詐欺になってしまうというので、〝なんとかしてやる〟と自分は引き受けたが、どうしようもないというのであった。「そこで、橘さんにご相談なのですが……」と彼はいった。「水高の寮と農村を結びつけるのです」「むすびつける？」「ええ結びつけるんです」「ああ、協同組合か」「そうそう、そうなんです。水高の寮は消費組合みたいなものです。そこに……」「わしのところの野菜をもちこむというわけか」「そうすれば予算より安くすむわけですし、ぼくらも助かるんです」「そりゃあおもしろい。やってみよう」。この試みは六カ月続いた。三百人の寮生の副食をまかない、結局、三百円の収入をあげることができた。水戸高校は内田信也が寄付した資金で創立されたばかりで、寮もまだ充分ゆきとどいていないという利点はあったにせよ、この六カ月は孝三郎にさまざまな示唆を与えた。生産地と消費組合とを結びつける、そうすれば中間のマージンはいっさいなく、双方が利を得ることができるという理論が現実にわかったのだ。孝三郎の研究対象に協同組合もまたひとつふえた。

このころ水戸中学の生徒や水戸高校の学生らも、孝三郎をよくたずねてきた。水戸中学の教師たちが、折りにふれ、「一高に進んだが、考えるところあって水戸に帰り百姓をやっている感心な男だ」と授業中にも話すためでもあった。すでに、水戸の街では小林屋の息子たちが集まって百姓をしているということは、かなり知られていた。しかもそこには絵筆をもつ者がいたり、ピアノが聞えてきたり、これまでの百姓とはちょっとばかりちがう感じだ、ということも知られていた。水中を卒業して一高に進学し、休暇になれば孝三郎をたずねてくる浜田という青年がいた。彼は内村鑑三の甥にあたる青年で、日頃から内村を訪れては、話を聞いていた。内村の人間を語り、内村の著作について、浜田は孝三郎に語った。——先生はいまデンマークについて関心をもっている。デンマークはなんどかの戦争で平和の尊さを知った国です。荒廃してからまた国を興す、デンマークはそのくり返しです。内村先生はそれを『デンマルク国のお話』にまとめてらっしゃいます。でも橘さん、デンマークという国はすごい国ですねえ。土地も痩せているし、天然資源も乏しいのに、農業は進んでいるし、文化水準も高いし……。「へえっ、デンマークという国はそんなにすごい国なのか……」

浜田との会話から、孝三郎は北欧の小国デンマークについて関心をもった。水戸の図書館に行って、さっそく調べてみるほどの熱のいれようだった。それでも足りずに、丸善に注文をだし、デンマークの原典をとり寄せることも忘れなかった。

デンマークの農業というのは、すなわち協同組合と酪農である。そしてデンマークという国の復興は、農業の生産協同組合の力によるものであったことを知る。それは協同組合へと結びついていく。しかし、さまざまなことを知っていくと、デンマークは酪農の市場をイギリスに求めていることがわかった。そのことは、デンマークの労働組合がイギリスに対しては強い態度をとれないという事実で象徴的にあらわれていた。孝三郎はデンマークと条件が似ている日本は、デンマークよりも理想的な協同組合組織をつくることができると思った。日本には国内に市場があり、そのことによってきわめて民族的に結びつくことができるわけである。これは孝三郎にとっては、興味ある事実であった。水戸中学の学校騒動での試みが、デンマークを知ることによって初めて納得できたのである。協同組合運動こそが、一大経済革命であり、マルクシズムとは違った血を流さずにすむ社会改良である。孝三郎の考えはしだいにこの点に固着していった。

デンマーク農業は、日本でも早くから注目されてはいた。たとえば北海道などでは、北欧との気候や気象条件の類似が考えられてからは、意欲的にデンマーク農業――すなわちそれは酪農経営であった――が、いくつかの農場で試みられ、それなりの成果をあげていたのである。このデンマーク農業には、多くの特徴があるのだが、とくに認められている点が二つ三つある。そのひとつは、酪農はいかなる荒地でも開発が可能なことである。デンマークは、領土のうちの肥沃な土地を、敵国によって割譲させられた。このため穀作国であったデンマークの生きる道はまったくとざされたわけだが、グルンヴィーが「外で失ったものを内でとり返せ」の合言葉のもとに、酪農を振興させたのである。また、協同組合というものも独自性をもっていた。必要に迫られて独自に誕生した協同組合がほとんどで、単に国の押しつけや行政の末端に生まれたものではなかった。しかもデンマークでは、農業を託する青年に徹底した教育を行ない、そのうえで現場にだしていく。デンマークにあって農業は、あくまでも体験教育であった。机上の空論では、なにひとつ実践に役立たないということを、彼らは知っていたのだ。なにも資源がないデンマークは、そうするよりほかに生きる道を見いだすことはできなかったともいえるだろう。

孝三郎は、このようなデンマーク農業を知って驚いた。自らが日頃から不満に思っていたり、懸念していたことが、この国ではすでに消化されているのだ。しかも彼は、酪農ということが、あの雑草を追っ払うという役割も果たすことがあるのだということを知って、こおどりするような気持にもなった。迷うことはなかった。彼は、正三や徳次郎を呼んで熱っぽく、酪農をやろう、これからは日本も酪農の時代なんだ、これをやれば、一石二鳥どころか一石三鳥にも四鳥にもなるぞと説いた。兄弟村の収穫は、彼らの食糧としては充分であったが、あえて必要以上に利潤を上げる必要はないという彼らは、予想外の収穫をあげるとそれを安い値段で水戸の食堂や民家に売るありさまだったから、それほど富むというわけではなかった。しかもおりからの需要の増加という時代に、彼らは収穫物をさばくのにはさほど困っていなかったが、畜産・酪農を実行するといっても、おいそれと簡単にはいかない。しかし結局、孝三郎の説得がとおり、彼らはどこの牛がいいのか、どこへ行って買ってくればいいのか充分研究したのち、それを実行することに決めた。

5 農業の位置

……第一次世界大戦が終わった日本に、一時的な好況がやってきた。その好況が享受できたのは、船会社であり、船成金があちこちに生まれた。だが、大正九年の世界恐慌は日本を激しく揺さぶり、なかでも日本の農業を支えていた米とまゆは一気に暴落した。この暴落は昭和六年ごろまで慢性的につづき、農業構造が社会的に冷遇されることになった。

そうした隷属は、軍需中心の資本主義国の農業としてみれば容易にわかる。たとえば、重工業部門の農業圧迫は農機具供給としてはじまり、中農、富農がわずかにモーターや石油発動機を購入することができた。肥料としては化学肥料が入ってきた。だが、小作農はこうした恩恵を受けることはできず、もっぱら地主の援助に頼るほかなかった。しかも援助という美名のもとで、契約量の確保をはかられたのである。

農民たちは賃金労働者として、都会にも駆りだされた。不況で農作物が減れば、二、三男だけではなく、農民たち自身も都会にでかけていった。中農・富農の子弟が学校教育のために都会にでるのとはちがって、彼らの都会への流出は人減らしとしてのそれであり、たとえ都会にでても低賃金の単純作業の職にありつくのがやっとだった。

こうした状況に、農民自身の意識も当然のように変化した。米騒動とロシア革命が、それに拍車をかけた。各地に散発的にできていた小作人組合が、大正十一年四月には杉山元治郎、賀川豊彦らの音頭で日本農民組合として結成された。「農は国の基であり、農民は国の宝である」で始まる宣言文は、農民に歓呼をもって迎えられ、大正十四年には九五七組合、七万二千人にもふくれた。組合員のなかには、生産手段を機械化し、経営規模を拡大しながら、自作農創設維持政策のもとで自作地の拡大を考える者もいたから、その意識はさまざまに分化していたが、勢力としてはやはり軽視できぬほどの力をもったのである。

一方では資本主義の発展とともに、旧型富農の解体が進んだ。かわって、果樹作、畜産など資本主義機構の成長部門である新たな富農が自小作農を系列化するかたちであらわれた。橘孝三郎がデンマーク農業に着目したとき、主観的な意図とは別にこうした延長線につながる芽をもっていたのだった。

相次ぐ小作争議に、政府は警察犯処罰令、治安警察法の改正を行ない、また少しは小作人の意見を吸収するかたちで政策を進めた。地主、自作農、小作農を組合員とする産業組合政策、米価の変動を防ぐ米価維持政策、さらには自作農創設維持政策など小作農の商品生産者化、小土地所有者化を組み込んで進められた政策は、明らかに分断政策だった。そのため小作争議で利益を得た農民は、あっさりと身をずらし、利益を確保できなかった農民はより反動化するか過激化した。

地主側も、旧型の不在地主は独占資本から切り捨てられた。小作調停法が地主の譲歩を促したのもその例であり、植民地米の増産、移出は典型的な例である。日本資本主義は農業の内部矛盾を巧みに押さえ、結果的に農業総体を切り捨てた。昭和初期の農業恐慌はすでに大正時代にその枠組みのなかで、決まっていたのである。

6 水戸の〝文化人〟

大正十二年ごろ、孝三郎は寝たり起きたりの生活であった。とことんまでやるという性格が、納得するまで研究書を読みつづけるという態度に拍車をかけたのである。すでに三十歳で、身体も無理はきかない。兄弟村の農作業は林正三や正五、徳次郎らに任された。

読書はデンマーク農業と酪農の調査のほかに、農村事情を分析している竹越與三郎の『日本経済史』からはじまり、カウツキーの『進退谷《きわ》まれるボルシェヴィズム』、シュペングラーの『西洋の没落』、クロポトキンの『相互扶助論』、そしてカーペンター、オッペンハイマー、タゴールに及んだ。マルクスやマルサスを読む前段階として、英国経済史にも目を通した。しかし、ベルグソン、ジェームスの系列として、シュペングラー、カーペンター、タゴールがあり、この線上に孝三郎の共感はより強いものとしてあった。また半面ではオーエンの線上でクロポトキンにいきつき、ダーウィンの進化論否定論者としての立場を堅くしていったのでもあった。とくにクロポトキンの言う、人間は家族や自分に近い集団で本能的に行なわれる統制を社会全体にまで広げるべきだ、という考え方にはかなりの共鳴を示した。

兄弟村の内部が、着実に理論と実践で進められているとき、東京朝日新聞に紹介されたのを機に、兄弟村、文化村としてよく新聞、雑誌で報道されるようになった。そのとりあげ方は、よくみると相次ぐ小作争議や農村の暗いニュースを救うかのように美談的に報じられていた。そして、記事がでるたびに反響があり、見学者が相次いだ。そうした見学者に追従や甘言を言うのではなかったが、ひとたび農村はどうなりますかと問われれば、遠慮深そうにこのままでは農業はだめになります――などと答え、さらに相手が、それではどうするといいと思いますか、とでもたずねれば、とたんに彼は自分の考えを披瀝するようになった。もともと正面きって意見を述べるのを得意とはしなかったが、その意見には聞くだけの価値があると見え、ほとんどの者が遅くまで孝三郎と話を交わして帰っていった。なかにはあきらかに「主義者」と思われる者もいた。その彼らが人一倍情熱的で農村問題になみなみならぬ関心をもっているのもわかった。だが、その彼らが「地主」への闘争を呼びかけ、それだけで問題は解決しないという意見を述べる孝三郎を、あたかも〝ブルジョワ〟と蔑《さげす》む目をするとき、孝三郎は黙った。ブルジョワということばが、その人間に対する最大の侮辱であったという当時の雰囲気のなかで、その屈辱にうちひしがれて黙ったのではなく、その「主義者」たちが農民でないということへの無言の怒りであった。〝百姓のことは百姓でなければわからん〟というのがいつのまにか孝三郎の考えの基軸になった。かつての雑草の経験がこうした信念にまでいきついたのであった。

このころ、すなわち大正十一年から十四年にかけて農村から都会にでていく若者の数はかなりふえた。二、三男はほとんど東京にでていった。東京にでていくことが偉く、農村に残る者は時代おくれの人間であるかのようにである。その彼らがたまの休みには、一張羅の背広を着て、村へ帰ってくるとき、それが凱旋将軍のように村人の目には映った。東京ではほとんどが職工か日雇いのような仕事で、いってみると雑業層に組みこまれるような仕事についているにもかかわらず、村に残った者はその仕事を羨《うらや》んだ。当然村の雰囲気は少しずつ変化をとげた。秋祭りの太鼓は、かつて民謡のメロディをたんたんとなぞるだけだったのが、そのような若者たちにこたえて「ストトン節」「月は無情」などにかわった。また、震災後の政府の社会投資による収入増や、米やまゆの一時的な高騰による農民への現金収入は、おもに日常生活の無駄遣いとなってあらわれ、農村に出入りする商人に「東京でもはやっているんじゃ」と、決して着ることはない原色の衣裳などを買わされて消えていくのであった。すこしでも蓄積するか、開発資金にでも投下すればいいのに、孝三郎が相談に来る農民たちに説いてもそれはなかなか受けいれられなかった。こうして孝三郎はしだいに農民の生活を見るにつけ、農民の変貌にも疑問をもち、それを納得させるための理論を体系だてようとも考えた。

新聞や雑誌で報道され、意外に多くの農民と接触をもち、孝三郎はその実態を知るにつれ、農民はその精神まで都会の〝害毒〟に染まりはじめていると考えたのだった。そのことが彼を焦慮にかりたてたのであったろう。そういう疑問をもつ農村青年もまた孝三郎に近づいてくるようになった。

後藤信彦が橘孝三郎を知ったのは、父親からであった。当時茨城県会議員をしており、地方政界の中堅として名を成していた父親は、橘家の土地の小作人から代金収納を依頼されていて、よく紺屋「小林屋」へ出入りしていた。それは祖父の代から続いていて、いわば親戚同然のつきあいでもあった。その父親が信彦に向かって、

「橘さんのところの子供は立派なもんだ。わざわざ一高を止して百姓をやるっていうほどの人だから、そこらの百姓とはちとわけがちがうわな」

としばしば言った。

茨城県の師範学校を出て、大正十一年に五台小学校の訓導になっていた信彦は、そのことばをなんどか聞いているうちに、橘孝三郎の家を訪れてみようと思うようになった。しかし、それとなく聞いてみると橘孝三郎は「主義者」であり「アナーキスト」という評判

もあることを知った。村人もあまり積極的には近づかない。新聞で報じられたとはいえ、新聞にでるのはそれは大物だからだろうという無責任な噂をする人もいることを知った。もし「主義者」であり「アナーキスト」でもある人間に近づけば、それは大げさにいえば、人生の方向を誤りかねない危険な時代であった。

孝三郎の家を初めて訪れたとき、信彦は孝三郎の話に完全に共鳴した。聞いていたような「主義者」や「アナーキスト」ではなく、むしろ宗教家のようにさえ思ったのだ。彼の書斎には、原書やら辞書が山のように積まれ、その間に坐りこんだ孝三郎は和服のたもとに手を入れて情熱をこめて語った。じっと見つめる目やことばの端々にあふれた熱っぽい口調は、初めて見る人間のタイプだったが、これが宗教家というものではないのかとさえ思った。そのうえ壁に掛かっている一枚の絵、それはミレーの「晩鐘」であったのだが、その絵を語るときの孝三郎はまたいっそう熱がこもった。それから信彦は休みになるたびに、孝三郎のもとをたずねた。たずねるたびに孝三郎に魅きつけられていった。「これじゃあ農村はだめだ」ということを、孝三郎はあまりいわず、むしろ自らがなぜ土に還ったかということを語り、人間の生き方はそこにあるのだ、といった。そして「人間は神、仏への愛に生きる。土の生活での人々のつながり、それこそが本物の愛であり、愛よりもっと次元の高いまごころである」と説いた。そのころ信彦の学校に、武者小路実篤の新しき村から帰ってきたばかりの教師がいた。

「武者小路さんも橘さんのことは知っていたよ。水戸にもこんな村ができたそうだねとぼくに話していたからね」

信彦は、その教師の言葉を孝三郎に伝えると、孝三郎は首を振った。「いや、わしの所はあれとは違う。あんな甘ちゃんではない」と言った。会話をかさねていくうちに〝こんなにためになる話なら自分だけ聴くのはもったいない〟と信彦は考えるようになった。「心からよき事を願い求めつつ、その心からなる願望に生きんと欲する所、ただ真心のあらん限りを捧げ受け容れあって共にもろ共に生きねばならん」と口ぐせのようにいう孝三郎のことばは、自分ひとりではもったいない、もっと多くの人に聞いてもらわねば……というのは、後々まで信彦の心にあった。都会の害毒を防ぐ防波堤になると考えたのだった。「橘先生こそこの時代が生んだひと粒の種だ。この粒を大きく育てなければならない」

水戸の街で、橘孝三郎の名前はしだいに知れわたった。「常盤村の在に一高を止めて百姓をやりはじめたあの……」橘孝三郎であり「紺屋の三男坊の、あの変わり者……」の橘孝三郎であったが、いまは人口五万人あまりの小都市の文化人として遇されるようになってきたのだ。後藤信彦だけではなく、水戸中学、水戸高校の学生、さらに東京からも学生が訪れることがあった。学生たちの多くは武者小路の新しき村の共鳴者であったが、なにぶん宮崎県まではあまりにも遠すぎるため、水戸の兄弟村でも……という考えだったろう。だが、そういう学生は失望を味わわねばならなかった。というのは孝三郎は、農業に、すなわち土に還るという目をもった者にでなければ、さほど熱心に話をするわけではなかったからである。訪ねてくる者を見抜き、物見《ものみ》遊山《ゆさん》の態度には反撥し、口を閉じた。何でも吸収してやろうというきらきら光る目をもった者は、孝三郎の話に決まってうなずいた。なかにはそのまま居つく者もあった。

杉浦孝もそうした一人だった。東京で中学に通っていたごく平凡な青年だったが、雑誌に掲載された兄弟村の記事を見て、水戸にかけつけそのまま居着いた。孝三郎の最初の教え子ともいえた。孝三郎の著作も手伝うようになり、生来の頭の良さと相まってたちまちのうちに孝三郎の意見を吸収していった。孝三郎は杉浦に語った。「村のおっかさんたち、こういうおっかさんたちのおかげで農業は成り立っているというのに、どうだ、まったく農業はそれを消し去ることで表面をつくろっている。おっかさんたちへのまごころ、それを忘れちゃいかん——」。杉浦は村のおっかさんが救われるためにという視点から、農村婦人の研究をはじめた。農村婦人にかぎらず、「母」の愛は本能的な愛であり、その愛こそ人と人をつなぐ見えない糸であり、それを実感できないものは、この現世の規範にどっぷりとつかっているからなのだ。その愛を知るもの、霊を受けそれに従うもの、それこそ愛でありそれが人類社会の本能的なつながりなのだ。そうした孝三郎の考えは、杉浦にぐいぐいと注入されていった。まだ十八歳の青年は着実に孝三郎の考えを論理だてようと読書に励んでいった。

正三が水戸にいる画家や教師たちと絵画のグループをつくったのを機に、孝三郎のもとに水戸の、いわゆる文化的水準の高い人たちが集まるようにもなった。狭いまちでなかなか文化的香りがなく、知的雰囲気に飢えていた人たちが、大正の終わりには孝三郎のもとに集い、トルストイの「神の国は汝らのうちにあり」という話を聴き、その知的欲求感情を満足させていった。こんなとき孝三郎は、人間は決して独立した存在ではなく、神への信仰が必要であり、その信仰こそが愛であり、まごころであり、それなしには人間は生きていけないと説き、人間の真に生きる道は〝土〟にこそあるのだと言った。彼らは飢えていた。土に生きるというのは、どういうことなのだと。土に生きるということは、カルチュアというのが「耕す」という意味であるように、本来この土を耕すという生活のなかに人間の求めてやまないもの、すべてがあるのだ――。孝三郎の話が一段落すると、彼らはベートーベンを聴き、モーツァルトを聴く。ロダンやゴッホ、そしてレンブラントの絵を見る。ミレーやブレークの〝厳粛な〟絵を見る。

ミレーの絵はどうして人の胸を打つのか。

ブレークの絵はどうして人を考えこませるのか。

それはミレーもブレークも創造者として自分を鍛えあげたからだ。自分を鍛えあげるとはどういうことなのか。自分を鍛えるというのは、人が生きるというのはどういうことかをつかむことだ。彼らは自分自身に忠実に生きたからだ。……集う文化人たちが満足し余韻をかみしめながら帰っていく。こんな人のなかに、のちの代議士や視学官、そして茨城県下で指導的な役割を果たす人たちが数多くいた。多くは入信しクリスチャンになった。

孝三郎は、いま自らの殻にとじこもっているだけではなく、訪れるさまざまな人たちに

「人間はなぜ生きるか」というきわめて哲学的な話をしなければならなくなったが、いきなり多くの人に接してかなりのとまどいがあったろう。そういうとまどいは、孝三郎になんらかの影響、たとえば人の生き方を説くことにより自らは禁欲的な性格を強めたのではなかったか――。

大正十五年、長兄の鉄太郎も店をたたんで兄弟村に馳せ参じた。紺屋という仕事がしだいにさびれていくという事情があったにせよやはり孝三郎の考え方に共鳴したからである。そしてこれを機に兄弟村は建て直すことになり、大きな建物がつくられた。一万円余を投じた家屋、それは六十坪もの広さをもち、まるで公民館か役場のような間取りをもっていた。まんなかに廊下を通し、北側に十二畳ていどの広さをもつ炊事場が出来、応接間があり玄関があった。応接間は来客の多さを誇ると同時に権威づけだったかもしれない。南側中央にはやはり十二畳の部屋があり、それぞれ六畳の部屋が二つずつ両方に分かれている。これらの部屋のまえには、四反近い梨園《なしえん》があり、その隣に温室が二つある。温室のひとつは一五〇坪もあり、そこにはカーネーションが咲いている。屋根は極端に高く、それがとんがり帽子のようになっていて、そのうえ屋根には藁《わら》がはい、それは六尺もの厚さをもっている。だからその建物ははるか遠くからも認めることができた。その偉容とともに鉄太郎一家、母親のもんの兄弟村への参加は、「小林屋は本気だったのだ」と思わせるに充分であった。兄弟村は六世帯三十人近くが居住する一大集落になったのである。

そして、これを契機に、それまで机上のプランだった酪農計画が本格的に動きはじめた。

乳牛、耕牛、豚など十頭近くを関西に行って買った。それに徐々に買いふやしていた鶏が百羽近く――畜舎がつくられ鶏小屋もつくられた。乳牛一頭、耕牛一頭、親豚一頭、これは一家族がゆうに生活していける規模である。孝三郎は畜産の本を読破し、この規模をもてばたとえ農業に暴風があたるという外的要因があったとしても、自立の生活が営める目算があった。当時の農家でこの規模を容易にそろえることのできたのは中農以上だが、鉄太郎が店をたたんで兄弟村に入ってきたとき、この資金をまかなうことができた。かならずしも潤沢とはいえないにしても、これだけの規模をもてたという事実は、やはり他の農民や農家とはちがっていたといえるだろう。

さらに畜産、畑作、稲作、花づくり、この四つをほぼ敷地を均等につかい、兄弟村で行なうことになった。畜産、畑作、稲作は、孝三郎の考えでは都会的な――それはより資本主義的な搾取と同義語と解することもできるのであるが――交換経済からの脱出を意味している。経済機構のなかに組みこまれた農業の循環を、工業による農業の搾取、あるいは市民による農民の搾取ととらえることで、あえてそのなかには加わらず、いやむしろそこから脱出することで自立していくという考えである。そうはいってもたとえば生産手段、それに化学肥料も工場から農村に入っているが、兄弟村もそれらの肥料には頼らねばならない。もちろん彼らもこうした肥料には頼ったが、いずれは雑草を食べる牛や豚の糞が肥料になり、むしろそれこそが良質の堆肥になるという心算《こころづもり》ももっていた。

日本の農業危機が根底からゆすられるほどにならなければ、兄弟村の体制は崩れないほどのものを、彼らはつくろうとしたのであろう。かつて孝三郎は苦い目にもあっていたのだ。それはひとりで畑仕事をするようになったころ、まだ利益をあげることを目的にしていなかったにせよ、どうしても畑からの収穫物が一定していなかった。俗にいう「作がたいらでない」というわけである。ある作物はどんな精農の収穫物にも負けない。しかし別な作物はまったく話にならないほどの収穫しかあげることができない。その差が極端なのである。こんなことは精農にも駄農にもなかった。精農は精農なりに一定して作がよく、駄農は駄農なりに作が一定している。これはなぜなのか――二年もすると、孝三郎はその因を理解することができた。熱を入れて一生懸命に作ったものは出来がよく、熱を失っていたり力をぬいたものは、かならずといっていいほど出来はよくなかった。素人百姓の悲しさであった。このことが孝三郎の、農業は、〝まごころ〟そのもののあらわれと考える動機であり、そういう神聖な農業が外的要因で壊されるのなら、壊されないように自衛することだ、と考える根拠だった。農業が精神活動の所産であるということが孝三郎の信念となった。さらに社会とはあまり接触をもたず、自らの枠内ですべてをとりしきろうと考えたが、たとえば畜産の牛、豚の糞を肥料に転化するなどして自給自足、自立の兄弟村にするための布石も打つことになった。

一家をあげての帰農はそのスタートを促し、兄弟村がひとつの完全な共同社会になる始まりだった。そのために正三の末弟を帝大の医科に進めて、医療機関をつくることまで企図していたのである。

7　時代の局面

「恒産なきものは恒心なし」、まるで貧乏人は人間としての精神をもっていないのだ、という理由で、貴族院は納税資格条項を撤廃しようとする普通選挙案に反対した。しかし普選を要求する声に抗しきれず大正十四年三月二日に衆議院で可決され、三月二十六日貴族院で修正可決、五月五日に公布された。この可決によって、二十五歳以上の男子は納税その他の条件もなしに選挙権をもつようになった。すなわち普選要求の裏には大衆の盛りあがりがあったのだ。そのうえ米騒動のあと誕生した原敬内閣、それを支える政友会など政党政治家の尽力もあった。また護憲三派の強力な力添えも指摘できる。ここにいきつくまでの政治情勢、すなわち大正末期の政治支配はどういう変遷を経たのだろうか――。

原敬は大正十年十一月東京駅で、東京・大塚駅の転轍手中岡艮一《こんいち》に刺殺された。これをうけて議会で多数を占める政友会を代表して高橋是清内閣が誕生した。しかし党内の反対グループの圧力で八カ月で潰れ、そのあとに海軍大臣加藤友三郎が組閣したが、加藤が死亡したため、山本権兵衛内閣ができた。しかし、大正十二年十二月、虎の門で摂政宮の狙撃事件が起こり、山本は辞職した。犯人難波大助は皇室崇拝から一転してアナーキズムに近づき、狙撃の因は大杉栄虐殺事件を起こした官憲への復讐であると述べたという。この事件は各界に波紋を投げた。たとえば、法相だった平沼騏一郎が前年に設立した国本社《こくほんしゃ》の拡充を決意したのは、この事件のためだという。顧問には上原、井上、東郷らの三元帥が並び、役員には支配階級の中枢メンバーをほとんど網羅していた。徹底した日本主義を唱え、昭和初期のファシズムの生成過程で大きな影響を与えた団体であった。

山本内閣のあとは、清浦奎吾《けいご》内閣が誕生した。清浦は当時枢密院の議長で、貴族院の有力者の支援で組閣したが、その背後には貴族院議員だけでなく、元老のあと押しもあり、軍人、官僚を大臣に据えて政党は完全にしめだした。政友会の一部、犬養毅の革新倶楽部、加藤高明の憲政会は清浦内閣に反対を表明した。政党政治家と貴族院議員、軍人、官僚との顕わな対立だった。この図式は五・一五事件後の政局にもあらわれた現象だった。ちょうどこのときも、政友会の床次《とこなみ》一派が清浦内閣に協力するため、政友本党をつくったが、そういう野望に燃える政治家が五・一五事件後にも輩出したのである。

清浦内閣は政策の骨子に思想の善導、国民精神の作興を掲げ、大正維新を旗印とする政友本党とともに安寧秩序を守り、神を敬うというアナクロ的政策を進めた。〝清浦内閣反対、憲政擁護〟を叫ぶ三党は政党内閣樹立をめざし、第二次憲政擁護運動が全国的な規模で広がった。大正十三年五月の総選挙では憲政会一五二名、政友会一〇二名、革新倶楽部三〇名で護憲三派の圧勝であった。それでも政友本党は一一一名、無所属小会派は六九名の当選者をだしている。こうして加藤高明を首班とする護憲三派内閣ができ、大正十四年三月に普通選挙法を第五〇議会に提出し、その可決を見たのである。

そして加藤内閣は外相に幣原《しではら》喜重郎を据え、協調外交をとり、対支内争不干渉、英米とも徹底した協調路線を歩んだ。だが国内的には、普選と同時に治安維持法を公布し、高揚しつつある社会主義運動への警戒を隠さなかった。この内閣は時代が要求する支配階級の硬軟両面の意図を反映していた。

大正十五年に加藤首相が死去すると、若槻礼次郎が首班となり組閣、大臣の顔ぶれを変えず税制整理案、予算案を通した。だが、若槻内閣にはふたつの問題が噴出してきた。ひとつは朴烈事件、もうひとつは松島遊廓の疑獄事件である。朴烈と金子文子の写真は北一輝によって怪文書として各方面に配布されるという一件もあったが、政友本党はこれを口実に若槻内閣打倒の動きをつよめる。松島遊廓の疑獄事件の真相はいまに至るも定かでないが、政友会、憲政会、政友本党の議員が土地業者から金銭を受けとったというもので、裁判の途中で若槻首相自身が偽証罪で告訴されるという不可解な事件だった。

政友会と政友本党は、このふたつの事件を軸にして若槻内閣不信任案を提出する――。

一方、軍部の動きはどうだったか。

大正十年から末にかけては、庶民の間に軍人に対する反感が強まった。それは世界的な軍縮ムードの反映だったが、軍人のなかから社会主義者がでて、辞職していくのもそれほど珍しいことではなかった。たまに軍服で電車に乗る軍人を乗客は白い眼で見つめ、なかにはつばを吐きかける者さえいた。このような風潮が若い将校や幼年学校の生徒たちに屈辱感を与え、それが昭和ファシズム醸成のなかで軍人にうっぷんばらしを行なわせしめるに到ったともいう。総体的に軍人には単純な人間が多く、それだけに怒りや屈辱を土台にして時代をのろったりする。このころの将校たちは〝今に見ていろ、軍人の天下にしてみせる〟と腹のなかで叫んでいたというが、それは彼らの屈折した組織原理と相まって昭和の一連の行動のなかに露骨に現われたというべきであろう。そして、半面では中学での成績優秀な者が、海兵、陸士を志願し、エリート意識をもって軍中枢への道を志していた。

軍人が身をすくめていなければならなかった理由はいくつかある。が、もっとも大きな理由は大正十年十一月のワシントン会議にあった。アメリカの呼びかけで当時の有力国である英・仏・伊・日本の四カ国が、海軍軍縮問題や極東問題の討議のために、ワシントンに参集した。そして日、英、米、仏の四カ国条約が結ばれ、それぞれがもつ利権の尊重が決められ、さらに九カ国条約（日、英、米、仏、伊、中華民国、ベルギー、オランダ、ポルトガル）も締結し、中国の独立と領土の保全が約束された。軍縮問題については主要各国の間で主力艦を削減しその建造を十年間中止することが決められ、日本は米英の十にたいして六の比率で所有が制限されることになった。このときの日本代表は加藤友三郎だったが、大正十一年に加藤内閣をつくると、陸軍省に「整理縮小に関する具体案」を練らせた。

大正十一年から十四年にかけて、日本は三回の軍縮を行なった。この三回のなかで、宇垣一成が行なった大正十四年五月の果敢な軍縮はのちの日本の軍部に大きな影響を与えるものであった。宇垣は陸軍の縮小が国民、政党の声であると見抜くと、その整理にとりかかった。今日、宇垣のこの実行は、「人を整理し、それを流用し、同時に兵装の近代化を計り戦力を向上し、合わせて経費削減を狙った一大野心」と考えられているが、それにしても宇垣の政治的な動きは矛と盾の二面性をもっていた。四個師団を廃し、学校での軍事教練を創設、そして科学兵科の拡張を、宇垣は実行した。整理された軍人には、若手将校が多く、彼らは宇垣憎しでかたまり、それは軍中枢のなかにも潜在化していった。しかし宇垣はこれらの軍人を、中学校から大学までに軍事教練を必須とさせ、そこに教師として送りこむことに成功して、満州事変以後日中戦争、太平洋戦争ではこの制度が大きな役割を果たす。

山県有朋が死んだあと、陸軍のなかには二つの派閥ができつつあった。ひとつが長州閥とでもいうべき山県を継ぐ田中義一、宇垣一成であり、もう一派は上原勇作を頂点とする九州閥である。上原と田中は山県のあとを狙いことあるごとに確執を続けたが、宇垣の軍縮を助けて自ら予備役編入になった田中は政治家への道へ傾斜し、上原は荒木貞夫や真崎甚三郎に後事を託した。この二つの流れはそれ以後の日本の歴史にさまざまなかたちで現われてくる。俗にいう皇道派とは上原の系列をさし、統制派とは宇垣の系列をさしている。

しかし一方では依然として続く長州と九州のふたつの藩閥に愛想をつかし、より機能的に軍部の役割をとらえようとする考え方が若い将校の間には芽生えていた。たとえば永田鉄山、岡村寧次、小畑敏四郎、東条英機ら若手将校は、留学先・視察先のドイツで密かに会合し、派閥の解消、人事刷新、軍制改革、総動員体制を誓っていたのだ。彼らは日本に帰ると佐官級を集め「二葉会」として会合をつづけた。のちの統制派の芽である。

大正十五年十二月二十五日、大正天皇崩御。書経堯典の「万邦協和、百姓昭明」からとった昭和という年号は、人びとに国威増進にふさわしいと思わせた。昭和という舞台がどのように展開するか、その前半が戦争で終始するとはだれも考えなかったであろう。明治から大正へ、大正から昭和へ、それぞれの時代がもつ様相は巧みに受け継がれていったと考えれば、昭和の前半を占う因は大正時代にすでにあらゆる面に存在していたと考えられるのである。

Ⅲ　愛郷会

1　小農経営

孝三郎は

「神の命ずるままに……、霊の命ずるままに……」

と言う。

このときの〝神〟というのは、どんなものなのだろうか。孝三郎はクリスチャンではなかったが、はやのピアノで賛美歌を歌ったり、手元から聖書を離さないというキリスト教的な雰囲気が兄弟村にはたしかにあった。祈るという行為が、結局は自らの精神生活そのものの具現である以上、その対象がなんであれ、実は〝祈るという行為〟がひとつの絶対的価値としてあった。「晩鐘」のミレー、無名の行者木喰上人――このふたりを終生の師とする孝三郎の祈るという行為の核にあるのはミレーと木喰上人《もくじきしょうにん》のように生きたいという願望であったろう。だがそれは論理的でないだけに、孝三郎にさまざまな受けとめ方となってはね返ったであろう――。

孝三郎の部屋に飾ってある数葉の絵。ミレー、ブレーク、そして水戸の生んだ画家中村彝《つね》の絵。その絵を見て、敏感な人たちは孝三郎の性向を知ったかもしれない。あるいは実は、孝三郎が「これらの絵がわたしを変えたのです」と口に含んでいる言葉を察したかもしれない。新しく建った建物の屋根が、どこかの教会でもあるかのように見えるが、それを見て孝三郎の宗教的な熱情の現れと読みとる人がいたかもしれない。だがたとえそう読みとることができたとしても、「神の命ずるままに……、霊の命ずるままに……」ということばをどう理解しただろうか。そして多くの理解しえない人々はどうしたらよかったのだろうか。困惑したように孝三郎を見つめるだけだったろう。

そういう徴候は訪れる人たちだけではなく、兄弟村にもあった。

「婦人の国」（大正十四年七月号、新潮社刊）には、「常陸の新しき村に、若き帰農の哲人を訪ふ」と題した兄弟村探訪の記事がでている。日向の新しき村に対抗する常陸の新しき村――という視点で、この記事は書かれている。すでに、日向の新しき村は各人の自我が衝突し思うようにいかなくなっていたし、武者小路自身村を離れる段階にまでなっていた。それはオーエンの失敗をそのまま踏襲したかたちになったといえようか。そして兄弟村にも新しき村とは違ったかたちでそういう芽が育っていた。

雑誌記者の問いに、孝三郎はつぎのように答えている。それは、共同社会のむずかしさを率直に語った内容である。

「大地と労働とのソリダーテの上に生活の基礎をおいて、凡てを受け入れ凡てを愛していくだけの心持ちですので、それと気持を同じうしてくれる人たちの集まりですから、それは十年の間には多少の感情の離反もなくはありませんでしたが、まあ順調に成長してこられたのは非常に有がたいと思ひます。ただ婦人たちの間にほんたうの無我の共産的な気持が頭で受け入れてくれても事実にぶつかるとやれ私の方の道具を使つてゐられて困つたとか何とかいふ風に、充分のみ込まれてゐないのを残念に思ひます。殊にこの二〜三年は私が病気だつたり、子供がなくなつたり、皆が何だか昔のやうな意気込みを失なつたやうな気がします。しかし私はよし私の企てが失敗に終つても決して私の考へは間違つてゐるとは思ひません。やがて多くの芽をだすために地に落ちた一粒の麦だけの働きはなしうると思ひます」

建物がりっぱであり、帰農する人がふえたとしても、実際このころは兄弟村も危機を迎えていたのである。それはこの〝探訪記事〟にもあらわれているように、すべてを共有する、すべてを公平に分配するという原則が一朝一夕には守られなかったためである。生産手段を共有し、労働はその人の体力に応じて行ない、収穫は公平に分配するという兄弟村のあり方は、一面でいえば実際の社会とはあまりにも遊離していた。それだけにすべてにわたりあらゆる人に共同生活を要求するのは無理であった。孝三郎自身が帰農したころは志を同じくする者たちのみで、しかも男どうしであれば、なんとか思想や信条で結びあうことができても、女性が介入したり、思想・信条が究極の点で一致していないときは徐々に亀裂ができるのは当たり前といえるだろう。現実に兄弟村もそうなりかかったのである。とくに厄介なことは、孝三郎の考え方を尊重し、相互に干渉せずそれぞれが独立した人間であるという考え方をあくまでも貫こうとすることにたいする反撥であった。独立した個人、自立する個人、兄弟村にあってはひとりひとりが、強い個人であらねばならなかった。自らの意見をもち、この兄弟村で生活するという意思表示は、より強く自分を磨くという向上心をもたなければならない。だが、だれもが強い個人であることは容易なことではなかった。だれもが強い個人であったならば、兄弟村はこの世の楽園になるが、ひとりだけが強く、残りの人間が自由や自立より拘束や強制を好んだとするならば、それは汚れた花園となる。これではいけない——と彼らは広間に集まり、兄弟村をどう進めるか、どのように作業を分担させるか、どうすればいいのかを真剣に考えるようになった。

兄弟村の農業構造を目の前にある資本主義下での枠組みに組みこまれないようにするというのは、彼らの大前提である。自給自足をし、自立した村にするというのも前提である。が、実際問題としてこの大前提を金科玉条にしていたら、彼らは自らの生きる道を狭めるだけでもあった。肥料は人糞がよいのはわかっているけれども、それだけでは充分にまかなうことはできない。やはり街の肥料店や農村を歩く商人にもたのまなければならない。そして小商品提供者として生産者の立場にもたたなければならない。いくつかの事実には目をつぶるにしても、兄弟村は現在ある農村とは異なった形態をつくり、その形態のなかで商人や市民に隷属した農民ではなく、真に目ざめた農民でなければならない。——彼らの討議は鉄太郎の帰農前後から度を増し、その内容はしだいにひとつのかたちをえがきつつあった。おなじ兄弟村の住人であっても、それぞれの性格は違う。花をつくるのが好きだというものもいれば、とにかくここで生活していければいいのだというものもいる。その違いをとにかく平均にそろえて、おなじような仕事をするというのでは、とうぜん作業能率も違ってくる。

そこで彼らは討議のすえに、この村の役割を分業化することにした。畜産を主流にしつつ、畑作、稲作をやっていくのだ。いわゆる有畜農業必要論の身をもっての実践である。

孝三郎はこのころ言っている。

「日本はもっとも恵まれた畜産国たりうる天与の条件がある。どうしてこれに早くから気づかなかったのかと思へてくる。天与の条件——それは実に簡単なことだ。なんのことはない、雑草だ。厄介な、あの草さ……。日本農業の敵は冷気でもひでりでもない。草だよ、草。雑草を退治せず畜産をとりいれることでこれは解決する。しかもだ、家畜のおんこを豊富に収穫し、それを畑作にまはして肥料にする、まさに一石二鳥だよ」

すでに静岡から買い受けた種牛は年に数頭ずつ仔牛を生んだ。このころのホルスタイン牛はオランダ産で、身体はさほど丈夫でなく、規則正しい飼育をしなければ、なかなか育ちはしない。それを正三や徳次郎や杉浦などが飼育を続け、その技術をさらに完全に覚えるようになっていた。それをさらに大きくする、いわば大型農場にするというのである。

さらに静岡に行き、種牛を買いとり、こうして本格的に畜産に入ることが決められた。兄弟村周辺に広い牛たちの運動場もつくられた。

畜産に力を入れ、それぞれが分業化することで共同的な生活に改善を加えることになった。分業化というのは、すなわち家族単位ということである。兄弟村はすでに六家族あるが、家族が日本農業のもっとも小さな単位であり、家族が手を結ぶことによって、相互の家族の間に兄弟愛がわく。天を父とし地を母とすることによって、農民はすべて兄弟となり、その最小単位に家庭があるのだ。家庭がなぜ最小の単位たりうるのか――一家族、子供も年寄りも、主人も主婦も、ともにたずさえて家業にあたるのは、農業を除いて他の職業にはみられない。老人には畑を耕すことはできないが、草をとることはできる。若い者が力一杯畑を耕し、老父母が草をとり、種が蒔かれる。その一家が支えられる土地の上に、だれもが働けるような仕組につくられているのが日本の農業の真の姿である。この家族的小農には永久にほろびない強さがある。どんなに忙しいときでも、この家族的独立小農は団結してきりぬけていくことができる。作男もまた一家の一人である。賃銀労働者もその日一日は家族の一員である。馬、牛、豚、鶏にしても家族の一員なのだ――。孝三郎が共同的基盤の弱さに気づいたとき、ゆきついたのは家族という単位だった。

一家族が生計を立てるには、どのような農業経営が望ましいのか――。それを孝三郎は資本主義下の社会で暮すモデルケースとして考えをまとめるようになったのだが、たとえば徳次郎のために具体的な数字をまとめたのをみると、つぎのようになった。

夫婦と四人の子供

一町五反歩《たんぶ》の耕地で、そのうちの三反を水田とする。この耕地の一角に住宅をつくり、家畜小屋をつくる。そして乳牛一頭から牛乳をとり、家で飲む。耕牛一頭も買い、畑を耕す。豚は親豚一頭、それから一年に二回二頭ずつ仔豚をとり、ふやしていく。鶏は百羽ほど買い、卵を生ませ、家庭での消費をこえる分は、まちに送りだす。

このようなサンプルをつくり、彼らは実践していくことになった。林正三は花を専門にし、むしろ花屋のようになるという。鉄太郎はやはりサンプルにのっとり、梨や畑作に力をいれることになった。とはいえ分業化といっても兄弟村の部分的な私有という意味ではなく、基本的には相互に協力しあうというかたちで確認されたわけである。個人から家族という単位への移行は、共同社会の挫折である以上少なくとも前進とはいえなかった。それはかたちを変えた〝新しき村〟の失敗であった。

兄弟村でこのような試みが行なわれているとき、近在の農民たちの意識はどうだったか。兄弟村は、とにかく常盤村では別格であった。いや別格扱いを受けていたというべきだろう。たとえば、そのころ農村を回っていた商人がここにははいってこなかった。商人の多くはあくどい方法で農民を痛めつけていた。たとえば雑穀商という商売があった。ふつう雑穀買いといい、農村を回り雑穀を買って歩く商売である。現金が欲しい農家は、この商人を珍重し、商人が訪れると雑穀をだす。あるいは現金がまったく底をつくと自家用米もだすことがあった。穀類、小麦、落花生、ゴマなどがその商いの対象であったのだが、現金ほしさのために自家用米をだすというのは、その生活の苦しさをものがたっていた。商人たちは、それを重量で買いとるのだが、なかにははかりをごまかしていたり、ひどいときにははかるときに性器をだして、主婦の目をそむけさせ重量をごまかして買いたたいていたのである。

このような例は数多くあった。金貸しに金を借り、返しにいっても領収書をもらってくることを知らないので、なんども催促されて家屋敷を担保にとられるものもあった。農民がいくらがんばっても、領収書がない以上、どうすることもできなかった。また、米を買い集める商人は、狡猾な手段を使って農民をだまして歩いた。わずかに残しておく自家用米はその甘言にのせられて、倉から引きだされるのである。仲買人は村にはいる前に打ち合わせをして値段を決め、それを農家に伝え歩き値段を下げていくのである。これを駆け引き取引といった。また農民が困りはて、それは多くは子供が遠足に行く前日だったり、祝儀があったりしたときだが、米を売りに行くと、店に一歩足をふみいれたとたんに取り引きは決まったとされた。値は商人のいうままであった。それを断わることは許されなかった。貧しい小作農は、米麦の収穫時に支払う約束で肥料を購入するが、それが期限内に払えないときは、日歩四銭の延滞金を支払うという契約書を交わすことを求められるのが常だった。不作が続いたり、ひとたび災難があると、利息は膨大な額になり、田畑や家屋敷をとりあげられることもあった。それを防ぐために、娘を都会に売りとばすことで、なんとか危機をしのぐのだった。それも一時的な応急措置にすぎないのだったが……。これは青田売りとか前売りとかいい、大正末から昭和二、三年までは、農村の底辺だけだったのだが、やがて農村恐慌がいきつくと、それは当たり前のことになってしまったのである。病気をすれば、もっと悲惨だった。医者を呼べば往診代、さらに薬代、それが重なって往診を受ければ破産する家さえでた。なかには金がないのを知って、診察を拒否する医師もあった。農村で妾をもっているのは、医師、肥料商、米穀商であったが、その妾も多くは借金を払えない農民の妻であったり娘であったりした。兄弟村はそんな悲惨な現実とはまったく隔絶したところにいたが、そういう話を聞くと悪徳商人だけではなく、あまりにも無知な農民にたいしても怒りをもったのであった。

2　既成事実

政友会、政友本党の不信任案にたいし、若槻は昭和初年に政変を起こしては申し訳ないとの意向で、政友会の田中義一総裁、政友本党の床次竹二郎総裁の三者会談で政治休戦を申し入れた。これにより、不信任案は撤回された。

だが、昭和二年三月、片岡蔵相は衆議院予算委員会で不用意に「銀行が休業した」と発言した。預金者たちが一斉に銀行に駆けつけた。いわゆる金融パニックの始まりである。この因は震災手形の処理をめぐってである。震災手形とはいいつつ、銀行が抱えていた手形は倒産企業のこげ付き債務だったのだ。台湾銀行の倒産に端を発し、二十行もの銀行があえなく潰れ、若槻内閣から代わった田中義一内閣での高橋是清蔵相が支払猶予令（モラトリアム）を実施して、パニックをおさめたのであった。

このパニックで中小銀行の信用が失墜し、財閥系の銀行に預金が殺到した。その結果、企業カルテルが進み、財閥の力が強くなっていった。パニックは独占資本の強化を生んだのだが、なかでも三井と三菱は政友会、民政党の実質的なパトロンとなった。

パニックのあと、田中内閣は衆議院を解散し、初の普選を実施した。だが、選挙の自由はまだなく、特高警察により無産政党の選挙運動は厳しく監視された。無産政党だけではなく、野党の民政党も妨害を受けた。一方では政友会の運動員を警官がオートバイに乗せて票集めをするという無茶な選挙となった。しかし、政友会は第一党の座は守ったものの、民政党よりわずか二名多い二一八名の当選者をだしただけだった。無産政党三派は七名の当選者をだしただけに終わった。

この選挙で茨城三区から、信濃毎日新聞の主筆をやめた風見章が立候補した。しかし落選し、次回を期すことになった。桐生悠々と二人で主筆をつとめていた風見の名前は、茨城ではまだほとんど知られていなかったのだ。

田中内閣は、四月二十二日の議会開会を前にふたつの事件を起こしていた。ひとつは三月十五日に全国的な規模で行なわれた共産党員とその同調者千五百人の逮捕である。このとき、特高警察は拷問で痛めつけたが、これが昭和の特高の暴力の始まりであった。もうひとつは、第二次山東出兵で、これは大正十年からつづけられていた協調外交の破棄を意味した。中国は日本の一方的な「対支二十一カ条」以来、日本への不信を強めていたが、軍部は外務官僚の協調外交に徹底的に反対し、武力による満蒙解決を考えていた。とくに関東軍の若手将校にその空気が充満していた。

昭和三年六月、張作霖を乗せた列車が爆破され、張作霖は死んだ。関東軍は張作霖に独立を宣言させて、満州に傀儡《かいらい》政権をつくろうとしていたのだが、むしろ張作霖は欧米に依存しようと考えていたのである。張作霖の爆死は、関東軍高級参謀河本大作大佐が部下をつかって行なったのだが、陸軍省の「便衣隊の陰謀」という発表は各国にまったく信用されず、日本軍人の蛮行と断定した通信社もあったほどだ。

この事件は満州某重大事件といわれ、日本国内ではまったく伏せられた。だが、中国では排日感情がますます高まり、日本の中国侵略の第一歩と強く中国人に記憶された。……このふたつの事件は、昭和という時代の前途をきわめて象徴的にえがきだした。大正デモクラシーの延長につながった社会主義思想は、国家の安寧を乱すとしてその存在が否定されたことと、軍部は政治家のもとにコントロールされるのではなく、なにより実力行使がもっとも簡単に政治や外交を抑圧できるということを意味していた。それを政党政治家の一部が「頬かむりをして黙認する」という図式もすでにこのときから始まったのである。

ひとつの既成事実をつくってしまえば、あとはどうにでもなる、というのが、昭和初期のこれらの事件に共通している。既成事実の真因は国民には伝えず、ひたすら既成事実の容認を求め、本来既成事実に異議を唱えるべき人がその権利を放棄し、既成事実の上にまたつぎの既成事実をつみ重ね、ひとつの既成事実を批判した者は発言力を失い、既成事実の起こる因を追及する者は共産主義者として弾圧された。改むべき最初の事実を改めなかったばかりに、それ以後は虚構の上に虚構が重ねられ、虚構があまりにもつみ重なったとき、壊れるのを恐れた権力者たちは「あれは実像だ。いや実像でなければならぬ」と言い、それを世界に押しつけた。

このふたつの事件はそうした歴史への始まりであった。本来なら処罰されるべき河本大作らを行政処分にしかできなかった田中義一内閣の責任もさることながら、それを容認した人たちの責任も重大であるといえるだろう。このことは治安維持法改正が三・一五のあとに緊急勅令をもって公布されたことでもわかる。そして議会には「治安維持法改正事後承諾案」として上程されたのである。これに反対した山本宣治は、黒田保久二に刺殺された。黒田はわずか五十日でうやむやのうちに釈放になった。

桐生悠々はマルクス主義には反対だったが、その弾圧にも反対だった。彼は、この事後承諾案に「否」と言った。信濃毎日新聞につぎのように書いている。

「……（このような重大な法律を君主みずから責任を以て発布する勅令をもって行なったことで）彼等のいふところ『皇室中心主義』は明かになつた。……かれ等の『皇室中心主義』とは累を皇室に及ぼす事、おのれの責任を皇室に転嫁せんとする事、即ち『皇室累犯主義』『皇室転責主義』であつた。言葉をかへていへば、虎の威を藉りて、狐が私欲を逞しうするに過ぎない事が分つた」

3　舞台へ……

「ところがどうだろう、これほど大切な農業が見くびられている。無視されている。ひどいのになると農民といえば退嬰的で非進歩的でどうにもならんと思っている。農民自身だってそう思っている。本来なら農業は国の基礎であるはずなのに、猫のしっぽとおなじだ。猫のしっぽならまだいい。しっぽなんかなくたっていいと思っている……」

「おっしゃるとおりです。ぼくの村でも東京に行くのがすばらしいというし、親父やおふくろにしても、とにかく死ぬまでに東京に行く、銀座を見るんだと、そればかり言って楽しみにしているんです。銀座でもなんでも行かしてやりたいのですが、そんなことできませんし……。とにかく食っていくだけでやっとですから……」

「銀座へ行ったってなんにもならないんだが……。百貨店や東京の商人どもにもうけさせるだけだ。いや、これはなにも君のご両親を悪くいうのではない。農民が都会にあこがれ都会がすばらしいということが、農民自身の負けになるということで、都会もすばらしいだろうが、農民はもっとすばらしいと考えるようにならなければいかん。君、これはよく考えてみたまえ。まだこの世はダーウィン主義的見方が支配している」

「ダーウィン主義的見方？」

「そうダーウィン主義的見方だ。つまり簡単に言ってしまえば農業国から商工業国に成るのが、その国の進歩発達だという考え方だ。こんなこと耳がいたいほど聞かされている。

君にその気があるなら、水中か水高の先生にでも聞いてみるといい。だれもがそういうだろう。それが学問というものなのだ。いやそれが机上の学問というものなのだ。まちに住む人間には農民のことはわからない。そのまちの人間のなかでつくりだされる学問というやつが農民と農村のことを知らんのもこれまた当然というわけだ。社会科学だ、人文科学だといっているが、それはそんな連中が頭で考えだしたもので農村のことなどわかるはずないじゃないか」

「でも先生、学問をしなければ先生のおっしゃることはわからないと思うんですが……。ぼくも上の学校に進みたかったのですけど、長男だったからあきらめました」

「それは結構なことだ。君のように向上心に燃える青年ばかりだと農村もずっと変わってしまうだろう。わしも学問をいっさい否定するというのではない。いやむしろこれまでがあまりにも農民は頭をからっぽにされすぎてきたんだ。君はちょっとおかしく感じるかもしれんが、わしはわかっているから話しているんだ。君がなにも知らないから話しているんではない。実際こうして話を聞きにくる人たちのなかには、まったくなにも知らない者もいる。それもすこしでもわかろうとするのならともかく、わかろうとしない人にはわかるもんではない。いきつく先はげんこつだ。げんこつといったってなにもこつんとたたこうとするんじゃない。結局喧嘩になってしまうんだ。そういう学問できたえられた人たちは、実際この農村の現状を知っているかということになる。いやまわりくどい言い方をやめると、そういう学問を吹きこまれてしまった人たちはそういう頭になってしまっているわけだ。東を向いているつもりが、実際は西を向いているということだ。わしはいまこうしてこの部屋で君と向かいあって、南のほうを見ている。ところがこの部屋とまったく同じ部屋が北側を向いてあったとしよう。そこにわしが坐ったとすれば、北を向いているにもかかわらず、南に向かって坐っていると思いつづけるだろう。しかも、人からいやこの部屋は北を向いているといわれたって、なかなか信用できるもんではない。いま日本は英国のようになるんだ、農業国から工業国になるんだ、それが進歩なんだという俗説にまどわされて南側を向かせられている。しかしそれは本当は南側でなくて北側なんだ。それが思想の支配性だ、それが農民の頭をからっぽにするための支配なんだ」

「はあ、わかるような気もしますが、先生の話はむずかしくて……」

「いや君、なにもむずかしいことはない。ことは簡単だ。農村社会をつくるものは農民でなくてはならん。農民的方法で農民のための農村社会でなくてはならん。じゃあ農民的方法というのは何だということになる。それは簡単なこと、土に還ること、大地での勤労生活、それしかない」

青年は納得したように、大きくうなずいた。

昭和にはいっても農業恐慌が慢性的につづく。茨城県は比較的中型の農家が多く、小作争議の件数は他府県とくらべても圧倒的に低かった。昭和二年にはわずか十八件であった。だが農村青年たちのあいだに農民組合のパンフレットや檄が撒かれるようになり、その影響はかなり深く浸透しはじめていた。

そういう青年たちが、いわば知識に飢えている農村青年たちが孝三郎のもとを訪れては、たとえば前述のような会話を交わしていくことが多くなった。大正時代と昭和時代の孝三郎を訪れる人たちとは、明らかにちがいはじめていた。

実際にちょっとした自作農の息子でも経済状態がよくなく、なかなか上級学校に進むことはできなかった。とくに長男だったら、よほどの能力があり後援者がつくかしないと、進学することはできなかった。しいて師範学校に進む者があったとしても、生活が続かず中退しなければならなかった。したがって知識欲に燃える青年も一年、二年たつうちに、つまるところわい談の仲間入りしてあたら意欲を減退させるか、ときに水戸のまちに出て映画の一本でも見ることによって退屈をまぎらわす平凡な農民になってしまうことが多かった。真面目で向上心に燃える篤農青年たちは、左翼系の農民組合の機関誌を読むかマルクシズム思想に傾斜するのが当然であった。彼らの知的欲求はそこで充分満たされるからである。

孝三郎のもとを訪れる青年たちは、地主と小作の図式に納得できない自作農の息子が多かった。地主と小作という図式に孝三郎は、それなりに明快な見解をだし、それ以前に農業にひそむよさを見つめ、それを生かすことによって理想社会がつくられるという論を展開していたから、マルクシズムにこりかたまっていない青年たちには、農業に携わる意義を教える結果となった。マルクシズムに傾斜している農村青年には、都会が農村を破壊する資本主義の歴史的発展をのべ、マルクシズムは都会、すなわち工業内部の矛盾対立の理論であり、それを農業にあてはめることは、二重の意味で冒瀆だと言った。そのひとつは農業と工業における生産の〝本質的な相違〟であり、もうひとつは生産の農業、工業の相関不可分的絶対性についてである。そう語り、説明し、ロシア革命がロマノフ王朝を倒し資本主義を倒したことには敬意を表するがと前おきして、

「資本主義社会の病態化はその価格経済生活を一貫する資本主義的経済そのもののなかにあるというより、その病根は資本主義社会が天地大自然を忘れ、土を蹂躙し、人間の社会的本能を無視するところにある。土を亡ぼす一切はまた亡ぶ――これこそが歴史の教訓ではないか」

とはいえ実際に農村のなかで小作人争議が起こり、現実に小作人の貧困な生活を見て、その因が地主の不当な搾取にあり、小作人が労働者とかわらない状況にあると考える人たちは、なかなか納得することがなかった。農業内部の矛盾があまりにも大きかったからだ。

昭和三年には、孝三郎の病いは完全に癒えた。と同時に積極的に畑にでるようになった。訪れる人があると野良着のまま帰ってきて、陽当たりのよい縁側で話に応じた。そんなときも農業や農民に関係のない話のときは、相手のことばに合わせて、「はあ」とか「そうですね」と相槌をうつだけだった。しかしひとたび農村のことにふれると、瘦せた肩をそびやかして、腕をふり声を荒らげ、昂然とまくしたてるのである。「舌端に火焰ほとばしる」と書いた雑誌記事があったが、事実そのとおりであった。語り終って渋茶をすする段

になると、またもとの柔和な村夫子《そんぷうし》然となった。鼻柱に小じわをつくって笑うときの孝三郎の顔は、いままであれほどまくしたてていた人間とは別人のような感じを与えたほどであると当時の雑誌には書いてある。だから孝三郎と会話を交わした人たちは、かならず「彼は本物だ」とか「農業に関しては彼は真剣に向きあっている」と讃えた。すでに大馬鹿三太郎と謗《そし》られたり、主義者と露骨にいわれることはなかった。かわって「村の聖者」とか「村の先生」と言われるようになった。畑に出ていると村人が寄ってきて、「先生、わしんとこでも牛を飼おうと思うんだがのう」と話しかけてくるようになった。「そりゃいい、そりゃあいい。牛を飼うならなんでも相談にのりますよ」と言うと、いく人かがくわしい話を聞きに来て畜産をはじめたこともあった。

昼の仕事を終えると孝三郎は、夜は机に向かった。すでに読書傾向ははっきりと一本の道を示している。文明論もデンマーク農業も、読了していた。いまや農村を資本主義の圧制から救うにはどうすればいいのか、というところまでいきつき、彼は家族を主体にした独立小農こそそれにふさわしく、それは農民自身の大地主義、兄弟主義を最大限に生かすことが日本では必要なのだと考えるに至っていた。これを勤労主義と名づけた。しかしこのころの論壇には農村問題解決のためにふたつの流れがあると彼には考えられた。マルサスとマルクスである。大正の終わりにそれに気づき、気づきというよりそのふたつがあると仮定し、マルサスの『人口原理』やマルクスの『資本論』を読み、彼なりに明快にその否定材料を見出していたのだ。かつて農民は徳川時代の圧制のもとで頭をからっぽにされてきたが、いまやそれにかわってマルクス主義という〝工業本位〟の論理によって蹂躙されようとしている、一方では資本主義下の社会で財閥資本に農民は徹底的に虫けらのように扱われている……それが彼の思想の反面教師となった。

彼はしだいに著述活動に力を入れなければならないと思った。「農民を救うものは農民であり、農村を救うのは農村それ自身だ」という考え方は、ことあるごとに強調するけれどもそれは所詮兄弟村でのささやかな遠吠えにすぎない。人前で話をするというのは、得手ではないといいつつも、この状態ではそんなことをいっていられないと思うようになったのである。沈黙は金、雄弁は土砂にもならないと考えていた彼も、求められれば講演に、問われれば著述にも、のりだす決意をかためていった。後藤信彦が、教師生活の合間をぬって、孝三郎のもとを訪れ、「先生、その話を講演してもらえませんか。人はわたしが集めますから……」と言うのにも、あまり気乗りのしない返事をしてきたが、いまやそうはいっておれないというのが孝三郎の考えだった。農村の青年が、とくに孝三郎のもとを訪れる青年がマルクシズムに洗脳され、とくに頭のよさそうな青年ほど、その傾向が強いとあっては、もうじっとしてはおられないというのが、そういう考えに至る引き金の役割を果たしていた。こっそりと見た共産党の文書は祖国ロシアへの忠誠を誓うあまり、日本を忘れている。こんな状態に日本の青年、とくに農村青年をまきこませてはいけない。ロシアの農業政策は革命後大失敗に終わり、不満に決起した農民たちはソビエト権力に弾圧されているというではないか。外国からとりよせた文献はそのことを伝えている。カウツキーの『進退谷まれるボルシェヴィズム』を読むと、ロシアは近き将来農民革命を起こさなければならないという。カウツキーのいうことを全面的に信用することはできないにしても、この考えは耳を傾けておく必要があるのだ。ドイツの経済学者たち、たとえばエルスター博士の『国民経済辞典』によれば、大産業と農業の生産増加率はあまりにもかけはなれているではないか――。せっかく革命をなしとげたロシアもまたいまや英国とおなじような農民切り捨てをしようとしている。

――孝三郎は積極的に外にでることを決意した。

そんな考えにいきついたとき、県の農政課から孝三郎のもとに「県農会農政調査会」の委員を委嘱《いしょく》するという命が来た。命を内示に来た役人は「先生の見識と畜産振興の意見を聞きたい」と言った。この調査会は、県下の農政事情を調べ、それを県知事に諮問《しもん》するという機能をもっていた。昭和二年十一月、彼はこの委員会に出席して、これからの農業は畜産、酪農にあると話した。この調査会は、県農会の役員や水高の教師、そして農工銀行の支店長などがメンバーで、孝三郎のように現場から委員になったのはきわめてめずらしいことであった。月に一回か二回開かれる調査会に暇を見ては出席するようにしたが、その出席率はさほどよくはなかった。講演会に行くほうが多くなったからである。しかし孝三郎が世間に出て自らの農業に関する意見を述べたのは、これが最初である。

後藤信彦が夜になると、こっそりと同僚の教師や青年団員をつれてくるようになったのも、このころからだった。「先生、みなまじめな連中です。是非先生の話を聞かせてください」と信彦が依頼するだけあって、だれもが孝三郎の話に耳を傾けた。自分ひとりで聞くのはもったいない――と考えてから、どの人間をつれていくか日ごろの行動を仔細に見ていて、骨のある人物だと見ぬくと「橘さんのところに行こう」と話しかけて集めてきた人間ばかりだった。孝三郎のところに話を聞きに行くというのは、ある意味で度胸が必要だった。孝三郎は、自分たちの生活とはまったくかけはなれたところにいるから、依然として〝危険人物〟と考える人が多かった。とくに教師は世間の目を気にしたから、危険人物と考えられる人間と親しく交わっているのを知られると立場は不利になる。本人の立場以上に、校長はそのような部下をもつことを恐れる。なにかと教師に干渉し、赤化しないように監視するか、危険人物に近づかないように監視するかしていなければならなかった。信彦は四、五人ずつ孝三郎のもとにつれてくるようになり、その回数はしだいにふえていった。ひとりがなんども聞きにきたり、一回行った人間から口伝えに聞いて、信彦のところに「こんどいくときはつれていってくれ」とこっそりと言ってくる者もふえた。

孝三郎から見れば、信彦のつれてくる教師や青年団員は知識欲が旺盛であった。彼らはくどいほど、たとえば「農業はどうしてだめなんだ」と問いつめるようにたずねるのである。うてば響くような問いがかえってくることもあって、孝三郎は農村青年のもっとも質のいい部分を見ることができた。そういう語らいで、農村青年がかなり具体的な知識に乏しいと考えるようになった。それは本人のせいではなく農民切り捨ての日本の歴史のせいだと、彼は考えた。

4 講演会

茨城県農会農政調査会委員に任命されたのを機に、孝三郎は農村の理論家として注目された。たとえば茨城農工銀行が創業三十周年を記念して行なった懸賞論文の審査員に選ばれている。農林省の農村技師らに交じって審査員に名をつらねたのは、すでにその評価もかたまりはじめた証左であろう。

この懸賞論文の研究テーマは「本県農村副業案」だが、県下から三二四通の応募が寄せられている。やはり野菜栽培、藁細工などの農産関係が多いが、畜産に関する論文もまた多い。――この論文は小冊子になったが、それでみると優秀作一作に次いで二等二〇人のなかに林正三の名が見える。「養牛養鶏」というタイトルで、具体的に経営法を述べている。それは正三の名まえになっているが、実は兄弟村での実践を報告したものであろう。

農民は自立するのが原則という趣旨で書かれ、結びは「総合畜産は夫婦共労の小農が田畑一町二、三段歩位の耕地を耕作し、作付総段別を二町五段位とし、一段平均三〇〇貫づつの堆肥を施すものとし、耕作は主として主人が之に当たり、畜力とあらゆる機械力を利用いたすものとし、飼料の基本たる粕飼料は全部自家の耕作によって収めるものと致します。……」となっている。入選した論文はどれも具体的で、明日にでも実行に移せる内容が多く、正三のこの論文がどのていどの水準にあるかはわからない。それはともかく、孝三郎はこうした経験を通じて、新たな農村理論家としての交流をもちはじめたのであろう。

一方で孝三郎に魅かれた後藤信彦は、学校を終えると自転車に乗ってあちらの村、こちらの村と走り回った。孝三郎のもとへつれてくる青年を集めるためだった。はじめは篤農青年や若い教師に誘いをかけ、そのうえで村の有力者に近づいていった。こうしたことがのちの愛郷会、愛郷塾の軌道を決めることにもなった。――後藤信彦は現在この点をつぎのように話している。

「……ただし聞いてもらうには、この人は危険人物といわれているから、それを理解する人、また私の信頼する人でなければ、また私自身も誤解されてしまうということがあると思った。私を信じてくれる人、本当に信頼できる人だけで聞こうということを考え、兄に相談しました。兄はちょうど隣村で先生をしていた。私はこの村（五台村）にいた。ですからこの村のまじめな人、あるいは年輩の人、あるいは学校の先生を橘先生の所につれていった。本当に真面目な先生をつれていった」

「……現在から見れば（考え方は）古いけど、（どの村でも）古くからの信頼ある家、そういう家が後援するようになった。あそこの旦那さまが、いい、いいというけどどうなんだということになる。事実そういう人の力は非常に強いものでした……」

村での有力者の地位は考えられぬほど高かった。小作農はもちろん自作農でさえ、有力者の顔色をうかがっている。そうしなければなにかと日常生活に面倒なことが起こるためで、極端なばあいは村八分にされることさえあるからだった。だから小作争議というのは、小作農が追いつめられた極限の姿であり、それだけにその闘いは勝つか負けるかしかなかったのだ。

日ごろは、地主のなかには表面的に小作農の生活の面倒を見、いろいろな不便に相談にのってやる者もいた。だから彼らの生活はがんじがらめにしばられているともいえた。農民組合からのオルグがやはり夜にこっそりと小作農の家にはいっていき、〝起ちあがるときだ〟と説得することがあったが、こういう地主や有力者に見つかると、

「なんだ奴らは。ねずみっこみたいに夜になるとこそこそしやがって……」

と噂され、目に見えない圧力が加えられるのである。

信彦が狙ったのは、こういう有力者をくどきおとして、孝三郎の話を聞かせるか、講演会を開かせるかして、いずれにせよ村人に「あそこの旦那さまがいいというんだから悪いことなかっぺ」と思わせることだった。この方法は成功した。

「常盤村にゃ橘孝三郎っていうえらいもの知りがいるそうだ。なんでも県のほうでもいろいろ教えを乞うこともあるんだそうじゃ」

有力者たちは吹聴《ふいちょう》した。いや、なかには信彦といっしょに孝三郎の家に行き、話を聞き納得して帰ってくる者もあった。そういう人たちの話はまた村人たちに関心をもたせた。

あまり気のりのしない先生や青年団員をつれていくときは、信彦は安心させるように言う。

「なにもむつかしい話じゃない。話を聞くのが厭なら、新聞にもでた兄弟村のようすを見てくればいい。牛乳は飲ませてくれるし、梨もなっているし……。とくに温室はりっぱだ。フレームなんかすごいもんだ」と、兄弟村見学にかこつけてつれてくるようにしたのである。たしかに、兄弟村の温室は訪れる人の目を奪った。鉄骨のフレーム、ガラス窓、そして咲き乱れる花々。そして、彼らは孝三郎に会って話を聞くと、たちまち感激してしまうのであった。「先生、先生といわれるほどの人だから、どんな人間かとこわかったけど会ってみるとわしらとはそんなにかわっていねえ――」と感激する。感激しそしてつぎには仲間をつれて来る。直接孝三郎のもとにいかないまでも、孝三郎の名前は知るようになった。そしてそれぞれの村の青年団では、孝三郎の考えがよく話されるようになる。自作農からうえの農民でも、農民組合系の運動に好感をもっている者もいたが、孝三郎の話を聞くとたちまちかわった。まだ考えの中途半端だった者は、はっきりと孝三郎に賛意を示す。

このころ日本農民組合は分裂と集散をくり返し、日本農民組合の戦闘的な闘いを批判する一派は全日本農民組合を結成し、日本農民組合と対立を続けていた。農林省農務局の統計では、日本農民組合七四、〇二〇人、全日本農民組合同盟二六、二一七人、中部日本農民組合四、三八〇人、日本小作人総同盟二、二四二人となっている。日本農民組合が弾圧や分裂にあいながらも、なかなか人員を減らさないのには、指導層の巧みな戦術があった。

農民は一時的な小作料減免には団結してこれにあたるが、ひとたび解決すると組織が解散してしまうのが常だった。そこで「小作料の永久三割減」というなかなかとおりそうもない要求をぶつけることで、闘争を長びかせ組合員を鍛えあげていこうというものだった。茨城県下ではあまり組合員も多くなく、したがって農民は孝三郎の話を聞いてはじめて農村の現状や未来をとらえることができたのである。

「後藤先生。困るね、生徒を勝手にあんなところにつれてっては……」

校長にいきなり言われて、信彦はとまどった。

「あんなとこっていいますと」

「いやあ、あの兄弟村だよ、兄弟村に生徒をつれてくなんて。後藤先生、子供たちにはつとめて思想のからむようなところへはつれていかんでくださいよ」

前日にクラスの生徒七十人をつれて兄弟村に行ったことが、すでに校長の耳に入っていて、そのことを校長は困惑気に責めているのである。もちろん信彦も、生徒に孝三郎の話を聞かせたわけではない。温室とか牛とか、ふだんはあまり見ないものを見せてやろうという教師としての考え方ではあったのだが、校長が神経をとがらせるのも無理はなかった。なるべくならあまり思想的な問題にはふれて欲しくないのである。校長自身のこともあるし、なにより役場との関係もあるからだ。信彦が詫びようと頭を下げると、校長が声をひそめて言った。

「後藤先生、わたし個人はあの兄弟村に関心をもっているんだ。橘という人は、なかなかたいした人だそうじゃないか。でもね、役場もうるさいし、表向きは控えてくださいよ」

「校長先生、子供をつれていったのは軽率ですが、橘さんというのはそりゃありっぱな人ですよ。ぜひいちど話を聞いてみてください」

校長が外部と接触するのを嫌っているのを知っていたが、内心では橘孝三郎に関心をもっているのがわかり、信彦は救われる気持になった。それに校長が役場のことを考えるのは無理もなかった。教師の給料は村役場の税収入で支払われているのである。だから農村が好況のときは給料が遅配になることはなかったが、税の徴収が思うようにいかないとすぐに遅配になる。話のわかる村長であれば、なんとか工面して支払うが、校長に好感をもっていない村長や収入役であれば厭がらせをするのである。校長は校務もさることながら、日ごろから村長や収入役と深い交際をしていなければならなかった。ときどき一升瓶をもって役場の門をくぐる校長の姿に、教師たちはその胸中を思いはかってなにも言えなかった。だから信彦にも、役場を刺激したくないという校長のことばは、痛いほどよくわかった。

校長のことばに刺激されたわけでもなかろうが、青年団や村の篤農青年を動かして、学校をつかって講演会を行なおうと信彦は考えた。孝三郎に相談すると、どこへでも行くという答を聞き、信彦は各村の篤農青年に呼びかけた。青年団を通じ、あるいは教師を通じての呼びかけは、意外に反響があった。「講演に来てくれ」という注文が寄せられるようになった。そのたびに信彦と孝三郎、そして正三がつれだって、講演に出かけることになった。どこも五十人から七、八十人の聴衆が集まっていた。講演を終えると質問は堰を切ったようにだされた。「農民であることを恥じる必要はない。農業こそ真の人間らしい生活の場なのだ」と説く孝三郎に、農民は百万の味方を得たかのように、つぎつぎと質問をだした。

聴衆が親身になって聴いてくれると孝三郎は感激し、自らが帰農した経緯を語り、そして農村を破壊する文明、農村を破壊する社会を呪う舌端はいっそう厳しいものになっていく。……相次ぐ講演依頼は、信彦が村の有力者にわたりをつけたのが成功していることをものがたっていた。それに孝三郎の話は具体的で、自らの農業生活を軸にして講演するため、すぐにでも役立つ知識となった。畜産、肥料の話、牛や豚の糞をそのまま堆肥にすれば……という話などは、かなりの説得力をもったのである。

そして、そうした話の合間にマルクス批判がくり広げられ、それは小作争議の増加に比例してふえていったといえようか。

辺ぴな村での講演の帰り、信彦と孝三郎は馬車に揺られながら話し合っているうちに、しだいにある一点に話が集中していった。すなわち組織をつくろうというのである。

「名前をつけなきゃならんだろう……。愛郷会、ふるさとを愛す、土を愛す愛郷会というのはどうだろう」

「愛郷会、いい名前ですよ。発会宣言をつくって有志を募りましょう。わたしが草案をつくってみますよ」

5 火つけ役

『茨城県農業史第三巻』（茨城県農業史研究会編）の一節――。

「昭和四年以降、小作争議件数は急激に増加の一途を辿る。その地域も県南の水田地帯から、県北の山村、中央部の畑作地帯をまきこんで全県下に波及する。昭和四年に争議件数のふえたのは『稀ニ見ル霜害、旱魃、風水害ヲ受ケ田畑共ニ凶作』（「小作事情概況」、茨城県農林課）となったため……」

このころの小作争議から、闘争の質がかわった。小作料減免から土地争奪への移行である。当時の県農林課からの資料はそれをものがたる。

	件数	土地争奪件数	その比率
昭和元年（大正十五年）	八	一	一二・五
昭和二年	一八	二	一一・一
昭和三年	三八	一三	三六・八
昭和四年	六三	一三	二〇・六
昭和五年	五八	三六	六二・二

昭和四年に入ると、孝三郎の忙しさはこれまでにないものになった。畑にでるのは限られてきて、せっかく畑にでても訪う人《おとな》がわざわざ呼びにくるため、人と話をし、また講演に応じることが多くなった。いわば積極的に社会的な活動にのりだすことになった。農民出身で、たとえそれが何代も続いた農家ではなくても、積極的に農民になりきった孝三郎は、やはり有力なイデオローグになる素質をもっていたし、当時の農村はまた彼を必要としていた。信彦は孝三郎を世のなかに認めさせて、愛郷会の発足を容易にしようと孝三郎に原稿を書かせ、それを地元のいはらき新聞にもちこんだ。いはらき新聞でも孝三郎のことを知っていたから、原稿は容易に掲載された。そのもちはこびはほとんど信彦がやり、孝三郎はただ夜遅く自宅で原稿を書きあげればいいだけだった。原稿の内容は、農業がなぜ不当に冷遇されるのか、ということを痛憤をこめながら書いたものが多く、痛憤はつきつめていけば、憎悪にもなった。しかし憎悪にみちた文章は、それなりに読む人に影響を与えたのである。その内容は、たとえばつぎのような文面であった。

「私は一人の農村青年たらんことをもつて一生の念願としてをる……のを、世は目して狂者なりとしてしまつたではないか。更に私が頬かぶりして、おんこくみ(糞尿汲み)に出かけるとき、人々は、私をどんなに、とりあつかつたか。自分のたれた糞を、他人に、しまつさせ乍ら金さへとつたではないか(地方都会では農民が肥料として糞尿を用いるために代価を払って汲取るのである)。われ〱は、ただ作物が可愛いいが故に、すべてを忍んで、おんこ(糞尿)を、汲んでゐるのである。(略)我々がおんこを汲まなかつたら、日本中の損失は、けだし、たやすく計量し得べからざる所のものが、存してをるのである。（肥料として大切だの意味）」

農村を侮辱し、農民を蔑視し、〝神聖な仕事〟を凌辱する〝市民たちへの反感〟は、根深く孝三郎をとらえていたのである。このとき、孝三郎は三十六歳になっていた。

昭和四年の春、兄弟村に一台の車が横づけされた。いはらき新聞の記者が、恰福のいい紳士をつれてきたのだ。紳士は太い声で、「風見章です」と名のった。記者が、このまえの選挙では落選したが、こんどは大丈夫です、といく分の追従を交じえながら孝三郎に紹介した。のちに近衛内閣の書記官長に抜擢され、法相になっていく男と五・一五事件に連座し獄中に囚われる男との初めての対面であった。

風見はのちに、この出会いについて事件後の「改造」（昭和八年十一月号）に書いている。それによると、風見はまず孝三郎の〝人間的な表情〟に関心をもったらしい。それと書斎に通されて、天井までとどく書棚があり、そこには原書から漢書まで多岐にわたり積んであったのに驚いたという。

ふたりはこの初めての出会いで、農業問題を話し合った。風見自身も、次の選挙を意識してのことだろうが、いはらき新聞に農業問題の原稿を書いていた。話はしだいに孝三郎が一方的に講演調で語ることになり、風見がときどきメモをとるかたちになった。

風見は言った。

「橘さん、これからはときどきあなたの顔を見にうかがいますよ。あなたの意見は筋がとおっているし、私も教えを乞いたい」

「いえ、そんな見識をもっているわけではありませんが、日本は農業をぬきに考えられない国ですから……」

このとき、風見は孝三郎の母もんにも関心をもったらしい。もんは風見のまえに、お茶をもってくると、頭を下げながら言ったのだ。

「倅《せがれ》には男々しく凛々しくあれと、それだけ願っています。やりかけたことはめめしい心を起こしてやめるようなことはせずにやりとげるよう、それだけを願っているのです」

やりかけたら成就するまでやれ……というもんの気魄は農村に珍しい骨っぽさだ、と風見は言い、それが孝三郎に色濃く反映されていると風見は書いている。

男々しく凛々しくあれ——というもんの励ましには、孝三郎からはその愛に応える、まごころとなっての回路があった。このまごころが、彼の家族観であり、社会観であったのだ。このころの兄弟村は財政的にしばしば危機に見まわれた。農業恐慌が小作農から自作農へと波及していく徴候だった。そういう危機に、もんは「やりかけたことはやらねばならない」と応援しつづけていたのでもあった。

また、孝三郎の母親への〝まごころ〟は、息子や娘にもおなじかたちで伝わった。長女が小学校の二年生、長男は五歳、次男は三歳である。その三人の子供たちが、夕方に畑にでている孝三郎とふくを迎えに走ってくるのを受け止め、子供たちと頬ずりを交わすときがもっとも幸せだった。帰り道で、長女が学校で習ったばかりの童謡を歌い、それに和するとき、そのときがもっとも幸せだった。——事件のあと、弁護士から「いままでいちばん幸せだったのは何か」と問われて、孝三郎はこの光景を涙をながしながら語っている。

こうして家に帰ると、信彦が待っていた。打ち合わせのためだった。打ち合わせは連日つづき、やがて「私の学校でやることを校長が許可しました」と信彦が意気ごんで言う時がきた。

昭和四年六月二十五日、孝三郎は信彦の学校で初めて講演する。それまでの車座になっての語らいではなく、愛郷会を目ざしての意識的な講演であった。農村青年、教師を前にして、自分の帰農生活を語り、畜産、酪農の必要性を説く。このころから孝三郎の講演のパターンは六つの型に決まっていく。一、帰農生活（霊にめざめる、神への祈り）二、デンマーク農業、畜産と協同組合（酪農振興、肥料問題）三、日本の農民哀史（徳川時代からの奴隷のような存在であった農民）四、マルクス批判（農民は労働者でない……）五、マルサス批判（日本にまだ土地はある。外にでる必要はない）六、農業恐慌の因は農業構造のなか（地主と小作）にあるのではなく、外面関係（都市と農村）にある——の六つのパターンである。このほかに文明観、世界史の発展過程などが話されたが、このなかで、しだいに彼はマルクス批判に力をいれていく。しかし土地問題はマルサス批判と結びついて「懐手をしている旦那衆が土地をもっているだけで、ただ食いしているのはけしからん」という言い方で消化されていた。

講演になれるにつれ、かなりの説得力をもつようになる。農業に懐疑的な自作農の子弟には、とくに説得力をもった。しかし、マルクシズムの洗礼を受けた青年たちからは「精神主義」と批判されたが、農民組合のオルグたちは知識量で差をつけられていたので、孝三郎を敬遠していたという。

愛郷会を意識しての初めての講演で、孝三郎はつぎのような内容の演説をしている。のちの彼の著作物『農村学（前篇）』『農業本質論』に収録されている考えでもある。

「なるほど明治維新と同時に日本農民にも職業選択の自由が認められた。しかしそのことをもって直ちに日本農民は日本農民の立場に立ってその自治共同体農村を建築すべき自由を見出し得たとは申されない。彼らが発見した自由はただ自由移動性であったのだ。自由移動性へまで自由にされた彼らは全体どこへ行ってどうなったのだろう。それを私が今ここでこと改めてお話しする必要もあるまいではないか。代議士に一人の農民があったかどうか。いや県会議員に一人の農民が見出せるかどうか。いやいや村会議員にすら一人の農民にして真の農村社会人がいたかどうか——」

「ともかく明治維新から今日のこのいきづまれる状態にまで資本主義が成熟する全コースで、一瞬一秒たりとも農村本位に社会が進んだためしがない。なんでも東京だ。人も物もいっさい東京へかき集めて、一切を大東京中心にひっかきまわしておる目の前の事実はもちろん説明抜きだ。ところで人間の認識というやつは不思議なほど社会的支配を受けるものだ。たとえば体格ではだれにも負けない女中は、自己の解放をへなへなした奥様において見出さねばならない。……驚くべきことに百姓ほど百姓自身を知らんことはない。むしろ船乗りのほうが百姓をよく知っている。だからこそわれわれは、日本に成熟した資本主義の本質と西洋物質文明の本質がどんなものであるかを理解し、そのうえで思想の支配性について了解してもらわなければならない」

「そこで申すまでもなく資本主義社会は百姓のものではない。なんでも東京という、その東京はロンドンの出張店にほかならない。そして東京に集まって日本を自由にひっかきまわしておる商人らは、日本をあたまのてっぺんから足の先まで英国にしてしまわなければ承知しなかったのだ。そして英国のとおり農村をはきだめとしか心得ていない。いやはきだめどころではない、彼らの腹こやしをするえさ以外には存在しなかったのである。農村はあってもなくてもよろしい、封建時代の切り捨て御免よりもっと残酷なのだ。封建時代ならば『死なぬよう、生きぬよう』にだけは飼っておかれた。いまやそれすら望み得ないではないか。『行くに任せよ、なすに任せよ』これが東京の商人共のために福音であったとき、そのことばは百姓共には死の宣告だったのだぞ。そしてどうだ、この有様じゃないか。……時の政府、それが何物であったかなどは夢にも考えない。ここにまた思想支配のおどろくべき性質が発見されるのだ。一切が大東京に成る今の世の中で農業くらいわかられないのはまだいい。農民自身がわからないのだから助からない」

こうした激しい言葉は農民たちには衝撃であり、それだけにすぐに憎悪にすりかえられる危険もあった。

6 発会式

講演会が終わったあと、どこでもかならず五、六人の青年が孝三郎をかこみ、「もっと話を聞かせてください」と言う。話は際限がなく広がり、夜中になっても孝三郎を離さない。信彦が割ってはいって「みんなが集まってこうして話をするような会をつくろうと進めているんだ。そんときははいってくれよ」と言うと、「ぜひ入れてくれろ」と彼らは言う。

会をつくるための準備はすこしずつだが、進展していた。孝三郎が前文を書き、信彦が愛郷会の会則や趣旨をまとめることにしてあったが、原稿をふたりとも書きあげた。『汎《あまね》く農村青年に檄す』と題して三千部ほどつくり、それを講演会のたびに撒くことにしたのである。孝三郎の前文は自由詩のかたちになっていた。「同志よ立て!!」で始まりつぎのような文章がつづいていた。

「土に還れ、土に還つてそこから新たな歩行を起せ! それのみが己れと他と、個人と社会と、そして一切を救済すべく我等に許されたる唯一の途である。それのみが都市と農村と、更に八千万同胞の世界に比類なき団結力の上に建国されたる我が愛する日本を改造すべく我等に示されたる唯一の途である。おお! この救済この改造!! この救済と、この改造のために 同志よ、立て!!」

そして、長いことばがつづく。たとえばつぎのような一節がある。

「夢中で、ただわけもなく有頂天になつて、軍国主義的に、資本主義的にふくれ上つてゆくおれ達の日本の姿に見とれてゐるうちに」

「いくらくそまじめに働いても、丹精しても、食へない、やり切れない」

つぎのような一節もある。

「なら全体どうすればいい？／わかりきつてゐるじやないか／(略)／おれ達はこの太い腕つぷしをしつかりとくみ合つて／おれ達はこの太いすつぱきをうんとふんばつて／大地の上にがんばりさいすりやいいんだ」

そして最後に「進軍の旗はひらひらなびいてゐる。時は来た。機は熟した」で結ばれていたが、詩としての出来ばえはともかくとして、読む者に訴えかける〝熱〟はあった。信彦の呼びかけがこれにつづいている。その骨子とするのは、「……永久的なる対策は我々愛郷会の奉ずるやうな精神主義のみを以つて導かれ且つ実現される所の全農村の経済的改造に猛進する外良道がないのであります」ということであった。

このパンフレットは、信彦の手によって印刷された。そして愛郷会同人という名称でパンフレットは撒かれたが、同人といってもこのころは信彦ただひとりであった。本部は兄弟村に置き、事務所は五台村木倉の信彦の自宅に置いた。パンフレットは講演のたびに農村青年たちの手に渡った。共鳴する青年たちが、手紙や人づてに信彦の所に参加の意思を伝えてきた。直接信彦のもとを訪れる者もあった。その連絡で、学校が終わると自転車に乗り、信彦は村から村へと走った。もともとあまり丈夫でなかった身体がすぐ疲労をおぼえることもあったが、二十七歳の青年にとってはその疲労さえ快かった。あるときは自転車のハンドルを切り違えて、道路から二メートル下の線路にたたきつけられることもあった。それでもかけずり回った。そのうちに堅実派だった兄の圀彦《くにひこ》がパンフレットに共鳴し、孝三郎の話に賛意を示し、積極的に動くようになった。

信彦と圀彦が連絡をとる青年たちは限られていた。限られていたというより、愛郷会の設立趣旨に共感する農村青年には、おなじようなパターンがあったということかもしれない。たいていは自作農か自作小作農の長男で、年齢は十九歳から二十四、五歳で、それぞれの村の中堅農家の子弟であった。彼らは農業を一生の生業としなければならない立場に置かれていたし、またそのことに別に不満はもっていなかった。彼らは熱心に青年団の役員をしていたし、農業知識も日ごろから勉強していたので豊富だった。それだけに農村が〝破壊されている現状〟には、人一倍憤りをもっていたのだ。そして彼らの父親はほとんどが村の有力者であったり、その系列につながっていた。ゆくゆくは彼らがいずれ村の中枢につながっていくのは、目に見えていた。当初、小作農の子弟は講演を聞きにくることはあっても、積極的になかにはいってくることはなかった。それは村の有力者の系列につながる子弟への遠慮のためだった。これら愛郷会発足に情熱を示す青年たちも、小作農の子弟を説得することがないわけではなかったが、なにより青年たちには「教育が低いから自覚できないんだろう」というおごりがあった。しかし、愛郷会が実質的に動き始めてからは、中農以下の層や新しく農村に住みついた層が活動の中心になっていった。

信彦自身は自作農の側にあった。もともと有力者を通じて講演会を開いていったくらいだから、小作農ははじめから眼中にはなかった。「言ってもわからないだろう」というのが、愛郷会を開くうえでの前提であり、小作農はたしかに有力者から説いてもらうと、「旦那さまがそうおっしゃるのなら……」とすぐに賛成したのである。それに信彦から見れば、小作農はあまり信用できなかった。小作農たちは、秋の収穫期になると地主の家に手伝いに来る。そんなとき、彼らは日が暮れても働きつづけたが、だれも見ていないと脱穀機から籾をぬきだしポケットや袋に入れて隠すのである。「旦那さんありがとうございます。また明日来ます」と言って彼らはまた納屋にもどり、それをもってかえるのだった。まだ精白していない玄米が、彼らの家族の主食になるのであった。貧乏は道義もモラルも失わせてしまうのだった。信彦は彼らを恨みはしなかったが、そうならざるをえない状態を悲しんだ。そういう道義心も農村が立ち直れば直ると彼は考えたのである。

昭和四年九月中旬には兄弟村で愛郷会準備会が開かれるほどになった。後藤信彦、圀彦兄弟と十人近い自作農の青年たちが集まった。兄弟村からは、孝三郎や正三、そして徳次郎が加わった。〝農村青年は愛郷会のできるのを待っている〟そんな自信が出席者の共通の感情だった。この会合で、定期的な雑誌の発刊も決まり、講演会活動に力をいれることになった。孝三郎はこの席で「……愛郷道の精神というのは、人間としての心と身の安住の地、すなわちふるさとだ。天地大自然のある所、顔に汗のにじむ所、愛郷とはこのふるさとを愛せよということだ」と、なんどもくり返し、刊行される雑誌も希望社のようなものはだめだと言った。

希望社というのは、大正七年に大分県の後藤静香がつくった雑誌社で、雑誌をだすだけではなく、別組織に修養団なる精神団体をつくり、平沼騏一郎を団長にかつぎあげていた。その活動は徹底した国粋主義的な活動であったが、農村や都市の婦人にはよく読まれていた。わかりやすい文章、女性向きのテーマ、皇室を賛美する記事、見せかけだけの社会の底辺への同情――読者に直接郵送する独得の販売システムが受けて、茨城県でも「希望」を読む女性は多かった。孝三郎が「希望社のような……」と言ったとき、それは感傷的な雑誌ではだめだということを意味した。

『汎く農村青年に檄す』の末尾には、会則や事業も記載されている。それによると、本部と支部に分け、支部はそれぞれの村に置き、会費も一口（十銭以上）徴収するとあった。また本部には研究部、教育部、そして伝道部をつくることも明記されてあった。伝道部という名前は、この愛郷会という組織がきわめて宗教的であることをものがたっていた。会の事業としては、研究所の設置や農村文庫の開設も付記されていた。

正式の発会式も十一月二十三日と決まった。この日が「新嘗祭《にいなめさい》」だったからだ。その日までに愛郷会の会則と愛郷道歌もつくられることになった。会則は孝三郎や正三、杉浦らの手によって、もういちどつくりかえられたが、これには愛郷会の活動をつぎの六つにするとあった。

一、農村啓蒙運動（農村青年が奴隷的根性より救われることを目的とし、定期集会、機

関誌「愛郷」の発行、講演会を開く）

二、農村組合運動（協同組合を興す。市民消費組合と手を結び、資本主義克服の大道をみつける）

三、農村教育改革運動（農村を改造しようと思えばまず農民を改造しなければならぬ。今日の農村には良き農民をつくる教育がない。目覚めた農民をつくるために、ゆくゆくは愛郷塾をもうける）

四、農村共済組合運動（農村実費診療所をつくり、順次他の共済組合をつくる）

五、合理的農業経営の研究（今日の不合理、矛盾、出たら目の農業経営を合理化するため、農業経営を個人経営と組合経営の二面より研究し根本策を確立する。そのためにゆくゆくは研究所をつくる）

六、理想の農村建設運動（これは最後に来たるべき大事業である。これは以上の運動を徹底したあと兄弟主義、搾取なき社会をつくる愛郷会運動の最後の目的である）

愛郷会は少なくとも、この設立当初はそれほどひどい反動団体であったのではない。農村の慢性的不況がもっとも底辺にしわ寄せされているとき、彼らはそれがやがて農村全体をおおうであろうということは充分知悉《ちしつ》していた。だからこそ微々たる歩みであったが、彼らなりに社会改良の道を歩んだのであった。五・一五事件に加わったあと、これらのプログラムはすべて瓦解した。五・一五事件にコミットする芽は、この時点ではまったくといっていいほどなかった。小作農へのおごりを除いては、むしろ農村のなかに生まれたいろいろな団体よりは、良心的なプログラムさえもっていたのだ。
発会式はきわめて宗教的な雰囲気のなかで行なわれた。十二畳の部屋と六畳間の間の襖をとり、中央に祭壇がもうけられた。集まったのは兄弟村の住人、中核になる後藤兄弟ら三十人の農村青年であった。まず祝詞《のりと》があげられた。それが発会宣言だった。彼らはこれを「愛郷同志宣誓文」と称したが、のちの愛郷塾の聖典ともいうべきものであった。書いたのはもちろん孝三郎であった。孝三郎の性格のうち、もっとも宗教的な部分が、この文章にはありありとでている。
「測り知ることの出来ないこの世の恩、測り知ることの出来ない天地大自然の恵、この世と天地大自然のこの恩恵のある所に従はまいといたしてもなほなし得ざるもの、これを我等の御たま、この御たまの導くが我等の一命をよせ得る所、これ即ち我等がふるさと、この御たまの導くがまま、この我等がふるさとをたづね求むるこれをこれ愛郷の心といふ。この愛郷の心を以てこの愛郷の心からなる願望を成就せんがため、この愛郷の心からなる心に固くいやが上になほ固く結ばれて、真心のあらん限りを捧げうけいれあひ生死をともにもろ共に誓ひたる者、これをこれ愛郷同志といふ。この愛郷の心からなる心に固くいやが上に固く結ばれる真心のあらん限りを捧げうけいれあひ共にもろとも誓ひたるの同志相より相たすけ互の全生活を共に築かんとする実際運動これを愛郷運動といふ。（中略）
……神に捧げ愛郷道に捧げる愛郷の同志神より出でて神に還る愛郷の心に固くいやが上になほ固く結ばれて一となり　神の御前にいのちを以て誓ふ　希くは神のお力のある所　神

橘のお恵のある所　我等が愛郷の願望成就されん事を祈り祈り且つ祈る　捧げたるしもべ孝三郎しるす」

愛郷道歌も作詞され、歌われた。

めざめよ　みたまに

かへれよ　土に

われらがよるべ　われらがしるべ

わがふるさと　わがふるさと

こうした宗教的な一面が、孝三郎の性格の一面であるというのは、農村青年たちにどう映ったのだろうか。求道者としての生き方、それが農業に徹していく生き方……農村を救うために土に還るのではなく、土に還って生きる求道者が農村を救うのだ。ひとりひとりの農民がそう生きることによって、農村は救われてくる……。もし農村を破壊しようとする外部要因が強く押し寄せてくるのなら、できるだけ自立を考え、それを協同組合、消費組合に結びつける、愛郷会の生き方をそう解したのであった。

ふた言目には階級闘争という〝アカ〟が、村にはいって来て、やっていることといえば旗をぶらさげて地主の家に〝喧嘩〟を売りにいき、ただ反抗しているだけだ。奴らは徒党を組んでおどしをかけるが、その実ひとりになると、しゅんとしてしまってなにもできないでいる。反抗ではいけないのだ。ひとりひとりがまごころを捧げ、その祈りで農村を救うのだ――そうした考えは、きわめて宗教的なにおいを充満させていた。

無産運動には傾斜できず、かといってなにもしないほどの無気力ではなく、だが現実には農業で生きぬく説得に飢えていた篤農青年たちに、こうした宗教的においは充分魅力あるものだった。真面目な青年であればあるほど納得し、愛郷会のメンバーであることに誇りをもっていったが、それは当時の農村では孝三郎の生き方はまさに福音にみえたためでもあった。三十代も半ばをすぎれば、多くの農民はきわめて利にさとくなっていくのに、そのなかで純粋に農村を憂えている姿は、青年のもつ純朴と合致していたのだ。だが、その純朴が一面では現実の動きにもろいことを青年たちは知らなかった。

発会式で孝三郎が「人の世はいま冬だ。この世に権力と支配が始まってこっち、長い間母なる大地はふみにじられた。人間は母なる大地をふみにじって、いまどうしようとしているのだ」という話でしめくくろうとしたとき、後藤圀彦が立ちあがった。当時のある雑誌によると、彼はつぎのように言ったという。

「愛郷会は本日をもって正式に発足しました。大事をなしとげんとするには、まず一身を捧げなければなりません。全員一致協力して大同団結しましょう。それぞれの村で、それぞれの学校で、ひとりでも多く同志をふやして愛郷会を大きくしていきましょう」

彼はまた孝三郎のある面を代弁していく。それは五・一五事件にもっとも顕著にあらわれたが、この宣言が実はそうであったのかもしれない……。

Ⅳ　パニック

1　燎原の火

……わたしが五・一五事件を橘孝三郎と愛郷塾の側から調べてみたいと思ったのは、「まえがきにかえて」に書いたとおりである。だが、調べてみたいと思っても、とりわけわたしが五・一五事件をよく知っていたわけではない。したがって取材、執筆の基礎的な段階として、これまで五・一五事件について書かれた書物を読みつくすことから、作業ははじまった。国会図書館、茨城県立図書館、そうしたところに行き五・一五事件関係の書物のリストをつくり、作者はどんな人でどんな目的をもって書かれたかを忖度《そんたく》し、そのうえで読む本を決める。いや〝決める〟というより、参考文献として引用できるかどうかを確認する。

とはいえ、どんな書物であれ、そこからいく分かの主観的判断をオミットしてみれば、〝客体化した事実〟を汲みとることができるから、一応は目をとおさなければならない。そしてそのうえで、その客体化している事実を他の著作とつきあわせてみれば、はっきりと確認することができる。だからどんな本にも一応は目をとおさなければならない。

こうした作業を通じて、わたしが意外に思ったことがある。それは橘孝三郎の大正時代が意外に調査されていないということである。実はわたしは橘孝三郎を取材するまで、大正時代、すなわち兄弟村時代はそれほどの内容をもっているとは思えなかった。だが取材をしているうちに、橘孝三郎の大正時代と昭和時代は白樺派が挫折していく軌跡ときわめて似ているのではないか、と考えた。

白樺派と総称されるべき特定の思想や行動はないが、そこに集まった同人たちに共通しているのは自我をもつ個性の尊重ということになろう。そして武者小路のように、自我の確立を普遍化した果てに社会や国家があるという考え方が、新しき村の実践理論になった。その新しき村がやがてエゴイズムの衝突で運営が止まり、武者小路自身大正十四年に新しき村を離れたし、村の組織としての出版部に首切り反対の争議が起こり、争議団に「人道主義の仮面を被った資本主義組織」の烙印を押されるに至ったのである。人道主義、教養主義、個人主義は結局失敗に終わる。

そうした流れが橘孝三郎と兄弟村にも緩慢なかたちであらわれている。そしてその緩慢さがある時期から急に愛郷会、愛郷塾、五・一五事件へとつづいていったのではなかったか。わたしにはそう思える。

一方、資料を調べていて気づくのは橘孝三郎は県立図書館のさまざまな資料（『茨城県農業史』、『茨城人名辞書』など）の昭和七年以降からは削除されている点である。それは当然なことでもあろうが、それ以前の資料で人道主義者として評価されていることから考えて、五・一五事件は県下にあまりにも大きな影響を与えたのであろう。そうした例として、ちょうどこの愛郷会をつくった時期に刊行された『茨城人名辞書』（水戸弘文社編、昭和五年）の橘孝三郎の項目はつぎのようになっている。

橘孝三郎　兄弟村農園主。東茨城郡渡里村堀に居住、氏は明治廿六年三月十八日、水戸市上市金町に生る。父君は染物業を営みしが、氏は幼少より学を好み頭脳明晰、水戸中学校に入学後も常に優秀の成績を以て進級、卒業後第一高等学校に入学、文学、哲学等の研究を続け居りしも病気の為め卒業間近く退学帰郷、現住所に新しき農園を経営、農村改良に一定見を有し農工銀行その他より聘せられて度々その新智識を講演す。令兄徳次郎氏亦家業を廃し氏の農園に移転して一家協同農事の研究に没頭、世人氏が農園を兄弟村と称し、智識階級に多くの共鳴者を有す。

また林正三は「……農園の牛乳搾取を専ら受持ち、土の喜びに生活す。氏は学生時代より温順円満なる交際家たり」と記されていて、兄弟村は実質的には孝三郎と正三の運営になることを認めている。そして愛郷会は兄弟村の延長にあり、むしろ宗教的な教化団体と考えられていた節もある。なお、この人名辞典は六、七年にも刊行されたが、もちろんそれ以後には掲載されていない。

さて、愛郷会はどう伸びていったのか。

愛郷会発会式に集まった三十人ほどの会員、それは教師やいわゆる篤農青年であったが、彼らが核になって県下の到るところで支部結成の動きをつくっていった。

愛郷会の支部づくりは意外な効用もあった。たとえばこのころ農村では利害がからんで、村ごとに確執を起こしていることがあった。その因は、小学校の設置場所であったり、道路の舗装が向うはりっぱなのにこちらはよくないとか、とるに足らないことでもあった。隣村の青年が、夏祭りに来て村の女性をからかったなどということで、青年団が喧嘩をすることもあった。農村回りの悪質な商人が、そういう確執に輪をかけることを言って、対立に油をそそぐこともある。そのほうが情報が混乱し、商売に有利だからである。愛郷会結成は逆にこのような対立を押さえることで発展した。互いの村の青年団のリーダーが愛郷会本部に来ることで、顔見知りになり話し合いがはじまり、誤解がとけることもあった。だから村の有力者たちは、愛郷会を横の連絡がある機関と見て警戒する目をもちはしたが、地主と小作の対立を恐れる彼らは争議があるとのりだしてきて、農村同士が対立していてはなんにもならない、協力して都市にあたろうと説得する愛郷会の会員を歓迎した。孝三郎の考え方を体《てい》しての、その説得は結果的に地主を喜ばせることになり、会員の増加はさまざまな面で援助されたのであった。

発会式を終わってから最初の講演会が、昭和五年にはいってまもなく、五台村小学校で行なわれた。信彦のつとめている学校であるが、校長がなにより熱心だった。危険思想ではないということを納得したのか、部下の教師にも働きかけるほどの情熱を見せた。初の講演会では教室ふたつの壁がとり払われ、二百人近い青年が集まった。孝三郎の講演のあと、聴衆が会員になって支部が結成された。教師や農村青年が多かった。続いて圀彦の勤務する川田村にふたつめの支部が結成された。愛郷会発足にもっとも熱心な後藤兄弟の地盤で支部がかためられたのは、なかなか具体的なかたちをつくるのが下手な青年たちに、このようにつくるのだという範を示してみせるためでもあったのだろう。支部の三つ目もやはり後藤兄弟の係累の援助を受けた。信彦の姉が戸多《とだ》村の教師に嫁いでいたのだが、その自宅で支部の発会式が行なわれたのである。このほかに東茨城郡飯岡村、上大野村、下中妻村、那珂郡中野村、静村、隆郷村、久慈郡誉田村、西小沢村、郡戸村、袋田村、大子町などで支部結成の機運が盛りあがり、幾つかの支部ができた。

愛郷会はいはらき新聞にも紹介されたが、その発足を喜んだのは後藤兄弟だけではなく、水戸市内の有力者もまた喜び、その応援にのりだした。菊池謙二郎は協力的な態度をとり、〝今東湖《いまとうこう》〟と称せられる菊池を慕ってくる水戸の青年たちに、孝三郎のところに行けば人間はどう生きるべきかということがわかると言うのであった。また農工銀行頭取の穴沢清次郎も愛郷会に関心をもち孝三郎を訪れることがあった。第一回普選で落選した風見章も、昭和五年二月に行なわれた第二回選挙の忙しい運動をぬって、孝三郎をしばしば訪れるのであった。茨城県知事の牛島省三は、風見が信濃毎日新聞時代から親しかった官吏だったが、その線から知事の耳にはいったのだろうか、県の役人もまた愛郷会を訪れ、孝三郎の意見を聞くことがあった。

一方では村の青年たちが愛郷会の支部づくりにかけ回る、そしてもう一方では県の有力者たちが注目するという二段がまえで伸びた。県有力者にとっては愛郷会の組織がゆきづまる農村を打開するための精神運動と見えたのであろう、しかもその注目は陰に陽に愛郷会の評判を高からしめる結果になり、青年たちに安堵感を与えもした。県の催しなどでも愛郷会のことが語られ、政治に野心をもつ青年や名を求める青年もまぎれこんでくるようになった。たとえばある村では愛郷会支部のメンバーが、こうした野心家の青年で占められ、篤農青年が野心の対象にされたこともあった。しかしこのようなことは長続きしなかった。ひんぱんに本部に来て、本部と支部との関係を密接にし、啓蒙運動を積極的に行なわなければならなかったのだが、そんな活動を永続させることはできなかったのである。しだいに息切れがしてくるのである。しかも話の内容は農業をどうするかという専門的な話であり、野心をもつ青年はほとんど農業には熱をいれてなかったからでもあった。

町村長、村会議員、青年団長などが、支部結成の動きをみて参加を申し込んでくることがあった。本部の参謀役だった後藤兄弟は、そんなとき彼らの後援を得て講演会を開いた。彼らはよく人を集めたからだった。そうして集まった人たちに、彼らは孝三郎の講演の前かあとにかならずのりだしてきて、さりげなく自分の所信を述べるのだが、そんなことはむしろ可愛い気のあるように見えた。県会議員や代議士になりたくてうずうずしている者は、そういうことはふつうの農民よりははるかにうまかった。「利用しようと思っている連中は、こちらも利用してやればいいのさ」と、二人は内心割り切って考えていた。孝三郎に今日会ったばかりなのに、すでに何年来の知己であるかのように振る舞う野心家たちが、化けの皮を剝がされるのも時間の問題だった。農村を救うにはやっぱりみんな働かなきゃいけませんな――などとまるでおかどちがいの精神論をぶって、孝三郎や正三たちに媚びるのだが、そういうあなたがたのような人が農村をだめにしているんじゃありませんかと反論するのをこらえているのが常だった。そしてまた、「政友会だ」「民政党だ」と東京の政治の対立を小さな村にまでもちこんで、まるで不倶戴天の敵のようにののしりあう政治好きの青年たちは、農民であるよりももっと世俗的であり、愛郷会の会員たちからみれば、くだらない連中であった。そして政治やそれに伴う権力は所詮自分たちとは無縁なものであり、自分たちは自分たちで理想社会をつくるのだから、利用できるのなら利用しようという考え方は、もっとも純粋に権力を見ていたのかもしれない。だから農民運動のオルグたちが、権力を憎悪をこめて語る時代に、権力とは憎悪すべき対象ではなく、むしろ利用すべき対象であるというのが、愛郷会の中枢にいた人たちの考え方であったろう。だが、そこには陥穽があり、利用するということは利用されるということと表裏の関係であり、権力を利用することも権力から利用されることもふつうの農民には実態としてつかめるわけではなく、常に動員される、既成事実をつくるという役割を果たす尖兵であることに違いはなかった。半面では愛郷会にもそんな芽があったのだ。

孝三郎は講演に行く前に、かならずその日に話す内容のおおまかな枠を決めた。演題は「帰農生活」であったり、「畜産・酪農論」や「肥料論」であるのだが、ときに「マルクス主義とマルサス主義」であったりした。そして講演会に行くたびに農村青年たちが、「先生、なにか手ごろな本はないのでしょうか」と言うことが気になった。ときどき発行する機関誌の「愛郷」には毎号「農村を語る」と題して孝三郎の考え方の輪郭を述べているのだったが、それとてやはり充分に筋道をたてているわけではなかった。

系統だった考え方をまとめる意味からも、彼が著作をはじめなければなるまいと思うようになったのは、昭和五年の春である。ときどきの講演で熱心な青年たちがノートをとっているのだが、それを借り受けあるいは自分の考え方をより鮮明にするためにもういちど主要文献に目をとおし、原書を読みはじめた。マルサスの人口論がやきなおしになったかたちで論壇にでてきていたし、それが「日本は土地が狭いから満州へ行かなければだめだ」という考え方につながり、一部の農民には受けていた。そして不況がはじまりつつあるこのころに、マルクス主義はまた勢力を盛りかえしたかのように論壇にでている。「改造」や「中央公論」の論者のなかには、相もかわらずことばを替えた〝農民切り捨て論〟がばっこしている、県下だけではなく、広く中央に意見を発表しなければならない、いや自分の考えは時代が要請しているのだ、という自負が孝三郎にもあった。

出版のあてはなかったが、彼は暇をみては筆を進めた。持論である家族本位による農場経営も、単に印象批評で話すだけでは説得力に欠けるということも知っていた。机上の空論は学校にまかせておけばいい。知識は実行されて確認されるのだというウィリアム・ジェームスの考え方、アメリカ・プラグマティズムの考え方が、一高中退以来、孝三郎の底流にはあったし、それが水戸という土壌のなかでさらに磨きをかけられていた。とことんまでやりぬく性向のいまの目的は、家族本位の農業経営が具体的に数字のうえで〝実践できる〟ということを証明することだった。彼が細かい金銭出納簿をつけている農家はないかと集まってくる青年たちにたずねると、一人の青年が三年分の家計の出納簿を自宅からもってきた。青年の実家は、三町歩ほどの耕地をもつ自作農で、家族数は両親と祖父母と子供三人のごく平均的な日本の農家であった。その出納簿は農村の現状に普遍させて考えることができた。家族という一単位が農業経営にあたるためには、どのような経営をすべきかということを、その出納簿は教えてくれる筈だった。

しかし孝三郎はそれを読んでいくうちに、頭をガンと割られたような衝撃を受けた。ひとことでいえば、〝聞きしにまさる〟生活なのだ。食費が家計費の大部分を占め、食卓に魚がのっているのは一年に二、三回しかなかった。さんまがわずか三、四匹のるだけだった。食生活は米飯と味噌汁と野菜だけで、村祭りの日とか正月だけは、奮発したのであろう、さんまが食卓にのっていた。この青年の家は中堅農家である。それ以下の小作農にいたっては、どんな食事をしているのか、想像もつかなかった。橘家の資産は兄弟村、そして愛郷会とつかい果たされ、農工銀行から借金をしていたのだが、それでも食事はいちおうのものを食べていた。栄養の面でも乳牛から牛乳をしぼり、豊かとはいえないまでも相応のものを食べていた。机にその家計簿を広げながら、孝三郎はなんども吐息をもらした。

〝こんなにひどい生活をしているのか〟――昭和二年、三年から四年は不況であり、農村は慢性的にどんづまりの状態であったが、それにしてもこれほど貧しい生活であるとは彼もまったく知らなかった。被服費や文化費にはほとんどなにも書いていないということは、子供たちもつぎはぎだらけの服装をしているにちがいないのだ。本なんかも買ったことはないのだろう、そんな項目にはまるで数字が書いてなかった。

こういう生活を三年もつづけていれば、それが当たり前になるだろう。さんまを三匹か四匹、一家で年に二、三度食べ、つぎはぎだらけの服装をして生きていくのが当たり前になるだろう。それが悲惨であり、それが人間の生活ではないなどと考える余裕は失われてしまうだろう。愛郷会に来て孝三郎の話を熱心に聞く青年だけが、〝いやこんな生活は人間の生活ではない。なんとかしなければ……〟と思っているのではないか。「救わねばならん。絶対に救いださなければならん」と孝三郎は思った。兄弟村だ、文化村だと世間に珍重されて、そんなことで彼らは救われるのか。孝三郎ははじめてもっと積極的に社会に出て、発言し行動し、農村を救っていかなければならないと思うようになった。

このころ、農村不況はたいして新聞をにぎわしてはいない。もっぱら都市労働者の失業問題が中心であった。『大学は出たけれど』という映画がつくられた時代である。いはらき新聞の記事もそうした都市労働者の失業が中心であったのだが、それでも農村の病弊が始まっているとうかがわせる記事もときにでている。――昭和五年四月のいはらき新聞を見ると、たとえば結城郡豊岡村では三十世帯が北海道に集団移住したという記事がでている。広い北海道なら土地もあるし、のびのびと農業ができるというのである。さらに県農林課の話では、県下農民の九割は借金苦を訴え、一戸平均百五十円以上の借金をかかえているると報じている。県下のある町では、小作農、行商の子弟が弁当を持参できなくなっているので、町費で支給すると決議された。また水戸高校では赤化事件でひと騒動が起こっているし、「カフェーに憧れるもの、カフェーを遁れるもの、春や春、少女ジャズ時代」という見出しで、農村の女性がカフェーづとめに憧れて家出をする一方で、カフェー女給の辛さから農村に逃げ帰ってくる女性もまた多いことを報じている。

そして、孝三郎のもとには、相かわらず不意に青年が相談に乗ってくれと訪れてくる。孝三郎がのちに著作のなかで語っているケース、それは〝土に目覚める青年〟というケースだが、そういう青年が数多くこのころにやってきているのだ。なかには恋に狂っている青年がいる。東京でカフェーの女給を好きになった純情な青年が、彼女たちの手練手管で魂のぬけがらのようにもなって、駆け込んでくる。孝三郎自身、恋愛をした経験はなく、恋愛をすれば相手に完璧なものを求め、いきつく先は心中になるだろうという妙な予感をもっていたが、純真な青年が都会で破滅に到るのは孝三郎には耐えられないことに映った。

結局、こうして孝三郎のもとに居ついてしまう青年が二、三人はいる。世捨て人を引きとる余裕もなく、修道院でもないと彼は考えつつ、結局は兄弟村にひきとってしまうのだ。

そういう青年たちが落ち着きをとりもどし、朝に夕に畑に出て働き、顔に笑顔がもどる。そうすると孝三郎は、ゆくゆくは土地や妻子をもたせて、りっぱな農民になってもらおうと考える。だが土地や家をもたせるまえに、〝日本の一人の農民〟である自覚をもってもらわなければならない。〝それには彼の霊を呼びさまさなければならない。人間として、土に生きたいという本能を呼びさまさなければならない〟と彼は考える。

その果てに村塾がある。村塾建設は愛郷会の眼目であるが、それは急がなくてはならない。一日遅れれば一日、有能な青年が都市の害毒に染まり、そこから抜けだせなくなる。一日遅れればそれだけ農民は現状に浸ってしまう。ちょうどあの一冊の家計簿がものがたっているように、現状が救いのない状態であるということは、知識に裏打ちされなければわかるものではない。徳川時代の農民は、自分たちの生活が人間以下の生活であると自覚していたわけではない。それは知識がなかったからだ。幕府が〝さんざん農民をしぼりあげた〟といえるのは、知識をもち、比較対象すべき事実を見出したときにはじめていえるのである。

こうした考えを煮つめていけば、孝三郎にとって〝村塾〟をつくるのは焦眉の急であった。悲惨な生活を数字で知らせ、青年の心にひそむ霊を目ざめさせる、そのための村塾——孝三郎にとって著述と村塾は、いまやどうしても急がなければならぬ仕事であると思われた。

2 軍縮条約

田中義一内閣が満州某重大事件を天皇から叱責され、辞職したのは昭和四年七月二日である。その日のうちに、西園寺公望《きんもち》の奉請で浜口雄幸《おさち》民政党総裁が組閣した。浜口は十大政策を発表し、十一月末には昭和五年一月十一日から金解禁を実施すると述べた。田中内閣の放慢なインフレ政策が一転して緊縮財政へ転換されるというのである。

金解禁の要求は実業界、なかでも紡績業界から強くだされていた。しかし、この徴候はしだいに資金が遊んでいる財閥系の銀行にまで及んだ。このことは資本主義経済の金融措置としては当然のこととはいえ、弱小資本、一般国民生活へとはね返ることは、容易に想像できた。

議会内で勢力伯仲の政友会、民政党両党は、予想される総選挙を前にして、金解禁も政争の具にし、たがいに疑獄事件の暴露戦術を行なった。これが国民の不信を買い、軍部内の政党政治に反感をもつグループを無用に刺激させたのである。

金解禁は経済ジャーナリスト石橋湛山、小汀《おばま》利得らの反対意見では「不景気になる。もしどうしても実行するなら新平価で行なえ」ということだった。金解禁が実施されると、果たして彼らの危惧どおりになった。正貨は流出し、外貨債買入れの資本逃避、為替思惑資金の引上げで、ここにいわゆる「昭和恐慌」がはじまった。折りから昭和四年暮のアメリカの恐慌がヨーロッパに飛び火して世界的な恐慌となっていたから、ある論者がいうように「台風に窓をあけた」状態になった。

わが国の主要な輸出である生糸、綿糸が打撃を受けた。企業の解散、倒産がふえた。銀行は貸しだしを抑え、企業の整理は深刻な状態となった。失業者が激増し、労働争議は先鋭化した。生活に窮した都市生活者がぞくぞく農村に帰った。このころの労働者人口一千万人のうち一割は失職したという。農村は都市よりひどい恐慌であり、なかには故郷から〝帰るに及ばず〟という手紙をもらって呆然自失になる者もあった。逆に農村から都会へ逃げだす者も相次いだ。

浜口内閣は金解禁のあと、すぐに衆議院を解散した。田中の死亡のあと犬養毅を担いだ政友会は「景気か不景気か」を、民政党は「浪費か節約か」という争点を掲げた。だが政友会の腐敗に怒りをもっていた国民は、民政党に票を投じた。民政党二七三名、政友会一七四名だった。――この選挙で茨城三区から風見章が民政党から出馬して、最高点で当選した。雌伏三年、県民の間に入っての選挙運動が功を奏したのである。

第二次浜口内閣は外相に幣原喜重郎を据え、協調外交を柱とした。その第一弾として英米から要請のあったロンドン軍縮会議に参加することにし、若槻礼次郎を首席全権として派遣した。緊縮財政の推進のためにも、この会議を是非とも成功させようというのが、浜口内閣の考え方だった。西園寺公望らの元老もこの考えを支持していた。軍縮会議は難航したが、条約の期限を五年間とし、巡洋艦の比率を六九・七%、潜水艦は日米とも五万二千トンにすることで妥協が成った。海軍内部でも次官の山梨勝之進、軍事参議官の岡田啓介、海相の財部彪《たからべたけし》はこの受諾に賛成したが、条約反対の軍令部長の加藤寛治や末次信正、真崎勝次、山本五十六、山本英輔らとの間に確執を生んだ。いわゆる条約派と艦隊派の対立である。とくに財部は艦隊派将校に狙い打ちされ、帰途ハルビンに数日間滞在し、政争を避けたほどだった。だが、彼が東京駅に降りたとき、彼を迎えたのは「売国全権財部を弔迎す！」と書いたのぼりだった。これを書いたのは艦隊派の青年将校藤井斉《ひとし》、三上卓、黒岩勇らであったといわれている。これは五・一五事件の伏線でもあった。軍縮条約は民間右翼をも刺激し、大川周明、鹿子《かのこ》木《ぎ》員信《かずのぶ》らが顧問に名をつらねている愛国勤労党がとくに条約派攻撃を行なった。

しかし有識者や新聞は全面的にこの条約を支持し、軍部や枢密院に反省を迫った。

政友会はこの軍縮条約と金解禁で浜口内閣を責めた。犬養は「海軍軍令部の（主張する）兵力でなければ安心できない」と言い、「統帥権干犯」をもちだす議員もあった。これまで政府と軍部が曖昧にすませてきた問題が噴きだしてきたのだ。「統帥権干犯」は政友会が単に倒閣の便法としてもちだしたのだが、軍部強硬派とそれに同調する議員には、このことばは天皇の大権を犯す基本的な関りあいをもっていたのだ。

統帥権干犯――これは軍部の切り札である。

明治憲法第十一条「天皇ハ陸海軍ヲ統帥ス」とあり、第十二条には「天皇ハ陸海軍ノ編制及常備兵額ヲ定ム」とある。これまでは慣習的に参謀本部と海軍軍令部が補佐するとし、政党内閣の範囲外に置かれていた。そして第十二条は天皇の大権事項で議会の審議を不必要とする国務大臣の責任に属した。軍部は第十二条にも統帥権が及ぶとしていたが、政党は曖昧なかたちにしてこれをぼかしていた。学者の間でも意見が分かれ、たとえば美濃部達吉は第十一条には及ぶが第十二条には及ばないという説だった。勿論軍部はこの第十二条を盾に政党に圧力をかけたが、ここに至って改めて表だってきたことは、軍部が政治介入する布石として重大な意味をもっていた。

結局、軍縮条約は枢密院でも伊東巳代治、平沼騏一郎らの横車があったが可決された。政友会の森恪《つとむ》書記長は枢密院で否決され、浜口内閣は潰れると考えたが、この目論見はあえなく失敗した。東京朝日新聞は「枢密院の横車に急いで飛び乗って憲政のレールをはずれ一緒に転落したのであるから笑止というも愚かなり」と正論を吐いた。

浜口内閣の勝利であったが、浜口雄幸は岡山での陸軍大演習視察のため、東京駅から出発の折り佐《さ》郷屋《ごうや》留雄に射たれた。佐郷屋は愛国社の会員で、ピストルは愛国社の幹部から渡されたが、その背後は不明のままだった。浜口はその後病床に伏し、翌六年夏死去した。いっぽうロンドン条約の不満は陸軍にも拡がり、九月には中堅将校を中心に桜会が結成された。橋本欣五郎らを発起人としたこの団体は、国家改造のためには武力行使も辞せずと謳っていた。橋本と中心人物の建川美次《たてかわよしつぐ》は、国内改造のあと満蒙を解決する内地先行論か、逆に満州でことを起こし国内改造を起こす大陸先行論をとるかを議論したというが、結果的に満州事変と三月事件、十月事件が車の両輪であったことをものがたっている。

海軍の革新派の中心人物は藤井斉である。藤井は海軍兵学校時代から大学寮に出入りし、大川周明、安岡正篤《まさひろ》、西田税《みつぎ》らと接触して海軍兵学校の同級生、下級生に影響を与えていた。自ら王師会をつくり、五十人ほどの同志を獲得していた。このなかから古賀清志、中村義雄、三上卓、村山格之、山岸宏が五・一五事件に参加している。彼は軍部のなかだけではなく、民間にも同志を探していたのだろう。昭和五年に霞ヶ浦航空隊にいた彼は、九州の同志に宛てた手紙に「この地方（茨城県下）には青年に二、三、中年に二名真の同志あり」との一節がある。中年に二名同志あり――というのは、ひとりが井上日召だろう。そして他のひとりは橘孝三郎なのだろうか。このころ孝三郎は右翼運動への接触はまったくなく、ひたすら講演に走りまわっていたが、もし孝三郎を同志とみていたとすれば、それはまた愛郷会の進む方向を軍人の目でよく観察していたといえるだろう。

3　農村の荒廃

「金は一円もみることができないのが農民の今日の実情である……物々交換で、こういう原始時代の生活を今日の昭和の御代にみる」（政友会代議士・東武）

農村が金解禁と同時に完全に破壊されてしまったのは、日本資本主義の構造上の矛盾が一気に噴出したためだ。悲惨な話が新聞や雑誌にとりあげられている。三重県では勤勉な農民が、せっせと貯めた営農資金を銀行の閉鎖によって失ってしまった。農民は銀行のシャッターをたたきながら三日間泣きあかし、やがて精神を病む状態になった。長野県では食べる物がなくなった農民が、フスマと豆腐滓でお粥をすすり、飢えをしのいでいた。犬を殺して食う家もあった。物乞いになり一家離散して、行きだおれになり身元不明で死んでいった者も数多くいた。このような話は枚挙に遑《いとま》がない。

それでも農民のなかには、昭和五年ごろは乏しい金のなかで税金を払おうとする者があった。たとえば高知県のある村では、夫が山の木を倒して来て売り、妻は炭俵をつくって売り、八十銭の金をつくった。節句に子供に餅を食べさせようと妻は餅米を買って来たが、夫は激怒して「八十銭は税金を払う金だ。餅米を返してこい」とどなった。このようにして表面的には恐慌の最初の年は、なんとかやりくりして税金を払う農民もいた。「農村はひどいひどいというが、それほどでもないじゃないか」といった役人がいたが、数字の上ではその実態はなかなかわからなかった。が、六年、七年になると、督促状を見て「役場が殺しにくる」と気が狂ったり、夜逃げしたりという光景がどこの農村でも見られた。ひどいときには役場に低利資金を借りに行けば税金を引かれ、あまつさえさらに督促を受けるという農民もいた。

おにぎりひとつをめぐって殺人事件も起こった。納屋で餓死した男の口には、馬の藁がつまっていた。

農業のあらゆる指標が昭和五年を期にぐんと下落する。それこそ〝あらゆる指標が〟である。農産物価格は昭和四年が三四億七千万円、五年が二三億円、六年が一九億六千万円である。中米の標準相場(一石)は二年三十一円、三年二十九円、四年二十七円、五年十八円、六年二十一円という下がりようで、一石の生産費が三十一円だから、つくればそれだけ損をすることになる。恐慌はアメリカ市場に依存していた生糸からはじまったが、春繭相場を見ても昭和四年を一〇〇として、五年には白繭五三、黄繭五四、六年には白繭四一、黄繭四一である。六年以降の小作争議が稲作農家から繭を主とする農家に移っていくのも当然だった。このため養蚕農家が多い長野県に集中的に争議が起こっている。

五年の夏には野菜が暴落した。全国六十六カ町村の農民代表が農林省や各政党本部に陳情したが、ある代表は「キャベツ五十個が敷島（一個二十五銭）ひとつにしかならない。カブは百把でなければバットは買えない。これでは肥料代を除くと何が残りますか」と泣いた。

秋に米の生産量が六、六八〇万石と発表された。未曾有《みぞう》の豊作で、前年度より七三〇万石もの豊作である。朝鮮も豊作で、一、九〇〇万石の生産量をあげた。このため供給過剰になり、石当たり九月には二十五円、十月には十五円へと暴落した。帝国農会の調査によれば石当たりの生産費は二十六円十一銭で、つくればつくるだけ損をすることになり、生産費のなかに組みこまれた肥料代は、ほとんどの農家が借金だったから、農民の負債は一挙にふえた。

米の豊作飢饉の一方、畜産物へもしだいにその波が襲った。統計をみると、昭和五年にはさほどの影響がなく、むしろ生産はふえている。無畜農業といわれていた日本農業では、畜産の位置は低かった。養鶏の飼育戸数は五四〇万戸のうち三三六万戸、その七割以上は十羽未満の小規模経営である。ところが農業恐慌で急激に畜産が叫ばれるようになった。農業の自立化が叫ばれ、畜産に目をつけた孝三郎が講演に招ばれたのも、そんな背景があったのだ。しかし、畜産に走った農家は資金がないため、もっともてっとりばやく換金できる養豚、養鶏に流れこんだ。鶏は六カ月で採卵ができるし、豚も一年以内に売ることができるからだ。このため、五年の秋から飼育をはじめた畜産物が六年の夏から市場にでたため、供給過剰でまた農家はどん底に落ちた。

仔豚を購入する農家はなくなり、山や野原に放たれた。「この仔棄てざれば我身育たず」の札を背中につけて、仔豚は野生豚になり山野を走りまわった。それがまた畑を荒らした。屠場にもっていこうにも、二円の料金が払えなかったからである。

農家の経済状態はどうなったか。

農民はもともと慢性不況のなかで、かなりの借金をかかえていた。このころの農林省の調査によれば、借金の理由は生計困難のため三二％、農業資金が三一％である。いわば生存をかけた借金で、借りる相手も高利貸、貸金会社、地主、商人となっていて、利子も一割以上が六〇％、二割以上が四〇％だった。期限までに金を返さないと、土地をとりあげられ追いだされるのがふつうだった。平均すると自作農一、六五〇円、自小作農一、〇三〇円、小作農五二〇円だったが、小作農が少ないのは、高利貸や貸金会社が支払不能とみて金を貸さなかったからだ。そして、五、六、七年と借金額はどの農家でも年に百円ずつふえたといわれている。農家の負債は七十億円を越しただろうと予測されている。

一方、地主は地方の中小資本への出資者であったが、出資企業は軒並み倒産し、経済的には完全に破綻する。自作農から地主へ恐慌は進んだのである。

農村では租税滞納額がふえた。延納運動が起こり、教員や吏員の給料の遅配、欠配も当然のこととなった。教師は農民から「給料とりはいいですなあ」と皮肉られ、村の中では下を向いて歩かねばならなかった。税金を払うよりいかに食べていくかが、農民の実態だった。しかも都会に働きにいった二、三男が、失職して故郷に帰ってくる。せっかく帰っても、父母や親戚の厄介となり家庭不和も起こり、家庭生活があちこちで破綻していった。それでも失職した者は農村に帰るために、東海道、中山道、奥羽街道を歩いた。汽車賃などないからで、街道沿いの寺院には握り飯をもらう人たちが列をなした。

近くの中小都市の臨時工員に農民たちはなった。朝八時から夜八時まで働いてわずか二十円という給料でも、働けるだけまだよかった。一家が暮せる平均が五十円だが、それでも二十円を安いとは言えなかった。言えば首を切られるからである。またある者は日本を捨て南米に移民した。北海道の漁村に出かせぎに行き、そのまま居つくばあいもあった。そういう農村に大資本が進出し、農民と契約を結び独占的な買い付けをしていき、それはまた大資本の肥料、飼料を買うことで商品生産者としてその系列下に組みこまれる農家もふえた。しかし、それはほとんどが富農であった。

小作争議も激化した。三年には一、八六六件、四年には二、四三四件、五年二、四七八件、六年三、四一九件とふえた。争議のない府県はなかった。全国全農会議は小作料減免、賃金不払い反対を掲げ農民を結集した。農民運動も質的転換をとげつつあり、それだけに官憲の弾圧も激しかった。一方では争議の六〇％は村の有力者、たとえば町村長、区長、村会議員、農会役員などが仲介して解決した。

茨城県の場合、こうした農業恐慌に町村長、町会、農会長、郡農会議員などのいわゆる地方農村ボスが、救農を叫び、彼らの（ということは地主のことだが）要望をまとめ、政府や県への請願をしている。昭和五年の茨城県議会にはこういう請願が殺到しているが、それは農業恐慌は小作農、自小作農だけではなく、彼らの階級にまで及んできたあらわれであろう。当時の農村の地主的支配機構である帝国農会は会員が減るだけではなく、会費が払えず解散の危機まで迎えている系統農会まであった。彼らの請願の骨子は政府の米穀大量買い上げ、米穀運用資金の増額と地租付加税など税負担の軽減を要望しているが、これは「農村救済に名を借りた地主救済の立場を明かにする」（『茨城県農業史』第三巻、「昭和初期の農業恐慌」より）ものであった。そして、一方では「小学校教員初任給ノ引下ヲ図ルコト」といい、農民の俸給生活者への反感をあおりたてた。小学校教員が下を向いて歩くのは、そうした呼びかけが功を奏したのである。こうして、恐慌は農村のなかの矛盾を洗いだし、それぞれの立場を鮮明にさせていった。

これにたいして、政府の対策は七千万円を農村に融資することと、町村長から申請のあった地方債の認可ぐらいであり、これも地方自治体の銀行への借金がふえるということで、なんらプラスにはならなかった。農民ひとりひとりのやり切れなさは、戦争でもはじまれば景気がよくなるだろうという屈折した感情になった。貧すれば鈍する――絶望的な状況は理性を麻痺させた。とくに農村から軍隊にはいった青年たちにとって軍隊は極楽であった。三食米のメシが食べられて、おかずはいままで食べたことがないものが食卓にでる。朝早くから夜遅くまで働いて、食べることができない農村の生活からみれば、まったく天国みたいなものである。〝帝国軍隊〟の強さは、こういう兵士によって築かれた。

――日本の兵士たちが中国で数多くの残虐行為を働いたという。それは確かなことだろう。その因もまたさまざまな説明が行なわれている。それもほとんどが当たっているのだろう。だがしかし、農村で家庭崩壊をみてきた兵士たちが、中国に出兵することで、戦地戦務（甲）が加算され、一カ月の従軍は三カ月扱いになるという恩給制度にすがったのも因ではなかったか。昭和八年には恩給法改正になり、傷病兵遺族への恩給は増額になっている。たとえ下士官は高級軍人の何分の一という冷遇であったにせよ、そうした保証に頼ったのではなかったか。そして平定作戦に従軍すれば一カ月は二カ月に加算され、そうすれば両親はゆとりのある生活をし都会の巷にいる妹や村の娘を故郷に帰せると考えたのではなかったか。

兵士たちは、農村の娘たちが自らの身を犠牲にすることで家族を救おうとしたのとおなじ意味で、軍隊の先頭で闘ったのであろう。それは貧しさが生んだ屈折した心理であり、相手の立場に立って考える余裕、たとえば中国人はなぜ闘うのかと考えるゆとりをもつことはまったくなかったのだ。農民出身の兵士たちが、為政者によっていちどもその立場に立って考慮が払われなかったのと同じように、自分と自分の家族のことしか考えず、それだけに必死に侵略戦争に加担していったのもまた悲劇であった。

4 教師の怒り

後藤兄弟が音頭をとったためもあろうが、どこの支部づくりも小学校の教師が中心になった。それに教師の目に映る現実の厳しさ、悲惨さはひどいものがあった。

農業恐慌は子供たちから学用品や教科書を奪った。鉛筆一本すら買えない生徒が続出した。それに教師の給料も遅配で、彼ら自身が生活に窮した。どの村でも教育費の予算削減、教員の定数減を実施した。こうした経済的圧迫は必然的に社会へ目を開かせる。資本家が肥え、労働者は汗水流して働いても生活できず、政治家は政争に明け暮れる。ある者は社会主義運動に、またある者は国家主義運動に走った。たとえば、昭和五年には「小学校教員連盟」が発足したが、幹部の検挙で解散させられ、次いで「全日本教員組合結成準備会」ができる。しかしすぐに解散させられた。「赤化教員検挙」のあとにはかならず学校に父兄がどなりこんできた。教師に憂さを晴らすことで、気を紛らわせる父兄が多かったのだ。

愛郷会の支部づくりに奔走する教師たちは、現実があまりにもひどいから当然のように力をいれた。そうしなければいられない心境だった。後藤信彦は昭和五年には教師生活にはいって八年目だった。あまりにもひどい現実に、勉強を教えるというよりはなにかと生徒の面倒を見る保護者のようにならざるを得なかった。

遠足の日程が決まる。クラスには七十人の生徒がいる。そのうち九割近くは農家の子供たちである。家庭環境を考えて、なん人かの生徒に目星をつける。その子供たちがなにかいいこと、たとえば黙って掃除をしているとかゴミを拾ったとかするのを見るとかならず声をかける。

「やあ今日はよく働いたな」

その場でお金や菓子を与えるわけにはいかない。そこでこっそりその子の分を貯金するのである。遠足の前日にその子を呼び、

「さあこれだけ貯金があるぞ」

といって貯金箱をあけて、したくをさせるのである。

弁当をもってこない子供もいた。そのために信彦は、おにぎりをいくつももっていく。昼食時になるとこっそりと外に呼びだし、それを与えた。「いえ、いいんです。家で食べてきます」という生徒もいたが、それが嘘であることはすぐわかる。「先生もこんなに食えないよ。食べろよ」というと、食べはじめる。逆境のなかで子供たちがくじけないように、気を配りながらささやかな善意を施す教師が多かったが、信彦もまたそのひとりであったといえるだろう。

家庭訪問は多くの教師には苦痛だった。悲惨さがいっそうわかるからである。ある生徒の家では、十人の子供に着物は七人分しかない。履物もそのていどしかない。だから早く

起きた子供が着物を着てゆき、着そびれた子供は布団のなかで終日ふるえている。信彦が訪れると首だけだして、恥かしそうにまたひっこめた。また恐慌の初めのころ、すなわち昭和五年にはいってまもなく、子供たちは御飯ばかりを食べた。おかずを買うゆとりもなく、せめて御飯だけは食べさせようとする親心のためだろう。子供のおなかはいつもふくれていた。だれが見ても、それが胃拡張であることがわかった。だがたとえ胃拡張であっても食べられるうちは幸せだったかもしれない、しだいに米も食べられなくなっていくからである。弁当をもってこられない生徒が運動場のすみで壁に身をもたせかけているのは、このころの小学校ではよく見られたことだった。すこしでも動けば腹が空くからである。

実際に青森県では、体操の時間に生徒がバタバタと倒れた。昼食をぬいていたからである。また長野県では休み時間に他の生徒の弁当を盗み、教室から逃げだしていく生徒もあった。信彦の学校でも、生徒が畑からいもやなす、きゅうりを盗みだし、それをナマのまま食べるということがあった。自分の家の畑にも、なすやきゅうりがあるのにである。それを問いつめると、うちのは売らなければならないとことばを返す。子供たちからも道義心を奪い去るのが、この時代の風潮であり、それだけに教師も生徒を叱るだけではどうにもならないと考えた。

後藤圀彦もまた、教師としてきびしい現実を見ていた。川田村の小学校に奉職していた彼は、昭和四年の秋から六十五円の給与を、弁当をもってこられない生徒たちに送りつづけた。初め彼は学校長に、給与を食べることもできないでいる生徒たちに寄付したいと申しでた。しかし、それは学校長の賛同を得られなかった。もし認めれば、他の教師もなんらかのかたちでそれを見習わねばならないからであった。圀彦は六十五円をいくつかの袋に分け、為替にし、子供たちの家に送りつづけた。だがこれも圀彦であるというのが、いつのまにか洩れてしまった。あまり無駄話をせず、どっしりとかまえている彼は、自らはそのことを語ることなどなかったが、それでもあれは「後藤先生だ」と噂されつづけた。

また圀彦は朝早く起き、おにぎりをつくり学校にもっていった。生徒が登校してくるまえに、おにぎりを弁当をもってくることができない生徒の机のなかにこっそりいれておくのである。そして校門の前に立ち、生徒を迎えいれるのであった。恐慌で子供たちは見なくてもいい光景をいくつか見ていた。たとえばおとなたちの口論、喧嘩……。他人がどうあれ自分たちは生きなければという徹底したエゴイズム。だから圀彦の行為は子供たちを安心させた。圀彦にしてみれば、よりひどくなっていく農村恐慌に善意の限界を感じたのであろう、やがて愛郷塾の教師となり五・一五事件の中心人物となっていった。公判で彼は、「病弊していく農村を私は座視できなかった。私は自分の一生を橘先生の率いる農民救済運動に捧げる決心をした」と述べた。

このころ社会主義運動に傾斜した教師も、国家主義運動に走った教師も、それなりに生徒のために身を砕いたことは否定できない。生徒と涙し共に考えた教師たちはしかし、免職、休職となった。そういう教師たちこそ、校長や村当局からは煙たがられた。愛郷会の集まりでも、無気力な教師を怨嗟する教師がまた多かった。

社会的憤怒は教師にとって禁物だった。多くの教師は恩給をもらうまでをつつがなく過すことが望みで、職員室でそういうつぶやきを自嘲したように洩らす教師も多かった。農村出身の兵士たちが年金を目的に戦場にでかけるのと似ているといえようか。軍部の政策に呼応し、子供を説き、自らは五カ月の短期現役制度のもとでさまざまな特典を与えられていた。恩給目当ての教師たちが子供に与えた影響は大きい。それは戦場で虐殺に走った兵士とおなじ精神構造だったといえないか――。

5 日召との出会い

昭和三年暮に茨城県の大洗に護国堂という寺ができた。田中光顕が明治天皇と維新の志士を讃えるためにつくったのである。この寺の住職に井上昭という大陸浪人がなった。護国堂で井上は、日召と名のり毎日法華経を唱える生活をしていたが、この寺にはしだいに近在の農村青年や教師が出入りするようになった。すると日召は、「いまの資本主義は仏法に反している。改革しなければならぬ」と説いた。とりたてて理論があったわけではないが、十年間も大陸を放浪していただけにカリスマ的雰囲気があり、それが青年たちを魅きつけたのである。一方では、日召は水戸学に関心をもち、その種の集まりには顔をだした。

このころ霞ヶ浦には藤井斉がいて同志を糾合していた。休日には同志とともに東京に出て、漢学の権藤成卿《ごんどうせいきょう》を訪ねその話を聞いていた。このふたりが親交をもったのが、水戸学の研究会であった。

水戸には彰考館がある。水戸光圀が寛文十二年に創設した研究所のようなものである。大日本史編述のために栗山潜鋒らの儒学者を招き、一方では神道を根本義とする朱子学者も水戸に呼んだ。水戸学が空理を廃し実学に重きをおくのもそうしたためだが、戦時中には戦争哲学としてもてはやされたのも、その流れにつながっている。

水戸学研究者のあいだでは、水戸学再建が折りにふれ語られた。昭和四年には義公三百年祭を記念して、水戸市内の著名人に広く呼びかけがあった。孝三郎もこれに参加した。だが義公三百年祭が終わったあと、穏健な水戸学研究派と水戸学を現状に生かそうとする急進的な一派に分かれた。孝三郎はそうした抗争に関わりなく、また愛郷会にもどった。しかし、研究会で乞われるままに、農村破壊が進んでいること、これを救うのはマルクシズムではないことを述べたが、日召はこの会合で孝三郎を知り、しだいに激しい調子になっていく孝三郎に関心をもったとのちの血盟団の訊問調書では述べている。

急進的な一派は「一洗会」という組織をつくった。この会合で日召と藤井斉が親交を結んだのである。昭和五年一月の会合だった。

孝三郎の講演活動は恐慌の度が深まるにつれ先鋭的になり、回数もふえた。「現状は徳川時代とまったく変わらない。土から離れた人間が土を考えない教育を受け、そして国を動かしてゆく。こんな馬鹿なことがあっていいものか」――青年たちは拍手をする。孝三郎から見ると、農村青年は知識に飢えているのだと思った。日本の経済の仕組や農業構造をまったく知らないのだから、たちまちのうちに孝三郎の話を吸収してしまうというのである。孝三郎の考えは着実に浸透していき、愛郷会支部はふえていった。

そして、孝三郎は愛郷会発足のときの眼目のひとつである村塾づくりを真剣に考えるようになった。その決定的な因というのは、昭和五年の夏のある出来事のためだと、のちにいはらき新聞に発表した「農村を語る」で言っている。それはある村の青年団の夏期大学に講師としていったときだった。三百人ばかり集まった青年たちから鋭い質問が矢つぎばやにでたのだ。

「東京の市電争議にあたって、東京市の青年団が臨時運転をしました。これにたいして長野の青年団はブルジョワ擁護なりと抗議をしました。先生はどちらが正しいと思いますか」「金解禁で工業恐慌がはじまり農業恐慌にまで至った。金解禁は新平価で行なえばこうならなかったのではないでしょうか」「農民人口は常に過剰だといわれてきました。だから都会へ行くのも仕方ないといわれてきましたが、日本の耕地面積は国土の一六%です。日本は本当に国土が少ないのですか」

当然のように、地主と小作の対立関係ももちだされた。

「小作争議は小作農の血の叫びです。それを弾圧するだけでは、彼らが自棄になって農業への意欲を失うのはあたりまえじゃないですか」

こういう質問にどう答えたかは、この記事には書いていない。多分、孝三郎はマルクス、マルサス的考えを批判し、日本の農業は勤労主義、大地主義、兄弟主義でなければならぬと答えただろう。そして、地主と小作の関係については、現在困っているのは、地主も小作も同じなのだ、これが一体となって農村を建て直していかなければならないと答えたと思われる。この答に青年たちが納得したかどうかは疑わしい。しかし孝三郎はこの経験で、「これらの青年がいつまでもぼんおどりとひなたぼっことわいだんの低劣さにねむるものでもなければ、またねむらせておくべきものでもない。そして一度方法をあやまるならば――私の胸の底深くうごめいてやまぬ村塾のりんかくが次第にはっきりせずにはおられなかったのである」と決意することになったのである。〝一度方法をあやまるならば――〟、農村が階級闘争の場になると考えたのだ。

橘孝三郎がこの決意をもったとき、彼はこれまでの求道者からひとりの農民運動家へと変貌をとげる。塾を興し青年教育に力をいれるとすれば、愛郷会の発会宣言のように宗教臭をただよわせる段階でなくなっていることも自明の理である。当然のように政治的な檄が彼につきまとうようになる。井上日召がしだいに激越になっていく孝三郎に関心をもったというが、それも「ぼんおどりや日なたぼっこ、そしてわいだんに浮かれていた」筈の農村青年が、孝三郎が考えていたよりももっとマルクシズム的な発想に傾斜していたことを知った後の一連の行動を指しているのだろう。孝三郎の著述活動にはマルクス主義とマルサス主義批判にかなりの比重がかけられていく――。彼の著述の筆は急ピッチで進められた。これが彼の初めての著作『農村学（前篇）』（前篇というが後篇はない）である。

人類の歴史のなかから国家の発生をふたつの道に分け、「土の国家」と「海の国家」に規定し、世界史とは即ちこの二つの相克にあったという論、農民を原動力として共同体的農村社会を土台とする完全全体国民社会の実現を説く論、日本人の霊性に目覚め土に還れという大地主義、そしてまごころで結びつく兄弟主義、そして市民の目で農村を分析するマルクス、そういった論が『農村学（前篇）』には書かれてあった。そういう考えが、目ざめている農村青年にどう受けとめられるか改めて問われることになった。

孝三郎の考えは、すでにいはらき新聞紙上や東京に帰った武者小路実篤の主宰する雑誌「大調和」などに部分的には発表していた。いうまでもなく、そのことは、大正時代の教養主義的、啓蒙主義的、そして宗教的な次元からは離れ、いまや農村理論家への脱皮であった。霊性、神、まごころという孝三郎という人間の核にあるきわめて感性的なものが、農業をとらえるのであったから、なによりマルクシズムの科学的、機能的、唯物的な見解とは水と油であったが、農村運動家として登場したのは、いや登場させられるに必要な条件が揃ったのは、農業恐慌を軸にしてマルクシズムが高揚し小作争議がより尖鋭的に推移していく過程だったから、なによりもマルクシズムへの反論こそ、彼の主要なポイントになったのである。

このときの『農村学（前篇）』は、五・一五事件後、すなわち昭和八年十二月に建設社から公刊されている。しかし、武者小路実篤の新しき村に関心をもっていた建設社の社長坂上真一郎は、「大調和」に掲載された孝三郎の原稿を見て共鳴し、昭和六年五月に愛郷塾開塾を記念して孝三郎周囲の人々に配布するため一冊の本にしている。そして、この本の冒頭には、つぎのような記述がある。

「此書を自営的農村勤労学校愛郷塾創立記念出版とするに当り　特に　風見章氏に捧ぐ」

民政党の代議士になった風見章は、東京での議員生活の合間にしばしば孝三郎のもとを訪れた。農業問題を専門とするためであったろうが、茨城県第三区で風見を支えた票が農村青年層であり、社会的に中層以下の人々といわれていたので、そうした層の代弁者として彼は農業恐慌をのりきるための具体的な施策を考えなければならなかった。そんなとき、孝三郎の意見もまたおおいに参考になった。

孝三郎が村塾をつくりたいということも、風見に最初にうちあけている。

風見はこの愛郷塾づくりにかなり本腰を入れたが、それはなぜだろうか。戦後、風見章の著作がなん冊か発行されたが、そこには孝三郎のことは一行も書かれていない。もちろん戦後は思想的に完全に袂を分ったから、そうした記述はあるわけはないともいえるが、しいて勘ぐれば風見の著書『祖国』（昭和二十七年、理論社）に書かれた一節が、この村塾づくりに関係がありそうである。

それによると、風見は中学を出ると早稲田に進んだが、早稲田では学校よりも「称好塾」に寄宿した。この塾は天台道士杉浦重剛の私塾で、四十人ほどの塾生が杉浦の人間性に触れ、そのことがもっとも有意義な経験だったとしている。杉浦重剛は明治政府から派遣されてイギリスに留学し、日本に帰ってからは科学の振興を叫び、わが国初の科学雑誌「東洋学芸雑誌」を刊行した人物で、教育とは人の短所を埋めるのではなく長所を伸ばすことだと考え、その実践として塾をつくったという。風見は自らの経験に照し、塾教育を評価していたから、孝三郎の村塾を積極的に手伝ったのであろう。

孝三郎は風見に勧められて、「自営的農村勤労学校愛郷塾設立に際してお願申上げます」と題する趣意書を書いた。七万字におよぶ長文の趣意書である。それを風見とやはり応援を約している農工銀行頭取の穴沢清次郎に渡した。ふたりはさっそく各方面に働きかけたが、十月、十一月、十二月にかけてぞくぞく寄金が寄せられた。五円、十円という寄金が水戸、水海道、東京の県人会からも寄せられた。風見の後援者である実業家斎藤茂一郎、牛島知事、いはらき新聞の中崎憲社長も寄付金を届けた。満州の大連では、茨城県人の有志が趣意書を印刷し県人に配り、愛郷塾設立基金を募った。

このようにして、愛郷塾は孝三郎の手を離れて茨城県の政財界の援助を受け、目に見えない規制をはめられることになった。が、孝三郎自身は「愛郷塾はもはや私一人をはなれて天の授かりものだ」といって喜んだ。このような寄金の集まりは、孝三郎の書いた趣意書の文面の生真面目さによるものだった。趣意書と称して、ただ金めあてにだす雑駁な計画案とちがって、七万字の文面はひたすら彼の所信と具体的な教育内容、制度、資金のやりくりを克明に書いてある。本来なら橘家の資金でやるべきだろうというのが孝三郎の一貫した考えだったが、このころ孝三郎のもとには資金的なゆとりはまったくなかった。すでに経済的には破滅に近い状態だったのである。銀行からの借金で畜産に力を入れ、牛を飼い豚を飼っていたからである。しかも孝三郎の書籍購入費は大学の図書館なみで、イギリス、ドイツ、アメリカから丸善を通じて原書をとりよせるのだから、経済生活にはかなりの痛手でもあった。

集まった寄金はさっそく教室をつくる資金になり、校舎が二棟、兄弟村のなかにつくられた。藁ぶきの六十坪の広さをもつ平屋であった。

塾の思いがけぬ進展と相かわらずの講演に走りまわっている孝三郎に、思いがけず日召との糸がむすびついた。昭和五年の暮である。

いつものように講演を終え、帰り道を歩いていると、ひとりの青年がうしろから息を切らして駆けつけ、孝三郎を呼びとめた。

そして、

「先生、先生の考えでいまの日本は間にあいますか。百姓を救えますか」

かぶさるような調子でたずねた。孝三郎は〈救える〉とも〈救えない〉とも答えることはできなかった。デンマークの協同組合がいま飢えている農民を救うことなどできるものかという調子が、その問いにはあったからだ。

それから一週間ほどして、またその青年は愛郷会にたずねてきた。先生は農村は救えますかとまた同じ調子で言った。孝三郎は逡巡しながら、救えないとははっきり答えた。

「先生、日本はやはり革命が必要ではないですか」

「……」

青年は小学校の教師で古内栄司と言う。古内は井上日召の護国堂に集まる青年たちの有力なメンバーでもあった。こうしてふたりの交際がはじまり、休日ごとに孝三郎をたずねてくる古内は、やがて北一輝の『日本改造法案大綱』をもってきた。そして孝三郎や正三、後藤兄弟に一読するよう勧め、井上日召がいまは東京に出て国家改造運動にのりだしていることを話していった。

井上日召と藤井斉はすでに国内改造を目ざす同志としての運動を進めていたが、藤井は霞ヶ浦から九州の大村航空隊に転勤になり、藤井が果たしていた役割を井上日召に託していた。藤井の果たしていた役割というのは、東京に出て中央の動向をさぐり、あわせて各地にいる同志との連絡をとることであった。日召は藤井のいないあとの、その役割を果たすため、護国堂を引きはらって東京に出ていたのである。昭和五年の十月である。彼は安岡正篤の主宰する金鶏学院に止宿し、そこで独自の行動をつづけていたが、一方では金鶏学院に身を寄せる大学生を説得し、同志としてひきつけることに成功していた。日召は護国堂を去るとき古内ら大洗青年組に、国家改造のためにはテロを用いて支配階級に生命の危険を感知させたほうがいいという考えをにおわせたともいう。

昭和五年暮、すなわち孝三郎が古内栄司に呼びとめられたころ、日召は九州に藤井をたずね、そこで海軍の革新派将校として三上卓、古賀清志、村山格之、陸軍の革新派将校菅波三郎と顔を合わせていた。日召はこの旅で、当時熊本にいた第六師団の師団長荒木貞夫にも会い懇談している。荒木はこうした陸海軍の青年将校にもっとも理解を示している軍部の主流だったためだ。

孝三郎は古内から青年将校の動向を聞いて、状況がそんなところにまで進んでいるのをはじめて知った。その動きのなかへ自分が加わっていくかどうかのはっきりした意思表示をしなかった。だが北一輝の『日本改造法案大綱』を一読したあと、ふっと襲った恐怖、それを知ったとき反射的に日召の系列にはいっていかざるを得ないと感じたのだ。孝三郎の恐怖というのは、北一輝の説く国内改造があまりにも機能的、唯物的すぎるということだった。精神がない――彼はそのことにこだわった。孝三郎から見て、北一輝の思想は軍部独裁だと思えた。〝危ない、危ない。こんな考え方に軍人も古内も毒されているのでは……〟――。〝北のいうとおりにやったらめちゃめちゃになる。日本は内乱になる。日本を救わねばならん〟と、彼はまた呪文のように唱え、しだいに日召系につらなるひとりとしての覚悟をもっていった。

6　対話

孝三郎は『農村学（前篇）』の筆を、昭和五年十二月三十一日の夕刻に置いた。愛郷塾設立趣意書の執筆や講演にでかけるかたわら書き続け、ほぼ五カ月近い日数で書きあげたわけである。この本は孝三郎のこのころの考え方をまとめたものであるが、マルクス批判とマルサス批判にもかなりの枚数を費している。大正の終わりから調べはじめたマルクスやマルサスへの批判であり、それは〝現下の農業問題解決に二つの方法があるという。マルクスとマルサスがそれである〟と決めつけた孝三郎の、六、七年かかって読破したふたりへの批判であり、また消去すべき二つの理論であった。

このころ論壇でもマルサス主義的発想は新マルサス主義と呼ばれ、勢いをもちはじめていた。新マルサス主義にたいする孝三郎の批判は、『農村学（前篇）』ではつぎのようになっている。

「世界は今工業生産組織とそれに対する基礎たる農業生産組織と更に之れを結ぶと同時に一般消費経済界に結ぶ市場経済組織に亘る全経済組織への健全にして合理的な調和確立の必要を痛切に学びつつ、必然的に再び土に還らざるを得ないのである。たとへマルサス主義に還れと言ふ事のそれは全々無意義であらうとも、マルサスへ還れと言ふ言葉がケンブリッジのすぐれた経済学者によつて叫ばれるに至つたのは決して無意義と言ふ事は出来ない。世界が再び土に還らざるべからざる時、土はまた世界を再び土本来の安定さに世界を築きなほす可能性ありや否やは実に世界に対する中心問題たらざるを得ざる事明かである。かくて人口食糧問題の再燃が始まつて来る」

「世界人種のほとんど全部がその主食物を穀類其他植物性農作物に依らねばならず、その動物性のものでも間接にはいづれも植物性物質に依らねばならない現実に於て、他の事情等しき限り、世界の人口は地球の耕地面積の厳格なる制限の下に立たざるべからざる事マルサス的解釈の通りである。それは証明を経ずして認められなくてはならん根本的事実である。かやうな証明さるる事なしに認められなくてはならん根本的事実の命題化を以て公理と云ふならば、上の人口法則は一つの公理である。しかしながら多くの公理に於て、特にそれが社会科学の領域に於て然りであるが、常に『他の事情等しき限り』といふ註釈のともなはれてをる事を見遁してはならない。しかもまた我々は特に下の事柄を記憶しておく必要がある。即ち我々の人口食糧問題は人間の生産活動を離れた食物増産なるものと、人口の数的生理的蕃殖力と、如何なるてじな仕掛を以てしても同じ帽子の中からとび出させる事の出来ない両者をしかも代数問題的に取扱ふやうな方法を以てしては絶対に解き得べきものでもなく、解く事を許すべきものでもないのである。食糧品の生産が耕地面積の厳格なる制限をうけねばならんと言ふ命題が一つの公理であるならば、それと同じ様によつてその『食糧品生産はそれを生産する人間の生殖能力に依存する』と云ふ命題も一つの公理であつたのである。そして申すまでもなく人間の生産的能力は耕地面積の空間的なる面積からは生れて来るものではないのである。人間の生産能力は申すまでもなく人間の文化社会によつて基礎づけられたるものであつたのである。勿論耕地の空間的面積は人間の生産を根底に於て自然的に条件付けはするがそれが直ちに人間の生産能力を左右する動因とはなり得ないのである。耕地の空間的面積は耕地の経済的面積ではないのである。されば究極に於て人間の食糧生産なるものは耕地の空間的面積によつて厳格な制限を受けなくてはならん事を認めなくてはならないとしても、その事実は直ちに人間の食糧品生産を決定すべき主因ではあり得ないのであつて、人間の食糧生産を決定すべき主なる動因は如何なる時、如何なる場合たるとを問はず人間のそれに対する生産能力であつたので耕地の経済的面積はこれを動因として決定されてをるのである。即ち常に食糧生産の第一線に立つて生産活動をつづけてをる農民の能力如何によつて食糧品は増減すると同時に、この農民の能力に幸する自然と社会の条件如何に依存せざる場合はないのである。換言すれば『食糧は農業に依る』と言ふ我が農村学の第一命題が置かれなくてはならないのである。……」

このころの日本の耕地面積は、国土の約一六％である。ある説によると、五一％を占める山林面積の耕地可能面積を傾斜一五度以下と考えれば、まだ四百万町歩の開発可能な面積があったという。また茨城県の耕地面積は二二万二千町歩で、土地面積にたいする耕地の割合は四五％、全国でも第四位の広さをもっている。当時、二〇万町歩以上の耕地面積を有するのは、北海道、新潟、鹿児島とこの茨城だけであった。そうした背景を考えれば、まだまだ他県には開墾可能なまま放置されている土地があるという孝三郎の意見は、それなりに説得力をもっただろう。

全国的にみても四百万町歩も開発可能面積があるのになぜ開発されないか。孝三郎は言う。「これらの山林はだれがもっているんだ。みんなまちでふところ手でごろごろ遊び暮している連中ではないか。しかもおいらが手をだそうとすれば三百円だの四百円だの言うじゃないか。安い所でさえ金解禁の前にも百円を割る所はなかったじゃないか。でも命がけで借金して買ったとしよう、八分利子で年賦償還の方法で買ったとしよう、だが利息と元利をあわせて一割以上を払っていかなければなるまい。どうして生活できる。なぜこんな具合に日本の百姓はなったのだ。こういう現実があるのに、百姓は無鉄砲に子をつくるが、自然はすこしも耕地を恵まないほどけちでちっぽけだというのか」――。

孝三郎のマルクス批判は、つまるところ大農優越論への否定的見解としてあらわれている。それはつぎのように記されている。

「……一歩農村に踏み入るるならば過小農業を以て世界の一驚異状態を呈してをる日本農業は決して大農化するやうな事は起らなかつたと同時にその望は少しもないのである。之を以て之を視るに農業に関する限り事実は何よりも雄弁にマルクス主義をくつがへしてをるものと断言せねばならんのである。」

「申すまでもなく、マルクスの資本論を公けにするに当つてその認識対象と経験対象の主体をなせるものは当時に於ける英国の状態であつた。即ちマルクスの英国は十八九世紀に亘つて産業革命の局を結ばしめて世界の工場たる地盤をかため、世界的植民地獲得と、世界市場の征服によつて世界的支配の位置を定め、以て都市中心資本主義帝国を成熟せしめた時代の英国である。尚彼が国籍を置いたドイツはその科学的の工業をプロシアニズム遂行の一手段たらしむべく全力を傾けてドイツ的製造工業の進歩発達に意を注いでをり、彼亡命のフランスの都の空気と雖《いえど》もこの世界的大勢のまつただ中にまきこまれたるの空気たち、徹頭徹尾唯物的主智主義のそれによつて養はれたる彼がどうしてロンドンに於て或はまたパリーに於て農村の本質を把握する機会と可能性が与へられやうか。此事情は彼の著書に最もよく反映してをる処のものである。マルクスの眼中にはブルジョアとプロレタリア外なかつたのだ。本質的に申すならば彼の脳裡には工場と工場都市とそれをとりまく市場経済現象外映らなかつたと申し得る。即ち彼が農村をながめた場合彼は市民の眼、市民の精神を以てしたので農民のそれではない。かくて経済現象の楯の一面外視得なかつたのである。そして資本主義的に機械化され大経営化さるる事によつて破壊の最後の止を刺されたる英国農村を工業の一延長と見誤り且つそれを以て世界農業の全般を推さんとしたのである。此所に即ち彼の顚倒の原因がある。一切の問題解決への顚倒と混乱は前に言ひし如く立つべからざる視点に立つて、採るべからざる方法を以てのぞむ時に起る。マルクスもまたこの誤りを農業生産及農村社会に対して犯したのである。延ひては農村を度外視しては正しき姿をながめ得ざる全経済組織に対する誤りに結果せざるを得なかつたのである。事実英国の農業はマルクスが思惟せる如く革命でもなければ、またその大農化はマルクスの解釈せし如き大農優越論の結果でもないのである。……」

マルクス批判を農民に説明するとき、孝三郎は資本論に例証してあるスザーランド公妃が行なった、いわゆる〈囲い込み〉について語った。彼女はその領地から三千戸、一万五千人の農民を徹底的に狩りたて、長年住みなれた家を離れたがらない老婆は、燃えあがる住居のなかで焼死したのである。この農民たちには代替地が与えられたが、そこには一エーカー二シリング六ペンスの地代を課せられた。この地がロンドンの漁業商の手にわたったが、農民たちはそこも追いだされ、やがてその地は貴族の狩猟の場になったと彼は攻撃した。イギリスの資本主義発達は、このようなつみ重ねであるといい、マルクスにはふたつの欠陥があると指摘した。そのひとつはマルクス自身が農業を知らないがゆえに、彼の理論は農民には納得できないこと、そしてもうひとつは、マルクスはシェーレ現象（独占化した産業と非独占の産業の価格差が鋏を開いたような形で増大していく現象）を知らないことだという。シェーレ現象はマルクスの死後のことだから当然といえば当然だが、マルクシストがそういう現象や発展を無視して論ずるのは宗教的信仰だと述べた。

農村恐慌が進むと彼は単に「マルクシズムはいかん。マルクシズムでは救われん」とぶつけていくようになるが、そのようなきめつけが軍人たちに強烈にアピールしたのであろう。当時の国家改造運動は理論や思想よりももっと直截な結びつき、いわば志だけで結びついているのであったから、なにより繁雑な理論展開より一見イメージでしかあり得ない抽象的用語が必要とされていたのであろう。そういう土壌に孝三郎の説得が人間臭にとみ、それは〝まごころ〟という言葉であらわされるほどの人間臭であったが、しだいに容易に受けいれられる素地があったのだ。

だが孝三郎がマルクスとマルサス批判を展開したとき、それに伴う行為もあった。マルサス批判は満州への農業開拓団を容認しないことであったし、マルクス批判は農業と経済的生産関係は外面関係にあるとする意見で、それは農業内部の矛盾はどのような解決をするのかと問われることへの拒否の意味を含んでいた。たとえば系統農会の請願のように、農業を救えが、結局は地主を救えと同質のものだという視点にどのような態度をとるかということである。

わたしはなんどか水戸に取材に行くうちに、橘孝三郎というわたしとほぼ半世紀の年齢の違いのある人物におおいに関心をもった。コリン・ウィルソンの『アウトサイダーを超えて』（中村保男訳）のなかに、「普通〝神秘体験〟と呼ばれているのは、表象の直接性と因果の有効性という平素の順位が一時的に逆転し、しかも直接性がいつものように弱まらないという状態である。しかし、こういう〝神秘的〟体験に普通つきまとう代償は、その本質を言葉で伝えることができぬ、ということである（ヴァン・ゴッホは絵でそうすることに成功した）」という一節があるが、橘孝三郎の辿った道には〝神秘的体験〟があり、その因果の本質は言葉で伝えられぬかも知れないと思えることだった。わたしはなんどか質問をし、答をきいているうちに、「君の質問は理論的すぎる」といわれた。たとえば、わたしは思うのだが、人間の行動には因果があり、それは他人を納得させると考える。賛成、反対は別にして、とにかく納得させる系譜があると思う。ところがインタビューは、しばしば禅問答のように行なわれた。

そしてなんどか取材をつづけているうちに、孝三郎の答にはいくつかの前提があり、それは多分前提のうえにさらに前提が重なり、ふっともらす答のなかにはそうしたいくつかの前提が省かれているのだろうと気づいた。わたしの質問はそうした前提にたいする疑問であったように思える。

わたしはキリスト教に関心があり、キリスト教の信者と会話を交わすことがある。そのときにそういう経験をなんどか味わった。わたしが橘孝三郎のことを本質的に宗教家の系列にはいる人物ではないかと思ったのは、そうした取材上での体験のためだった。ことばは悪いが、農本教という教えの宣教師、布教師が、橘孝三郎ではないのだろうか。

――当時、小作争議が頻発し地主と小作の関係があった。それについてはどのように受けとめておられましたか。

「うん、それはそうだ。マルクスはそういう。しかし、わしから見れば、彼らは農業を知らないのだな。そりゃあまったくひどい。まったくわかっちゃいないのだ。たとえばマルクスの資本論第一巻の二十四章だと思うけれどもあそこに例証をひいている、サウザランドの百姓のことだ。（中略）マルクスは工業と農業をまったく同じに考えている。まったくこれでは救いがない。これは大きな欠点だ。もうひとつはマルクスにはふたつの欠陥がある。そのひとつは農業経営や農業をまったく知らない。従ってそれは極言すれば、〝ゼロ〟ということだ。もうひとつはシェーレ現象を知らない。一九一四年以後の彼の死後のことだから、当然といえば当然のことだ。これを知らずに論じても仕方のないことだ……」

――愛郷会にはさまざまな人が来て議論をされたそうですが、いわゆる地主と小作という図式の立場をとる人たち、そういう人たちもずいぶんこられたわけですか。
「うん、よく来た。彼らはよく勉強していたね。有力な奴も二、三いた。しかし（総じて）人はいない。（議論をすると）ちんぷんかんぷんだった。それはそれとして、日本の農民は食えない、なぜだろうかということを調べた。そしてわしの研究は進んだ。すなわち収入に対する支出、これはおどろくべきことだった。豊臣政権以来の農民は貧乏のなかにいた。それなんだから地主対小作の関係ではない。だいたい日本の農民はランドアルバイターではない。小作だって独立していて農民なんだ。アルバイターを使わない。而して貧困の原因はキャピタリストとアルバイターの生産の内面関係に起こる原因ではない。外面関係に起こるのだ。それは政治的、社会的という外部関係に起こるのだ。かろうじて生活している農民は（数語意味不明）どうにもこうにもならない。地主ではないのだ。……」

全農全会派のオルグやアナーキズム系の「農村青年社」のメンバーたちが孝三郎を訪れ、意見を交わしている。昭和六年にはそうした人たちの往来はかなり頻繁だった。孝三郎から見て、現実の農作業にうとい彼らへの不満が、常に交錯することのない討論になったとしている。いっぽう彼らはつまるところ孝三郎の地主を含んでの農業と工業、いわば都市と農村という対置にはかなり反撥を感じている。とはいえ、彼らのパンフレットのなかで、「橘孝三郎氏の農村を思う善意は疑わぬ」と言っているのは、敵とも味方とも判別つきかねていたことを物語っているといえようか——。

7 村塾設立

革命ではなく改革を……マルクス批判は一面では農村改良家としての道を、孝三郎に歩ませていた。デンマークの協同組合運動を範として具体的にえがかれているのは、消費組合と生産者としての農民を直結させる協同組合である。しかも愛郷会は教育と経済を二本の柱にしていた。どうしても経済活動に力をいれ、農民に具体的な実利を知らせなければならなかった。それが彼の回答であった。

茨城県の産業組合はそれほど進んでいたわけではない。恐慌が激化しはじめた昭和五年秋に県販売購買利用組合連合会が設立され、肥料、生活必需品の共同廉価購買事業をやっとはじめたばかりだった。孝三郎が県農政課に提出していた「愛郷畜産購売販売利用組合」の申請はこのような情勢で許可になった。集落単位、村単位から一つの意思のもとに結集した組合として各方面から注目された。機関誌「愛郷」には「……かくの如き結合組織をおこし且つ建設組織たる事によって社会の協同主義的改造を実現せん――」と宣言し、昭和六年から活動がはじまった。メリヤス類やゴムぐつの日用品が本部で購入され、支部で売られた。小売店で買うより二十銭から三十銭は安く、商人は値を下げてこれに対抗した。肥料や農機具の購入も進められた。とくに肥料は市価一貫二円八十銭の硫安が二円三十九銭で売られ、一年分の石灰窒素に至っては十三円五十銭がわずか九十二銭で売られた。愛郷会の会員たちは原価で売ったためだった。

支部の会員たちが共同耕作をしたり、村道の修理にかけまわったのと相まって、愛郷会はしだいに献身的という形容詞で語られるようになった。県農林課の役人にも共鳴者をだし、やがて「県下のモデルケース」として各県に紹介された。この活動で、愛郷会支部は一カ月に六町村ほどのふえ方も示した。

〝農民は兄弟なり──〟という兄弟主義にもとづいてさまざまな慈善事業も行なわれた。たとえば東北で凶作があると知れば、水戸市公会堂で「慰問音楽会」を開き、水戸女子師範の音楽教師であるはやがピアノをひき、女生徒や会員たちが合唱をする。純益は東北のそれぞれの県に送られた。新聞は美談として報じ、愛郷会のヒューマニズムはそれなりに人びとに評価されていった。

だが〝村の聖者〟としてのもう一面で、孝三郎は国内改造運動に関わりをもつ意思を煮つめつつあった。北一輝の『日本改造法案大綱』には農民の視点がないとつぶやいていた。放っておけば、軍人が北一輝のペースにはまってしまう……と言葉を重ねていたのである。

そういう焦慮をもちながらも、協同組合はなんとかかたちが整い、村塾もまた軌道にのりつつあった。自分以外に農村を語れるかという意識が強烈に彼にとりつき、たとえば昭和六年二月から三月にかけていはらき新聞に書いた「農村を語る──明日の日本、明日の農村教育」と題した記事には、そういう意識があった。そして、〝奴隷化〟した農民を見て日本の農村がすべてそうだと思うな、支配階級はそれを望むが、すべてこういう農民だったらどうなるか──と激越な調子で述べている。なぜ塾を開くか──。「……秀才は村を離れて大学を出て、専門学校を卒へれば大都会の大ブルジョワの手足になつて農村を食ふのではなかつたか……〝百姓が百姓を圧す〟……尾張の猿の三百五十年前なるものを、今に於ては村の秀才が見習つてゐるといふのではなかつたか……」と言う。愛郷塾設立趣意書の冒頭は「明日の日本は真実に働く者によつて造り更へ且つかためなくてはならんと信じます。そして明日の学校は真実に働く者を養ふ学校でなくてはならんと信じてをります」で始まっていたが、現状を呪う激越な調子と、もう一面では、〝今様寺子屋に徹し、けさこそかけずバイブルの講釈もしないけれど、神仏を信じ真心のありったけを捧げてもろ共に生きる場にする〟と強調してあった。それは北の〝理論〟に対置する〝霊示〟の存在を認めたものだった。

塾生は甲種、乙種、研究生に分かれ、甲種が中心であり、高等小学卒の者を入れ、三年で卒業させるというのであった。授業は数学、歴史から農学、農業簿記に及び、屋外授業として農作業を系統だって教える。三年生になれば哲学入門、心理学入門、美術、音楽など芸術にも力をいれるはずだった。塾生の生活は委員組織で自主性が尊重されるとなっていたが、孝三郎の理想社会とする〝完全全体国民社会の自治農村共同体社会〟にふさわしい構成員としての教育がなされる筈だった。「霊示によって導かれ、霊動に動く霊相ふれあふ所人をして……絶対境が開け得る」という教育だった。

こうした教育に対して水戸市内の教育者や農村関係者、とくに既存の農学校では「塾長の型にはめすぎる」「自由でなく感情的である」「英雄主義すぎる」という批判があった。

その批判は表だっていなかったが、五・一五事件が起きるといっせいに噴きだしてきたのである。

昭和六年春、兄弟村の中央に六十坪の塾舎ができた。五十人が宿泊できる寮でもあったが、愛郷会の熱心な会員たちが徹夜でつくったのだった。愛郷会の仕事に専従する会員がすでに四十人もいた。孝三郎にとって、そういう会員は〝まごころ〟の交流する農民であり、塾もまた〝まごころ〟の発露だった。まごころの交流する農民――同胞として〝愛〟を媒介に土に立ち、額に汗して働く、それこそがこの世の幸せであるとし、それを自覚する農民の生まれる場が、こうしてできあがったのである。

V　満州事変前後

1　ある塾生の場合

こういう愛郷塾にはどういう青年が入塾したのか。そしてまた彼らの意識はどのように変わったのか。愛郷塾生三十人のなかから塙五百枝《はなわいおえ》をみてみよう――。

北海道で農場をつくってみたい――水戸中学に入り文学に親しんでいるうちに、塙はそういう夢をえがくようになった。白樺派の作家がえがくユートピアということばは、そういう夢を実現することだと思っていた。〝北海道〟〝農場〟という像をもちはしたが、塙は農業の知識はもっていなかった。むしろ農業といえばすぐに「悲惨」ということばと結びついた。

実家は医者であった。笠間という小さな町の裕福な医者だった。お手伝いとして住みこんでいる婆やがいたが、その実家を訪れたことがあった。ひどいものだった。藁葺き家に畳はしいていない。電灯もなかった。子供が大勢いた。農民はなんと悲惨な生活をしているのだろう、塙にはその姿がいつまでも焼きついていた。――それは塙だけでなく、家族すべてがそう思っていたのだ。学校を卒業して農業をしたいというと、家族全部が反対した。「なにも好き好んで……」という意味が、そのことばには含まれていた。

四年生の終わりになり進路を決める段になって、彼は悩んだ。どうしても農民になり、農場をつくりたいと思った。決意は堅かった。そこで日頃から親しくしている教師のところに行って、悩みをぶつけた。教師は躊躇なく言った。

「塙君、そりゃあ君、兄弟村といわれている橘孝三郎という人の所に行ってみろよ」

行ってみろよ、と言われても塙はなかなか足を運ばなかった。橘孝三郎という人が、どんな人なのかまるでわからなかったからだ。農業知識のまったくない自分が行っても、あまり相手にしてもらえないだろうとも思ったからだった。そんなとき、たまたまいはらき新聞を見た。橘孝三郎が「農村を語る」と題して書いていた。しかもおりよく愛郷塾ができ、入塾生を募集しているということを知った。十五回の連載を読み終えると、彼は兄弟村を訪ね、橘孝三郎に会った。橘孝三郎という人間がいかにも農民らしい感じのタイプであろうという彼の予想はまったくちがっていた。痩せて青白い顔をしていた。そして射るような目で、塙を見つめた。塙が、謙虚にたずねる問いに孝三郎は答えたが、農業とはどんなものかをもっと知りたいという熱意を認めてくれたからにほかならなかった。大学へ行って農学部にはいり、それから農民としてやってみたいと思いますと塙が意気ごんで言うと、孝三郎がすぐに断言した。

「きみ、学校なぞ行くことはない。今の学校は土台が腐っている。学校がこれっぽっちでも農民のことを考えているなら、わしも塾なぞつくろうとはしない」

「……」

「建物にしてもそうだろう。土台が腐っているものが、いつまでも潰れないという保証はない。そんなところに住んでいては安心なんかできない」

そして、農学校をでた者が、県の技術員に就職することはあっても、村にもどって百姓になったことはない、それを責めることはできないのだ、教育を受けると、農民がどんな状態に生きているのかがよくわかるのだ、そういう人間があえて農村にもどるということがあるだろうかと言った。塙は、〝なるほど〟と思った。そう言われてみれば、教育を受けた者が村に帰って鍬をもったという話は聞かない。彼は二時間、三時間と話をしているうちに、ユートピアというイメージがこの兄弟村に存在するのだと考えた。大学へなぞ進まないで、この塾にはいってみようという結論をだすのにさほどの時間はかからなかった。ためらいが決断になった。〝よし、この先生のもとでやってみよう……〟。孝三郎はうなずいて、中学を卒業したら塾に来るといいと言った。

医科か商科に進みなさい、という実家の勧めをふり切るわけにもいかず、卒業まぎわに彼は駒場の実科を受験した。しかし彼の名前は合格者名簿にははいっていなかった。水戸中学の寮から行李ひとつをかついで愛郷塾に入った。昭和六年の四月のことだった。塾の寮はできたばかりで、一室を与えられそこで荷物をほどいた。寮には孝三郎のお目がねにかなった青年や少年が数人荷物をもって日を前後してはいってきた。

塙を除いては愛郷会の熱心な会員であった。

彼らはいずれも孝三郎のお目がねにかなっただけに、多くの共通点をもっていた。たとえばいずれも寡黙なタイプで、あまり口をきかず黙々と働くほうが性格に合っていた。器用に世渡りするタイプはいなかった。酒、煙草を飲んではいけないという塾の決まりがあったが、こっそり隠れて飲むタイプではなく、そのとおり守った。そしてこれがもっともたいせつなことであろうが、孝三郎にたいするなみはずれた憧憬をもっていた。孝三郎のことばは、彼らに厳しい威厳を伴い、事実開塾したころはきわめて宗教的な臭いがつづいた。それは学校というより宗教団体でもあるかのようだった。塾生たちの性格はそうした団体に共通のものでもあった。

愛郷塾は孝三郎が塾長、徳次郎が理事長、林正三が教務主任で、その他兄弟村に関係のある現職の水戸中学、茨城師範学校の教師たちが随時教壇に立ち講義をした。兄弟村の入口に掲げられた「愛郷塾」という看板は、表面的には農村教育の私塾として洋々たる前途をもったかのようにみえた。

塾生たちの一日はきちんとスケジュールがたてられていて、朝六時に起床、夜十時に消灯までの十六時間は、講義、実習、自由時間に分けられていた。孝三郎の書いた『農村学(前篇)』を教科書に、そして一家族が農業の単位であるという前提で、農業経営の知識や堆肥、副業などあらゆる面での農業知識がつめこまれた。農業経済史から簿記にまで及んだ。

——現在（昭和四十八年五月）、塙五百枝は当時の愛郷塾についてつぎのように言う。

「私は愛郷塾はかなりりっぱな教育をしたと思っている。青年部、少年部と分かれていて、みんな朝早くから起きて働いた。そして学んだ。とにかく若い時期だったが、それなりに充実していた。（橘）先生はいつもミレーの晩鐘のことをいい、われわれもまたそうした祈りをした。塾生は全員寮に寝泊まりしたが、五・一五事件に加わったのは、そのうちの三分の一ていどである。全部が全部加わったのではなく、計画さえも（残りの三分の二は）知らなかった。（参加しなかった人たちは）ずっと農村で百姓をしている。いまではみな年輩だから村長とか村会議員をしている。百姓をしている人もみな酪農をやっているようだな……。それもあの愛郷塾で畜産振興の講義を聞いたためだ……」

2　軍部と政党

浜口首相の傷を承知で、政友会からは「首相が議会に出席して答弁しないのは憲法違反ではないか」という要求がだされた。あえて倒閣に、浜口の病状を利用しようというのだった。浜口は生真面目な人間で、頼まれたことはきちんと実行するタイプだった。この要求に応えて、浜口は議会に出席したが、それ以後ベッドから立てず、昭和六年の夏死んだ。弾丸はとれたが、傷口からのばい菌が致命傷となったのである。

しかもこの国会では、派手な乱闘も行なわれた。政友会議員が再びロンドン軍縮をもちだしたが、幣原は、「現に条約は御批准になっています」と答えた。しかし、森恪《つとむ》らは強硬姿勢を崩さず政友会の議員が演壇に殺到した。政友会の院外団が幣原におそいかかり、議員三十名が重軽傷を負った。一連の行動は政友会が民政党に打撃を与え、政権をひき寄せるという計画だったというが、こういう乱闘を見せつけることによって、国民に〝政党政治はだめだ〟と思わせる配慮さえあったのではないかと推測されるほどだ。そう考えてもおかしくないほどの政友会の狼藉であった。――田中惣五郎著『北一輝』によれば、森恪は北一輝と連絡があったという。森自身は桜会を中心とするクーデター計画を知っていて、軍部も親軍派の領袖《りょうしゅう》である森恪の動きに期待していたという。

このころから軍部、なかでも桜会に接近する政治家の動きが目立った。政友会の床次竹二郎は、この乱闘直後に橋本欣五郎を呼び、さぐりをいれている。政権に向かって本能的に動く床次は、つぎに軍部が擡頭《たいとう》するのを察知したのであろうか。だがこういう政治家がいることが軍人たちの反感を買ったのである。

三月事件は結局失敗に終わった〝幻のクーデター〟である。桜会の具体的な表出である。桜会の会員を主軸に、民間から大川周明系の団体や人員を参集して、一気にクーデターを起こし宇垣陸相を首相にしようというのであった。労働法案が上程される日（予定日は三月十九日）に、大川周明一派、無産政党一派一万人が議会にデモをかけ、軍隊が議会保護の目的で出動し議会を混乱させ、二宮中将と建川少将は兵を率いて議場に入り閣僚を辞任させ、西園寺公望に人を派遣し大命を宇垣陸相に要請するというプログラムであった。無産政党の指導者がこうしたクーデターに参加するのはきわめて奇妙なことであるが、ここまで腐敗していたというべきだろうか。このクーデターの失敗は、宇垣の変心といい、小磯の変心ともいう。宇垣の変心といえば、宇垣が計画を承諾していたことになるが、彼は大川周明に首相を諾すると明言したことはなかったという。一説には宇垣はこういう乱暴な手段によらなくても、軍部への期待が高まると同時に宇垣株が上昇すると読んだのだともいう。事実、民政党内には宇垣派という小派閥さえできつつあったのだ。また別の説では、政界に有力な議員をもたない三井財閥の団琢磨や池田成彬《しげあき》が宇垣を推そうとしていたともいわれている。

三月事件は軍内部にふたつの動きをつくった。クーデター計画は陸軍省軍務局長の小磯国昭、建川美次少将、重藤千秋大佐、鈴木貞一中佐らが積極的だったが、岡村寧次、永田鉄山、山下奉文、東条英機など一夕会系の軍人は国内改造の必要性を認めながらも消極的であった。

浜口雄幸は病床で後継総裁に若槻礼次郎を指名した。昭和六年四月、第二次若槻内閣が誕生した。宇垣はすっかり目算が狂ってしまった。どこからも宇垣起つべしの声が起こらないのである。のちに宇垣は政界の表舞台に推されることがあったが、そのつど、軍内部の反対で頓挫する。それは三月事件の変心のためだったという。中堅将校、民間右翼の宇垣への憎悪はすさまじく、「意気地なし」「野望家」「変節漢」というレッテルが彼についてまわった。――三月事件が宇垣の個人的な野望で失敗したのだとしても、歴史は皮肉なもので、客観的には軍部独裁の第一段階を阻止した軍人としての評価も残るわけで、事実そのような評価をする著述もある……。

三月事件の結末は結局うやむやになった。なんの処罰もなかった。軍幕僚だけでなく、陸相すら計画を知っていたのだから、その責任は問いつめれば軍全体に及んだ。したがって不祥事として不問に付され、一般にはまったく知らされなかった。だが議員、元老クラスには動揺を与えた。宮内大臣木戸幸一は「(この事件は)消息通の間には大きな衝動を与えた事件であつて、いわゆる軍の推進力が国内改革をめざして動きだした第一歩であり、その後もつともわが国を悩まし、……下剋上の顕著な現はれ……」(『木戸幸一日記』)と書いている。またこの事件発覚のときの内相だった安達謙蔵は、民政党内のいく人かの議員にこの事件を話している。それを聞いた議員たちは改めて軍部の動向に注意しなければ……と確認している。そうした議員のひとりに風見章がいた。

三月事件は多くの議員に軍部の力をまざまざと見せつけたのである。

昭和六年一月、近衛文麿は三十九歳で貴族院の副議長になる。この年の五月、近衛はゴルフ場で森恪と偶然会った。ふたりは大正十年に貴族院改革のときにつき合いがあった。このとき森は「世の中は大変なことになりつつある。政党だの貴族院だのと小さいことを考えているときではない」と言っている。近衛は森がファッショ的傾向をもっていることに驚いたという。
以来、近衛は森恪の紹介で軍人や官僚にしばしば会う。また志賀直方から平沼の国本社系の人々も紹介される。しだいに軍人が満州問題に強硬意見をもっているのを知る。近衛は時代の底流にあるものを改めて知ったのだ。

森恪は西園寺公望の側近のひとりである近衛に時局を語ることで間接的に西園寺に伝達されると考えたのである。近衛が接触したのは、皇道派につらなる人たちで、しかも民間では観念右翼といわれている人たちだった。この接触は西園寺を失望させたといわれるが、近衛は戦後発見された日付のない「手記」に書いている。「余が是等の人々を近づけたことを、元老、重臣諸公が不快の念を以て見たであらうことは想像に余りある。……だが無条件に賛成したのではない。彼らの言説は余りにも独善粗朴《ママ》幼稚であり、彼らの行動は余りに無軌道激越であつて健全なる常識では容認できないこと言を俟たない」……。

一方、第二次若槻内閣は浜口内閣の緊縮政策をそのまま引き継いだ。恐慌はさらに深化していた。都市の頽廃として、東京の銀座が語られた。アメリカの新風俗が幅をきかせ、モダンボーイやモダンガールと称する若者が珍奇な服装で闊歩していた。カフェーが人びとに先端をいく風俗と思わせた。そういう頽廃は銀座や浅草という限られた地域にすぎないのに、急激に伸びている大衆雑誌がそれを拡大して流した。それが東京のすべてであると考えた農民が、あからさまに東京を憧憬したり憎悪したりという光景につながったのであった。

3 青年将校への接近

愛郷塾が開校してまもなく、風見章が塾を訪れた。風見は民政党のなかにあって、中野正剛や清瀬一郎らにつながり、安達謙蔵のグループに近かった。言論人出身の政治家として、しだいに周囲に認められていったのだ。

風見の初めての選挙のときに、政友会の森恪から多額の選挙資金が届けられたという。反対党の新人候補に選挙資金を届けるという行為は、森恪のなかに風見にたいする期待があったためだろうが、具体的にどういう思惑を秘めていたかは定かではない。しかし風見は、この選挙資金の受け取りは拒否したから、結果的に森恪の意をはねつけたことになる。こうした当時の政界の人脈は政党を越えたかたちで幾重にも結びついていたことがわかる。

塾ができてからの風見の初の訪問は、風見自身がのちに「改造」(昭和八年十一月号)に書いている。

――孝三郎は牛舎のまえで、塾生に囲まれて破れシャツを着ながら牛糞を踏みつけている。「牛一頭の糞は一年で千五百貫、尿は五百貫になる。これを堆肥にすると二千五百貫になる。たとえ二千貫にしても、堆肥一貫が二銭だから四十円分の肥料になる。日本の農家が一戸当たり二頭ずつ飼えば肥料はまかなえるんです」と孝三郎はよく風見に語ったが、このときも塾生に糞を堆肥にかえる方法を教えているのだった。風見を認めると、孝三郎は手を振った。もう風見とはなんでも話せる間柄だったのだ。なんでも話せるとはいえ、孝三郎は日召や国内改造への関心をうちあけるわけにはいかなかったろうし、風見もまた三月事件の経緯を語るわけにはいかなかったろう。

「作業練習のまっ最中なんです」

塾生が風見を見て会釈した。孝三郎のしつけが行き届いているふうだった。

「少年諸君もよく働くでしょう。しかもみんな真剣なんです。いやあみんないい子ですよ」

風見はそうした孝三郎を着実に歩を進める農村運動家とみていたのだ。風見はこの塾を見て、理想的な農村教育がここにあるという実感をもったのだ。それは塾の顧問として、ある意味では誇るべき実感でもあったろう。かつて孝三郎に講演会場を貸したといって、県の学務課からこっぴどく叱られた校長がいた。「主義者だ」というわけだった。風見は県の内務部長や学務課に働きかけて、その〝誤解〟を解いた。

また兄弟村は畜産、酪農の設備投資で借金をかかえていた。それに恐慌はまぎれもなく自作農の地盤を崩しはじめてもいた。そうした窮状を知って、風見はなんども援助を申しでたが、孝三郎は頑としてはねつけたと風見は書いている。「自分ひとりだけが借金をしているわけではないから、自分ひとりを救ってもらいたくない。借金ある農民としてこれに対処したいんです」――五・一五事件のあと孝三郎がなぜ参加したのか、関係者は首をひねった。経済的危機からという説が流れたが、風見は「橘君はそんなけちな男ではない」と積極的に否定している。

風見と孝三郎には、合法的な農村改革の実践者とその応援者という関係のほかに、人間的な信頼関係もあったのだ。

風見とのそういう接触に励まされながら、夜になると孝三郎は筆をとった。それらの文章はのちに『農業本質論』『独立家族小農経営』という題名で出版される。これらの本のある章では、理想社会建設が訴えられている。そのために愛郷塾によって行なわれる人間教育こそが必要という。ロバート・オーエンのニュー・ハーモニーや武者小路の新しき村の失敗、そして自ら実践した共同社会の失敗、それを克服しようというためだろうか。だからこそ自ら率先して農作業にいそしんだのだろうか。

理想社会は日本の国家形態のあるべき姿の範であり、また逆に理想社会が拡大されて日本の国家に重なり合わなければならない。そうすればこんな農業恐慌なんかはなくなるはずだという考えは、しっかりと孝三郎の頭に固着し、農業を本とする国家のありようをイメージからより具体的に固着させるための理論を練りあげる必要性を感じていた。そういう作業は孝三郎の合法的な枠のもっとも顕著な特徴となっていた。そして一方では、国内改造運動への関わりを深めていた。

古内栄司の口から日召の動きや軍人の動きが具体的に知らされた。愛郷塾にといっても、孝三郎、正三、圀彦だけにであったが、日召が金鶏学院を飛びだし、本郷の自宅を拠点にして革新運動をつづけているという熱っぽい話が伝わってきた。昭和六年五月に愛郷塾が開講してまもなく、孝三郎は日召に会うために東京に出た。古内の勧めに応じたのだが、革新運動の渦中にいる日召の話を具体的に聞くのは、孝三郎にとっても興味があったからだった。

東京牛込区にある正三の実兄宅で、孝三郎は日召と国内改造運動の同志としての出会いをする。合法的な社会改良運動とは別の道への歩みだった。

日召は前年の十二月から三月まで、藤井の依頼で九州へ行き、陸海軍内の同志に会っている。海軍の三上卓、古賀清志、村山格之、陸軍の菅波三郎、それに九州大学生や教師らと意見を交換し、志を確認している。菅波三郎は国内革新派のリーダーとして、仙台にいる大岸頼好とともに陸軍の中心人物であった。大岸と藤井斉はすでに密かに会談をつづけていたが、藤井の九州転勤を機に菅波との接触も始まっていた。日召はそういう環のなかへ入っていたのだ。日召は菅波に会って、その人柄に魅かれ、荒木貞夫に鹿児島から東京へ転勤させるように頼んだともいう。――そんな話が日召から孝三郎に伝わった。孝三郎が知りたいのは、そうした革新派将校や士官の動向よりも、北一輝の影響がどのていど陸海軍内部にはいっているのかということだった。

そんな疑問に、日召はかつて北一輝と大川周明の間をとりもとうとした話を聞かせた。北と大川の関係は、大川が上海に北を呼びにいったほどの仲だったが、大正十五年の猶存社の内紛で二人の間はこじれた。北はそのため西田税の士林荘を中心に動いていて、もっぱら陸軍少壮軍人へ働きかけているという。大川は参謀本部の、いわゆる佐官級以上の中堅将校に働きかけている。北は前面に出ず、西田が陸軍士官学校第三四期生だったのを縁として、三五期の大岸、三六期の野中四郎、三七期の大蔵栄一、菅波三郎、村中孝次、三八期の安藤輝三、磯部浅一などが同志になっているという。日召は二人の仲をとりもとうとしたが、西田の大川への批判が強くそれをあきらめたのだと言った。しかも、こうした人脈は深く、藤井は金鶏学院以来西田とも近いから、日召が大川に近づけば西田や藤井とも対立しかねないのでなおのこと仲介は止めたという。

孝三郎は陸軍の青年将校たちが、『日本改造法案大綱』を熟読しているのか確かめたかった。だがそれはこの場では確かめることはできず、日召には「自分は農民のことしか考えられない。農民を救うのが自分の役目だと思う。日本の国家はどうあるべきかをいま練っているが、国家観念のない者に国家改造をゆだねるわけにはいかん」と言うだけだった。そして、日召と藤井らの間では「流血をみなければ改造はできない」という暗黙の了解ができていることを知ったが、それもしかたあるまいと孝三郎は考えたのである。

その後も古内は日召の意を受けて、愛郷塾に足を運んだ。情報がいろいろはいってきたが、孝三郎は北一輝と陸軍の将校たちの動きを関心深く聞いた。孝三郎から見て、北の言うとおり実行すれば軍部独裁になり、やがては内乱になる、軍中枢との間に必ず内乱が起こると考えられた。なにより〝北は革命のプロだから……〟というのであった。それが客観的にみて妥当かどうかは別にして、孝三郎の関心事はその一点だけだった。

ときに日召自身が愛郷塾に来た。信彦も同席したことがあったが、「和尚、和尚」といわれるだけあってユーモラスな感じを与える人物だと思った。こういう席で日召は「橘君は建設の人だから……」と言った。日召から見て、孝三郎は運動の実践家ではなく、〝後事を託す人物〟と考えていたのであった。理論をもたずひたすら感性に頼る日召は、孝三郎の性質を見抜いていたといえるわけだ。逆に孝三郎は、日召は本物と偽物を見分ける天性の目をもっていると考えていた。さまざまな人間像、改造運動の渦中にいる人間像が日召の口から語られ、孝三郎はまたそれを直線的に受け継いだ。――信彦はのちに「塾長がかわったのは日召氏と会ったころからだ」となんども思ったという。

こうして日召との往来も重なっていった。その往来はさらに深くなった。

八月にはいって古内から孝三郎に電話があった。「二十六日の青山の青年会館で開かれる会合に出てください」というのである。それには陸軍からも菅波三郎や大岸頼好が出席するという。孝三郎はためらいもなく承知した。古内はその前に海軍関係で打ち合わせをするので、二十五日には上京して日召の家に来て欲しいという。この申し出に孝三郎は、むしろいい機会だと積極的に参加すると伝えた。農村がなぜだめになったのか、農村はどんな思いをしているのか、農村を救うにはどうすればいいのか、を具体的に語ってやろう、そんな心算が孝三郎にあったからだった。

夏羽織をきて服装を整え、林正三と後藤圀彦をつれて、八月の暑い日、彼は西片町の日召の家を訪れた。そこには、藤井斉の獲得した海軍の同志たち、古賀清志、三上卓、山岸宏、村山格之など海軍の将校のほか、日召を慕ってきた大洗青年組ともいうべき古内栄司、菱沼五郎、小沼正らがいた。日召は孝三郎を同志のひとりとして海軍の士官たちに紹介した。このとき日召は、孝三郎を、彼らが考えている流血の惨をみなければ国家改造をできないというグループ、いわゆる〝破壊〟のグループにいれるつもりはなく、〝破壊〟したあとの建設グループの一員だという意味で紹介したのだという。だが海軍士官たちは、日召の同志であり、農村を救う理論にかけては一応の理論をもっている人物というていどにしか考えなかった。これが五・一五事件の伏線にもなった。

海軍の士官たちが、農村問題はどうすれば解決するのですか、という問いをだしてきたのを機に孝三郎は数字をあげて説明した。海軍士官たちは藤井斉の縁で、権藤成卿のもとに出入りし、ほとんどの者がその著書『自治民範』を読んでいた。権藤成卿の思想は藤井を通じて海軍の士官にはかなり浸透していた。しかし陸軍ではむしろ権藤成卿よりは北一輝の『日本改造法案大綱』のほうに傾斜していて、権藤の影響はほとんどといっていいほどなかった。権藤の思想の骨子はつまるところ、農村の自然発生的自治制度を評価し明治以後の中央集権的な官治制度をまっこうから批判する。自然に営まれる社会生活は自然に土地と食物の配分を行ない、その単位を社稷《しゃしょく》といい、その自然な発展こそが望ましいというのであった。とはいえ、権藤の著作はなかなか理解しがたく、海軍の軍人たちには、本来の自然発生的な農村が国の礎であるべきという漠然とした認識があったにすぎない。だから孝三郎の意見は彼らを納得させた。より具体的だったからだ。

「この一年の恐慌は徹底した病弊状態を生んでいる。農民は深刻な顔をしている。諸君は驚くかもしれんが、農民は米をつくればつくるほど損をする。米を一石つくるのに、一年間に肥料代やらなにやらで三十円ほどかかる。ところが、それが三十円で売れたことがない。この三、四年ずっとそうだった。それでもまだ二十九円とか二十八円で売れているうちはいい。一円、二円の損は生活を切りつめたり米の飯を一日に一回でいどぬけばいいんだから。ところが今年にはいって、一挙に十八円になった。五年の暮が二十七円だったからわずか一カ月の間に九円もさがってしまった。そしてことしはもう十八円から十七円で、ちょっといいと思っても十九円だ。これでは一石について、十二、三円の損をする。それはそれとして、百姓にはもともと現金がない。金なんかない。借金だらけだ。肥料代を借りて米をつくっている。一石に十二、三円も損をしていれば肥料代の借金なんぞは返せやしない。返せるわけがない。借金はたまるいっぽうだ。そこでまだ問題がある。つくればつくるだけ損をするのだから肥料代も下がらなければ損は大きくなるいっぽうだ。ところが肥料代は下がったか。いやいや下がるどころかひどいものはあがってさえいる。……」

そして「農村を救うというのは都会中心のこの資本主義をかえなければならない。農村の内部構造を変えてもどうにもならない。農村が食えないのは外部要因にあるのだ」というのが結語だった。これは士官たちを逆に激励することになった。たとえば、五・一五事件の公判で古賀清志は、この具体的な数字を聞き、それまでの抽象的な農本主義思想から脱皮して「……農村救済の為に資本主義を打倒しなければならぬことを痛感しました」と証言している。

古賀ら海軍の士官が、孝三郎と師弟の関係に入ったのはこのときからだった。それもかなり有力な師であった。この伏線は曲折があったが、最後の道筋で交錯する。孝三郎が〝説いた以上やらねばならぬ状態〟に追いこまれたからだった。

この座談会が終わると日召は、孝三郎をこっそりと呼んだ。孝三郎が北一輝に不満をもっているのを知っているからだったが、「明日はやんねえでくれ、橘君」と言った。孝三郎は北につらなる西田を前に、農業問題についての論戦をいどむつもりだったのだ。日召はなんども「明日はやんねえでくれ」と念を押しつづけた。

翌日の郷詩会と銘打った軍人、右翼勢力の結集では孝三郎は一言も発しなかった。座長の西田の傍に坐った日召が、ときおり立って来て孝三郎の袖をひっぱった。

「橘君、今日はやんねえでくれ」

しまいに孝三郎は苦笑した。「おれが言うと目茶苦茶になるからなあ」……。

しかし威儀を正して正座し、瞑目している姿に出席者は驚いたようだった。暑さにたまらずシャツとステテコ姿の軍人たちのなかで、孝三郎はとくに目立ったのだ。一言も発しないのが、また彼らの関心をそそった。「あれは誰だい」とあちこちでささやきがもれた。

「愛郷塾の橘孝三郎氏だよ」

そういう声が孝三郎にもきこえてきた。

4　革新運動への没入

「後藤圀彦訊問調書」によると、郷詩会が終わってまもなく、後藤圀彦は真夜中に孝三郎から呼ばれたという。夏休みだったので、圀彦は塾で塾生たちと起居を共にし、作業を教え、教壇に立ち、臨時の教師役をひきうけていた。布団から身を起こし塾長室にはいっていった彼に、孝三郎は言った。

「日本青年会館の会合は、そのうちに非常手段で革命をなそうというわけで開かれた。しかしこの社会を壊したあとに、新しい社会をつくらねばならない。その社会は、自分が一貫して研究してきた社会をつくりたい」

「……」

「そのために、建設のために同志が破壊に参加しなければ、発言権はもてない。それで君は破壊に参加してもらいたい。革命計画に参加する決意をしてもらいたい」

「……」

昭和六年九月上旬、圀彦は〝革命計画〟に参加の決意をかためる。そして、その決意を孝三郎に伝える。彼は奉職先の川田小学校に辞職願をだし、十二年間の小学校教員生活に別れを告げた。表向きの理由は塾の専任教師になるためだったが、その後は日召系のメンバーとして動きはじめたのであった。古内と圀彦が教師仲間として顔見知りであったから、それは孝三郎と日召を頂点としながらもふたりの意思がその後の動きに反映していくきっかけにもなった。

昭和初期の民間右翼と軍人の国内改造運動にとって、郷詩会ははからずも血盟団事件、五・一五事件、そして二・二六事件に連座する軍人、民間右翼の総結集になった。しかし海軍士官・日召系と、陸軍将校の間には考え方の違いがあった。海軍士官と日召は、より具体的なプログラムをつくり国内改造に決起する計画を練ろうと考えていたが、陸軍と西田系は単なる顔見せと考えた。したがって、座長になった西田の意向を反映して、「今後の活動のためにしっかりした統制を必要とする」ということが決められ、中央本部を西田方におき、各地区の責任者を決めて、相互によく連絡を取ることになったのである。孝三郎は愛郷塾の責任者となり、大洗青年組の責任者には古内栄司があたることになった。民間側では愛郷塾と大洗組のいわゆる茨城県人だけが参加しているだけだった。――だれが主宰となってこの郷詩会が開かれたかには、いろいろな説がある。日召は著書でいう。

「昭和六年七月頃、ある日、西田税がやってきた。その話によると、橋本欣五郎中佐が中心となって、満州の事挙げに呼応して内部でもクーデターを起すから、賛成援助を頼むと北一輝の所へ話があった。北は橋本に向って、私はこの頃、法華三昧に暮しているからそういうことには出たくない。若い者に相談してくれと西田を紹介したので、橋本は西田に話を持っていった。西田は、これを聞いて北に話すと、北は日召に相談せよ、と言った。そこで、西田が私を訪れてきた、というわけである。西田から話を聞いたので、私はさっそく北を訪れた。北は私に向い西田をたすけてやってくれと言った」。また当時青森連隊にいた陸軍の革新派将校のひとり、末松太平は東京出張のさい、大岸中尉から「八月中に全国同志将校の会合を東京で開きたい。民間人は西田税、井上日召の二人だけにしぼりたい。……」と言われ、西田をたずねると、「大岸からいってきている。会場のことは心配いらない」といわれたという。

孝三郎がこの郷詩会に出席したのは、日召系としてであったから日召の話を聞いたであろう。そして満州で事変が起こり、クーデターが起こるということを孝三郎はおぼろげに知ったであろう。と同時に、北の影響下にある軍人を見たであろう。北を批判する孝三郎の、この会合での位置はきわめて微妙なものがあり、それだけに日召は〝孝三郎に話をさせればぶちこわしになる〟と考えたのであろう――。井上日召は西田税とことを荒だてたくはなかったろうし、陸軍にはまるで縁のなかった日召にすれば、陸軍の青年将校を押さえている西田とはどうしても協調しておかなければならなかったのだ。

しかし、孝三郎はこの会合に出席して、ある種の結論を選択しなければならぬと考えた。なにしろ国内改造運動、いわゆる革新運動の系譜は、大正時代の猶存社で大川周明と北一輝が合同して以来、主流となるのはこのふたりの系列である。孝三郎は昭和にはいって急激に、その流れにはいっていく、いわば新参者である。そうした意識があるからこそ、表だって動くつもりはなかったが、郷詩会に出席して見た青年将校たちはどうだったか。孝三郎からみれば、〝彼らは命を賭けて国内改造に決起するつもりでいる。傍から口をはさむだけではだめだ。軍部ファッショだからやめろというのは易いが、そんなことはできない〟。孝三郎がそれまでみた農村青年とは、まったく異質のタイプばかりである。それだけに瞬間、〝どうしよう、どうしよう〟という思いがあり、〝やめろ〟というわけにいかないとすれば、積極的にその流れのなかにはいっていくことだ。はいっていって、こっちにひっぱりこむことだ。よしんばひっぱりこめないまでも、彼らをして農村病弊のために決起する必然性をもたせなければ……孝三郎が郷詩会に出席したあと、いきついた先はその点であった。後藤圀彦を呼んだのも、その結果であった。信彦が静養で愛郷会にあまり顔をだせなくなったのとは逆に、圀彦はしだいに積極的に愛郷会の支部づくりに奔走した。初めは、支部づくりに動いた教師も、愛郷会活動が必然的に政治行動に傾斜せざるを得ないだろうとの危惧を感じ、離れていく者がふえた。熱心な教師もそんなにはふえなかった。そういうとき、圀彦にはどうしても〝国家革新〟の発言権を得るために意思を堅めてもらわねばならなかったのだ。

――圀彦からみて、農村は絶望的な状態であった。のちに彼は五・一五事件の公判でしだいにテロも仕方ないと思うようになったと語り、孝三郎の申し出に応じたとしている。しかし勤王精神に溢れていたという圀彦は、このような動機もさることながら、つまるところ五・一五事件は「目指す所は一君万民の皇道日本の建設にあり」（『後藤圀彦を偲ぶ』より）という認識を強くもっていた。

郷詩会出席は、孝三郎にもうひとつ別な経験をも与えた。それは古内に案内されて、権藤成卿の家を訪ねたことである。権藤の家は、代々木上原にある。三戸の家が並び、一戸に権藤が住み、残りの二戸はふつう「権藤空家」とよばれ、そこには権藤に師事する青年がいつも住んでいる。

孝三郎が権藤に会ったのは、この日が初めてである。第一印象をたいせつにする孝三郎は、権藤成卿とのあいだに〝情〟のかよいあいを感じた。それは師というより、親子の感情だったともいう。この出会いをきっかけに、孝三郎はしばしば上京して権藤成卿をたずねた。権藤はそのころ六十五歳である。漢学に造詣の深い権藤と西洋思想から出発した孝三郎と、いま結びつくのは農本主義思想である。

権藤は「君民共治」を説く。彼は大化改新を評価し、これを社稷自治の確立された時期とする。が、「共治」は日本の有史以来の政基だと説く。そして、権藤はデンマーク農法をあまり評価せず、むしろそこにプロシアの絶対主権論をもちこんでいるという。プロシアの絶対主権論は権藤が明治政府を批判するときの最大の武器であったから、孝三郎の考える理想社会をそれほど考慮せず、むしろそれは日本では成功しないのではないかという危惧を述べた。いっぽう孝三郎は農業の発達と日本の歴史とを学んだなかから、神武天皇から説き起こし、西洋は歴史的に征服国家であり、農耕民族を武力をもって奴隷化してきたが、日本は本来農耕民族であり、西洋とは違った歴史発展を辿ったといい、もともと農本国家だとし万世一系の世界に類のない国体の基礎をかためたと主張する。だから権藤のいう大化改新を認めると神武天皇は征服国家を打ちたてたことになるのだった。ふたりの間でそういう議論がときとして交わされた。

権藤成卿との関係について、現在、孝三郎はつぎのように回想している。
「わしは権藤の書いたものは、あまり読んでいない。だから師匠というわけではない。たたな、あの人は権藤学という学説をもった学者だ。百姓を大切にする農本主義者なんだ。百姓を土台にして世直しを考えてはいたようだ。……（しばしば権藤のところへ行ったが）親子のような情がかよった。親子であって先生という感情はなかった。それだけのことだ」

国内改造運動、革新運動、その究極にある非合法活動。愛郷会の会員や愛郷塾を訪れる人は、孝三郎とその周辺がそんな渦中にはいっているとはまったく考えなかった。愛郷塾そのものはうまくいっていた。青年部へは、六年夏にまた二、三人はいってきた。この塾生のなかから、五・一五事件に連座する者もでる。愛郷会支部の発足はさらに進み、このころは二十カ町村にふえ、そうした支部から塾生が選抜されてくるのである。

愛郷会もどうにか回転はしていて、役員たちが霜害があれば村当局に働きかけ援助金をださせたり、「愛郷畜産購買販売利用組合」は相かわらず物資を安く売ったりした。なかでも、この利用組合は現実に農民に恩恵をもたらすのであるから、喜ばれた。が、喜ばれはしたが、孝三郎の胸にはすっきりしないものがあった。それは農民たちの〝無自覚〟ということである。食べるものもなく家には一銭の銅貨を見ることもないのに、彼らはまったく無気力にその場その場をなんとか生き延びようとするだけだ。踏んでも蹴られても卑屈に腰を曲げ、細々と生きようとしている。孝三郎が郷詩会に出席するまえに発行された

「農村研究」の巻頭は、そういう怒りで満ちていた。「……現にもう、我々はすつかりくびくくられてしまつてゐるのだ。それにも拘らず、おいらが仲間の深き眠りは何とした事だ。あまりにも情けない有様だ。……この大道義心に捧げたる一片憂国の至誠に、死を賭して戦ひつつある橘孝三郎なる存在を常に狂者扱ひにし危険視してやまない、とんちんかんを相手にしたつて始まるもんか……」。農民は保守的で無自覚でけちで……という都市の市民の蔑視とは、まったくちがった次元からそこにいきついたのである。

この焦慮感と漸進的な愛郷会活動——しかし愛郷会は孝三郎の意思とは別に着実にひとり歩きを始めていたのだ。そうしたひとつの例として、孝三郎の唱える家族単位の農業経営、それは独立小農経営と愛郷会ではいったが、その具体的な動きとして県農林課に、四万円の経費で県下に三十町歩の土地を二カ所つくり、そこで新興農場という名称をつけて、いわゆる孝三郎の理論をもとに畜産を主にして運営にあたるように提案していた。その具体案をつくれば、県議会にはかるという約束もすでに農林課長などから得ていた。もどかしいにしても、いま困窮で泣いている農民をすぐには救済できなくても、この計画が実施されれば、彼らは着実に将来の見とおしがつくはずだとも考えていたのだ。

5　満州事変

第二次若槻内閣は経済政策が課題であったが、もう一面では軍部との闘いでもあった。その〝闘い〟の中心は満州問題である。幣原外相は満州問題は交渉で解決するという方針だったが、外務官僚のなかにもその方針に反対する者がいた。情報部長の白鳥敏夫もそのひとりで、彼は強硬策をとる軍部、政治家と親しかった。

強硬派は、日本が全面的に兵を引けば、これまでの兵士の血が無駄になり、日本の権益をいっさい失うと言う。昭和五年の恐慌後、失業した労働者や農民二十五万人が満州に行っている。日本企業の投資額は十五億円で、満州への外国の投資額二十億円のうち七五％を占めている。そんなことが特殊権益の根拠であった。だが仔細に見れば、そういう根拠こそ歴史の教訓として侵略する側の得手勝手な議論であることに気づく。

満州問題には軍部のなかにもイデオローグがいた。石原莞爾《かんじ》もそのひとりである。権益を守るのは関東軍以外にないと「満蒙問題私見」などを発表して、積極的にその正当化につとめた。なかでも昭和六年四月には、関東軍調査班で「欧州戦史講話ノ結論」と題する講演を行ない、西洋文明（アメリカ）と東洋文明（日本）の人類史上最後の大戦が近づいているといい、当面は「満蒙ノ真価ト其領カ如何ナル困難ニ遭遇スルモ強行ヲ要スル正義ナルコトヲ国民ニ徹底セシムル事」と言った。こうした石原の影響は関東軍首脳にかなり深く、とくに板垣征四郎、土肥原賢二らがその線上にあった。彼らは幣原外交への不満、張学良の排日運動へのいらだちをもち、関東軍独自で動く気配を見せた。それだけではなく、関東軍は独立するという心理的なゆさぶりもかけた。土肥原は昭和六年七月には上京して、関東軍の情勢報告を行ない、その際に「日米戦争も辞さず」との強硬意見を述べたという。そして永田鉄山、岡村寧次、建川美次ら軍内部の幕僚に九月に行なう予定の武力発動を匂わせたともいわれている。

確かに九月にかけて事件が相次いだ。万宝山での中国人農民と朝鮮人農民の衝突、スパイの中村大尉殺害事件――。作為的な状況のなかで、関東軍は巧みに満蒙の権益が危機になっていると国民に伝えた。不況で不安だらけの国民は軍部の横暴を許せないと知りつつ、それも仕方ないという土壌ができていただけに、国民感情はしだいに関東軍の思うとおりとなった。金沢の第九師団本部は偵察機から満蒙危機のビラを大量に撒いたほどだった。八月には二宮参謀次長が天皇に満州問題を進講したが、幣原外交への不満が露骨に出て、同席していた幣原は終始苦い顔をしていたと、『西園寺公と政局』は書いている。

昭和六年九月十八日の朝、若槻首相は南陸相から電話を受け、いわゆる満州事変を知る。緊急閣議は事態の拡大を防ぐように現地首脳に伝えることになった。しかし、この方針はいっこうに徹底せず、むしろ本庄満州軍司令官が林銑十郎朝鮮軍司令官に出兵を要請するほどだった。そして参謀本部会議が開かれ「関東軍の行動は至当」と小磯軍務局長が述べている。若槻はこうした動きに腹をたて、日本の対外的立場を不利にするこの事態を一刻も早く収拾するよう訓令した。しかしその訓令はまったく無視された。

関東軍は満州に駐留する全軍隊に動員命令をだし、十九日には主要都市を押さえた。すぐさま各地に傀儡の行政府をつくり統治にのりだした。と同時に本庄関東軍司令官は満蒙を独立させ、日本の支配下におくことを明らかにしたが、これは石原莞爾の思想の具現でもあった。こうした情勢に若槻もなしくずしに態度を変え、この事実を容認していった。

元老、重臣は軍部が天皇の統帥権を無視したとして批判的だったが、結局黙認した。議会では表だって軍事予算の支出が認められた。

この満州事変は関東軍の謀略であった。関東軍の板垣征四郎大佐、石原莞爾、そして花谷正少佐らが計画を練り、実行したのは大杉栄虐殺の甘粕正彦予備歩兵大尉、和田勉予備中尉らで、花谷は戦後その真相を語っている。それによると「北大営を横に見ながら約八百メートルばかり南下した地点を選んで、河本自らレールに騎兵用の小型爆弾を装置して点火した。時刻は夜十時すぎ、轟音たる爆発音と共に切断されたレールと枕木が飛散した。爆破と同時に携帯電話器で報告が大隊本部と特務機関に届く、地点より四キロ北方の文官宅に在った川島中隊長は直ちに兵を率いて南下、北大営に突撃を開始した」と証言している。

この謀略は関東軍司令官の本庄繁も知らなかったといい、桜会系のメンバーは知っていたという。軍首脳から満州を視察し事変を押さえるよう命令を帯びていた参謀本部第一部長の建川美次は、計画が円滑にいくよう十八日以前に新京に着くのを故意に遅らせたほどだった。桜会系のメンバーが、この事変に呼応するためにたてた計画が、十月事件だったのである。

三月事件挫折後、桜会は橋本欣五郎らの急進派と田中清少佐の穏健派に分裂した。急進派は三月事件の教訓から軍の長老に頼らず独自に、たとえば橋本は大川周明に、という具合に幕僚と民間右翼だけで計画を進めた。穏健派の田中は計画を知ると「建設案がない。

軍首脳と連絡しないなら破壊にすぎない」と中止を迫った。

計画は決行日を十月二十一日とし、参加兵力百二十名、機関銃、毒ガス、爆弾をつかい、大臣、政党首脳、財界人、元老を殺害するというすさまじいものだった。そして彼らのつくった閣僚名簿は「首相荒木貞夫、外相建川美次、内相橋本欣五郎、蔵相大川周明、法相北一輝」となっていたが、いずれも本人の同意を得たのではなく、思いつくままに書きあげたのだという。計画への参加者は大川周明一派、北・西田系の一派、海軍士官の抜刀隊、そして橋本のもつ線で大本教も参加を予定していたという。

この計画には大川周明系と北一輝系の参加がみられるが、両派の対立は計画の進行時にもあらわれ、大川系の長勇が短刀を懐に西田邸へ乗り込む一幕もあったという。計画の推進者橋本は大川周明に近く、北・西田系にはあまり好感をもっていない。桜会に北・西田系のメンバーがはいるのを防ごうとしているくらいだった。郷詩会のあと、西田系の青年将校が意識的に加入して、その動きを見つめていることを知っていた。北をはずせば混乱が起こることも考えられるので、閣僚名簿には北がはいったのだという。そしてクーデター成功後、北の辞任を企図していたといわれている。逆に、クーデター挫折後、北・西田系の青年将校はこの閣僚名簿を知って、橋本の個人的野望に利用されたと怒ったという。

計画は洩れ、十月事件は失敗した。首謀者の五人が憲兵隊に身柄を拘束され落着した。これがなぜ洩れたかは、現在に至るもさまざまな説がある。大川・橋本系は西田が計画を売ったといい、西田系は橋本の傍若無人のふるまいのためだと攻撃した。改造運動はよりはっきりとふたつの流れに分かれた。

軍首脳は下手に橋本らを処分すれば、三月事件も当然表にでてくると恐れ、南陸相は閣議で簡単に「現役将校の一部において、ある種の策謀を企てた。このことは愛国慨世の熱情からでたもので他意はない」と報告したが、政治家には無言の圧力となった。軍内部では桜会が影響力を失い、今村均、永田、東条ら参謀本部の一夕会系が十月事件参加者の拘禁に一役買い、事件の波紋を最大限に利用し、大川周明に「利口な秀才軍人にことごとくのっとられた」といわせしめるほどの勢力を築いたのであった。

満州事変がどうあれ、国民は〝素朴に〟軍部の進撃を喜んだ。かつて軍人を罵倒した人びとが、いまや軍人さまさまであった。言論機関もわずかを除いて、軍部を支持し、関東軍への慰問や贈り物を提唱したほどだった。特派員が派遣され、興奮した記事が送られてきたし、雑誌は軍部の動きを詳細に伝えた。満州問題をとりあげなければ雑誌は売れず、「家の光」は昭和六年一月が九万七千部だったのに、昭和七年一月には十七万部になったし、二月から十月にかけては五十五万部台だった「主婦の友」は六十万部になっている。現地の関東軍が満蒙に「王道楽土」を建設しているのだと伝えられると、知識人のなかにも理想社会を築こうという者まででた。軍部に批判的だった桐生悠々でさえ、「撤兵などはもっての外」という社説を書き、軍部に共感を示したのである。日本共産党は満州事変に反対したが、その影響は微々たるもので、しかも「天皇制打倒」「祖国ロシアに返れ」

という致命的な路線の誤ちをおかし、大衆から孤立し、むしろ反感をもたれるようにさえなった。

ファシズム、軍国主義といえば、なにか特殊な人間がいて特殊な組織があったように人は言う。事実その指摘は当たっていないわけではない。だがファシストと軍国主義者だけが鉄砲を担いで戦争に行ったのではない。彼らを支える大衆がいて、そうした多くの大衆がその時代が生みだす特殊な像を抽出せしめる役割を果たしていたのである。大衆をそこまで傾斜せしめたのには、陸軍のなかに育成されつつあった国際的な知識を身につけた軍人たち、すなわち一夕会系のエリートの擡頭もあったのだ。日露戦争、日清戦争というわば前近代的な戦争経験しかもたぬ軍長老にかわって、こうしたエリートたちは近代戦を遂行するための知識を身につけていた。戦争が単なる軍事衝突というのではなく、国家の組織、機構を戦時用に整備し、大衆を動員しなければならぬという近代的な発想をもち、事実着実にそういう動きを進めてもいたのだ。一夕会系の軍人が、外務官僚、言論人、政治家と立体的に結びつき、国内革新をはかる青年将校、民間右翼が起こす五・一五事件、二・二六事件を一方では非難しつつ、実質的には勢力拡大の布石としたのは、そのなによりの証といえるだろう。だが一面では、軍内部の下剋上は前近代的な発想をもつ長老への不満であったが、エリート軍人の発想さえそれほど近代的ではなかったともいえる……。

満州事変は軍部と政治家をさらに接近させた。政友会はこの年六月の幹部会で対支権益の擁護、治外法権不譲歩を確認し、世論喚起に一役買うと決定していた。森恪がそれを受けて満州視察に行き、各駅で憲兵の大歓迎を受けている。民政党でも安達謙蔵は若槻に協力内閣を提唱している。こういう時期だから政友、民政の合同内閣をつくろうというのである。この論は軍部が難色を示している若槻や井上蔵相、幣原外相をはずさせるのを目的としていた。

このころ軍部とそれに同調する議員のあいだでは、つぎの三つの内閣が考えられていた。一、民政党中心で山本達雄内閣。陸相は宇垣朝鮮総督。二、政友会の鈴木喜三郎が推す平沼内閣。三、斎藤前朝鮮総督の内閣。陸軍の松井石根が唱え、背後に貴族院の清浦奎吾がいた。

二と三は政党内閣の破滅を意味し、元老たちはこれを相手にせず若槻内閣でいき、それが駄目なら幣原内閣と考えていた。安達の説く合同内閣などまったくあてにしていなかった。安達は若槻に意見が入れられないとわかると、内相でありながら閣議に出席せず、催促されても辞表もださなかった。若槻は閣内不統一で内閣を投げださざるを得ず倒閣した。昭和六年十二月十一日である。

安達の背後には陸軍のあと押しがあったという。九州大演習に行った際、熊本で荒木貞夫に会ったころから盛んに合同内閣が必要だと言っているのが、その根拠である。若槻は安達のこの態度に腹を立てたとみえ、戦後書いた自伝『古風庵回顧録』には、「……安達はどんな夢を見ていたのか。……安達内閣を夢見ていたのか。それとも犬養総理大臣で、安達は副総理となって実権を握ろうというのか。……安達という男は、平素そういう策士的の考えを抱いていたと思う」と書いている。

6　理想の農村建設案

茨城県農林課はますます愛郷塾に肩入れし、合理的な農場経営を行なうモデル農場として、広く他府県にも推奨した。そのため、見学者はふえるいっぽうだった。県農林課は、孝三郎が非合法の革新運動に接近しているとは考えもしなかった。昭和六年秋から井上日召には憲兵隊のマークがついたのとは対照的に、孝三郎が農本主義の農民運動家として、合法面の動きもそれなりに進めていたからだろう。そういう関係を利用して、県の農政課の手に孝三郎が考える理想の農村建設案が届けられた。この案によれば、理想の農村は四万円の予算を割く、〝霊的結合〟で結びつく調和協同体社会である。その共同体を律するのは〝人格〟であり、大なる人格が指導者となり、その共同体をひっぱってゆく。共同体内部の秩序を保つために合議機関をもつ。これは政治機関ということだろうが、これも孝三郎によると人格中心になる。共同体内部の社会財は共同で管理し、共同の財産でなければならない。経済生活は〝協同形態〟をとり、生産と分配は組織的に計画づけられる。この理想の農村の最小単位は家族であるとする。これが基本計画の骨子であった。

また、この農村のなかには機械利用組合、消費組合、販売組合、信用組合があり、とくに信用組合については「組合員をして金融資本主義の圧迫より救はざるべからず」といい、「かくの如き現状に置かれたる農家に敢て最も恐るべき事柄は金融難の内部的圧迫と金融資本力の外部的圧迫である。どうしてもこの金融的不安定状態より農家を保全せねばならない。そして其の目的を達成するものは信用組合の任務であらねばならない」とする。日常生活のしきたり、冠婚葬祭は共済組合が行なう。医療、教育、娯楽も共済組合が中心になる。たとえば結婚式については、つぎのようにいう。「結婚式は人類が有する最も優れたるキリスト教に学べばよろしいであらう。然れども一切の宗派的旧弊に拘泥すること排すべし。集落長の司会の下に、新郎新婦神前に一心同体たるの誓いをたて参列者一同共に祈り添ゆ」。娯楽については「運動場、劇場等を次第にたてる。いづれも共済組合の資金を運用。只今如何なる規模なるやを論ずる要なし。但し、最も芸術趣味の普及に力を入るべきや論なし」という。

理想の農村は、結局のところ孝三郎そのものであった。孝三郎の人格や兄弟村のかつての経験をそのなかに盛りこむことであった。それは自然発生的に生まれたムラを、上から強制的に一気につくりあげようとするものであるともいえるだろう。だが、大なる人格——というのは、つまりだれなのだろうか。大なる人格というのは、どういう人をさすのだろうか。

「理想の農村建設案」は県会にはかられることになった。だが県会では与野党ともさほど熱心ではなく、ありていにいえばさほど興味をもたれはしなかった。なかなか討議に付されず議会を通過する見とおしもなかった。それに県会議員たちにすれば、その内容は夢のような案ではなかったろうか。霊的結合ということばなどで、彼らを納得させるのはかかなりむずかしい用語でもあったろう。過去茨城県では、このような新興農場が明治以来三回にわたって試みられた。そのひとつは、明治初期の女化原の津田農場、徳宿の舟木農場、そして残りのひとつは大正初期の県営神立模範農場だが、それはいずれも成功していない。この失敗は県の農業指導がはっきりしていなかったためともいい、あるいは入植する農民の質の問題だったともいわれるが、定かな理由はわからない。

県の農業政策から見て、いままたこうした理想の農村建設案がもちあがっても、現実に進む農業恐慌下でさして関心のもてる具体案でなかったのであろう。

孝三郎は権藤成卿や風見に相談した。県会が無理なら中央から圧力をかけようとしたのかもしれない。風見は内相の安達謙蔵のもとにつれていったが、結局この案は議会にはからなかった。この挫折は、孝三郎に地方政治は農民を顧みないという反感になった。このころ茨城県は県庁の建物を新築し、農民のために総合グラウンドをつくったが、五・一五事件の公判で、孝三郎は自分の理想の農村建設案がまったく考慮されず、〝食うものも食わないでいる農民がバットをかついで野球をする〟と思っている官僚的な発想を批判した。しかし客観的に見て、孝三郎の建設案が実現可能な案であったかどうかは疑問でもあったろう。なぜならそれは〝孝三郎的人格〟の専制的な共同体と表裏の関係をなしていたからだ。

直線的な孝三郎の性格、それは恐慌の具体的な数字をあげての説得になり、それが容易に理解されないとの不満になったが、孝三郎の試算では肥料代、負担金、利子、地代で日本の農民は十七億八千八百万円の支出をする。ところが米、繭、煙草、大麦、小麦など総額八億三千万円の収入を得る。日本の五百五十万戸三千万人の農民は八億三千万円の収入を得て、十七億八千八百万円の支出をする。支出をするといっても、そこには現金がないのだから負債となって残る。そのうえに利子がかさむ。ところが恐慌で収入がふえる可能性はない。愛郷塾自身が年に三千円の収入をあげていたが、負債の返金を含めて四千円ずつ支出してゆく。年に千円、月に八十三円ていどの借金がふえていたのである。孝三郎の考えは、すなわち彼がこうした〝危機〟を訪れる人たちに説き、農民運動家にも説いたが、だれも熱心に耳を傾けないというのであった。それに耳を傾けたのが、青年将校というのだったが、実は耳を傾けるというのが孝三郎の意見に全面的に賛成することが前提だったから、それは独善という面もあったろう。理想の農村の一蹴はそのあらわれともいえた。

恐慌に農民は〝なにかどでかいことが起こればいい〟と考えていたが、満州事変はそれに応えるものだった。満州へ行こうという農民もふえた。加藤完治の唱える武装移民が叫ばれはじめた。孝三郎は、これに反対した。それは「資本主義のもとで搾取にあえいでいる農民がただ移動するだけで、本質的に搾取されるのにはかわりない。日本に耕地があるのに、満蒙に行くのは結局どこへ行っても役立たぬ農民だ。満蒙に行く農民は水準の高い農民でなければならず、そこでは自給自足の生活をきずき、理想社会をつくらなければならない」——というのであった。しかし、そういう意見はこの時代には正論だった。だが、それは声を大きくしてではなかった。だからまたそれをきく人は少なかった。

この考えは、石原莞爾と似ていた。日本の財閥をいれず理想社会をつくろうというのは、満州支配にのりだした初期のイデオローグたちの思想である。たとえば満州に住んでいた橘樸《しらき》は日本の軍国主義には反対しつつ、関東軍のなかにひそむ反政府、反資本主義をみて、自治的支配による下からの民主主義という彼の論の実践を賭けた。ある地点まで石原をよき同行者と見ていた。そういう意見に共鳴する満州在住の知識人も多く、青年組織であった「大雄峰会」や「満州青年連盟」は橘、石原の影響を受けていた。とくに大雄峰会は満鉄の中堅幹部で組織していて、田中正造の流れをくむ笠木良明が中心になっていた。孝三郎の思想は、満州建国初期の思想とかなりの共通点をもっていたが、そのことが五・一五事件後の満州逃亡の伏線にもなったのである。

7 十月事件以後

愛郷塾はいまやまごうかたなく、井上日召系の革新グループであった。農民救国という考え方で日召につらなってはいたが、十月事件もその系列上で動いている。十月十七日ごろには、古内からの指令を待って愛郷塾で待機していた。指令が届くと、この事件のためにそろえた学生服を着て、すぐに東京にでて、騒擾《そうじょう》状態をつくる手筈になっていたが、それがどんなふうに展開するのかは、まだ愛郷塾は知らなかった。

――現在、この十月事件について塙五百枝はつぎのように話している。

「この事件は橘塾長、後藤圀彦さん、古内栄司さんの線でわれわれ塾生のなん人かは知っていた。塾生のうち七、八人がいざとなったら駆けつけようと待機した。だが中止になった。私個人はこの詳しいきさつは知らない。でもこのときから軍部の幕僚はだめだというのが、われわれの考えになった。彼らは自分たちが次の権力者になることだけを夢見ていたのではなかったか。中止になって、北一輝の『日本改造法案』のプリント刷りが百部ほどあったが、それも燃やしてしまった。官憲の手入れがあったら困ると思ったから……」

井上日召は西田税や藤井斉を前面に立て、情報を収集するいっぽう、十月事件のプログラムに不満をもったという。たとえば閣僚名簿や事件参加者への二階級特進を知ると、これでは革命であって維新ではないというのであった。西田を通じて計画を分担することにして、遊撃隊を編成し、独自に西園寺公望、牧野伸顕、一木《いちき》喜《き》徳郎《とくろう》、鈴木貫太郎暗殺を決めていたといわれているが、桜会系のこのプログラムを知ってからは、さらに別の行動をも考えていた。その行動については、井上日召の影響下にあり、のちに井上準之助前蔵相を暗殺した小沼正は、『昭和思想史への証言　ある国家主義者の半生』のなかでつぎのように言っている。「……井上や西田の一派もみな殺してしまえといっているとの情報も流れてきた。それで、そういうことなら、返す刀でこっちが先手を打って野心家を全部斬ってしまおうじゃないか。破壊で終わらせてしまおう。どうせわれわれは死ぬ覚悟なのだからということになった。これが井上先生や西田の腹だった。……」

すなわち十月事件は、桜会系がクーデター成功後は北の排除を考えていたのにたいして、北の系列の西田と海軍士官、大洗青年組、愛郷塾らの中心人物である日召とが共同歩調で桜会の主要メンバーを斬ってしまおうという、きわめて錯綜した因をもっていたのだ。こうした錯綜する因が、どのていどまで愛郷塾に伝わっていたかは定かでない。日召は孝三郎を建設するほうの人物と見て破壊活動には参加するなと言い、もしどうしても参加するのなら後藤圀彦だけにし、それも愛郷塾を脱会するように進言していた。郷詩会のあと、孝三郎が圀彦に犠牲者になってくれ、といったのもこうした進言にもとづいていたわけだ。ところが、日召の思惑とは別に、この事件に愛郷塾生が多数待機したのは愛郷塾がかなり力をいれて参加することになっていたことをものがたる。孝三郎にすれば、計画成功後の発言権確保を狙い、日召の思惑とはまた別の道を辿ろうとしていたのである。

十月事件は失敗に終わり、大川系と北・西田系の相克が激しくなったが、西田と日召の間にも溝ができた。西田と菅波を中心とする陸軍側が日召を排除しはじめたのである。それに日召の活動はかなり制限を受けていた。憲兵隊の尾行がつき所在がいつも確認されることになった。神道学者の今泉定助、頭山満《とうやまみつる》の息子頭山秀三の家を転々とし、表だっては動けなくなった。

その日召が頭山家にも長居できなくなり、北一輝の家へ行こうかと洩らしはじめた。日召が北の所へ行こうとしている――孝三郎はそれを聞くと、東京にでた。とるものもとりあえずという考えで、議員会館に風見をたずね、「とにかく百円貸してください」と頼み、日召を権藤成卿の家へつれていった。この申し出に権藤も快く承知して、権藤の二戸の私邸のうちの一戸を提供した。〃井上と権藤ならば大丈夫。もし北と一緒にしたらどうなるかわからない。日召は北に説得されて、北の意のままに動くだろう〃――孝三郎は自分の果断なこの処置にいつまでも満足していた。〃日召は正直な男だ。どんなことでもやってのける。だが北はインテリだ。ふたりがかみあえば、軍部独裁の布石はうたれただろう。……自分は軍部ファシズムの芽を防いだ〃と。

中央での十月事件挫折後の動きがどうあれ、愛郷塾のなかにこの経験は非合法活動もやむを得ないという雰囲気をつくりあげた。たとえ東京で騒擾状態を起こす――それもただデマをとばし、人々の気持を駆りたてるだけの役割であったとしても、それは塾生たちを興奮させた。もちろん愛郷塾のなかでも、これを知っていたのは孝三郎、正三、圀彦、そして塙や横須賀、杉浦など七、八人で、秘密は厳重に守られた。信彦でさえ詳しくは知らなかった。彼は体調を崩し入院していたが、見舞いに来た圀彦から、それとなく非合法活動に加担するという話を聞いただけだった。塙五百枝は十月事件の失敗を聞き、本当にやるには捨石にならなければと考えた。国法を犯して起ちあがるのもやむをえないと思うようになった。だが政治家は〈農民のひとりやふたり死んだところでたいしたことではない〉と考えているだろうし、農民自身もまたそう思っているのだ。だれかが起たなければならん、しかも北一輝は単なるファシストで彼らが権力をにぎったら、もっとひどい状態になると塾長はいう。塾生たちは、起たなければならないときは起ちあがろうと、暗黙のうちに確かめあうようになった。

塾生のなかでも思慮するタイプより、〝やると決めたらやろう〟というタイプは、みなその〝時〟を待つことになった。その〝時〟がいつかわからないが、それは意外に早いのではないかとも彼らは考えるようになった。十月事件挫折の波紋は、塾生たちをまた変えていったのだ。彼らは行動を渇望することがどう発酵していくかを、また青年なりの受けとめ方でたっぷりと味わっていった。

孝三郎のもとに集まる愛郷会の会員たちは、この非合法活動への接触をまったくといっていいほど知らなかった。したがって理想の農村建設案が実らなかったあとの、具体的な合法活動をどう進めるか迷ってもいた。支部のなかには、村議会へ具体的な提案をするところもあり、なかには困窮する農民の家に、米を届けたり、お金を届けたりすることもあった。善意の延長としての合法運動、そこに情熱を傾ける会員もまた、愛郷会のなかにはふえていたのだ。

こうした合法運動の一環として、愛郷塾は昭和六年十一月に設立された「日本村治派同盟」に加入した。設立趣意書は「大地は人類の母胎である。人類は大地の赤子である」ではじまり、「……土を離れても生活は出来るというブルジョワジーの考へがまず超克されなければならぬ。土を離れた生活をしたから彼らの生活は行詰り、没落の破目に立ったのだ」と呼びかけたこの団体は、全国の農本主義者が一堂に会した大組織であった。下中弥三郎が音頭をとり、日本国民社会党準備会に集まった農本主義者を中心にしていた。発起人には権藤成卿や武者小路実篤らも名をつらね、孝三郎もまたそのひとりに加えられた。その縁で風見章も加入した。だが批評家、学者、作家の集まりは、〝船頭多くして船山に上る〟の諺どおりなかなかひとつの意思も決定できずに、瓦解の芽をかかえていた。なにより思想的な基盤も違った。

孝三郎も執行委員のひとりだった。ときどき執行委員会にでても、ただひたすら人の話を聞いているだけだった。もともと討論する習慣を身につけていなかったからでもあろうが、議長が、

「橘さん、なにか意見はありませんか」

と言うと、咳ばらいをしてやがて日ごろの持論を滔々とまくしたてるのである。だから、「橘氏はどういうつもりなのか」という声もあったが、それは孝三郎の性格だからしかたなかった。五・一五事件のあと、田中惣五郎は「改造」（昭和八年十一月号）誌上で「……各個の議題は、あづかり知らざる如く黙して居る。だから決定された議事を無視する事も平気である。信念の人であるかも知れないが、彼を中心とする以外断じて衆と共にする人ではないらしい」と書いている。

日本村治派同盟は十一月二十三日に正式に設立総会を開いた。だが運動の進め方をめぐって総会を開いてまもなく内部分裂をはじめた。具体的に請願運動を起こそうという一派と農本社会建設のための理論や宣伝活動を進めていこうという一派であった。昭和六年暮

になると、活動はまったく進まなくなった。孝三郎は杉浦孝や熱心な愛郷会員を代理出席させ、積極的にはでていかなくなる。愛郷会の機関誌「農村研究」の十月、十一月、十二月号にかけて、「遂に我等は起つべき秋《とき》は来た」「危機迫れり日本を死守するのは誰か」などというタイトルで、かなり露骨に心情を吐露していただけに、日本村治派同盟は微温すぎたのであった。勇ましいタイトルを掲げた本文のなかで彼は檄をとばしつづけていたのである。

「世の中は根底からひつくりかへらねばならんといふ事なのだ」「ぐずぐずしてをられるか。おさえ難き情熱のために、時に床を蹴つて立ち上らずにはをられなくすらなる。廻りくどいことなぞ云つてをられるか。行動へ！　行動へ！　進め！」

愛郷会の合法的な政治活動面と愛郷塾の非合法の実際活動の両面をはっきりと押し進めるようになったのは、昭和六年暮からであろう。十月事件の挫折、日本村治派同盟の分裂、理想の農村建設案の一蹴、疲弊する農村、愛郷会自体の経済的破綻、すべてが空回りするだけである。農村を救うのは農村自体だ、農民を救うのは農民自身だ——と言いつつ、孝三郎や愛郷塾の先鋭分子からみれば、どうにも動きのとれない状態だ。非合法への傾斜は孝三郎自身の渇望であり、尖鋭的な塾生たちの渇望であった。だが愛郷塾だけで事を起こすわけにはいかない。それだけの具体的な計画がない。そういう焦慮が徐々に充満していった。

だがその計画は意外なところから開けてきた。

昭和六年十二月二十五日、古賀清志と中村義雄が愛郷塾を訪れた。ふたりは十二月一日から霞ヶ浦に配属になったばかりであった。ふたりは日曜ごとに権藤成卿の空家をたずね、日召らと意見を交換していた。彼らは孝三郎をすでに同志と見ていたから、この訪問は当然だったが、孝三郎は郷詩会の前日に日召の自宅で語ったことより、もっと扇動的なことをふたりに話した。それは孝三郎の心境の変化だった。また、それは愛郷塾の変わりつつある姿をあらわしてもいた。「日本を世界でも有数の国家にし、アジアを白人の手から解放して全世界を指導しなければならない。このために陸海軍が強くなることがたいせつだ。そうしたことは日本内部の改造を終えてこそできる」——。

かわって古賀と中村が塾生に話をした。国防の見地から農村を建て直さなければならない、そんな話だった。——愛郷塾と海軍士官のこの出会いにはふたつの意味があった。ひとつは孝三郎が先鋭的なふたりにはっきりと国内改造が必要であると訴えたことであり、もうひとつは逆にふたりが塾生に農村を救うには国内改造が必要だと話したことだ。愛郷塾で非合法に傾斜する人たちに、この会合は相乗作用を生んだ。そしてまた、孝三郎が日召系を離れて独自に士官と接触する初めての会合でもあり、古内からもたらされる情報とはまたちがったルートとして孝三郎を拘束していった。

ふたりは霞ヶ浦で同志を集めているといい、そのときはまた講演に来て欲しいと依頼して愛郷塾から去っていった。

Ⅵ　決行者たち

1　政治の断面

元老（げんろう）一八八九年ころから一九四〇年ころまで、法令に基づかない超憲法的な存在として、内閣の目付役をつとめた重臣たち。伊藤博文、黒田清隆、山県有朋、松方正義、西郷従道、井上馨、大山巌、桂太郎、西園寺公望の九人が、その名でよばれた。彼らはおおむね総理大臣の経験者であり、また公家出身の西園寺を除いては薩長の出身であって、重要な政策ごとに後継内閣の推薦には強力な発言権をもっていた。西園寺を除き、いずれも日本の政治の民主化を妨げる役割を果たしている。

（『国民百科事典』平凡社より）

大正末期から昭和にかけて、元老は西園寺ただひとりになり、内閣は西園寺の発言で決まった。西園寺は議会政治擁護の立場から、若槻内閣の後継として犬養毅に望みを託した。内命を受ける犬養に、西園寺は天皇のことばをとくに銘記するよう伝えている。「軍部が内政、外交に立入ってかくの如きまでに押しを通すということは国家のために頗《すこぶ》る憂慮すべき事態である」と天皇は西園寺に話していたのであった。

犬養には、同じ政友会の久原房之助が安達謙蔵の入閣を働きかけたり、森恪が自身の入閣を申し出るなど、さまざまな働きかけがあったが、それを受けつけなかった。森恪にいたっては「あのおやじめ、おぼえておれ……」と罵倒したというが、陸相には森の推薦で荒木貞夫を配した。荒木をもってくることで、青年将校を抑えようとしたのである。犬養内閣には対支問題と金解禁が課題だが、外相は自ら兼任し、蔵相には金の輸出禁止論者である高橋是清を就任させた。そして犬養内閣は組閣後すぐに金輸出再禁止に踏みきった。こういう背景を財閥では見越していて、昭和六年秋からドルの思惑買いをつづけていたので、財閥はこの処置で莫大な利益をあげた。

政治評論家の馬場恒吾《つねご》は朝日新聞（昭和七年一月十二日付）に書いている。「金輸出再禁止で何千万円も儲けたのは財閥である。……売られた円、買はれたドル、売られた内閣、買はれた内閣、それは売られた日本、買はれたアメリカである。平生最も愛国者顔をしているのはこの手合である……」。馬場は西園寺が憲政に則ろうとした善意を認めつつ、思惑買いをつづけている財閥が政友会内閣をつくりたがっているのを見抜けないなら、元老はあってもなくてもよいとさえ言った。

犬養内閣が対処しなければならぬもうひとつの問題は満州事変の処理である。犬養自身は軍部強硬派、民間右翼には批判的で、書記官長になった森恪とは対照的だった。森が軍部の動きが強まっていると報告すると、犬養は「君は軍人を怖れている。そんな馬鹿なことはない」と突き離した。犬養は満州問題に腹案をもっていた。それは辛亥《しんがい》革命のときの同志に、腹心の部下萱野《かやの》長知を送って穏便に解決しようというのであった。だが、この計画は森に洩れ、森から小磯に知れ、そのために萱野は国賊として軍部から追いかけまわされたと、『政界五十年古島一雄回顧録』は伝えている。

一方、関東軍は中国に戦線を拡大していた。昭和七年にはいって錦州へ進撃した。また一月二十八日には第一次上海事変が起こっている。このきっかけは日蓮宗僧侶の暗殺だが、これも戦後田中隆吉少将が「列国の注意をそらすため上海で事件を起こせという板垣征四郎の指示で日本軍がデッチあげた」と証言している。上海は各国の利害が入り乱れて複雑だったが、三月三日にやっと停戦命令がでた。中国では排日気運が盛りあがり、対日ボイコットも強まった。日本では「爆弾三勇士」というでっちあげの美談が報じられ、兵士への献金や慰問がふえた。

こういう陰で満州の傀儡化が進み、三月一日には新満州国の宣言が発表され、年号は大同、国旗は新五色旗と決まった。新国家のスローガンは石原莞爾が唱えた「王道楽土、五族協和」であった。名目的に各総長、院長には中国人が就任したが、実権は関東軍がもっていた。すべての勅令、国務院令は関東軍の承認を経なければならないというのが、その実態だったのだ。犬養内閣は閣議を開いて、さしあたりは国際法上の承認は与えないが、援助と国際間に承認される環境づくりを行なうと決めたが、これは実質上の承認であった。

これより先、犬養内閣は二月二十日に総選挙を行なった。圧倒的多数で政友会は信任されたが、選挙の裏側では票の売買が行なわれ、〝政党政治は駄目だ。軍部のほうがまだい い〟という国民感情が醸成されていった。政友、民政両党はこの選挙で農業政策を掲げはしたが、それは抽象的なお題目のような内容であった。——このころ、農業年表をみると、農村救済のために五千万円の融資決定をしている。しかしこれは企業や大型農家への設備投資資金で、一般の農民にはなんらの恩典もなかった。

拓務省は満州移民計画を練り、その第一次募集地域は恐慌をもろにかぶっている地域が対象になったが、それはいわば体《てい》のいい人減らしだった。この指定地域では病弊が頂点に達していたのである。

毎日わらびを食べている一家があった。子供がどうしても米を食べたいというので、他人の納屋から三升の米を盗んだ父親が自責の念にかられて首吊り自殺をした（岐阜県）。執達吏が差し押さえに農家に行った。家財道具を売り払い、餓死寸前の家族が横たわっていた（新潟県）。ある村では肥料を買えないので無肥料で米をつくっている（栃木県）。雨が降っても子供は傘なしで登校する。傘などどの家にもなかった（東北六県、関東）。ある村では百人近い娘がみな売られた。恐慌が行きつくと両親は娘たちにくら替えを勧めた。差額金を当てにしているのである（秋田県）。小学三年生の娘を遊女に売ろうとしたが買手がつかず、曲馬団に売りとばした（新潟県）。

昭和七年六月初旬、農林省は課員に長野、新潟、岩手などとくに困窮の激しい地方を視察させた。長野県を回った課員はつぎのように言っている。

「今更農村の悲況を聞かせろなどといつたら、農民に殴られるだらう。もう窮乏をとほり越している町村が多い。本年一月来農村で米、砂糖、醤油、味噌等のコソ泥が多く警察も取締りに困つてゐる。上田市でさえ物々交換が行はれてゐる。農村には貨幣は五十銭銀貨だつて見るのは困難だ。豆腐醤油も自分で作つての自給自足だ。麦を食べてゐるのはいい方で、山の木の実は争つて取るので、果実のなる木はどんな木でも坊主にされてゐる」。新潟、岩手もこの報告と大同小異であった。

2　政治的進出へ

愛郷塾ができたころから、機関誌「愛郷」は「農村研究」と改められ、月一回定期的に刊行されていた。編集は杉浦孝が担当し、彼は孝三郎の理論を補完する役割を果たしていた。この機関誌の内容はかなり水準が高く、農村の実証的研究や日本農業史が盛られていて、具体的な農作業についてはそれほど深く触れていない。そのことが農民たちにはいささか不評だった。肥料代捻出の方法とか山林を開墾する効果的な方法という記事を期待する農民からは、これは農村雑誌ではないと批判も寄せられた。それが孝三郎にはまた不満だった。農業そのものが恐慌の渦中にあるのに、〝小手先の手段〟を論じても仕方がないというのであった。たとえばそういうことへの怒りが「……してみると私の絶叫は多くの場合徒労であったのだと解せざるを得なくなってくるわけだ」という文に集約されているのだった。

だがこういう考えは、すなわちある点に集約されてくる。〝農民はわかっていない。なにもわかっていない。そんな農民にだれかがわからせなければならぬ……〟という点である。このころの全農系の農民運動家たちが、頭のなかで農民像をもっていたと同じように、〝だれかがわからせなければならぬ〟というのは、つまりかたちをかえた選良意識であった。

昭和七年があけてすぐに、愛郷会本部で講習会が開かれた。農閑期を利用して行なう冬期講習会である。孝三郎の説く愛郷精神を確認し、愛郷農法という独立小農経営を実践するのである。すでに三十支部ができ五百人近い会員を有する愛郷会だが、名目的にでも名をつらねている会員を合わせると三千人にふえていて、そのなかから百人が出席した。講師は孝三郎が中心で、ほかに県の農林主事や技官だったが、日本村治派同盟の発起人のひとりで、軍人から言論人になった長野朗も出席した。長野は満州に理想社会をつくろうと講演したが、それは士官学校時代に石原莞爾と同級生だったためもあった。

講習会の最終日、幹部会が開かれた。集まったのは孝三郎、正三、圀彦、杉浦、その他塾生と各支部の支部長クラスだった。議題は「政治的進出の是否について」であった。愛郷会は教化運動や協同組合運動はするが、直接には政治運動に干与しないという鉄則があり、たとえ資本主義がゆきづまっても、愛郷会だけで信ずる道を歩もうという路線の手直しを、この議題は意味していた。が、支部長たちはこういう講習会こそが愛郷会そのものであると考えていて、孝三郎や塾生たちが非合法へ関係をもちつづけていることなどまるで知らなかった。『五・一五事件と愛郷塾の全貌』（昆貞著）によると、この会議で孝三郎は発言している。

「政治は最後の決戦である。ことこういう状態になったら、ひとりでも多く政治運動に立ちあがらなければならない。これだけ農村がだめになっているというのに、農民を救う政治運動はひとつもない。ないどころかこれからもできそうもない。すて身となってわれわれは政治運動をやらなければならん。すて身となってやらなければならんのだ」

だが愛郷会支部長の間からは政治運動に進出することは、愛郷会がその立場を自ら崩すことになるとの反論があがった。多くの支部長がその点を質《ただ》した。

「政治にかかわりあうのは困る。愛郷会運動は無抵抗の自立農民解放運動のはずだと思う。先生もガンジーのように、とよくいっておられる。政治にかかわらずどういう不況になってもこういう経営法をとれば、農村は救えるという実践を示すことだと思うし、わたしはいまもそう思っている」

「ここで政治運動にでていくのであれば、愛郷会運動の使命はくずれてしまう」

支部長たちにすれば、愛郷畜産購買販売利用組合もうまくいっているし、せっかく村人からも信用されているのに、なぜあえて政治運動に傾斜するのかが不思議であった。だからその反対意見にも説得力があった。

「せっかくうまく進んでいるのに、政治運動へ進むということは、精力を分散させることになってしまう」という反対意見がでたが、それも当然のことであったろう。孝三郎は反対意見をひとつひとつ否定しながら、そして言った。

「時期はすでにどうにもならないところにきている。どうにもならないところにきているんだ。愛郷会も愛郷塾もうまくいっているのはよくわかるが、そんなことをいってはおれない。このさいいっさいを捨てて政治運動に突進すべきだ。弾圧があろうと同志が離れていこうとそんなことは問題ではない。ただひたすら突進するのみ、突進するのみなのだ」

孝三郎は焦《あせ》っていた。その焦りは愛郷会運動の歩みを捨てることさえ意味していた。その気魄にのまれたのか、あるいは〝血を見るのもやむを得ない〟と考えている孝三郎の変貌に驚いたのか、出席者たちは黙した。……日頃はあまり饒舌でない孝三郎だけに会員はよけいに驚いたと、同書では記述している。

「身を捨てて政治闘争に突進する」という意味の決議がなされた。村議会であろうが村治派同盟であろうが、どんな機会をも見のがさず積極的に政治活動にはいってゆくということが確認されたのである。しかし非合法への傾斜は、この幹部会でもまったく議題にならず、むしろ村治派同盟をよりいっそう政治的にするために、長野朗と手を結んでいくという了解もできた。孝三郎の知識を継承する杉浦孝はその方面へ熱心に加担していくことも決まった。

愛郷会が政治的行動を起こすと、それも多分に孝三郎の強引な申し出で決めてから、二、三日置いて古賀清志から孝三郎に連絡があった。霞ヶ浦の士官に農村の病弊を話して欲しいというのであった。古賀は教官クラスに、中村義雄は飛行学生に働きかけ、国内改造の必要性を呼びかけていたが、共鳴する者は多くても積極的にそうした運動に加担する意思はもっていなかったのでいらだっていた。それで孝三郎を通じて具体的に病弊の状況を語らせようというのであったろう。それになにより、ふたりもまた孝三郎とおなじように、焦慮を強めていた。

また彼らはすでに具体的な行動の計画までつくっていたのだ。昭和七年が明けてすぐに、日召系のメンバーは権藤の空家で談合を重ね、あくまでも起爆剤になろうと、二月十一日を期して特権階級の要人を暗殺しようと誓っていた。そのため地方に散在する同志に、四元義隆が連絡に行くとも決めていた。西田ら陸軍の将校たちと決定的に袂を分った彼らの独自の行動であった。このころ西田系は犬養内閣に入閣した荒木貞夫陸相に期待し、行動に走るのを抑えていたという。そしてこうした談合に孝三郎が加わっていなかったのも、日召が上申書（「梅の実」）で明らかにしているように、体質上不適当な事、性格温順に過ぎる事、学識を惜しんだ事のためで、愛郷塾は行動計画の埒外におかれていた。

孝三郎は昭和七年一月二十二日に土浦の料亭で、霞ヶ浦の小園安名ら六人の大尉と十人の飛行学生に講演をしている。農村の状況を語り、マルクス、マルサスを批判し、「愛国同胞主義による王道的国民協同自治組織」の建設のために、〝天意を与えられた志士の一団が起ち上るることが必要だ〟と言った。非合法の扇動であった。だから講演の末尾は「私議すべからざる事を私議したのでありますから、そのおつもりでお聞きとり下さったことと存じます」ということばで結ばれている。この話を聞いた古賀や中村は、ここに孝三郎がはっきりと変貌したのを確認したのでもあった。

孝三郎はこの講演のなかで、ファッショとプロレタリア独裁に反対したが、彼の考えるファッショというのは、その質的相違や歴史的事情を無視したもので、「英国に代表される金力的政党ファッショ、イタリアの武断ファッショ、ロシアのプロレタリア独裁」というのであった。このころファシズムは論壇のなかでもっとも忌み嫌うことばとして使われていた。日本労働倶楽部は「反ファシズム、反資本主義、反共産主義」の三反主義を唱えていた。平沼騏一郎はファシストと言われ、もし平沼内閣が誕生すれば、それはファッショ内閣だともいわれていたが、その擁立に力をいれている荒木陸相さえ「ファッショ運動は弾圧すべし」と師団長会議で指示した。また平沼自身はフランスの通信社を通じて「国本社はファッショにあらず」と宣言するありさまだった。政治評論家の馬場恒吾はこういう動きを称して「非合法ファッショを弾圧すること、又はファッショの名前を忌避することは、必ずしもファッショ的精神を捨てることを意味しない」と批判し、むしろ合法的に政権に近づく妨げになるからファッショに反対といっているのではないかと書いた。

3 背反の道

第一次上海事変に海軍の士官たち、藤井斉、山岸宏、村山格之らが出動命令を受けた。この命令は海軍当局が不穏分子を国外にひき離すための措置だったという。藤井は戦闘機の墜落事故で死んだ。この情勢が日召らには焦りを呼んだ。しかも同志の連絡に歩いている四元が、官憲からさぐられているという報告もあった。そこで日召とその門下と古賀、中村らのあいだでは計画が練り直されている。この席で日召ら民間が一人一殺を行ない、古賀らが陸海軍の同志を集めて連合軍をつくり、第二次破壊運動にのりだすことを決めた。暗殺対象に政友会の犬養毅、床次竹二郎、民政党の若槻礼次郎、井上準之助、財閥からは池田成彬、団琢磨、元老の西園寺公望があがっていたという。

日召はすでに武器の調達をはかり、拳銃を菅波の家に隠していたが、それが日召の影響下にある青年に渡された。そして、二月九日小沼正が井上準之助前蔵相を射殺し、三月五日に菱沼五郎が団琢磨を射殺した。拳銃の出所について、小沼は海軍の伊東亀城少尉から盗んだといい、佐世保憲兵隊もそれを確認したが、軍人は拳銃をもつのは当然で批判は当たらないと強弁した。わずかに軍人の拳銃所持になんらかの取締りが必要だという声があがっただけだった。

日召の影響下にある青年の要人暗殺は愛郷塾の先鋭分子を興奮させた。小沼は愛郷塾に来たことがあり、なかんずく十月事件では塾生とともに待機していたほどの関係だったから、ある者はその名前を聞いただけで背後関係がわかったからだ。そして、小沼や菱沼の実家には投石があり、「国賊」とののしる手紙が殺到したが、そうしないまでもこの事件を誹《そし》る空気が庶民にあり、一般の愛郷会員もまたそうだったのだ。そしてそういうごくふつうの会員と興奮する塾生とが同居することになっていった。

孝三郎とその周辺にいて日召と連絡をとっていたグループは、このテロ行為が自ら捨石となって局面を開いたという考えをもっていた。農村は病弊し財閥は横暴をきわめ、政党は堕落の底にあるという直線的な現象認識——張りめぐらされている特高の網の目をくぐってあれだけのことをやった……〝偉い〟と感じる塾生もいた。不安に思う会員と共鳴する会員——それが愛郷塾や愛郷会に歴然とした図式になり、当然のように不安に思う者が合法活動に、共鳴する者が非合法活動に傾斜していくのであった。そして孝三郎は表では合法活動に、裏では非合法活動とつかい分けていくようになった。だが孝三郎の講演を充分聞いて吟味した者は、その比重があきらかに非合法活動に傾いているのを知ったのであった。

風見章もそうした不安を感じていた。二月の総選挙で、彼は安達謙蔵系の議員として民政党から脱党し無所属で立候補した。ファッショとか偽装共産党とか、まったく相反する噂をとばされながらも、辛うじて当選したが、日召らの事件が起きてからはしばしば愛郷塾に来た。そしてそれとなく忠告のことばを伝えた。

「橘君、軽挙妄動は慎んでください。あくまでも農村にとどまって、農村改造と農民教育にあたらなければいけない。君は日本の農村を救うために必要なんだから……」

孝三郎はうなずく。非合法の具体的な行動はなにもないが、〈農村を救うにはなにをやっても駄目だ〉という〝あきらめ〟が、孝三郎の胸中で微妙に揺れ動くのを見ぬくように、風見の忠告は執拗だった。

だが昭和七年二月に、愛郷会の支部がまた五つの村で結成されていたが、この月に孝三郎は十五回も講演に走りまわっている。二日に一回の割であった。『五・一五事件の真相』(津田光造著)によると、これはふつうの月より多く、その内容もきわめて遠回しな言い方で、危機感をあおっている。「愛郷の大精神の下に愛郷運動の急先鋒をなす吾人なり。我々は死を以て当たるのみ……」――命をかけて守るものには命を捨てる覚悟が必要だという内容、そんな内容が話されている。そういう内容に塾生はもっとも敏感に反応し、たとえば、塙五百枝の書いた「塾生活の感想」という文章には「愛郷塾に集まった俺達二十の若者は眠れる農民に警鐘を打つ先駆者として、さらに明日に於ける新興農村日本建設の原動力として緊褌《きんこん》一番大奮闘をしなければならぬ歴史的使命を負はされてゐるのである」という一節となってあらわれている。塾生たちも、徐々に天意を与えられた志士の集団になりつつあったのだ。孝三郎を頂点にして、古賀、中村らの海軍将校たち、そして非合法活動もやむをえないという一部の塾生たち――ここに決行者としての伏線がはっきりとかたちづくられていったのである。

古賀、中村らが兵農一致の富国強兵を掲げつつあったとき、塾生たちが〈農民が農民を救う〉とひたすら傾斜していったとき、当時の情勢は彼らの領域をはるかに越えたところで、その行動を待望していたといえるだろう。主体的意思がどうであれ、当時の情勢は〝天意を受けた志士の一団〟が必要だったのだ。〈兵農一致〉〈ロンドン条約への不満〉〈農民が農民を救う〉、そうした主体的意思がたとえいく分かの善意からスタートしても、そんなことはたちまち吸いとってしまう〝鉄〟が、当時の日本ではじっくりと腰を据えて待っていた。

軍部という天意を受けた志士の一団が、あるいは歴史を動かす勢力が、ひとつひとつの事件は砂のように小さいものであろうと、それをいくつかかためると鉄のようになるということを知る一団が、歴史の背後にでんと待ちかまえていたのであった。ひと粒ひと粒の砂の意思とはかかわりなく、鉄は歴史の流れに浮かぶ砂をじっと見つめていたのではなかったか――。それはあるいはロマンチシズムにたいする現実的なメカニズムともいえようか。ロマンチシズムは導火線になることはあっても、よりラジカルになることはあっても、その収拾はリアリズムが行なう〝革命〟の鉄則――。この時代のリアリストたちがロマンチストの感性をひたすら待ち望んでいるのを、〝時代を共有する人〟は知らない。それは結局〝歴史〟という過ぎ去ったものでしか判断することができないことだった。

孝三郎は〝人物〟本位であることを議会制度や経済制度にも要求する。村の自治体組織の上に国家の最高機関があること、そしてまた本来〝政治〟がもつ非人間的な側面への嫌悪――それは機能的統治への反感であろうが――は、「……それ故に彼等は、資本主義経済組織の全機構を見るよりも、寧《むし》ろそれを動かしてゐる個々の代表的人物を先に見る……」（「婦人の友」昭和七年四月号「政治的暗殺の流行」大山郁夫）という批判と対置されるのであった。人を先に見る――それがつまるところロマンチストのなによりの特権ではあったが、またなによりこの時代のリアリストたちの期待を担っていたのでもある。

合法運動――それもまた壁にぶつかっていた。日本村治派同盟は昭和七年にはいってから農本連盟へと発展的解消をとげる。農本連盟の初総会には愛郷塾から杉浦孝が出席した。だがこの総会で、杉浦が農本主義的政治運動を呼びかけると、会議はまっぷたつに割れた。経済闘争派は政治運動の機は熟していないというのであった。このことは、日本村治派同盟が全国労農大衆党からの脱退派、愛国勤労党、社会民衆党の有志とともに政治運動へ傾いたのを不満として、農本主義者だけの農本連盟をつくったにもかかわらず、農本主義者の政治運動を主張する一派と、農本主義者だけの経済運動を主張する一派との対立が総会の冒頭から明らかになったことを意味していた。会議は紛糾し両者の対立はそのままになって閉会した。閉会といえば聞こえはいいが、つまり分裂であった。杉浦孝の愛郷塾、長野朗一派は、強力に政治運動進出への主張をしたのだが、それは結局少数派として独自の政治結社をもたなければならないことを意味していた。

長野朗と愛郷塾は、農本連盟の曖昧な分裂のなかでさらに強く結びついた。杉浦がしばしば東京に出てゆき、また長野から愛郷塾に連絡が寄せられた。長野は農民運動家に働きかけ、同志を募る。権藤成卿の影響下にある農村の運動家が長野の呼びかけに賛意を示したが、好意的な返事を寄せながらも具体的にかたちのある政治結社にはなかなか進まなかった。

孝三郎自身はこの呼びかけの中心人物でもあったが、自ら身をのりだすことはなかった。

彼はいつも他所者のように動き、身をひそめていた。水戸に居をかまえているという地理上の不便な点もあったが、自ら組織し前面にでるという心算はなかったのだ。孝三郎はいつも新参者という意識をもっていた。ちょうど国内改造運動に参加していく過程で、北一輝、大川周明らいわゆる正統派にたいして感じたあの心理であった。ずっと遅れてはいってきた気後れの心理、それを感じるのは孝三郎の〝含羞《がんしゅう》〟のためであったろう。また一面ではこの期の右翼運動の指導者にみられる性向、すなわち〝志でつうじあう〟という特徴も孝三郎はもち、それに頼っていた。決して表面にでないのはそれをものがたっている。カリスマ的雰囲気、そうした指導者がもつ言語の裏にひそむ霊験をもっていたのだった。

あるとき、孝三郎のもとに渋川善助がたずねてきた。西田税のもとに出入りし、北一輝に傾斜していた彼は、また歩兵三連隊の安藤輝三と親しかった。渋川は孝三郎に、安藤は農村を救わなければならないと言っていると伝えた。のちに孝三郎は二・二六事件を獄中で知り、安藤が参加したのはまぎれもなく農村病弊に決起してくれたのだと考えた。孝三郎は、志を同じくする者にはあえてことばは必要でないと思っていたが、彼はそれ以来まだいちども会ったことのない安藤輝三にそれを感じているという――。

……農本連盟を割った政治行動派の有力な一員でありながら、孝三郎はそうした合法運動への距離を感じていった。政治行動派も農業で生計をたてていない人びとの集まりであることが、彼の距離感にさらに拍車をかけた。

教師生活を退いてから半年、後藤圀彦は孝三郎に影のように付き添っていた。そして孝三郎のもとに来る人びとを見つめ、塾生を見つめていた。ふだんは青年部員十一人、少年部員八人とふくれつつあった愛郷塾の教師として、塾生に講義し実習を担当していた。塾生は圀彦や正三の指導で、愛郷会近くの森林を切り倒し、そこに畑をつくり、自給自足のために水田をつくった。五尺八寸の身体を動かしながら、圀彦は孝三郎のある面、非合法の面だが、その面を静かに待つような生活をしていた。ときおり信彦の入院している病院をたずねて、愛郷塾の様子を聞かせ、そして言った。

「塾を捨てて起ちあがらなければならなくなる。いつかそうなるだろう……」

そのことばは信彦の頭にいつまでも残っていた。

組織はふくれればそれ自体独自に動く。連日のように見学に来る青年団員、役人、教員など……、そういう人たちの目が愛郷会を模範的な農場と見ているとき、圀彦や行動を渇望する塾生たちは逆に彼らをどう見ていたのであろうか。孝三郎自身を訪ねて共産主義、無政府主義に傾斜する農村青年も数多く来ている。そういう青年たちを圀彦や塾生はどう見たのだろうか。

たとえばある無政府主義団体の有力な人物も孝三郎を訪ねている。その団体が撒いたビラの中に「……橘孝三郎氏の出発は政治運動、その有害無益であるという立場から、いはゆる政治否定の純粋主義の基調に立ったのである。が、今日、愛郷塾の生命ともいふべき政治否定は、遂に否定されたのである……」と日本村治派同盟以後の政治参加を批判した。

そういうビラを見て、彼らはなにを感じたろうか。すでに〝都市と農村〟が〝地主と小作人〟〝自治コンミューン〟という論より、数段人びとを納得させる論と彼らは考え、それこそが歴史的認識の基点にあると確信し、したり顔で納得していく青年団員、役人、教員の〝日常性〟をまた選良意識で見ていたのだろうか……。

4 符節

警視庁は小沼正、菱沼五郎の背後に、井上日召がいると知り、その行方を追った。しかし杳《よう》として立回り先を押さえることはできない。腕利きの刑事が必死に捜しまわった。日召は天行会道場に身を隠していた。頭山満の息子頭山秀三が主宰する道場である。ここから、日召は古賀や中村を呼びよせた。次いで起つはずの陸海連合軍の決起を早めるためであった。古賀と中村は、日召の意を受けて各方面に働きかけた。ふたりは「西田の所に行き小沼のあとにつづいて陸軍同志の決起を促せ。大川周明の所にも行き、同志の決起をする準備を依頼しろ」とも命じられていた。多分日召にすれば、西田系と大川系の対立もあるが、とにかく第一陣が決起したのだから、次いでぞくぞくと決起させようというのだろう。

西田家に集まっていた陸軍の将校たちは、古賀の申し出を一蹴した。西田や将校たちは、陸相荒木貞夫に期待をかけていて、あえて非合法で事を進めなくても、合法的に国内革新ができるというのであった。古賀と中村は大川周明のもとも訪れた。しかし大川も国内改造の要はあるが、あえてクーデターを行なうことはないと答えた。十月事件の挫折で、大川は積極的に動く気はなかったのであろう。こうして日召の計画は頓挫した。

このころになると、警視庁は日召が天行会にひそんでいることをつかんだ。連日のように警察官が天行会を包囲した。だがそのなかには踏みこまなかった。明治中期の玄洋社以来、政治家や民間右翼に隠然たる勢力をもっている頭山満の、その邸宅にはおいそれとは手をだせなかった。あたかもそこだけが治外法権であった。この包囲網で、日召と古賀、中村の接触は切れた。もう連絡はできなかった。計画は陸海軍の連合軍をつくり早急に決起しようという段階で切れた。それはちょうど凧が糸がきれたまま空中を飛び回るのに似ていた。

紫山塾の本間憲一郎、弁護士の天野辰夫らの説得によって、日召は三月十一日に自首することになった。日召はふたりに「あとは頼む」と言ったが、その後本間は五・一五事件に、天野は神兵隊事件に連座したわけだが、日召のことばには実はそのような意味があったのだろうか。

日召の逮捕は大々的に報じられた。新聞は「悠々と警視総監邸に行き、大野警視総監に自首した」と伝えたが、それはまさに〝国賓並みの逮捕劇〟であった。一方、池田成彬を射つ予定だったという古内栄司は、激しい追及に耐えかねて、陸軍の革新将校であり戸山陸軍学校の教官でもある大蔵栄一の家に逃げ込んだ。日召の逮捕を伝える紙面の隅に、古内栄司が権藤成卿の家で潜伏中に逮捕されたと伝えられているが、これは警視庁と秦真次憲兵司令官が話し合って、現役軍人の家で逮捕したことを発表しないと申し合わせた結果である。そして、大蔵栄一はなんら咎めを受けなかったのである。

日召自首のまえには権藤成卿も警視庁に逮捕されている。血盟団の背後に権藤の影響があるとにらんだためだった。しかし直接には関係がないことがわかり、数日間で釈放になった。記者団と会った権藤は「大震災のとき大杉栄を殺した人間が、なんでも満州で警視総監みたいな権力をふるっているそうですな。人を殺すような人間は世を救うことはできません。満州国はだめですよ」と一見なんの関係もないことを話している。言外に流血は好まないと言っているのであった。

――血盟団事件と名づけられたこの事件は、井上日召の逮捕で落着した。

古賀と中村は焦った。ふたりはまだ霞ヶ浦の飛行学生であり、月曜日から土曜日の午前まではカリキュラムがつまっている。自由になる時間は、土曜日の午後と日曜日しかなかった。それに二十四歳になったふたりには、年齢相応の相談相手もない。霞ヶ浦では、孝三郎を呼んでの講演以来、ふたりは航空隊司令から注意され、同じ飛行学生からも急進的すぎると思われてもいた。

古賀と中村はどうあっても、日召たちにつづくことを確かめ、その時期は四月中旬から五月上旬までのあいだと決めた。このころになれば上海事変も満州事変も一段落して、陸軍、海軍の将校たちが帰国すると考えたからだった。ふたりの話し合いでは、血盟団の残党、海軍の将校、そしてさらに説得ができるならば陸軍の将校たち、このほかに彼らが日召から紹介されている愛郷塾、頭山秀三、本間憲一郎らを説得し、大川周明、長野朗にも連絡して多くの人員を集めようとした。方法は集団テロで、要人が一カ所に集まるのを狙って敢行すると決めていた。――霞ヶ浦で、ひそかにふたりはその行動計画をつくり、働きかける分担を決めたのである。古賀が愛郷塾を説得し、中村は長野朗と金鶏学院に出入りし日召の影響下にあった明大生奥田秀夫を説得することになった。大川周明らには、ふたりで説得にあたることになった。

ここまで決めると、ふたりは休日の寸秒も惜しんで動くことになった。……古賀は昭和四十二年の「文藝春秋」六月号に「初めて語る五・一五事件の真相」を書いているが、そのなかで「……諸々方々で私は口説きに口説いた。――あとで考えると、あれはもはや自分の力というものではない。うしろから何者かが自分を衝き動かしていたとしか考えられない――」と言っている。

ふたりの動きが凝縮されたのは昭和七年三月二十日の日曜日であった。この日、中村は歩三の安藤輝三の家にいた。そこには安藤のほか大蔵栄一、村中孝次、相沢三郎、朝山小二郎ら陸軍側の青年将校と陸軍士官候補生の坂元兼一がいた。中村が執拗に言った。

「和尚は革新運動ののろしを上げた。すでに革新の機運は熟している。今を逃して時はない。われわれと一体となって起ちあがってもらいたい」

陸軍側は時期尚早という態度を崩さなかった。荒木陸相は着々と皇道派人事を進めている。真崎甚三郎も参謀総長として東京に帰っている。しかも一夕会系の小畑敏四郎は対ソ戦略で荒木と意見を同じにしている。宇垣派は閑職や地方に追われ、いまや荒木への反撥はなかった。軍部自身が荒木に大きな期待をかけているからである。こうした事情があったから、陸軍側は中村の話にまったく関心を示さなかった。

「あえていま起ちあがる必要はない」

〝青年将校の一団はいわば維新の志士の如きものである〟と荒木は言っているのだ。彼はわれわれに理解がある——そんな反論がなんども陸軍側からだされた。しかしひたすら行動へ、行動を渇望する中村は、「とにかくあとにつづこう」と説きつづけた。議論が膠着《こうちゃく》状態になったとき、士官候補生の坂元が中村を別室に呼んだ。

「今日は、私が代表としてまいりました。全員になにか伝えたいことはありませんか」

「われわれはとにかく決行する。しかし海軍だけではまずい。陸海軍共同というかたちをとりたいが、それにはどうしても陸軍の軍服を着た人間が参加してほしい。陸軍側は一挙にことを成そうとしている。だがそれは無理だ。いやまだまだ時間がかかる。革命には捨石が必要だ。捨石がなければ成功するものではない」

中村は坂元を懸命に口説いた。陸海軍と農民有志が立ちあがる、その図式を組みたてなければならない、それが中村と古賀の考えだった。坂元は答えた。

「われわれ候補生もあなたのほうで決行するときは参加させてください。自分と同じ考えの者が十名はいると思います。明日正午頃ここに来ていただけませんか」

と言って、坂元は地図を書いて中村に渡した。地図に示された家は、元士官候補生の池松武志が借りている家だった。池松は昭和六年の暮に思想問題で陸軍士官学校を退学処分になり、当時は身軽で自由に動きまわることができた。その家をアジトにするというわけだった。

安藤輝三の部屋を辞してから、中村はその足で東京原宿にある長野朗宅を訪れている。具体的な話はせずに雑談を交し、長野が決起グループにはいるかどうかをそれとなく確かめている。中村はこの時の感触を〝長野は権藤成卿に近く血盟団事件には感謝している。革新思想を有していると思った〟と逮捕後の陳述で述べている。

三月二十日、古賀清志は飛びこむようにして愛郷塾にはいってきた。孝三郎の部屋でふたりになると、勢いこんで言った。

「先生、和尚がとうとうやった。このままではどうにもならん。われわれもすぐに起ちあがらなきゃならん。和尚につづいて……」

「起ちあがるといってもそんなに簡単なものでもあるまい。このさい軽挙妄動は慎んだほうがいい」

「先生、どうにかしなければなりません」

古賀は顔色を変えてつめ寄った。思いつめて表情はこわばっていた。十六歳も年長の孝三郎はその表情を〝恐ろしいほど純粋な人間だ〟と思いながらながめていた。古賀は農村の病弊を正すために、政党政治の堕落を許さぬために起ちあがるのだと説いた。そして言った。

「われわれは先生を指導者にして起ちあがりたい。われわれの指導者は大川や北ではない。まして権藤先生でもない。先生、先生だけがわれわれの指導者だ。われわれを理解し、われわれもよく理解できるのは、先生、あなただけだ」

「……」

「先生、われわれといっしょに起ちあがって欲しい。ぜひ起ちあがって欲しい」

古賀の話は執拗をきわめた。農民のだれかが起ちあがるのが、このさい必要だともいった。――古賀はのちに「文藝春秋」（昭和四十二年六月号）に書いている。……「陸軍、海軍、それに民間と、三者が一体となって改新のために立ち上ることが、私たちの行動に大義名分を付することであった。苦しんでいる農民が止むに止まれず蜂起した、という態勢にすることが必要だった。とくに、この行動に与える影響が、それで大きくちがってくる。愛郷塾の人たちを仲間に加えたのは、私が無理に引っ張り込んだ、といってもいいと思う。……」

孝三郎からみて、古賀はたとえ孝三郎が反対しても実行すると思えた。もし起ちあがればこの純情な軍人は軍部独裁の誇りを受けるだけだ。農民が加わることで、その色彩を消せるならという考えがしだいに凝縮していった。そして古賀の話に熱心に耳を傾けるようになったのである。「引っぱるか引っぱられるか」――道はふたつにひとつであった。迷いがあったが、この青年を犬死させてはならないと思ったとき、孝三郎の答ははっきりと決まった。

昭和四十七年九月——。

「……青年将校は農村を潰したら日本は潰れるといっていた。どんなことをしても農村を守らねばならないということで、わしと一致した。わしは見るに見かねて参加した。正直いってあんなことで革命ができるわけではないのだ。そんなこと考えやしない。古賀だってそうだ。下手すると軍部独裁になる。しかし精神的には農民のことがもっとも主要な点だった……」

橘孝三郎はこのように言う。

わたしは数回のインタビューで、なんども五・一五事件になぜ参加したのか、という質問をくり返したが、いつもこのような答が返ってきた。だが十回余に及ぶインタビューの最後につぎのように認めた。

「……古賀は、先生どうにかしなければなりませんと言う。そして、先生を指導者にして起ちあがりますといった。それでわしは起った。ある自覚を、政治家や人々に与えた。それでよいのだ。わしはあえて語っていなかった、ずっと。ここにきて君が取材したいというので、それでわしは話そうということになった。話さなければならないということになる。軍部の将校は、そのとき、〝われわれの指導者は大川や北ではない。先生のみがわれわれの指導者だ〟と言った。わしはいままでそのことを話していない。それが五・一五事件の真相なのだ……」

そう言った孝三郎の顔には含羞があった。

古賀、中村にとって陸海の連合軍と農民の決死隊という図式を考えたとき、孝三郎と長野朗が農民決死隊の首魁《しゆかい》として浮かんだのであろう。そしてふたりが動いてから一週間後には、孝三郎と陸軍の士官候補生に参加を約束させていたのである。たとえ陸軍の革新将校や長野朗らが説得に応じなかったとしても、これで思惑どおり陸軍と海軍、そして農民という図式はなりたったのだ。

日召と孝三郎のあいだに、破壊と建設の役割が暗黙のうちに決まっていたとしても、古賀や中村にはそれはまったくあずかりしらぬことだった。古賀は新しく獲得した同志、愛郷塾と士官候補生を海軍の同志たちに伝えた。同志というのは舞鶴の村上功、上海の村山格之、三上卓、佐世保の林正義、鎮海の山岸宏らである。その手紙は、四月下旬から五月上旬までに決行するが、いつでも上京できるように準備を整えておくようにという内容であったという――。

矢は弦《つる》を離れたのである。

5 極刑への誘い

孝三郎が、古賀の申し出に応じたとき、ひとつのおぼろげな計画が瓦解した。その計画というのは、単純なテロ行動ではなくて、もっと政治の領域での〝圧力〟というべきものだったのだろう――。それについてつぎのように話している。

「これまでいろいろ語り伝えられている資料によると、五・一五事件に加わらなければ、やはり昭和七年暮になんらかの行動を起こすことになっていたというが、それはどんなものだったのか」

「古賀らとは別に（計画を）もっていた。そのきっかけをつくったのは井上日召だった、ある意味では。（数語意味不明）本間憲一郎の影響はあまりなかった。むしろむこうがわしに目をつけていた。安田というのが非常に真面目で（数語不明）、東久邇宮《ひがしくにのみや》の秘書役だった。その安田がわしに目をつけていた。雨谷、山本、（不明）で右翼を組織できたんだ。……」

軍、民間右翼、農民の三位一体となった組織、その組織をつくって政治的な圧力をもとうとしていたという。それについての具体的な動きはなかったようだが、農民の中軸に孝三郎がいて、それに長野朗や和合恒男など農本連盟がこの政治的な団体の農民側の核になろうとしたと推測される。しかも孝三郎は農民運動、なかんずく愛国革新の念に燃える農民を組織化するのは、長野県と茨城県を押さえればいいと考えていた――。

昭和八年の神兵隊事件はこの農民グループが欠落したクーデター未遂事件だが、孝三郎の考えていた政治的圧力というのは、実はこの事件ではなかろうか。安田銕之助《てつのすけ》陸軍大佐は、この事件の黒幕として、そのおりに逮捕されている。また井上日召から後事を託された弁護士天野辰夫がこの事件の指導者だったという。

——古賀のテロ計画への加担は、この政治的な事件の計画の放擲《ほうてき》を意味したと解せよう。一応は「軽挙妄動は慎め」といったのは、いま行動に起ちあがるのでなく、この計画の芽を育てようという心算があったのだろう。それに孝三郎は流血を好まない性格だった。その性格は日召にも見抜かれていたのであろうが、孝三郎自身もまたよくそれを知っていた。彼は右の頰を殴られたら、左の頰をだすタイプではないが、さりとて積極的に殴りかえすタイプでもなかった。

しかし非合法活動に応じた以上、いま孝三郎は積極的に殴る側につくことになったのである。自らの役割をどのようにするか、どのようにして塾生を参加させるか、そういった点はまだはっきりしてはいなかった。だが殴る側の一員に入り、そこでもっとも微細な役割をもつことだけは自らに納得させた。行為がまったく無秩序に行なわれるのならば、それは酔漢とかわりはない。しかし行為が特定の意図をもって行なわれるとすれば、行為は意図の制約を受けるはずだ。五・一五事件は、古賀が「わしらの指導者は橘先生だ」と言ったとき、その行為は孝三郎の思想や意図の制約を受けるはずと孝三郎は考えたろう。だが結果的に五・一五事件で演じられた行為は、一見孝三郎の意図とは異なった次元のように見える——だがそうではなく、橘孝三郎の思想や意図はつまり五・一五事件というテロ事件のなかにひそんでいるともいえるのだろうか……。それはわたしにはわからない。

この事件に加担する最終的な引き金の役を果たしたのは、皮肉なことに彼が一高を中退するときに感じた〝あの啓示〟であった。彼は再び転生する芽を、このとき啓示として受けとめたのであった。二十一歳から二十年を経たいま、その啓示は意外な形で彼を縛った。

古賀になんらかのかたちでの加担を約束した次の日、ちょうど符節を合わせるように、権藤成卿からの密書が届いた。権藤の門下生が、「権藤先生からのお手紙です」と届けにきたのだった。その文面は、墨字で達筆な跳ねあがりを見せながら、次のような内容を認《したた》めていた。

「日召はピストルをふりまわしたが、橘君、君はやっちゃいかん。こんどこういう事件を起こせば間違いなく死刑になる。間違いなく死刑だ。これは近衛筋から出ている情報だから信頼できる情報だ」

暴力を否定する権藤の忠告だった。だが、孝三郎は、「死刑」という字を見て、身体がわなわなと震えてきた。死刑、死刑……そのことばが彼の身体を律動させ、一高の時計台を見たときと同様に、その文字がいく重にも彼の視線のなかで揺れた。そして、次に孝三郎を襲ったのは、時計台の時計から受けた啓示、あの啓示であった。〝もうおまえにはここは必要でない〟という囁きにかわって、彼を襲ったのは、〝ヒキョウモノ、ヒキョウモノ〟という声だった。卑怯者――どすんどすんという太いかたまりが、腹の底からぐんぐんと突きあげてくるのであった。

死刑という文字が揺れ、孝三郎の視界が切れた。視界が霞んできたのである。それは

〝あのとき〟と同じであった。太いかたまりが身体中を突きぬけるように、徘徊しはじめた。徘徊は止むことがなく、孝三郎にまとわりついた。卑怯者、卑怯者、卑怯者――。瞬間的に空白の時間が過ぎ去ったあと、孝三郎はあらゆる逡巡をふり払っていた。いく分のこっていたためらいや死刑という文字が意味する恐怖は完全にといっていいほど、ふりほどかれていた。

それでも孝三郎は、権藤の誘いに応じて上京した。権藤は、挨拶もそこそこに言った。

「古賀はいろいろ画策していて、本当にやるらしい。だが、こんど日召のようなことをしたら大変なことになる。すでに警視庁はあの事件以来、異常なほど緊張している。それこそこんどは全部つかまってしまう。藤井もそうだったが、古賀や中村も将来のある若者たちだ」

たしかにそうだった。藤井にせよ古賀にせよ、そして中村にせよ、小さいころから頭脳のよさを買われていた青年たちだった。藤井は貧しい炭鉱夫の子供だったが、頭の良さを惜しんだ親族が資金をだし海軍兵学校に進学させたのである。それは古賀や中村にも言えた。彼らは中学四年ですでに海軍兵学校を受験し、入学してきた特等生だった。権藤がその頭脳を惜しんだのも、ある意味ではあたり前のことであったろう。だが、だからこそ権藤や孝三郎の説く農村の病弊に怒りを充満させたともいえたろう。もし裕福な家庭に育ち、海軍兵学校に入り、海軍の軍人として栄達を求めようとすれば、充分求めることができたはずだった。革命とか革新とか、いわゆる社会をひっくり返すことが歴史でくり返されたとするなら、その土台になるのはそういう彼らの感性ではあるだろう。だが感性だけで革命がなしとげられたことがないように、感性の背後にひそんでいる〝鉄〟のような力こそ歴史を動かしているのだ。権藤が説いたことには、そのような意味が込められていたのではなかったか――。

「わたしは古賀にどうしてもやらせたいとは思わない。いや無謀なことをやらせてはいけない。橘君、そこでお願いだが古賀を説得できるのはあなただけだ。古賀はもうわしらの言うことを聞いてはくれないだろう。あなただけが説得できる。古賀が中止するように説得して欲しい」

孝三郎の立場は微妙であった。自身すでに参加の意思表示をしているだけでなく、古賀が帰ったあと、圀彦に「奴らはしごく純情だ。目の色まで違う。本気なんだ。奴らをこのまま放置すれば犬死だ。わしらが参加することで軍部独裁に歯止めをかけることができる。奴らの犬死を救わねばならん」と言って、参加を確認していたのだった。圀彦は当然のようにうなずいていた。説得するとしても、前言を翻さなければならず、一応は説得しましょうと言いつつ、孝三郎はこの老人をいままったく違った目で見ていたのだ。「この人もただの人だ」という視点、それは行動こそすべてと考える人たちの当然の視点であった。

「先生、老人の言うことは敬意を表して聞いておけばいいのではないですか。わしらは今を除いて秋《とき》はないと思っている。西田だって起ちやしない」

歯牙にもかけず古賀は、権藤の忠告を笑いとばした。三月二十四日、孝三郎と古賀は土浦の山水閣で会ったが、むしろ結果的におたがいの決意を確認することになった。古賀は焦りに声を震わせながら話しつづけた。

「それに和尚の事件以来、憲兵隊から睨まれているらしく、わしらの所にも手が回りそうな様子です。早ければ早いほうがいい」

すでに本間憲一郎は拳銃の都合を確約しているし、士官候補生十一人も参加を約束している、彼らが陸軍の〝軍服〟で参加する、候補生たちは陸軍の青年将校の影響下から、われわれの側にはいった——そんな話が、古賀からぽんぽんと知らされた。加速をつけた矢は、一直線に進んでいるというのであった。

土浦からの帰途、孝三郎は車中から夜景を見ていた。汽車が水戸にはいると、夜目にもはっきりとネオンサインが映った。ぼんやりとそれを見ていたが、やがて膝をたたいた。

「そうだ、東京を暗くするんだ。二時間か三時間、暗くするのだ。そうすれば人びとは考えるかもしれん。〝自分たちが当たり前と思っていることが、実は当たり前ではない〟ということを考えるかもしれん」。孝三郎は愛郷塾はなにをなすべきかの方向を見出したと思った。

電気を消す——日常生活のなかに一瞬もちこむ緊張は人びとになにかを考えさせるはずであった。いまいちど日常生活を考えるはずである。いや考えなければならないのである。農民が蔑まれしいたげられているこの現状が、当たり前なのではなく、異常であり、だからこそ農民たちが怒って起ちあがったのだ、ということを知ってもらわなければならない。

孝三郎の意図している〝農民救済革命〟に、この方法はぴったりしているように思えた。〝電気を消す〟のは〝人を殺す、人に殺される〟という、いわゆる軍人の役割とは異なって微温だった。だがその微温な点が愛郷塾であったともいえるし、孝三郎や塾生にはふさわしいと思ったのではなかったか。

　愛郷塾に帰ると、この計画を圀彦に話した。この方法がもっとも愛郷塾にふさわしいと確信したからであった。圀彦も躊躇なく賛成した。緊張を与えて目ざめさせるというのは圀彦にも決して悪い方法ではないと思えたに違いない。彼は自分自身でも発電所の構造を調べはじめたからである。

6　直進する人

　孝三郎と圀彦の動きは、めまぐるしく回転しはじめた。まず圀彦が、日召や古内の影響下にあった大洗組の堀川秀雄、川崎長光、照沼操、黒沢金吉らに呼びかけた。彼らは小学校の教師であり、また農民であった。彼らは「国家革新の烽火《のろし》をあげるときだ」という説得に応じ、指令があればいつでも駆けつけると参加を約束した。そして、古賀、中村との連絡も圀彦が行なうことになった。第一次案として、古賀はつぎの案を圀彦に示した。

　参加人員を六組に分けて、首相官邸、牧野内府官邸、工業倶楽部、華族会館、政友会、民政党本部を襲撃する。

　襲撃後六組はすぐに三組になり、一組は東郷元帥邸に行き宮中に連れてゆく。二組は権藤成卿を陸相官邸に連れてゆく。そして三組は刑務所を襲い井上日召等を奪還し妨害者への清算隊とする。

この案を示しながら、古賀は「愛郷塾は新聞社かどこか適当な所を襲ってくれ」と依頼したが、それには、参加するだけでいいのだという意味も含んでいた。

孝三郎はこの計画にまったく反対だった。なにより考えたのは、参加人員が少なすぎるというのである。四月一日には、古賀と中村に会いこの計画案を確かめている。

「東郷元帥をかつぎだすというのは、西田税から北一輝があるていどのルートをもっていると聞いたからです。やはりこういう国宝的な人物を頭にしなきゃあいけませんでしょう。権藤先生も軍部内閣をつくるときの顧問に据えたいというのが、われわれの考えで、そうすれば権藤先生の言う自治主義も容易に実行できるではありませんか」

「でも、権藤先生はこうした決起には反対している」

「先生、反対しているといっても、事が成功すれば絶対に納得してもらいます。いや納得してもらわなければならんでしょう」

「参加人員はどのていどなのか」

「いまのところ、はっきり参加を約束しているのは海軍のわれわれが十二、三名、それに池松を中心とする士官候補生が十一名、これは予想より多かった。われわれの判断ではせいぜい四、五名だと思っていた。それに先生と塾生の方々、いま当たっているのは大川周明、頭山秀三、長野朗といった先生たちです。いずれも多くの同志をかかえています。大川、頭山の両先生たちからは拳銃、資金がでると思われます」

「そうか。そうはいってもまだ人は少ない。こちらでも和尚の影響下にあった青年たちに声はかけている」

「そうですか。それはありがたい。ぜひ先生の力で集めていただきたいのです。長野先生にも近いうちに会いますが、そこからも少しは参加するでしょう」

「後藤から計画案を聞き、いまこうして直接計画案を聞いてみて、われわれができることを考えていたのだが……」

古賀がさえぎるように言った。

「いや先生、先生たちはなにも直接行動をしなくてもいい。それはわれわれのほうでやります。ただ新聞社とか放送局とか、そっちのほうを襲ってわれわれの行動を正確に伝えるようにしてもらいたいのです」

「いやそれはよくわかる。だがわしらのほうは発電所を襲撃する」

「発電所？」

「そう発電所だ。電気を消すのだ。東京じゅうの電気を消す。そうすれば少しはわしら農民のこともわかるだろう」

「電気を消すのですか……なるほどなあ」

「わたしもこれはいい計画だと思いました。電気というのは空気みたいに思っているけど、これがなかったら困るでしょう。そうすればぼやっとしている人たちもいまいちどこの時代の深刻さを考えてくれます」

圀彦はそう言うと、いかにもこれは現代的な行動であるとつぶやいた。

「なるほどなあ。そうすれば東京じゅうの電気はぜんぶ消えてしまうわけですね」

「そういうことになる」

「われわれの行動も、それに合わせるといいわけだ。なるほど……」

古賀と中村のふたりは、いつまでも感心したようにつぶやいていた。

「じゃあ先生のほうはさっそく東京の発電所を調べてもらえますか」

東京じゅうが暗黒になる、というのは、軍人たちには一見奇抜な思いつきにみえた。しかしこれこそがいかにも実行計画にふさわしいと考えたのであろう、古賀らの決行時間は暗黙のうちに夕方から夜にかけてということに決まった。

四月にはいってまもなく、孝三郎は正三を塾長室に呼んだ。圀彦も同席しているその場で、初めて決行を打ち明けた。正三はすでになんらかのかたちで国内改造を行なわなければならないという考えをもっていた。孝三郎の近くに居て、二十年近くも見つづけてきたから、愛郷塾がどのように変貌しているかを充分知っていたであろう。計画を聞いてもさほど驚きはしなかった。国内改造のために起ちあがらなければならない、という考えに異存はなかったが、それがもっとも妥当な方法かどうかには若干の不安をもったのだろう。事件後の獄中書簡に疑問をもつ一節があったことはそのことを物語っているといえるだろう。

三人は塾生のなかからだれを選ぶかを話し合った。三人のなかで基準をつくって選んだわけではない。しかし結果的に選ばれた塾生には基準らしきものができあがった。それは簡単にいえば、猪突猛進型というべきだろうか。もっと単刀直入にいえば実行型というべきであろう。やるといったらやるのだ、という肌合いをもつ塾生であった。饒舌ではないが、黙って行動する人間である。

それは後藤圀彦に代表されるタイプでもあった。

選ばれた塾生は三人いた。塙五百枝と矢吹正吾と、昭和六年の暮から愛郷塾に入り塾生になった大貫明幹である。この三人のほかに、愛郷塾を退塾した横須賀喜久雄、塾生であるが当時入営中で除隊が近づいている春田信義らも決行者のなかに加えられた。孝三郎はほかの塾生を参加させることには熱心でなく、とくに杉浦孝は塾の指導者として残しておくという考えをもっていた。たとえていえば、孝三郎の右手が非合法への傾斜であったとすれば、その流れに圀彦と塙ら塾生がいたのであろうし、そして左手に農村指導者として合法的政治運動をめざす流れがあり、そこに林正三と杉浦らがいたといえるのではあるまいか――。

古賀らの計画に賛意を示したのは右手であったが、左手もまたそこに便宜的に重ねられた。しかし左手はあくまでも決行者の背後にあり、予想される愛郷塾壊滅を防ぐ役割が与えられていたのである。だから孝三郎は杉浦にむかって、「絶対参加するな。愛郷塾を守れ」と厳命していた。正三もまたその意を受け、後藤信彦をその系列に加えていた。

三人の塾生がひとりずつ塾長室に呼ばれた。

「いよいよ軍の連中が直接行動で日本の禍根を絶つことになった。国家改造を実行せんとするのだ。問題はこの行動のあとだ。このあと建設にはいらなければならない。その建設のときに、かねてから主張している愛郷塾のゆき方を盛りこみたい。だがそれにはわれわれのほうでも参加しなければならない。でなければいざ建設というときに発言権を失ってしまう。それでお願いがある。おまえたちにもこの決行に参加してもらいたい」

「ただしこのまえの十月事件とはちがう。こんどはわれわれも独自に行動を起こす。古賀、中村らの海軍は特権階級を狙うが、われわれは別動隊として行動する」

と圀彦が言った。

「行動の内容については、おいおい話をするが、参加の意思はあるか」

「はい、やります」

塙も大貫も矢吹も口を揃えて言った。すでに実行行為にたいする意思をもっていた。十月事件以来のあの渇望はとくに三人に充満していたのである。どんな行為をなすのか、詳しいことはわからなかったが、こんどの計画はその渇望にたいするはっきりとした答であるにちがいないと思っていた。

日を置いて、小室力也も塾長室に呼ばれた。小室もまた参加を承知した。

塾生に参加を促しながら、孝三郎の言動はなおいっそう昂まっていた。それは機関誌「農村研究」(昭和七年四月十三日)に書いた原稿がものがたっている。「巡査に脅かされて縮みあがつてゐる農民」を罵倒し、「愛郷会を希望社のインチキ性に止まるべしと考へてゐる連中」を批判し、そして末尾でつぎのように言う。

「いくら諸君がぼやぼやしてゐやうが、世の識者といふ連中がねむつてゐやうが、驚くべき急速度で急角度的に時代は転回しはじめて、私の言つてゐる方向へまつしぐらに突進しはじめてをるのだ。そして日本は根本的に立ち直らねばならぬ。しかるとき日本は農本のそれに立ち還らねばならぬ。愛郷会及び愛郷運動の重大性が確認されなくばおかれなかつたのだ。事実日本再建の農本運動は来るべき日本を生まんがために共産運動とファッショ運動にとつて代はる日が遠くないであらう。そしてその中堅をうけたまはる者は外でもない。我々の愛郷会であるのだ。……」

7　満州国からの誘い

「王道楽土、五族協和」という満州国の建国理念は、一部の農本主義者に〝理想社会〟という認識を与え、日本村治派同盟の発起人のひとりである口田康信や雨谷菊夫らが、資政局長の笠木良明のもとに馳せ参じた。笠木は大正時代に北一輝、大川周明が手を結んだ行地社の同人だった。行地社が瓦解すると、満鉄に入り日本を去った。田中正造を尊敬し、ガンジーとも親交のある人物だった。口田や雨谷は、笠木のもとで、村治派同盟の趣旨を実行しようというのであろう。

口田は孝三郎の理論を認め、なんどか人づてに満州に来るようにと誘いをかけ、昭和七年の三月には、直接愛郷塾まで説得にやってきた。

「橘さん、どうですか。広い満州であなたの考えを実践してみませんか。満州には雨谷さんも来ていますし、心配することはありません。あなたの二十年近い農業生活を満州国で生かしたらどうですか」

「お志はありがたいのですが、なにぶん身体も弱く……」

「いえ、そんなことはご心配におよびません。あなたの考えをそのままむこうで生かせばよいのです。農業経営にあたることも必要でしょうが、指導的立場でいろいろと助言を与えて欲しいのです」

「……」

「これは私の考えではありません。満州国の資政局の依頼なのです。年俸は六千円を予定しています」

年俸六千円というのは、当時の俸給としてとてつもなく高い額で、知事の年俸さえ三千六百円だった。

「笠木さんからもぜひ橘さんを呼び寄せたいという意向を受けているんだが……。技術指導や農業大学建設にどうしても橘さんに一肌ぬいでもらいたいといっている。ざっくばらんに聞くが、橘さんどうして満州に来てもらえないのか」

「……」

「ぜひ来てくれないかなぁ」

「そのうちわかりますよ」

孝三郎にすれば、「そのうちわかりますよ」ということばに含みをもたせたつもりだった。孝三郎は、行動に参加するのを承知したこの期に、〝はい、そうですか〟とことこ満州にでかけるわけにはいかなかった。口田はやがて二カ月先にそのことばの意味を知ったが、このときは孝三郎が満州にこない理由を充分に納得しないまま帰っていった。しかし孝三郎の気持の底に満州に対する漠然とした期待だけは植えつけていったのである。

口田の説得に孝三郎がかなり心を動かされたであろうという推測は、やはり「農村研究」（昭和七年四月十三日）によってもうかがうことができる。「満蒙は招く！」と題した原稿は孝三郎の考えを代弁して杉浦が筆をとったのであった。

「会首としては幾多の兵士の血と国民の膏血とによって購《あが》なつた満蒙の権益を資本家達の独占に任せず全農民大衆の手に正しく確保するために、此の際渡満を希望されたのであつたが、一方急迫を告げつつある国内の情勢にかんがみ我等の愛郷塾運動の一層なる拡大強化の必要が痛感されてゐる折柄とて、満州の事情よりも一層会首を必要とする内地の農民解放運動のため猛烈な進撃を開始すべく決意し、それが準備を着々進めてゐる。……」

「会首を必要とする内地の農民解放運動」ということばに、事情を知らない会員はどの活動を意味すると思ったのだろうか。それは、農本連盟を割り、長野朗らとともに農本党結成を進めている、そのことだと思っていたのだった。「進撃を開始すべく決意し……」に力点を置き、軍人との間に進んでいる非合法活動への意気ごみを見ぬいたのは、圀彦と正三と参加を承知した塾生だけだった。

多くの会員にとって、孝三郎や正三、杉浦から知らされる農本連盟の政治行動派、そして農本党結成の動きは、かなりの進捗を見せているように思えた。四月上旬には、東京原宿の長野朗の家で、長野、孝三郎、和合恒男、日本農民組合から脱退した稲村隆一、元アナーキストで国民解放社を興した宮越信一郎の五人が集まり、農村救済のために一大国民運動を興すことが確認され、名称も自治農民協議会と決めた。綱領の最初には「政治的には我が社稷体統の共同自治を確立す」とあり、権藤成卿の影響を受けていた。元軍人で農本主義的愛国運動、理想主義から非合法への傾斜、教師生活から国体に基づく村塾設立者、マルキシズム懐疑派、アナーキズムから日本主義への回帰——五人の思想や生き方はさまざまであったが、権藤を接点として結びついたのでもあった。彼らは行動の第一弾として「農家負債三年据置、肥料資金の援助、満蒙移住費補助」の三カ条で、署名運動を起こすことを決めた。——こういう進捗が、会員たちにも伝えられた。それは結局、孝三郎の非合法活動の煙幕の役割を果たすことになった。しかし、このころから愛郷塾は、内務省警保局の『昭和七年中に於ける社会運動の状況』には「農本主義団体のなかで質、量とも最有力なる団体なるものにして……動向には注目の要あり」と記されてもいたのだった。「農村研究」を読みつづけている特高の側が、孝三郎の微妙な変化を読みとったのであろう。

第六二帝国議会をめざして、自治農民協議会が各地で署名集めを始めた。愛郷会の幹部かった。

たちも署名集めをしたが、農民の反響はよく意外に署名が集まった。議会が五月上旬から中旬にかけて開会されると報じられると、愛郷会の会員たちの署名集めはさらに拍車がかかった。

第六二帝国議会開会の記事は古賀と中村も読んだ。彼らはこの記事を読んで、第一次案を捨てることにした。各地の同志から、議会開会中のほうがいいという提案があったからだった。第二次案というのは、議会に傍聴人になってまぎれこみ爆弾を投げつけ、外部から軍人が決起し、議会を襲撃するという、きわめて乱暴な案であった。四月十六日には、これが孝三郎に伝えられ、愛郷会は傍聴券を都合し、二、三人の塾生が傍聴席にもぐりこむという役割を与えられた。古賀は大川周明から資金と拳銃の提供を受けているといい、孝三郎がこの案に躊躇しているのもかまわず強引に頼みこんだ。

彼らは大川周明からその輩下動員の見通しはないと言われ、海軍士官も各地に散在していて、計画が思うように進まずいらいらしていた。それに同志との連絡の手紙も相手に届かないことがあった。村山格之に送った手紙は本人に着かなかったし、大川周明が古賀宛てにだした手紙も古賀の手には届いていない。

このことはなにを物語るのだろうか。古賀の計画は手紙を抜きとる〝人物〟によって、一部始終洩れていたのでなかったか。それなのになぜ取り調べを受けなかったのだろう。なぜ彼らは泳がされていたのだろう。それは、五・一五事件のひとつの〝謎〟である。

そういうことを冷静に考えることのできなくなっている古賀と中村が、日時を限らず自由に会えるのは孝三郎と塾生たちだけだった。だから孝三郎らの動きがもどかしく、もどかしくというのは自分たちのペースにのってこないといういらだたしさで、ときになじるような口調になった。彼らの目は血走り、行動のために他のすべてが見失われていた。彼らのいらいらは、しだいに孝三郎たちの動きをも規制していった。四月十九日には孝三郎と正三は上京し、雑司ヶ谷に一軒の家を借り、東京でのアジトをつくった。一方、圀彦は決行に参加する塾生を率いて、古賀、中村を霞ヶ浦にたずね、決行の意思を確認しあっている。

さらに、孝三郎と圀彦、正三は東部電力の水戸変電所を見学する。電気の知識を得るためという名分のもとに、変電所の構造を知るためだった。そして四月二十六日には、孝三郎、圀彦、正三とで愛郷塾が具体的にどういうかたちで参加し、どういうふうに行動の脈絡をつけるかということを最終的に話しあっている。古賀から手榴弾を手渡すという伝言が寄せられ、すでに行動は目前に迫ってもいたからだった。

このとき、孝三郎は古賀らの計画が時代を変革する行動にならないと思ったのか、あるいは古賀らの計画に杜撰《ずさん》さを感じたのか、愛郷塾は部分的な参加にとどめることを決めている。それは孝三郎が満州視察という名目で事件前に東京を離れることを決めたのでもわかる。表向きには、満州に理想社会をつくるため、あるいは満州での第二革命を準備するとか、いろいろ理由があったが、だが、孝三郎と正三らはこの決行が失敗するとはっきり予測したのであったろう。この打ち合わせで、塾生は孝三郎の満州視察に同行するという名目で、水戸から上京させ、決行の日まで都内に潜伏する、そんな手順も決められた。そして圀彦は孝三郎の満州視察に備えて、一足先に満州に行き海軍の小林省三郎少将らに会い、孝三郎の視察のルートをつくってくることになった。塾生たちが決行に参加したあと、満州に逃げのびることができるようにそのルートもつくっておくことになった。圀彦の満州のルートづくりを容易にするために、孝三郎は風見らに紹介状を書いてもらうことも考えた。満州についての具体的な知識がまったくない以上、圀彦の行動は斥候の役割をになっているからだった。

愛郷塾が決行の打ち合わせをしているころ、古賀と中村はチャップリンの歓迎会が五月十五日に首相官邸で開かれるという新聞記事を読み、第二次計画案を変え、第三次計画案を考えた。この歓迎会を襲おうとしたのである。しかもこのころ陸軍士官候補生は満州や朝鮮を旅行中であったが、五月十四日には東京に帰ってくるはずだった。五月十五日は日曜日でもあり、いろいろな意味で都合がよかった。四月二十七日夕方、彼らは山水閣で孝三郎と圀彦に会い、そのことを伝えた。しかし孝三郎は、愛郷塾はあくまでも発電所を襲い東京を暗黒にする、と答えた。孝三郎にすれば、海軍側は自由に行動を起こせ、われわれはそれに呼応するが、あくまでも発電所の機能を止めるだけだ、ということだったのだろう。と同時にあまりにもくるくるかわる計画に当惑気味だったということにもなるだろうか。

そして塾に帰るなり、塙、矢吹、小室、大貫を塾長室にひとりずつ呼び入れた。参加の決心を確認するためだった。四人が翻意していないことを確かめて言った。

「満州に行くということにして欲しい。だれに聞かれてもそう言って欲しい。わたしと満州に行くことにしておくのだ。それで五月一日に塾に帰って来て上京するという予定になっている。家でゆっくりしてくるといい。それで満州に行くには金が必要だ。つごうできればつごうしてきて欲しい。なにぶん資金が足りない。無理をしなくてもいいが、つごうできるならつごうしてくるように……」

8　塾生の決意

塙五百枝は笠間町の実家に帰るなり、いきなり兄に向かって言った。

「なにもいわないで五百円貸して欲しい」

医者をしている兄は、その唐突な申し出にとまどいながら、

「そんな金をなにに使うのだ。理由がはっきりしなければ貸せない」

と言う。

「満州に行くつもりだ」

兄はそんな申し出には応じられないというように首を振った。

塙家では、農民になりたいと言って、自ら農民生活にとびこんでいった五百枝に、いつもいまからでも遅くないから医師になれと勧めていた。悲惨な農民の生活を知っているだ

けに農民をやめろというのは、医師という家庭から見て当然のことだったろう。

　五百枝の困惑に母親がこっそりと五百円を準備してくれた。五百円というのは、このころの大学卒の会社員の月給の十倍以上の金であった。それをくわしいわけも聞かずに揃えてくれた母親に彼は頭を下げた。もし発電所を襲うということを話したら、びっくりしたであろうが、彼はひたすら満州に行き橘先生と農民が食べられるだけの社会をつくるのだと話すだけだった。一生懸命働いている農民が食えないことはおかしい、という彼の意見は母親にわかってもらえるだろうかと思いつつ、彼はその考え方を説明したのであった。農民は虫ケラ同然ではないか。金もない、権力もない、知識もない――。生きるも死ぬも他人まかせ。だれが起ちあがり、この農民たちを救うか。たとえ視野が狭くても、彼らの行動の根幹にあったのはつまるところそんな考え方だった。

　五月一日までの三日間、彼はそれとなく親族の人々や自らが育った環境に別れを告げた。五月十五日頃に決行したあとは、満州に行くつもりだった。発電所を襲うということは聞いているが、具体的にどんな行動をとるのかはまだよく知らなかった。だが満州に行くということだけは、なぜか確信していた。そうすればしばらくは肉親や親族にも会えないし、また故郷のこの風景も見ることができないだろう。感傷は上京する五月一日が近づくにつれて深くなった。ちょっとした母親の動作や弟の動作などが、彼の気持を瞬間的になごませた。やがて母親がなにげなくかけた佐倉宗五郎の「子別れ」の浪曲を聞き、感傷が爆発した。

彼は酒をかついでひとりで近くの佐白山へ登った。山の頂上にある茶店で酒を飲んでいるうちに、涙がでてきた。無性に悲しくなった。泣きながら、彼は自分のこれからの人生を考えあぐねた。自分はどうなるんだろう――。そのとき初めて彼は自分が岐路に立っていることをはっきりと自覚する。涙をふきつづけているうちに、漠然とした将来の自分の像、それは獄中での像であったり、満州で働く像であったり、さまざまな像が浮かんだ。涙は岐路を自覚した不安であった。

やっと二十一歳になったばかりの青年であった。自分たちの行動がどのように受けとめられるか、時代がどう動いていくかなどは彼の頭にはない。ひたすら農民を救うためにと思うだけで、その〝正義感〟が歴史にどういうかたちで吸収されるのか、そんなことは考える余裕はなかった。

五月一日朝、塙は笠間を出た。駅には母親が見送りに来た。身体に気をつけて満州に行ってもしっかり働くんだよ、という声を聞きながら彼は顔を上げることはできなかった。満州に行くということを露ほども疑っていない母親の心中を察して、彼はまた泣いた。駅で母親は、

「大金をもっているんだから、これに入れていきなさい」

といって、毛糸の腹巻きを渡してくれた。その腹巻きを身体に巻きながら、五百円の重さが五百枝にどしりと響く。汽車が動きだしても彼は母親の顔を正視できなかった。そしてそれが母親との最後の別れになった。五・一五事件に息子が連座していることを知った

母親は、驚愕のあまり脳溢血で倒れてしまったからだった。……塾生たちのほとんどがそういう別れを経験してきたのであった。

いちど愛郷塾に集まり、そこからまた孝三郎につれられて四人の塾生は上京した。そして日本青年会館に宿をとると、東京に出ていた正三と圀彦を交じえて具体的な決行計画を煮つめた。この日、塾生たちは初めて古賀、中村らの襲撃内容を聞かされた。——軍人たちが首相官邸を襲う。われわれ愛郷塾は発電所を襲って帝都を暗黒にする。そうか、われわれは東京の電気を消して混乱を起こせばいいのか、それだけでいいのか。恐怖感をおこして目ざめさせる、それはいい方法だ……。そんなつぶやきが塾生のあいだからもれる。

「本当に東京を暗黒にするには、大もとの発電所を襲わなければならない。これだと東京の電気は鬼怒川から来ているから、ここを破壊しなければならない。でもこれは無理だし、第一大きすぎる。それにわれわれの速成の知識ではできない。だから変電所を襲撃する」

圀彦が東京の地図をとりだして、塾生たちに説明した。

「変電所は東京に十四ある。その場所は下町、それから田端、新宿、目黒だ。それで君らはこの変電所を襲って欲しい。変電所のなかにある給水ポンプの地図はここにある。どの変電所にも給水ポンプはある」

変電所の図面も広げられた。だが塾生たちにはその図面はまったくわからなかった。

「おいおい説明するが、さしあたっては各人が襲撃する場所だけを決めておこう。各人はその付近に宿をとり、変電所について調べること、どういう具合になっているかを見てまわり、いざというときに備えて実行行為にはいる段取りをつけておくように……」

傍から正三がつけ加えた。

「各人の宿は実行隊長の後藤さんには伝えておくこと。しかしそれぞれはどこに宿をとっているかは伏せあっておくとよい。それに全員仮名を用いることだ」

それは計画が失敗して、ひとりが逮捕されてもいもづる式に逮捕されるのを防ぐためだった。

どの変電所をだれが襲うかということが、この席で大まかに決まった。塙が田端地区、矢吹、大貫は亀戸地区、小室が目黒地区、そして温水秀則が淀橋地区となった。塾生同士の横の連絡係は塙が受けもつことになった。

満州に出発する圀彦は打ち合わせがすむと東京駅に向かった。塾生たちも見送ったが、彼らは翌二日にそれぞれ自分たちが襲撃する変電所近くに宿を求めて日本青年会館をでていった。塙は清水谷にある漬物屋の二階にすでに部屋を確保していた。兄が下宿している家だった。四畳半にトランクを置くと、彼はすぐに田端変電所の周囲を見にでかけた。いま彼が考えるのは、〝東京中を暗くしてみせる〟ということだけだった。——内務省警保局の『昭和七年中に於ける社会運動の状況』によると、塾生はそれぞれ仮名を決めていたという。塙は富好某、矢吹は鈴木某、大貫は檜山某と逮捕後も名のっていたといい、事前に詳細な打ち合わせをした模様と記している。

Ⅶ 五月十五日

1 分極現象

『木戸幸一日記』によれば、昭和七年五月二日木戸幸一は興津《おきつ》の坐漁荘に西園寺公望をたずねている。そこでふたりは日本の将来はどうなるかを論じたと思われる。このとき西園寺は八十二歳、すでに自ら率先して動ける年齢ではない。だが中江兆民らと東洋自由新聞を興し、自由民権運動に加担したほどの西園寺にとって、この時代はどのように映ったことであろうか。木戸は、西園寺が天皇に伝えた話として、つぎのように語ったと記している。「……今日我国の世相は何れより見るも所謂結論に達せるものなく、今後の推移は細心の注意を以て観察するの要あり、我国の前途を非常に悲観するものあるも、自分は決して此儘崩壊するが如きことなきを信ず……」

政党政治の擁護を旗印とする、老いた自由民権運動の理解者に、「自分は決して此儘崩壊するが如きことなきを信ず」といわせる現象が五・一五事件の直前にはあったのだ。たとえば犬養首相は、森書記官長の唱える平沼内閣擁立をファッショ運動と見て、五月八日の政友会関東大会で演説し、ファッショ理論に警告を発している。「近来一部階級の間に、議会否認論の行はるる傾向があるが、これは政治の実際に迂遠にして、到底改善は出来ぬと速断したるものであり、これに対しては我々は飽迄議会政治の妙用を信じ、十分改善の可能なるを信ずるものである」――。さらに川村竹治司法大臣は陸軍憲兵隊長会議で「各位の考慮を煩はしたきは議会政治否認の思想である。勿論現在の政治状態については幾多革正を要する点も存在する。しかし国憲運行の支柱たる議会政治を否認し、これと正反対なる政治形態を想定して、法を無視する破壊的行動に出づるが如きは、社会の秩序ある進歩を害するのみである」と演説した。

野党である民政党の若槻総裁も五月にはいって、民政党の神奈川支部発会式で議会政治を守らねばならないということを強調して、つぎのように演説している。「一党一派の専制政治をなさんとすることは、今日の日本をして、ロシヤ、支那、イタリーなどの亜流をくましめんとするものである。一党一派の意思あるものを今日のロシヤや支那やイタリーは如何なる手段に依つて国民に賛成せしめてゐるか。今日のロシヤ、支那の政治家は国民の恐怖心を利用して我々の主張に反抗したならば、生きては行かれないぞと云ふことを示して押へてゐるのである」――。

政友会、民政党の総裁は平沼内閣擁立にはっきりと警戒しはじめた。犬養と平沼内閣擁立をめざす森書記官長の仲が日に日に悪化したのも、そうした点にあった。軍部があと押しをする政治家や団体に、二大政党ははっきりと拒絶反応を示しはじめていたのである。

その動きは昭和七年四月から五月初めにかけて目立ち、政党側は政争に明け暮れ国民の信を失いつつあった姿勢を反省しはじめた。その態度は、とにかく議会政治を守りぬこうとする元老西園寺公望の考え方と合致した。それが西園寺のことばとなってあらわれたのだった。もし五・一五事件がなかったら、政友、民政両党党首のこの考え方は、西園寺の支持のもとにまた違った方向に日本を進めたとも考えられよう――。

政党首脳と西園寺が軍部や民間のファッショ運動に危険を感じたのとは逆に、軍部やそれに同調する政治家、そして一般民衆の多くが政治の変革を待望する気運をもちはじめていた。軍部といっても、この場合は軍部内の軍人すべてというのではなく、軍内部にあって政治に進出し、あわよくば政党政治をその思いどおりに……と意図する一派である。彼らは荒木陸相を中心に政党政治家とのつながりを深め、時がくればいつでも合法的に内閣を潰せると考えていた。若槻内閣のもとで、安達謙蔵内相が行なった閣議欠席という戦術で内閣が倒れた教訓を生かして、機が熟せばいつでもその戦術を使える。次期首班が西園寺の奏請にゆだねられているので、この戦術がかならずしも政党政治を潰す決定的な因ではない。しかし、満州事変前後からは西園寺の側近グループである近衛文麿や原田熊雄が、軍部に近い政治家、官僚との距離を縮めているし、あるいは近衛や原田に意識的に近づいてくる政治家、官僚がふえていた。それは西園寺への影響力を利用しようとする心算であったろう。政党政治を崩壊させようとする包囲網はしだいにせばめられてきていたのだ。だから西園寺は近衛や原田がそういう動きを示すと、きわめて不愉快そうにしていた。

昭和七年一月に国維会という組織が設立されている。安岡正篤の金鶏学院を母体とするもので、この組織などこうした時代の象徴であろう。官僚、政治家、軍人らの指導的立場にある者が会員として名をつらね、たとえば荒木貞夫、後藤文夫、近衛文麿などが中心で、のちのいわゆる新官僚はこの団体から送りだされた。それに各分野の指導者がこの国維会に集まることで、横断的な組織機能を発揮するという特徴もあった。後藤文夫らの官僚が、満州事変以後の自作農のファッショ的傾向を読みとり、帝国農会に勢力をつくりあげたのも、そうした例である。

この時代の自由主義的ジャーナリストのひとり馬場恒吾が、五・一五事件直前に書いた「犬養内閣と軍部」のなかにつぎの一節がある。「現在の日本に於けるファッショ的傾向の評価が行はれなければならない。一般社会に於ては一部インテリ層にファッショ傾向を歓迎するものがある。其中に真面目な分子と不真面目な分子とある事が目に付く。不真面目な分子と云ふのは軍部内に不穏な気分があるのを想像して、その響に応じて起たんとする他力本願を考へてゐるものである。社会ファッショの真面目なる分子と云ふのは現在の世界的経済恐慌とそれが日本に及ぼした極度の生活不安を見て、之を資本主義の行き詰りと見る。そしてそれを打開する為めには、資本主義の政治たる議会政治では駄目だ。宜ろしく左翼若しくは右翼の独裁政治に依つて統制経済を行はねばならぬと云ふ意見に依つて立つものである。此意見の中に資本主義が行き詰つてゐると云ふ所までは正しい。之を打開するに独裁政治に依らなければならぬと云ふ所に明白な誤謬《ごびゅう》がある」

ファシズム的傾向は学生のあいだにはっきりとあらわれている。左傾化する学生は、『左傾学生生徒の手記』などによると、人格の高い一途な人物に多く、頭脳明晰であるだけに合理的価値観に魅かれるタイプであった。そうした土壌にマルクス理論は、論理が明快であり、哲学ももっている世界観であり、なによりプロレタリア解放という旗印を掲げていたから、学生を強力に虜にした。左傾化した学生が、軍人、教育者の家庭から出ていることは、そうした性格の真面目さとかみあったものであったろう。

ところがファシズム的傾向の学生は、日本主義に固まった学生を除いて、ごくふつうの学生であった。時代の空気が一般学生に、ファシズム的傾向を帯びさせたということになる。満州事変後にできた愛国学生連盟、愛国青年連盟には全国の十八大学、二万人が参加するほどだった。任意の学生団体に二万人が集まるというのは、いかに多くの学生がファッショ的傾向を帯びていたかがわかる。この傾向は大学、高等学校の図書館で貸しだす本が、社会科学関係の著作にかわって、ファッショ的、国民主義的、軍事関係に移ったのでもわかる。公共図書館もまたそうだった。

学生たちの不満は幾つかあったが、不況の深刻化で卒業しても就職先がないという因もあった。昭和七年三月の内務省の調査によれば、実業学校、専門学校、大学の卒業生五万二一九四人の就職希望者のうち就職できたのはわずか一万五九七二人、三〇・六％にすぎなかった。就職が保証されているはずの高等師範学校の卒業生五百人には、都道府県からひとりの求人もなかった。財政難で教師の採用ができなくなったのだ。各大学は満州に職員を送り、就職口の開拓にのりだしたが、〝日本がだめなら満州へ〟という感情が学生の当然の心理になっていった。

学生だけでなく、一般庶民も不況で生活の不安をかかえていた。エログロ・ナンセンスという都会での風潮は、どうにもやりきれない心情の吐け口であった。刹那的に考えるのが大衆雑誌の企画となってあらわれている。軽い読み物、英雄伝が読まれ、純文学作家が生活苦を訴えるようになった。プロレタリア作品は嫌われ、商業雑誌からは消えた。心情に訴えるセンチメンタリズム、そういう記事が氾濫した。茨城県のある村の収入役が、税金を納めることのできない農民のために私財を投げ売って立て替え、あまつさえ公金をやりくりして立て替えた。露見して逮捕されると、新聞は「涙の犯罪」と書いた。農民たちの嘆願書が殺到した。嘆願書は涙でぬれていたという――。そんな記事が多くなった。屈折した庶民感情がじくじくと鬱積していた。

2 満州逃亡の意図

チャップリンの歓迎会が本当に五月十五日に、首相官邸で開かれるかどうか、その後新聞はなにも報じなかった。古賀と中村はその日程に疑問を感じて、第三次案を止めて第四次案をつくることにした。――第一次案から第四次案まで彼らの計画はくるくる変わっている。この背後には、なんらかの示唆をする人物がいたということだろうか。もしそうであれば、彼らふたりは操り人形になる。さまざまな資料にはそのへんが触れられていない。

これも五・一五事件の〝謎〟であろう。

第四次案には警視庁襲撃が加わり、戒厳令を布かせるのを目的としている。これはこのまえの計画にはいちども見られなかったことだった。第四次案からは急に一段上の段階へ進んだのである。

この計画では、やはり前衛隊を三組に分け、第一組が首相官邸、第二組が牧野内府官邸、第三組が工業倶楽部を襲撃するとなっている。第一組、第二組がそれぞれの目標を襲ったのち、警視庁を襲撃し東京憲兵隊本部に自首する。第三組は東郷元帥邸に行き、宮中に参内する。孝三郎らの別動隊は手榴弾をもって変電所を襲撃する。そしてまた川崎長光に西田税を射たせるという計画が新たに加わった。

計画は孝三郎にも伝えられた。愛郷塾の役割は、変電所を襲撃することにかわりはなかった。そしてこんどは、古賀から川崎長光に西田税を射たせるために強力に説得するよう頼まれる。川崎は日召とともに、西田家へよく行っていて、様子を知っているという理由のためである。孝三郎や圀彦は、堀川をつうじて川崎を説得していたが、川崎からは西田を射つ理由がわからないと拒絶されていた。その理由を、孝三郎は古賀に確かめるよう約束させられた。〝なぜ西田を射つのか〟――孝三郎もはっきりとは知らなかったのだ。そのことを言ったとき、古賀はあっさりと「陸軍の連中が動かないのは西田が阻止しているからだ。彼を倒せば、陸軍の連中も決起するはず」と言った。川崎はその言葉にも納得せず態度を渋っていた。だが、〝西田を射つ〟というのは十月事件後からの溝の深さをものがたっているともいえた。

事件の十日前、すなわち五月五日夜、愛郷会は幹部会を開いている。議題は自治農民協議会の請願書をどう集めるかということと、孝三郎の満州視察についてであった。この幹部会で五月二十三日の第六二帝国議会をめざして総力をあげて県内から署名集めをすることが確認された。そして孝三郎の満州視察には誰も異存がなく、すでに孝三郎の視察の意思を知って、県では職員としての嘱託辞令と餞別を与え便宜をはかることを約束していることも報告された。各支部の幹部たちは、

「先生の目で充分見て来てください。とにかく満州に行けばなんとかなると考えている農民が多いんですから……」

と激励さえしていた。彼らにとって、この満州行きがなにをあらわすのか、そのことをはっきりと知る者はひとりもいなかった。

――孝三郎はなぜ満州に行こうとしたのか。それは法廷でも充分明らかにはならなかった。だが満州に行くことは、客観的に見ても計画の失敗を見越したうえでの行動であることにちがいなかった。成功を確信するなら、日召や権藤もいうとおり「橘君は破壊ではなくて建設の側の人間」だから、すぐに決行後の具体策を考えなければならないのだ。

成功のメドがないとすれば、孝三郎のまえには五つの道がある。

五つの道……。ひとつはあくまでも日本に居て失敗すれば獄舎につながれることである。

ひとつはきっぱりとこの計画から手をひいてしまうことである。ひとつは満州に逃亡することである。ひとつは満州に行って新たに同志を募り第二革命を起こすことである。ひとつはやはり満州に行って石原莞爾や橘樸に近い自分の考え方を実践することである。五つのうち三つは満州に関係する。逃亡の地か革命の地か、それとも理想実現の地か……。自分は建設者でもあるという自覚がある以上、黙って獄舎につながれる道は選べない。古賀らだけが決行すれば、孝三郎の考える軍部独裁になる。したがってこのまま引きさがるわけにはいかない。いずれにしろ満州へ行くより、道はなかったのだ。そのとき孝三郎が考えた〝満州〟は、理想実現の地であったのだろうか――。

幹部会が開かれた翌日、すなわち五月六日に孝三郎は自治農民協議会に出席する杉浦をつれて上京した。上京の途中、孝三郎は杉浦に初めて計画のくわしい顚末を話し、最後に言った。

「君は参加するな。愛郷塾を守れ。林たちと守るように……」

杉浦はうなずいたが、東京に出るや、各所に散って変電所を調べている塾生たちの連絡役になった。また孝三郎が霞ヶ浦で講演したときの原稿を単行本にしている建設社に行って、市販する前に百部だけ急がせるという役目も負わされた。五・一五事件のあと、杉浦は連絡係として逮捕されている。

その夜、雑司ヶ谷のアジトで孝三郎と正三はふたりで話し合っている。塾生たちは決行のあとどうするか、愛郷塾をどうするか――。愛郷塾は正三と杉浦が守る……それが確認された。正三はすでに事件が成功するとは思っていなかったのだろう、このころ信彦の病院を訪れては、「後藤君、早く病気を治してくれよ。愛郷塾を盛り立てるために早く治ってくれよ」と言っていたのだった。

翌七日、孝三郎は風見章を訪ねる。満州視察の挨拶のためだった。自治農民協議会の請願は風見の手をとおして議会にもちこまれる予定だった。その打ち合わせをしながら、事情を知らない風見は、孝三郎の満州視察を喜び、満州での軍部の動きを話し紹介状を書いたという。

七日からひんぱんに雑司ヶ谷のアジトで塾生たちと孝三郎の打ち合わせがつづいた。そして八日、誰がどの変電所を襲うか、手榴弾をどの部分に投げるかということが孝三郎の口から語られた。孝三郎は、そういう知識を古賀から聞いたのだった。愛郷塾で、手榴弾を操作することなど知っている者はひとりもいない。水戸連隊から帰ったばかりの春田が手榴弾で変電所の機能を破壊することなどできやしないと言えば、それを確かめに古賀に聞いたりしている。春田信義は除隊になった翌日に、愛郷塾に来て決行加担を勧められた。すぐに参加の意思を表明したが、具体的に計画が進むと躊躇した。手榴弾で変電所の機能が止まるだろうかと彼が疑念を述べたときに、それは決行への疑問であったろう。春田の躊躇は当然であって、除隊してすぐに決行に参加するのは心理的に納得できなかったであろうし、それは半面春田に参加を促さなければならないほど自信を失いつつある愛郷塾の姿勢でもあったろう。ありていにいえば、愛郷塾は決行に加担する決意を見せ、とにかく変電所を襲撃すればいいという心境になっていたのだろう。参加の決意がはっきりしていれば、軍部独裁のクーデター計画だという事実に歯止めをかけることができる、というわけではなかったろうか。

この日、とにかく決行者の襲撃場所は決まった。矢吹は東京電燈の亀戸変電所、横須賀は鳩ヶ谷変電所、塙は田端変電所、小室は目白変電所、温水は淀橋変電所、大貫は鬼怒川水力電気の尾久変電所に、しかしこれだけで東京を暗黒にすることは不可能である。だがこの変電所を襲うと、東京の中枢地区は暗黒になるはずだった。春田は変電所襲撃のメンバーからはずされ、孝三郎の秘書として満州に行くことになった。孝三郎は九人の塾生を前にして言った。

「決行のあとは満州に逃げてくること。愛郷塾生が参加するということは、いまどこにもわかっていない。いやそれだけではない。軍人は多分われわれをかばって変電所のことは洩らさないと思う。君らはしばらく身を隠して満州に来る仕度をしておく。それは後藤が詳しく満州から帰って説明する。そのことをよく覚えておくように……。わしは君らよりひと足先に満州に行く。そこで君らが逃げてきたときの受け入れ態勢はつくっておく。満州で第二次計画を行なうのだから、すみやかに逃げてくるように……」

塾生たちが満州行きを聞いたのは、この日がはじめてで、満州へ行くと偽って東京に出て来たのであったが、本当に行くかどうかは、彼らも半信半疑であった。行動のあと満州へ行くというのは、第二次計画があるからだということを、彼らは知った。このため、塾生たちは手榴弾を投げる、満州へ行く、という心の準備をしたのであった。だが、そのふたつの予定に対する比重は決行者のなかでもさまざまに分かれていた。塾生たちはおたがいに、どこに宿をとっているのかを知らなかった。塾生同士の連絡は杉浦が担当することになったのだが、塙は大貫に、清水谷の漬物屋の二階に居ることを洩らした。

五月九日の夕刻、水戸の常磐館食堂で孝三郎の歓送会が開かれた。この会合は水戸選出の衆議院議員や地方政界の有力者や役人が集まって、時局に関して意見の交換を行なう定期的な会合であったが、この日は孝三郎の渡満のニュースが伝わっていたので、期せずして孝三郎の歓送会にかわったのである。集まったのは愛郷塾の顧問に名をつらねている菊池謙二郎、風見章、そして県選出の山崎猛代議士、中井川浩代議士、茨城県庁からも蔵重久内務部長、山田俊介農林課長、その他常陽銀行、農工銀行の関係者、新聞記者ら三十人近くに及んだ。挨拶を求められた孝三郎は立ちあがると、激越な調子で演説した。――その内容はとおりいっぺんの渡満の挨拶を述べるだろうと思っていた出席者を驚かした。演説を終えると菊池がすぐに怒りをあらわして反論した。

「橘君、君の言うことはおかしいではないか。君は農村は農村自体の力で救えるといっていたではないか。今日のその話はおかしい。それでは君は愛郷主義を捨てたのか」

「いえそんなことはありません。私の主義主張に変わりはありません。一貫して愛郷主義でいます」

菊池は納得できなかったのだろう。さらにことばを継いだ。

「橘君、君は今日はどうかしている。いつもとは違う」

かつて孝三郎が水戸中学で落第したとき、菊池は一見利かん気に見える少年のなかに秀れた才能を見出していた。一高に進む際にも、法科に進んだらどうか、と忠告したが、結局孝三郎は哲学に進んだ。以来愛郷塾をつくる孝三郎を見つめてきたのだが、二十五年にもおよぶ交流は敏感に孝三郎の変化を読みとったのにちがいない。菊池は会合の席で憮然としていたという。もし五・一五事件への加担を敏感にかぎとった者がいるとすれば、それは菊池だけだったろう。事件後の昭和八年六月一日、獄中から孝三郎は逮捕後初めて菊池あてに手紙をだす。その手紙の一節には「……まことに不甲斐なき話ですが、世に恩愛の絆程切なきものなしとここでつくづく感じさせられました」という個所がある。

五月十日、日本青年会館で孝三郎と塾生、そして満州から帰ったばかりの圀彦をまじえて最後の話し合いがもたれた。圀彦から満州の逃亡ルートが説明された。とはいっても、古賀からもらった紹介状を懐に、奉天の小林省三郎少将を訪ねた圀彦に、むしろ小林は機先を制するように「古賀に早まったことはするなと伝えてくれ」と伝言していたのだ。だから小林には事件の計画は話せず、逃亡ルートもはっきりとつくられていたわけではなかった。だが、圀彦は満州から塾生が肉親に宛てた手紙を、主要な駅ごとに投函してもいる。それは、すでに満州に渡ったと肉親に思わせるためだった。

夕方、孝三郎は土浦で降り、山水館に行った。そこで古賀と中村に会う。計画が着々と進んでいることを伝えておき、同時に孝三郎の満州行きを伝えておくためだった。孝三郎はふたりに、この計画がいちどにうまくいくとは思えないので、満州に行き同志を募り革命運動を起こすと言った。——古賀や中村と孝三郎にどんな会話があったかははっきりしない。だが推測すれば古賀らにとっては、孝三郎の参加は農民の参加があることで各層を代表するという価値があり、一方は古賀ら軍人の独裁に歯止めをかけるという意味があったから、行動の質がどうあれ参加することだけに、おたがいに意味があったのだろう。五・一五事件の参加者には各人各様の受け止め方があったようである。おなじ海軍の軍人でも参加の意図はまったく異なっていることが、公判でもあきらかになってくる。孝三郎と古賀らの意図もまたまったく違っていたというべきだろう。三月二十日の決行参加から五月十日のこの日まで、期間にすれば五十日間である。この間に軍人と愛郷塾のあいだには、しだいにさまざまな思惑がでてきたともみられるのである。

五月十二日夜、孝三郎は春田をつれて東京駅を発った。駅には東京での孝三郎の友人、たとえば建設社の坂上真一郎、茨城から上京した愛郷会会員らが見送りに来た。トランクには、『日本愛国革新本義』五十部と風見や山崎、権藤らに書いてもらった紹介状が入っている。その紹介状はいずれも関東軍の軍人、資政局の民間人に宛てたものである。すでに電報がうたれていて口田康信、雨谷菊夫、頭山秀三の依頼でさまざまの人びとが孝三郎を迎える手筈になっていたが、満州で孝三郎を受け入れる人たちも五・一五事件に加担するということは知っていなかった。

『日本愛国革新本義』は一月二十二日に霞ヶ浦で行なった講演に加筆したもので、前年八月の郷詩会に出席してから、一気に傾斜していった孝三郎の考えの集大成である。武者小路の「新しき村」に共鳴している建設社の坂上は、その線上で孝三郎を捉えていたが、この『日本愛国革新本義』の出版をどのように思って引き受けたのだろうか。孝三郎の依頼でともかく百部だけ刷った。だがその出版が許可される筈はないと思ったのだろう、事件後出版されたときにはかなり内容が異なっている。だがそれも発禁になった。――孝三郎の筆に忠実な百部のうち五十部は孝三郎が、そしてのこりの五十部は杉浦が愛郷会にもち帰って会員に配布されている。五・一五事件にはさまざまな因が輻輳《ふくそう》しているのだが、孝三郎の考えは、この『日本愛国革新本義』の冒頭に記されている「檄」に集約されているといえるだろう。

「国土ヲ離レテ国民ナク、国民ヲ離レテ国民社会ナク、国民社会ヲ離レテ人生ナシ。故ニ国ヲ愛セザルモノハ人ニ非ズ。日本ハ尊厳極ミナキ皇室ヲ中心トシテ世界ニ比ナキ団結力ヲ有スル日本同胞ノ愛国同胞主義ニヨル日本タラザル可カラズ。実ニ日本ハ愛国同胞主義ニ生キ、愛国同胞主義ハ国体ニ生ク。シカモ日本愛国同胞主義ヤ今何処。国体ヤ今如何。世界ノ大勢、国内ノ実状、一トシテ国家改造ノ急ヲ告ゲザルモノ無シ。日本ノ危機タル真ニ未曾有ト称セザル可カラズ。之ヲ救フモノハ何ゾ。唯愛国革新ノ断行アルノミ。生命ニ価スルモノハ唯生命ヲ以テノミスベシ。日本愛国革新者ヨ、日本愛国革新ノ大道ノ為ニ死ヲ以テ、唯死ヲ以テ立テ。」

単純な論理、扇動的な文字、そしてリズミカルな運び、檄に必要な因はみなそろっている。決行者が逡巡を越えたとき、そこにはすでにどんな論理もなく、ただ行動のための論理が働く。行動のための論理、行動を是認する論理、それがこの檄に集約されている。しかし、孝三郎は「唯死ヲ以テ立テ」といいつつ、自らは満州に行ったが、それは巷間にさまざまな風聞として流れていった。

3 執拗な計画変更

孝三郎が東京を離れた日、古賀と中村は土浦の下宿で第四次案を変え、新たに第五次案をつくっていた。決行のための条件がいくつかかわったからである。佐世保にいる林正義から決行を遅らせるように言ってきたこと、偵察係の池松武志や奥田秀夫が、工業倶楽部に財界首脳が集まらず、さらに五月十五日には牧野内府は武道大会に出席して不在であると知らせてきた。そんなことが計画変更の因でもあった。

第五次案の骨子は、つぎのようになっている。

第一段

一組は首相官邸、二組は牧野内府邸、三組は政友会本部、四組は三菱銀行。

第二段

一組、二組、三組は合流して警視庁を襲い、その後憲兵隊に自首。四組は第一段決行後、憲兵隊に自首。

別動隊、東京市内外の変電所を襲う。

参加人員は、ばらばらにして各組に編入することとし、拳銃、手榴弾、武器もそれぞれ各組に配分する。集合場所も一組は靖国神社、二組は泉岳寺、三組は新橋駅、四組は東京駅か宮城前に決まった。そのほか集合の際は偶然に会ったように装うとか年長者の命令に絶対服従するとかいう細かな点も決まった。とくにここで大切なことは〝年長者に絶対服従〟ということだった。軍人として育てられた彼らは、年長者の命令に服従するのは当然とは考えるのだが、このことは海軍将校の言うことをまだ二十歳前後の陸軍士官候補生はいかなる意味でも守らなければならぬことを意味した。いわば事件は海軍将校の主導のもとに行なわれるという確認である。のちに公判で、牧野伸顕を襲った候補生たちが邸内にはいらず玄関口から帰ったことに不満を洩らし、それも古賀中尉からの命令であり、年長者の命令を守ると決めてあったからあきらめたと証言している。

第五次案は第四次案までとは、かなり異なった点がある。それは東郷元帥の参内を取り止めにしたことだ。この意味は戒厳令が布かれようが布かれまいが、決行後の推移には関知しないとした点だった。烽火をあげれば、それを受け継ぐ者がでてくると確信したのである。そのことは警視庁襲撃に力をいれることにしたのを見てもわかる。彼らは警察を支配階級の私兵と見ていたが、警視庁の警官の半数は現状を憂えており、革新的な感情をもっていると考えていた。だから警視庁を襲撃すれば、革新的な感情をもつ警官も呼応すると考えた。彼らの烽火はそこに点火すると考えたのである。また彼らは憲兵隊に自首するとも決めた。軍人としての誇りを崩したくないからだとのちに言い、決起の因が故意に曲げられることを警戒したのだともいっている。

五月十五日を決行日と決めたのは早かったが、最終案はそのわずか三日まえにつくったのである。しかも戒厳令を布かせるという目論見をいともあっさりと変えたのである。

五月十三日午後六時から、土浦の山水閣で最後の打ち合わせが行なわれた。古賀、中村、池松、奥田、後藤圀彦が同席したが、この席で古賀が第五次案を説明した。そのとき、古賀はこの計画の主要な目標は第一段にあるのではなく、第二段の警視庁襲撃にあると言った。中村にはこれが不思議に思えたと「訊問調書」ではいっている。というのは、古賀と中村の打ち合わせではそんな話はでなかったからだ。あらゆる計画が、いまや古賀の胸中にあったといえるだろう。この席で問題になったのは、襲撃の時間だった。日曜日の夕刻には犬養首相は官邸に居るし、牧野も武道大会の見学を終え、自宅に帰っているとの報告が池松からあった。そういう事情を加味して襲撃時間は五時半となった。愛郷塾はその後日没になってから変電所を襲い、東京を暗黒とする手はずになった。圀彦はこれを了承した。このあと圀彦は古賀とともに、その下宿に行き、小型拳銃と弾丸、短刀を受け取った。古賀は圀彦に「川崎は五時半に西田税を射つように……」と依頼したが、この段階では、川崎長光はまだ西田税を射つと最終的に応諾していない。古賀の依頼はかなり強圧的なものであったろう。したがって愛郷塾側はどうしても川崎を説得しなければならなくなったのだ。

圀彦はその足で上京し、林正三に会った。正三に拳銃、短刀を渡し、そして上野の旅館「八千代館」に止宿した。正三は愛郷塾に帰り、圀彦は決行の一部始終を見て満州に行く筋書きがはじまった。五月十四日には塾生たちが八千代館に来て、圀彦から手榴弾をもらう手はずになっているし、川崎を迎えに駅にでなければならなかったのである。

いっぽう、五月十四日夜、愛郷塾に堀川、川崎、照沼らいわば血盟団の残党と信彦が集まった。とにかく彼らの説得で川崎は西田を射つことをしぶしぶ承知していく。そこで正三は川崎に圀彦からもらってきた拳銃と短刀を渡した。

「短刀はいらない。拳銃だけでいい。確信があるから、むしろ邪魔だ」

と言って信彦に短刀を渡した。その短刀を信彦はこっそりと川に捨ててしまった。

川崎は服装も新しくし、だれであるかをわからないようにする。それは身元を隠すためであると同時に、自らもまた思いを新たにするためだったという。身元がわかるものは、その夜、信彦が塾の五右衛門風呂でみな焼いてしまった。

――川崎が西田を射ったのは、西田が口ばかりで行動に走らなかったためだという。それは古賀の判断であったが、川崎自身は納得できなかったという。孝三郎は古賀からその説得を頼まれ、しかし結局充分に説得できずに満州に行った。……孝三郎はなぜ川崎への説得を引き受けたのか。ここである推測が成り立つ。西田や陸軍側は、焦る古賀から見ると口先だけの徒に見える。その不満を孝三郎に伝えたとき、孝三郎も納得した。それは北一輝を排するのが古賀の計画に応じたひとつの因だったし、もし北らのグループが先に決起すれば、日召系の人物や孝三郎が逆に狙われるという恐れをもったからだ。北を排撃しつつ、だが北系のグループが立ちあがればまずまちがいなく追い回されるだろうという考えは、孝三郎のなかにひそんでいて、事実そういう話も周辺に洩らしていたのである。それが古賀の説得を受けいれた理由ではなかったろうか……。孝三郎は川崎にその理由を伝えたのだろうが、川崎の納得を得られなかったのだろう。だが川崎は実際には西田を射っているので、最終段階では納得したことになる。

こうした計画が進んでいることを、犬養首相はまったく知らなかったようである。たとえば、昭和七年五月十三日付の東京朝日新聞の朝刊（市内版）につぎのような記事が掲載されている。

ファッショ運動者に
いかものがある
――首相時局談を一席

近頃議会政治否認いはゆるファッショ運動の声が世間にあるやうだが、あれはほんの日本国中のわずかな部分だ。（略）

今の議会否認論者の中にだつて自分一個の功名心でやつてゐるものが随分あるだらう、社会が悪くなるのは自個《ママ》本位でやる者が多いからだ。無産党でも同じことで貧乏人ばかりの集まりぢやない、金持が無産運動をやるのもよかろうが真剣で命がけでやつてゐないと思はれるものも少なくない、ファッショ運動をやつてゐる人でも夜待合にいつて酒びたりになつてゐる者もをる。

犬養首相の談話が新聞に報じられた最後の記事である。十五日には首相官邸に暴漢が侵入してこようなどとは、すこしも考えず、記者を相手にファッショ運動や満州国についての今後の政策を談論風発している。犬養には、たとえばつぎのような証言もあるが、それは耳にはいっていなかったのだろうか。「五・一五事件は随分奇妙な事件である。あれだけの大事件でありながら、計画の大要は各方面に洩れていた。行動の隠密性が悪かったためである。憲兵隊も、したがって陸軍省も、そして恐らくは警視庁も相当程度知っていた。……決行時期が五月十五日ということは、五月十日頃わかった。……」（『現代史資料』月報④「思い出」山口一太郎。山口は当時歩兵第一連隊歩兵大尉、二・二六事件では反乱者を利すとして無期禁錮の刑を受けた）

もっともつぎのような考え方もある。昭和八年十月号の「セルパン」誌上に北昤吉（北一輝の弟）が書いた「直接行動と五・一五事件の批判」の冒頭の一節である。

「私は一昨年の××事件（筆者注、三月事件）、次いで××事件（筆者注、十月事件）に就いて多少真相を聴いてゐたし、更に血盟団事件が発生したのであるから、何事か大きなことが起るであらうとは、充分予想してゐた。併し五・一五事件が、あの日に、あのやうな形で勃発しようとは予知する筈もなかつた。之は私のみならず、憲兵隊も同様であらうと思ふ。（中略）

現に五・一五事件発生の前日、影の主催者は誰であるかは知らぬが、別に余分の金が有りさうにも思はれぬ平凡社の下中弥三郎君が主催者の名目で、軍部、政界、思想界、労働運動界の四五十名を上野精養軒で招待し、非常時局の懇談会が催された。前日の読売新聞はブル・ファッショとプロ・ファッショの会合と称した。私は此の時は外遊準備中であつたが、特に出席一言感想を述べた。其の時秦憲兵司令官は私に向つて『北さん愈々《いよいよ》お立ちのやうであるが、お帰りの時までには、御希望のやうな内閣が出来てゐるかも知れない』と餞《はなむ》けの挨拶をされた。私も何となく山雨来らんとして風楼に満つるやうな予感があつたから、私は『さう、私の帰るまでには内閣の二つや三つ飛んでゐるかも知れませんね――』と答へた。私は素より、秦さんも翌日あんな事件が起ると予想しなかつたに相違ない。さもなくば、精養軒の会合へ出らるゝ筈はない。……」

4「まあ、ゆっくり話そう」

昭和七年五月十五日は日曜日である。朝から快晴で、ちょうどいい行楽日和であった。家族づれが郊外に、動物園に、花見にくりだしていた。

東京銀座にある水交社。ここは海軍の軍人たちの親睦を深める場所である。壁には日本海軍の大将たちの似顔がかけられている。この水交社に朝早くから、若い士官が集まってきた。日曜日といえば久しぶりに上陸したこれらの士官でにぎわい、談話室では彼らの談笑の渦が巻き起こるのが常だった。だが七号室に集まった数人の士官たちの表情はどうだったろうか。彼らのある者はときおり電話で呼びだされ、あわただしく玄関からでていった。またある者は室に閉じこもったまま、いつまでも小声で話しつづけていた。

午後二時すぎであろうか、彼らは私服をぬぎ捨て洒落た海軍の軍服に着がえた。集まっている士官というのは、古賀清志、中村義雄、三上卓、黒岩勇、山岸宏、村山格之である。山岸と村山は、この日朝早く横須賀から上京してきて、決行の内容を聞いたばかりであった。また三上は前日に九州から上京し、日本橋に宿をとり、黒岩と一泊して、決行のプログラムを聞かされていた。かつて十五人近くいた決行予定者は、いまわずかに六名になっていたのである。それは上官の目が厳しく上京できなかったり、連絡がとれなかったりしたためだ。しかも六人が集まったとき、古賀は陸軍士官候補生の参加にも自信がなかったのか、士官候補生が来なければわれわれだけでもやろうと話していたのである。六人に〝なぜ具体的な行為をするのか〟という、共通の考えがまとまっていたのか、それは疑問である。たとえばその違いは檄文に見ることができる。古賀、中村らは計画の進む過程で、檄文をつくろうという考えをもったことがある。しかし結局そんなものはまったく意味がないとしてやめた。だがこの日、日本橋の旅館で午前中のわずかな時間に三上は謄写版《とうしゃ》を買い、檄文を書いている。この檄文は三上と黒岩の手で千枚ほど印刷された。檄文をとってみてもそんな考えのちがいがあらわれているのだった。このときの檄「日本国民に檄す」と題した内容はつぎのようになっている。

「日本国民よ！　刻下の祖国日本を直視せよ。政治、外交、経済、教育、思想、軍事！何処に皇国日本の姿ありや。政権、党利に盲ひたる政党と之に結託した民衆の膏血を搾る財閥と更に之を擁護して圧制日に長ずる官憲と軟弱外交と堕落せる教育、腐敗せる軍部と、悪化せる思想と、塗炭に苦しむ農民、労働者階級と而して群拠する口舌の徒と！（略）今や邦家救済の道は唯一つ『直接行動』以外の何物もない。国民よ！　天皇の御名に於て君側の奸を屠れ。国民の敵たる既成政党と財閥を殺せ！　横暴極まる官憲を膺懲《ようちょう》せよ！　奸賊、特権階級を抹殺せよ！（略）民衆よ！　この建設を念願しつゝ、先づ破壊だ！　凡ての現存する醜悪な制度をぶち壊せ！　偉大なる建設の前には徹底的な破壊を要す、（略）日本の興亡は吾等（国民前衛党）決行の成否に非ずして、吾等の精神を持して続起する国民諸軍の実行力如何に懸る。……」

末尾には、陸海軍青年将校と農民同志と記されていた。

実はこの檄文が書かれたときから、五・一五事件の主役は三上卓、黒岩勇らになったのではないか。なかでも三上の比重が大きくなった。なぜなら行動には意図があり、その意図こそ行動を規制するからだ。この檄文にあらわれた意図は、陸海軍青年将校、農民同志と語りつつ、実は海軍士官のまた別な声のあらわれでもあるからだ。その声はこの時点での孝三郎や愛郷塾と背反しているのははっきりしていて、五・一五事件というのは天皇親政をめざすクーデター的色彩を帯びていたのだ。

六人の士官は軍服に着替えたが、興奮していたのだろう、黒岩は中村の軍服を着て、そのことを憲兵隊に自首するまで気がつかなかった。そのあと手榴弾や短刀を各組に分けた。第一組の三上、黒岩、山岸、村山は午後三時すぎには出て行った。古賀と中村は部屋のあとかたづけをし、水交社のまえで別れた。それが午後四時半である。

第一組は靖国神社に午後五時に集まった。士官候補生五人が来ていた。ここで九人は表門組と裏門組とに分かれ、二台のタクシーに分乗して首相官邸に向かった。車のなかで彼らは拳銃や短刀を分けた。五時半ごろ一台の車は官邸に着く。表門組の車のなかでは、三上が拳銃で運転手の肩をこつこつとたたき、

「これからはこっちの言うことを聞け」

とおどかした。びっくりした運転手は、官邸のなかに乗り入れ玄関前で車を止めた。一方、裏門組もやはり官邸のなかに入っていった。表門と裏門からはさみ打ちにする恰好で犬養首相を襲おうとしたのである。

表門組は、犬養首相が日ごろから官邸のなかの日本間にいることが多いということを調べていたが、その日本間がわからない。三上や黒岩は警備の警官に銃をつきつけ、日本間に案内するよう求めたが、警官は迷路のようになった廊下をくぐりぬけるようにして、玄関のほうへぬけてしまった。そのとき、表門組の士官候補生後藤映範は私服警官が官邸の外に逃げるのを見て、拳銃を射った。その拳銃の音が彼らの本能を刺激したのか、あちこちで拳銃の音が鳴った。それは警官への脅迫でもあり、また事実、態度が反抗的だといって彼らは警官を射殺している。

複雑な廊下を曲がり、やがて三上らのグループは日本間の食堂にいる犬養首相を見つけた。見つけるやすぐに三上は引き金を引いている。しかし弾丸を装塡していなかったので、

かちかちという音がするだけだった。犬養首相は落ち着いていて、

「向うへ行って話そう」

とたしなめるように言った。三上と犬養首相は廊下に出た。そのうしろから女中や犬養首相の孫がつづいた。黒岩はそれを見ると、犬養暗殺の瞬間を女性や子供には見せたくないと考え、「君らには危害は加えない。向うへ行っていてもらいたい」と促した。六人の青年将校のなかで、妻子がいるのはこの黒岩だけだった。瞬時にそういう考えが浮かぶのだろうか。

犬養首相は日本館の洋室に入り、

「まあ、ゆっくり話そう」

とたしなめた。拳銃をつきつけている三上やどやどやと入ってきた裏門組の士官候補生が起立したままでいるのを小柄な首相は黙って見つめた。犬養首相は、

「話せばわかることだ」

といい、なにか二言、三言いいかけた。そのとき、山岸が、

「問答無用、射て、射て」

と叫んだ。女中や子供たちを遠ざけていた黒岩が、ちょうどその部屋に入ってきた。そして山岸の声にうながされたように引き金をひいた。つづいて三上が引き金を引いた。右手で制するようにして、左手を畳につけ坐ろうとしているときに、黒岩の弾が腹部に当たり、三上の弾が頭部にあたった。犬養首相は頭を下げながら身体を倒した。

「引きあげろ」

と誰かが叫び、彼らは首相官邸から飛びだした。裏門から彼らは道路に出て、車を止めた。裏門にある交番の前では士官候補生がふたりの警官に拳銃をつきつけ、「陸軍が五個大隊もでているんだ」と脅かしていた。二台の車に分乗し、彼らは警視庁にむかった。

その頃、犬養首相は駆けつけた家人や警備の警官に、

「あの乱暴者をもういちどつれてこい。話して聞かせてやる」

と言いつづけていた。

二台の車のうち、三上や山岸、後藤らの乗った車は、警視庁のまえに行ってもふだんとかわった様子はないので襲撃を止め、そのまま渋谷にある東京憲兵隊に車を走らせ自首した。のちに三上は公判で、東京が暗黒になったら再び憲兵隊から武器をもって警視庁襲撃にむかうつもりだったといっている。暗闇にまぎれてだったのか、それとも憲兵隊が彼らに味方すると考えたのか、それはどちらかはわからない。いっぽう、黒岩らの乗った車は、警視庁近辺が意外に静かなのでしばらく待とうということになった。待つ間に日本銀行を襲おうということになり、日本銀行に士官候補生が手榴弾を投げ、そのまま憲兵隊に出頭した。

第二組は四時半に泉岳寺境内に集まっている。古賀と士官候補生四人が決行者である。彼らは泉岳寺前の喫茶店二階で行動の打ち合わせをし、武器を分けた。そこから車に乗り、午後五時半三田台町にある牧野内府邸に行き、その邸内に手榴弾を投げ込んだ。一発は炸

裂し、一発は不発に終わった。そのあと車から檄文を撒きながら警視庁に向かい、手榴弾を投げ拳銃を射ち警官や新聞記者に傷を負わせ、また車に乗って東京憲兵隊に自首した。

第三組は中村と士官候補生三人が新橋駅に集まった。午後四時半過ぎであった。四人は車を止めると、十円札をだし運転手に「東京をドライブしてくれ」と言った。運転手は「へえー」と張り切った声でうなずいた。たまの日曜日に上京して来た軍人をうまくつかまえたとでも考えたのだろうか、車は勢いよく走りだした。だが走ってまもなく、この客がとんでもないことを考えている客だとわかった。そのときはすでに拳銃を手に、「しばらくこっちの言うことを聞いてくれ」とおどかされていたのである。彼らは風呂敷包みから檄文やら手榴弾やらをとりだし、手際よく仲間うちで分けた。

明治神宮から赤坂見附を通りぬけ、日比谷公園を過ぎて政友会本部へ行った。中村が車から降り、玄関に手榴弾を投げた。だがこれは不発だった。拾い直してまた投げたが、不発である。士官候補生が自分の手榴弾を投げると、ボーンと炸裂した。そこで車に乗り、警視庁に向かった。士官候補生が手榴弾を投げたがこれも不発で、また拾い直し投げると電柱にあたり、やがて炸裂した。警備の警官がぽかんとその光景を見つめていた。彼らはそのまま車で憲兵隊本部に行き、憲兵隊長に面会を申し込んだ。二階の部屋で彼らが待っていると、室内の電話が鳴り、電話を受けた憲兵隊員が「犬養首相が射たれた」と叫んだ。

やがて第一組、第二組の決行者たちも、その部屋に集められた。別れてから三時間後、彼らはこんどはテロリストとして再会したのである。

二階の部屋で彼らは時おり電灯を見つめた。午後七時には愛郷塾の塾生たちが変電所を襲うはずだったからだ。そんな事情を知らなかった士官候補生たちは、古賀や中村から小声で襲撃の話を聞き、なんども電気を見上げた。

憲兵隊本部は「犬養射たる」の報にしだいに大さわぎになった。二階の部屋に入って来て、

「なんだこいつら。わざわざ日曜日にやりやがって……」

という者もいた。だが憲兵隊はこの凶変を歓迎しないわけではなかったという。たとえば犯人が東京憲兵隊本部に逃げ込んだと知った丸の内署では、署員二十人が拳銃片手に車を飛ばして来て憲兵隊本部に乗り込んだ。難波憲兵隊長はこの警官隊の乱入を怒り、警官を全部構外にださせるように命じ、警視庁首脳部に犯人の身分や氏名を教えなかった。また古賀と中村は計画立案者として、渋谷の憲兵隊に身柄を移されたが、秦憲兵司令官は、彼らをつれて来た隊員に命じている。

「国士として扱え」

これには古賀も中村もびっくりしたと、戦後になって証言している。彼らは自殺の覚悟をしていたのに、英雄扱いだったのである。

——一国の首相を殺害した犯人を国士として扱えというのは、憲兵隊の最高首脳としての命令なのか、それとも秦個人の考えだったのか、それはわからない。しかし政党政治が崩壊しつつあるどころか、これでは憲兵隊責任者もまた議会政治を崩壊させた五・一五事

件の共犯者とさえいえるのではあるまいか。

5　逃走

ラジオは午後六時すぎから、なんども臨時ニュースを流した。「犬養首相射たる」とアナウンサーの興奮したことばが、人びとをラジオのまえに引き寄せた。重傷と報ぜられたが、どんな思いで人びとは聞いただろうか。〝白昼公然と〟一国の首相が軍服を着たテロリストに殺害される――この異常事に多くの人は悪寒を感じただろう。二年まえの浜口首相の暗殺の像が重なり、不気味な感じを受けただろう。

ふつうの国民にとって、この事件は〝日本はどうなるのだろう〟とだけは考えさせたことに間違いなかった。三月事件、十月事件も知らない国民の前に、軍服が初めて暴力をもって表舞台にでてきたからだ。

愛郷塾の塾生はそれぞれの宿でこのニュースを聞いた。ある者はいっそう興奮状態になり、またある者はすっかり怖気づいてしまった。机上の計画が具体的な事実となって、彼らの目前にあらわれたとき、彼らはさまざまな反応を示した。彼らはまだ二十歳前後の青年であり、そのことは意思をもたずに決行することを〝役割〟としては与えられていたのだが、彼らは臨時ニュースを聞いたあと当然のように自らの意思をもちはじめた。だがその意思は弱く、計画を放擲《ほうてき》するところまでいかなかった。

大貫明幹は手榴弾一個と短刀一刀を持ち、尾久町にある鬼怒川水力電気の東京変電所に行った。彼には同伴者があった。高根沢与一といい、大貫の友人であった。道を歩きながら、大貫は高根沢に軍部の襲撃開始に呼応して、これから変電所を襲うのだと説明した。高根沢は参加の意思をもっていたわけではなかったが、断わりきれずに結局引き受けた。高根沢は東京に遊びにでてきて、そのあと満州に行くつもりだった。それだけに初めて飲んだソーダ水の味が忘れられないと言い、途中で氷屋にはいりソーダ水を好きなだけ飲んだ。

午後七時すぎ、大貫はひとりで変電所のなかに入り、配電盤のスイッチを切り、さらに金槌でスイッチをたたき曲げた。そして高根沢に手榴弾を投げるように命じた。高根沢は恐怖心にとらわれ、屋外にある変圧器に差しだすように投げ、ふたりは逃走した。この手榴弾は不発だった。

横須賀喜久雄は東京電燈会社の鳩ヶ谷変電所が担当だった。午後七時すぎに電動ポンプ室に侵入し、手斧《ちような》で配電盤の開閉器、水圧計を壊した。そのあと構外に出て、手榴弾を投げたが、これは炸裂して機械の一部が破損した。大音響がし、付近の人々が駆けつけてきたが、横須賀はいち早く逃走していた。

温水秀則は午後七時十分に淀橋変電所を襲撃した。飲料用ポンプ電動機小屋に侵入し、手斧で電動機配線の一本を切断した。そのあと建物に手榴弾を投げつけ、冷却塔板囲の一部を破損させた。矢吹正吾は午後七時十五分ごろ、亀戸変電所に行き電動ポンプ室に侵入して開閉器を開放し、ポンプの作動を止めた。変電所の屋上に手榴弾を投げつけたが、不発だった。午後九時半ごろに巡回中の所員がその作動中止を見つけたが、格別の被害はなかった。小室力也もまた午後六時五十分に目白変電所を襲撃しようとその場所まで行った。しかし恐怖心で襲撃できず、そのまま逃亡した。

いっぽう塙五百枝の五月十五日は他の塾生とちょっと変わっていた。彼はサージの学生服を着た。明治大学生に化けたのである。明治大学の制服は十月事件のときにつくった制服だった。学生服姿であれば、世間の目をごまかせると考えたのである。大貫が学生服を着て、矢吹がナッパ服を着たのもおなじ理由からであった。

午後五時半からくり返し流される臨時ニュースに、塙の心は緊張した。

「よし、徹底的にやってやるぞ」

と思った。午後七時十五分過ぎ、彼は田端変電所に行った。かねて調べてあるとおり、ポンプ室に入った。塾生たちの最後の集まりで、ポンプ室を狙えと圀彦に言われていたためである。彼はまず塾生のほとんどがそうしたように、電動送水ポンプに通ずる三極開閉器二個を開放にし、その機能を止めた。それもなんどかの塾生の集まりで、図面を前にして話し合っていたからすぐわかった。そのあと、彼は金槌で配電盤の電流計四個を破壊した。異常な物音に気づいたのか、所員が大声をあげて騒ぎはじめた。その声が聞えてくる。彼は手榴弾を投げずにポンプ室から逃げだした。逃げながら手榴弾は川に捨てた。そのまま彼は下宿に帰った。塙は「満州に行く仕度をしなければ……」とそれだけを考えていたのである。

——軍人たちの手榴弾も愛郷塾生たちの手榴弾もほとんどが不発だった。昭和四十二年六月号の「文藝春秋」で、古賀はつぎのように書いている。「……襲撃に使用した手榴弾は、上海の陸戦隊の倉庫から三上卓が持ち出して来たものだった。陸軍の旧式である。破裂しにくい。（略）五・一五事件を通じて手榴弾の不発が目立って多いのは、つまり、使用法をあやまったせいであった。使用法が徹底していない。そこにもって来て興奮しているから、つい直線にぶっつける。だから多くは不発に終った。……」

決行者にとって手榴弾の不発は不運だったろうが、多くの人びとにとって、それは幸いなこととも いえた。愛郷塾が企図した変電所襲撃も、結局失敗した。彼らが考えた、東京を暗黒にするというのは、完全に夢として終わった。その夜の東京は、街灯も家庭も工場も、ネオンサインもそして東京憲兵隊の二階の部屋の電灯も消えなかった。日常生活を狂わせようという願いは、あっさりと潰えたのであった。

西田税を射った川崎長光は、十五日の朝早く水戸を出発して東京に向かっている。懐には拳銃があった。鶯谷駅で圀彦の迎えを受けた。そして八千代館で、計画の詳細を知らされている。

午後六時半、代々木にある西田税の家を訪れた。川崎の訪問にはいくつかの偶然が重なった。というのは、西田税の家には、昼すぎから陸軍の革新派将校たち、菅波、村中、栗原、大蔵らがたずねてきていて、例によって談論風発していた。しかもこの日は、士官候補生を池松が久しぶりにつれてくるはずになっていた。菅波、大蔵らは池松が古賀ら海軍側のペースに巻きこまれていると思い、なんとか「時期尚早」だし決行の時機ではないと説得するつもりだったのだ。しかし約束の午後二時になっても彼らは西田の家を訪れない。そのころ彼らが事件を起こそうとしていることなど、西田家に集まった者は知っていない。将校たちはあきらめ、夕方西田の家を去った。それからまもなく川崎が西田の門をたたいたのだ。——大蔵栄一の『二・二六事件への挽歌』(読売新聞社刊)によると、もうしばらく自分たちが西田家に居たら、この事件は起きなかったろうという。そして、大蔵の推測によれば、西田暗殺の背後には大川と西田のぬきさしならない対立があり、古賀の公判での陳述は表面上の単なるいいわけにすぎないとしている——。

西田は川崎を二階の書斎に通した。西田が日召への差し入れなどを説明しても、川崎はじっと下を向いたまま聞いているだけだった、と大蔵の前掲書には書いてある。西田が川崎の様子がおかしいと気づいたとき、川崎は懐から拳銃を抜き西田に向けた。六発の弾丸が射たれたが、気丈な西田は川崎に組みつき、そのまま倒れた。川崎は駆けつけた夫人の手を払いのけて逃走した。北一輝や陸軍の青年将校らにこの急は伝えられ、西田は順天堂医院に運ばれた。弾丸は五発も命中していた。だが奇跡的に西田は命をとりとめることができた。

病院には北一輝、菅波三郎、香田清貞、安藤輝三、村中孝次、朝山小二郎、栗原安秀、大蔵栄一ら陸軍の青年将校たちがぞくぞく集まった。北一輝に初めて会った将校もいた。

のちの二・二六事件の決行者がはからずも一堂に会することにもなったのだった。彼らは西田が射たれたという事実に衝撃を受けながらも、善後策を考えた。その結果、ひとまず陸相官邸に行って、荒木陸相に会い、これを機に国家革新に起ちあがれと訴えようということになった。

川崎は西田家をとびだすとタクシーに乗り隠れ家に向かった。その隠れ家は林正三が紹介した家で、芝区本芝の法音寺境内にあった。人夫請負業の新村某の家である。ここには、尾久変電所を襲った大貫明幹も逃げて来ていた。彼らはそこにしばらく身を潜め、やがて満州に行くことになっていた。ラジオは刻々と犬養首相の容態を知らせ、変電所襲撃や西田の暗殺未遂などはさほど重要なニュースではなく、ほとんど報じられなかった。ましてやその関連性などだれも考えていなかった。だが彼らが満州に逃げるなどということは、実に甘い考えであることがしだいに明らかになっていく。

川崎を乗せた車の運転手群司某は乗客の挙動がおかしかったと、本所区太平署の野中巡査に知らせる。野中巡査はそれを所轄署に報告する。所轄署から警視庁に連絡がゆく。警視庁からは、刑事二十五人が川崎の降りた本芝付近の家を一軒ずつしらみつぶしに調べはじめる。西田税暗殺未遂の犯人が乗った地点とタクシーの運転手の証言が一致するところから、徹底的な戸別調査だった。こうして川崎といっしょに居た大貫は十六日午前五時に逮捕された。大貫は檜山茂と偽名を名のったが、それも取り調べで簡単に割れた。十六日の昼すぎには、川崎と大貫の自白で、変電所襲撃のいっさいが明らかになった。

大貫は他の塾生の宿を知らなかったが、塙の場所だけは知っていた。だから十六日夕方には塙の止宿している漬物屋に刑事は向かっていたのである。刑事が来たとき、塙はちょうど二階から降りてきたところだった。トランクに荷物を詰めて、これから満州に行こうという気持だった。そこで塙はあっけなく逮捕された。逮捕されたという実感より、「日本の警視庁はたいしたものだなあ……。どうしてここがわかったんだろう」というつぶやきを彼は洩らしているだけだった。

昭和七年五月十五日の愛郷塾――塾のなかでこの日の事件を知っているのは、正三と杉浦と信彦の三人であり、残りの会員や塾生は、孝三郎が満州視察に行き、数人の塾生もそれについていったと信じ、すこしの疑いももっていなかった。愛郷塾はふだんとかわらない生活がつづけられていた。塾生は正三の授業を受け、農業実習をつづけていた。

夕方、水戸市内に「犬養首相凶弾に倒る」の号外が撒かれた。それは愛郷塾にもちこまれた。このときから、正三と信彦は証拠になりそうな文書を畑で燃やしはじめた。遅かれ早かれ家宅捜索があると考えたからだ。

信彦は家に帰ると、孝三郎がいはらき新聞に書いた原稿や資料を箱詰めにして庭の隅に埋めた。それから付近の家を一軒ずつ回って歩いた。

「とにかくなにも言わんで、今日からわしの家に来るな。わしの家に来ちゃいかん」

そう伝えて歩いた。すでに愛郷塾の変化を嗅ぎとっている人もいて、その伝言に身体を震わせてうなずいた。

事件から二日後の十七日午後、愛郷塾に車が数台横付けになった。十人近い屈強な男が車から飛び降りてどたどたと愛郷塾に入り、事情を知らずにいる塾生や孝三郎の家族に令状を見せた。この男たちが警視庁と茨城県警の刑事たちであると知ったとき、愛郷塾のなかに驚きが走った。そのうえ正三や杉浦も容疑者として車に乗せられていくのをみて、初めて人びとは犬養首相暗殺となんらかのつながりがあることを知ったのだ。その日の夕方には津波のように、愛郷塾がこんどの事件に関係していると県内に伝わっていった。少年部に子供を預けていた父兄が、あわてて塾に駆けつけ、子供をつれて帰ってしまった。信彦は連行されなかった。身体を悪くしての入院が、なによりも不在証明になったからである。

6　その夜の官邸

軍人たちが首相官邸に侵入したとき、犬養首相は警備の警官から、

「暴漢が乱入しました。総理、早くお逃げください」

と告げられている。ちょうど食事の時間であり、官邸の奥の食堂に居たから、逃げるには充分の時間があった。しかし犬養首相は逃げなかった。それどころか侵入者を見ても、動じたところはなかったという。「話をすればわかる」と言いつつ、客間に侵入者を連れていったのであった。折りから来診していた耳鼻科の大野医師は、犬養の態度があまりに

も平素と変わりがないので、侵入者は玄関の外で騒いでいて、拳銃をつきつけて歩く一団は救援隊の者だと錯覚したほどだった。

客間から銃声が響き、軍人の一団は走り去った。家人や女中が客間に入ると、犬養は、煙草に火を点けるように命じた。そしてなんども、

「いまの乱暴者を呼んで来い。話して聞かせることがある」

と言いつづけた。その言葉もしだいに途切れた。意識が薄れていったのだ。事件のあと記者団に発表された「森書記官長談」によれば、九時半ごろまで意識ははっきりしていて、家人や看護人に「胃にたまった血がでたのだよ。心配するな」と安心させるかのようにいろいろことばをかけたというが、臨終に立ち会った医師の証言によれば、射たれたあとすぐに意識は薄れていったという。

犬養首相の娘の外相芳沢謙吉夫人があちこちの病院に電話して、射たれた三十分後には鉄道病院、慶応病院、東大病院などから医師がかけつけた。が、どの医師も容態を見てすぐに首をふった。銃弾のはいった傷は、入口は小さいのでたいした傷には見えないのだが、出口が大きい。犬養の傷は右のこめかみに一カ所、左鼻口に一カ所であり、しかも銃弾の出た跡がない。銃弾は身体のなかにあったのだ。それだけに内出血はひどい。

医師団はこの症状を見て、これといって打つ手がないことがわかった。せいぜい強心剤を打ったり、動かさないでなるべく安静にしている以外になかった。犬養首相はときどきうめくように声をあげたり、識別することのできないつぶやきを洩らした。なんというつ

ぶやきであったかはだれにもわからなかった。

　手を動かすこともあったが、それも一時的な現象であり、午後十一時すぎには容態が悪化し、十一時二十六分ふっとかすかに息を吐いて死んだ。七十七歳であった。明治十六年に立憲改進党の創立に参加し、その後は国民党、革新倶楽部などの党首となったが、護憲運動、普選の主張など日本の議会政治史上に多くの功績を残した。この暗殺はそうした功績に対する挑戦でもあった。

　首相官邸の周囲には、ぞくぞく市民が集まって来た。〝首相を死なせてはいけない〟という願望が官邸にまで足を運ばせたのであった。首相官邸をこれら市民がいく重にもとり囲み、ひたすら願望を沈黙にかえて立っていた。その沈黙はまた、この時代に許容された唯一の抗議ではなかったか……。

　首相官邸には政治家や官僚も詰めかけた。内務省の臨時出張所も設置され、そこでは松野政務次官、河原田事務次官、森岡警保局長、大野警視総監らが集まって善後策を検討していた。急遽、閣議も開かれた。陸軍、海軍も首脳会談を開いた。官邸内の書記官長室には、森書記官長が陣どり、あれこれと指図していた。このころ森と犬養の不仲は公然となっていて、森が犬養の枕頭に立つと看護に当たっていた人たちの視線が急に険しくなるほどだった。

「或る者の眼は怨むが如くに輝いた。若い軍人を使嗾《しそう》して、総理を葬したのは森だと思い込んでゐる人もあつた位である。……」と伝記『森恪』（昭和十五年、森恪伝記刊行会）の著者山浦貫一は書いているくらいだった。一方木舎幾三郎の『政界五十年の舞台裏』（政治公評社）には、「それから遺骸に礼拝して内閣書記官長室の方へ廻って行くと、森恪氏が廊下の片隅で荒木陸相と頻りに何か用談しているのに出会った。そのまま行き過ぎようとすると、森氏が『オイ、オイ』とぼくを呼ぶので、その方へ足を運んで行くと、イキナリぼくの方に手を差出し、堅く手を握ってニコッと笑っただけだった。何故笑ったかはいま考えても解し得ぬものの一つであるが恐らく犬養首相と不和と伝えられていた彼れとして、会心の笑ではなかったろうか。……」ともある。

あわただしい官邸の動きには、戒厳令をめぐっての軍部と内務省の対立も含んでいたのである。軍部が戒厳令の要請を森書記官長の所に届けていたし、森自身もどちらかといえば戒厳令には賛成であったという。軍部の意向というのは、小磯陸軍次官からだされていて、それによると即刻戒厳令を布き、事件の新聞報道を全面的に禁止するという内容であった。

戒厳令というのは、司法権、行政権が軍司令官に移り、個人のもっているあらゆる権利は制限を受ける。大日本帝国憲法では第十四条にこの規定があり、天皇の大権事項であった。内務省は戒厳令に反対で、軍が出動すればかえって事件が拡大し、またどんな事件が起こるかわからず、しかも新聞報道を禁止すれば、かえって社会不安が増大すると言った。この対立は小磯が強硬な態度を改めて、内務省の考えがとおった。あっさりひっこめたのも、天皇の大権だから、だれが考えても納得できる理由が必要なのに、軍人が火をつけそれを利用しての戒厳令とあっては、あまりにも露骨すぎると考えたためという。この対立のため、「森書記官長談」では、犬養首相の死亡時刻が三時間もずれて遂に「十六日午前二時三十五分他界されたのである」と発表されている。

軍部と内務省の上層部が対立しているころ、首相官邸の警備をめぐって軍人と警官とのあいだにこぜり合いもあった。軍人の警備が威圧的であるというのもその因だが、この事件では軍人が警視庁を襲撃し、あまつさえその犯人を憲兵隊が〝保護〟するかたちになっているのも警官には面白くなかったにちがいない。現場の末端ではかなり興奮したやりとりもあったといわれている。

戒厳令は布かれなかったが、軍人や警官が警戒のためにあちこちに立った。近衛歩兵第一連隊、第二旅団などが東京市内各部隊に配属され、海軍経理学校の学生百人が海軍省を守った。警視庁は非常警備をだし、一万人の警官が動員され要人邸を守った。また神奈川、千葉など近県の警察部も非常警戒に入り、とくに興津の西園寺公邸は厳重に警戒された。また愛郷塾生が加担していることがわかった十六日には、茨城県の知事公舎も警戒された。水戸市内にある菊池謙二郎の自宅にも警備の警官が配置されたが、これは孝三郎の歓送会で激しく難詰したのを愛郷塾生が怒っているからという理由だった。

陸相官邸には真崎参謀次長がいた。真崎と森恪との間で、陸軍で騒ぐのは俺が抑えるが、政友会はおまえが抑えろと打ち合わせてあったためだ。この陸相官邸には、事件に刺激をうけた民間右翼がやって来て、「陸軍は何をやっているんだ」となじっていくが、それを真崎は手際よくさばいていた。

この真崎の所に、西田の病室から駆けつけた陸軍将校が、午後十一時すぎに面会を求めてやってきた。菅波三郎が一行を代表して、国家革新のために陸軍も決起すべきだと言った。真崎はその意見を荒木に伝えることを約束し、彼らを陸相官邸の奥の部屋に案内した。そこには小畑敏四郎と黒木親慶がいた。ふたりは皇道派の重鎮であり、荒木の補佐を任じていた。この重鎮らは青年将校の動揺をさぐろうとしたのでもあろうが、逆に青年将校よりもっと高い権力の座からその情熱をたしなめるという意図もあったろう。

菅波がふたりに、この難局に強い態変で当たるべきだと言うと、小畑はつぎのように語ったという（引用は大蔵栄一著『二・二六事件への挽歌』から）。

「ほんとうに困ったことをしてくれたものだ。こんな荒々しいことをしなくても、もっと穏やかな方法があるのになぁ……」

小畑大佐が、残念そうにつぶやいた。

「実は政友会の森恪と暗々裏に国家革新の話を進めていたのに、これではすべてが終わりだ。それにしても君たちが自重してくれたことは不幸中の幸いといわねばならぬ。今後とも自重してくれよ、われわれは及ばずながら、できるだけの努力を傾けたいと思っている。」

小畑、黒木ら軍部のいわゆる皇道派と政友会の親軍部の議員たちとで、ひそかになにかが計画されていたのだった。それがどんな計画であったかはわからない。だが容易に推測はできる。

国本社幹事、現職の陸相として急に全国遊説の途にでた荒木貞夫、政界で軍部と政党の協力内閣を考える森恪、このふたりに代表される勢力の目的は平沼騏一郎内閣擁立であった。合法的に政権獲得を考えるこのふたつの勢力にとって、青年将校の情熱は歓迎しないわけではなかろうが、こうした五・一五事件のようなかたちをとるのは、また困惑するという側面もあったわけだ。しかし、〝五・一五事件〟と称される既成事実は、この勢力には動かし得ないほどの有利な材料であることに違いはない。……この日、小畑、黒木と青年将校は、朝の四時まで、国内改造の方法やその目的を話し合ったという。

彼ら青年将校は部隊に帰ると、それぞれの所属部隊長の命で軟禁状態となった。青森にいる相沢三郎中佐が上京の途中の車中で憲兵隊に呼び戻された。後続部隊として決起されるようなら困るというのが陸軍首脳の考えだったからだ。彼らだけでなく、十五日夜から十六日にかけて、決起が予想される軍人の軟禁状態とその狙撃対象とみられる要人邸の警備が万全の体制となった。余波が起こる心配はなかった。

事件の決行者たちは、後続部隊が武器をもってたちあがるだろうと考えた。だが五月十五日から十六日、十七日にかけては、どこでもだれも決起などしなかった。古賀や中村らの見通しは狂ったのである。

しかし、武器をもって決起するだけが後続部隊ではなかった。武器をもたない部隊が、政治の中枢にあって、五月十五日から一週間のあいだに政党政治を壊滅させてしまった。それがかたちをかえた、第二の〝五・一五事件〟である。

五・一五事件は陸上競技の〝三段跳び〟である。ホップ、ステップ、ジャンプというあの三段跳び。ホップしたのは軍人と農民、ステップしたのは政治家と軍部上層部、そしてジャンプしたのは、昭和八年の公判からあらわれてくる百万通にも及ぶ減刑嘆願書にみられる国民感情である……。

7 事件後の政局

ステップ——その動きはどうであったか。

閣議は高橋是清を臨時総裁にした。それは次期総裁決定までの暫定的な処置であった。元老の持回り内閣が崩れ、政党政治が始まってから十五年、この間に首相暗殺は三回あった。原敬、浜口雄幸、そしてこの犬養毅である。しかし、原のときも浜口のときも、次期総裁はおなじ政党の総裁かおなじ政党の有力者が後継内閣をつくった。原のときはやはり高橋是清が、浜口のときも民政党の若槻礼次郎という具合にである。このことはもし首相暗殺で内閣が他政党にわたったり、他の政治勢力に回るのであれば、結果的にテロリズムを容認することになるという元老の考えでもあったからだ。したがって犬養首相が倒れたあとの後継内閣も、かたちのうえでは政友会内閣をつくらなければならない。そうでなければこの五・一五事件は結果的に容認されることになるのであった——。

政友会の議員がすべて政友会単独内閣を望んでいれば、こまかな事情はどうあれ西園寺は政友会の後継者を上奏したであろう。西園寺は事件を聞いても、興津の坐漁荘でじっと情勢を見ていたが、秘書の原田熊雄を上京させて情報は刻々と耳に入れていた。その西園寺は政党政治家の先輩として、政友会に後継内閣を組閣させる気持を強くもっていた。だが政友会の議員にはさまざまな思惑があり、さまざまな派閥があった。それだけにしばらくは情勢を見守ることにしたのだった。

　十六日午後三時半から、政友会は後任総裁推薦のため有力者を集めて連絡協議会を開いた。この連絡協議会で、後任総裁は議員総会で公選し暫定総裁を排撃するという趣旨が決められた。政友会の多くの議員は鈴木喜三郎を推し、その署名運動まで進めたが、いっぽう反鈴木派といわれる人たちは床次竹二郎を推した。このため長老たちは、このあっせんにのりだし、床次をなだめ表面的には鈴木一本にしぼった。

　いっぽう軍部は陸海軍とも十七日に、五・一五事件についての談話を発表した。海軍は「首相官邸その他における今次の不祥事件に干与せる海軍側人員は海軍中、少尉六名にして内一名は予備役にあるものなり。事件後直ちに全員東京憲兵隊に自首したるをもって目下同隊に収容取調べ中なり」と発表し、陸軍は「帝国国内の現状に憤激し非常手段に訴え今次の不祥事件を惹き起こしたる一味に干与せる陸軍側人員は在学中の陸軍士官学校生徒十一名にして、事件後直ちに全員東京憲兵隊に自首したるをもって目下憲兵隊に収容取調べ中なり」と発表した。事件が起こったことを知った大角海相はすぐに辞表を決意し、荒木陸相も次期内閣のもとでは責任をとって退くことを決めた。しかし十七日朝には陸相のもとに真崎、秦、小磯、小畑の四人が訪れ、政党内閣をつくるのは絶対反対だから陸相は西園寺公に会って進言するように……と伝えた。軍部が政党政治の再現を許さないと強力に申し入れたわけである。四人の考え方には少しずつ違いはあったが、鈴木政友会単独内閣であってはだめだということで共通点をもっていた。彼らのいう内閣は、協力内閣、超然内閣、挙国一致内閣とことばは異なっていたのだが、軍の意思を代行する内閣をつくるようにという意味ではかわりはなかった。

十七日夜、政友会は鈴木喜三郎を第七代の総裁に選んだ。そして「強き政策は強き政策を背景とした強き単独内閣においてのみ強行し得る。挙国一致の美名の下に協力内閣を組閣せんとするも、事実不可能であり無効果である。況《いわ》んや非立憲な超然内閣の出現するが如きは時代錯誤の甚しきものである」と意気をあげ、組閣の準備を進めた。あとは西園寺から天皇へ上奏し、組閣の命を待てばいいという態勢だったのである。この組閣名簿には蔵相勝田主計《かずえ》、内相鳩山一郎、外相吉田茂、拓相森恪、文相近衛文麿らがあがっていて、政友会の鈴木派や犬養の流れを汲むもの、有力者らがこぞって顔をそろえていた。

だが政友会がこうして曲りなりにも単独内閣路線を強めているいっぽう、政友会内部でも森恪らは平沼内閣のための布石を打っていた。『北一輝』(田中惣五郎著、三一書房)によると、このころの森恪は北一輝と連絡をとっていて、平沼内閣擁立の相談をしていたという。森恪や軍部、国本社系のファシストは、平沼を首班とし、鈴木喜三郎を副総理とする挙国一致内閣を考えていた。しかし、彼らがどう考えても、西園寺が動かない限り、平沼内閣はできない。そこで森は、西園寺の秘書原田や近衛文麿、荒木陸相に働きかけることになった。——近衛は興津に西園寺を訪ねたが、そのとき新聞記者に自分は軍部や平沼らの要望を伝えに来たのではないと否定したが、否定しなければならぬほどの承知の事実だったともいえようか。

近衛は西園寺に、この期にとるべき道はふたつあると言った。ひとつは政友会に後継内閣をゆだね、あくまでも議会政治を守ろうとする道である。もうひとつは軍部に責任をとらせ、政治的立場の領域に軍人を組みこんでしまうという道である。西園寺はこの申し出にたいして、さほど興味は示さなかった。むしろ近衛はだれかに踊らされていると感じたほどだった。西園寺は、現状は軍人が熱に浮かされているのであり、熱が冷めてからまた外交も協調外交にもどそうとの考えであった。これにたいして近衛は、軍人は熱病に浮かされているのではなく、世界情勢の流れが日本の満州事変にまでなったという考えであり、その底には大正時代に彼が二十七歳のときに書いた「英米本位の和平を排す」という哲学があった。政党政治家が政党政治を守るだけの矜持《きょうじ》をもっていれば、政党政治は壊れるわけはないのだが、現実に政治家が国民本位の立場になぞ立っていない以上、軍人をなんらかのかたちで組み込み、うまく操縦するほかないというのが近衛の考えでもあったのだ。だがその考え方はファシストたちの思惑とある面で共通の基盤をもった。その基盤が西園寺には不満であったろう。西園寺は平沼騏一郎を徹底的に嫌っていたから、近衛の話を、また平沼一派の熱病に浮かされていると考えた。

いっぽう政友会の後継総裁に推された鈴木喜三郎は国本社にも籍を置いていた。平沼とはおなじ司法畑出身であり、それだけにきわめて親しい関係にあったから、国本社系のメンバーや軍部が鈴木をうしろからあやつることも考えられた。事実、政友会のなかにそういう批判をする議員もいた。鈴木自身はあくまでも政友会の総裁であるといい、そういう不信をはっきりさせるためにと、五月十八日夕、荒木と会談を行なっている。鈴木は荒木を通じて軍部を納得させるつもりでもあったのである。

この会談では、東京朝日新聞が伝えるところによれば、つぎのような会話が交わされた。

荒木陸相——自分個人としては政党内閣否認とか憲法の一時中止というやうな考へは毛頭持つてゐない。しかし軍の若い者の中には政党内閣の過去の業績に対し、尽忠報国の一念の余り否認的な気持を持つてゐる者もいる。これが制禦には日夜苦心してゐる。

鈴木内相——陸相の苦衷《くちゆう》は深くお察しする。

荒木陸相——憲法政治のある限り、政党の存在は当然であり、政党が内閣を組織するのを不当とは考へぬが、今日までの業績を見ると遺憾な点がある。軍部でとやかくいふのは越権かも知れぬが、若い者は軍部の使命と政治を区別してゐないやうだから、彼等を納得させる為め今日の如き政界の空気を一新して挙国一致の連立内閣を作つては如何。

鈴木内相——異なる政党の協力又は連立は持論として絶対に反対である。過去に於ても失敗してゐる。ただ今日は非常時であるから、反対党との連立でなく広く人材を抱擁するに吝《やぶ》さかではない。

この会談で、鈴木と荒木のあいだには了解が成立した。鈴木は「荒木氏は自分の言うことを了解してくれた」と新聞記者に話している。この話し合い成功は西園寺にも伝えられ、軍部のなかでも鈴木総理という線で……との考えをもつ者もあった。しかし、これが新聞に発表になると、中堅の軍人から反撥があがった。とにかく「政党政治反対」で、それ以外は認められないという強硬派の軍人たちである。この空気が余りにも強いので陸軍省の首脳会議が、十九日午後陸相官邸で改めて開かれた。この会議には真崎参謀次長、武藤教育総監、小磯次官らが出席した。いずれも政党政治、なかんずく政党の単独内閣を快く思っていない首脳たちである。このとき、会議でふたつの論があった。ひとつは軍部横暴の観念を国民に与えては、国民皆兵の国軍の建義に反するから、この際軍は中堅将校を慰撫して鈴木内閣を見守るという意見。他のひとつは中堅将校の叫びは、国家非常の折りに妥当性があるから元老方面にその意向を強調すべしという意見であった。新聞報道によると、結局この会議では第二の精神を充分に咀嚼《そしやく》して、第一の中堅将校の慰撫論で押さえようとなったという。

中堅将校の間では、荒木が鈴木に屈服したとしてダラ幹と罵る者まででていたから、軍の首脳も強い態度でなければ、ダラ幹呼ばわりされるという恐れもあったろう。こうして鈴木、荒木の申し合わせは、いとも簡単につぶれてしまったのであった。鈴木は単独内閣論を各所でぶち、それがまた青年将校を刺激したが、軍部が単独内閣反対という要求をあくまでぶつけてくれば、護憲運動を起こすとさえ主張した。――軍部と話し合いをするという鈴木の姿勢が、すでに軍部への屈服の第一歩だったが、軍部と妥協成ると得意気にふるまうのもやはり自殺行為であった。その自殺行為に気づいて、護憲運動を起こすというのは、さらになおいっそう軍部を刺激することになったと考えられる。

この日、すなわち十九日首相官邸で犬養首相の葬別式が行なわれた。五・一五事件で軍人から射殺された首相を、政友会の党葬にしなければ申し訳ないと主張する人もいたが、それでは軍部を刺激すると反対する政友会幹部もいる情勢だった。出席者は多かったが、誰もがこの老政治家の死を悼んだのではあるまい。犬養の葬儀には誄辞《るいじ》があり、それはつぎのような内容である。「文章身ヲ起シ言議志ヲ行フ国交ニ顧念シ善鄰ノ長計ヲ懐《いだ》キ世論ヲ誘導シ立憲ノ本義ヲ扶ク既ニ政界ノ重寄ヲ負ヒ屢々輔弼ニ任シ遂ニ内閣ノ主班ニ列シ益燮理《しょうり》ニ当ル凶聞遽《にわか》ニ至ル軫悼《しんとう》曷《なん》ソ勝《た》エンヤ　茲ニ侍臣ヲ遣ハシ賻《ふ》ヲ賜ヒ以テ弔セシム」――。

犬養は青山墓地に葬られた。墓石には遺言にしたがって、表面に「犬養毅之墓」、側面に「備中庭瀬之人　安政二年四月廿日生、昭和七年五月十五日歿、享年七十八」とのみ刻まれた。それが彼の日頃からの願いであったからだった。

鈴木喜三郎内閣の勢いがまし、平沼内閣擁立派は陰で西園寺に接近していたが、それには西園寺がまったく興味を示さず、鈴木内閣の線がさらに強まった。原田熊雄が森に面会を求められ、平沼擁立をもちだされた。それを西園寺に伝えたとき、西園寺は原田に「顔を洗ってでなおしてこい」とさえ言っている。

いっぽう民政党もまた反政友、反平沼の内閣を望んでいた。民政党系の実力者は貴族院の伊沢多喜男、財部彪大将らである。ロンドン条約でいわゆる艦隊派から批判された財部は平沼や皇道派の軍人たちが大嫌いだった。だから平沼内閣だけは潰そうという意気込みだったのである。彼らはまず民政党独自の単独内閣は無理と考え、民政党色の強い内閣をつくろうと考えた。観測気球として海軍の山本権兵衛の名をあげた。しかし政界ではまったく問題にされなかった。すでに山本は過去の人だったのである。ついで斎藤実が噂にのぼり、新聞にも候補者として名前がのった。斎藤は大正四年には朝鮮総督になりサーベルでの威嚇統治を文治にかえるなど人間的には円満な性格である。このころは八十歳で、悠然と余生を楽しむ感の生活をしていた。斎藤実の身辺メモによれば、五月十七日までは訪れる人もない。十八日に財部が葉山の私邸に来ている。そして十九日に犬養の葬儀に出席のため上京すると、つぎつぎと彼の訪問客はふえる。朝鮮総督時代の部下、海軍の軍人などがそういう訪問客である。そこでどんな会話が交わされたかは、そのメモには書いていない。しかしいずれも首班への説得と、いざというときにその恩情に頼ろうとするものばかりであったろう。とくに朝鮮総督時代の部下の出入りが多く、財部の執拗な訪問は斎藤を名目上の首相にし、実質的には民政党が主導権をとるというロボット化を狙ったのでもあろう。

鈴木、平沼、斎藤をかつぐそれぞれのグループには、いろいろな思惑があった。だがその思惑がどうであれ、最終的に天皇に上奏するのは西園寺公望である。しかも興津の坐漁荘にいる西園寺のもとには、鈴木侍従長が私的な訪問と断わりながら訪ね、天皇の希望としていくつかの条件を告げていった。その条件というのはつぎのような点である。

一、首相ハ人格ノ立派ナル者

二、現在ノ政治ノ弊ヲ改善シ陸海軍ノ軍紀ヲ振粛スルニハ昂モ首相ノ人格ニ依頼ス　協力内閣ト単独内閣ナドハ問フ処ニアラズ　ファッショニ近キ者ハ絶対ニ不可ナリ　憲法ハ擁護セザルベカラズ然ラザレバ明治天皇ニ相済マズ

三、外交

四、事務官ト政務官ノ区別ヲ明カニシ官規振粛ヲ実行スベシ

この条件は西園寺の考えとまったくといっていいほど合致している。そのときすでに西園寺は、議会政治を守るために政友会の推す鈴木喜三郎を決めていたと、戦後の各種の資料は記しているが、西園寺の考えからいって、それは妥当な見方であろう。だが、そうした考えを揺るがす事態があいついだ。

興津の坐漁荘にある西園寺公望の私邸には、政党政治絶対反対、協力内閣を唱える民間右翼や学生が連日のように押しかけ、決議文や陳情文を護衛の警官に渡していった。たとえば愛国学生連盟、愛国青年連盟、救国学生同盟の学生は「政党政治絶対排撃、挙国一致内閣の要望」を提出している。もとより西園寺はこういう動きを無視したが、それでもかつてのように簡単に次期首班として政友会の鈴木喜三郎を推す事情ではないという時代の

空気は感じたであろう。

十九日午後一時すぎ、静岡発の列車で、西園寺は東京に向かった。沿線の駅や車中は警備の警官が守っていたが、沼津からは秦憲兵司令官が乗り込んで来た。そして秘書の原田熊雄に西園寺に面会させるよう要求し、原田が「疲労しているから上京後にしてくれ」と断わるとサーベルで床をたたき、「国家非常時ですぞ」と凄んだという。秦は国府津《こうづ》までの一時間、今回の事件を説明し軍部の意向をあわせて説明した。その説明内容はわからない。だが秦が降りて行ったあと、西園寺はいかにも不機嫌な表情をしていたという。しかも秦は軍部のなかでも政党政治に反対する急先鋒だったから、強い調子で単独内閣反対をぶったのであろう。だがなにより、サーベルで脅してまで面会し、意見を押しつける時代になったのだから、これはまったく「非常時」に名を借りた合法クーデターといえるだろう。しかも森や荒木らは間接的にしか西園寺に意見を伝えることができなかったのに比べて、このように軍人のなす行為はすでに〝向かうところ敵なし〟という状態だったのだ。

西園寺は駿河台の本邸にはいると、翌二十日からつぎつぎに重臣や政党、陸海軍の長老を呼んだ。これまでの首班上奏とは異なって、西園寺も各方面を打診してみることにしたのだ。あるいは西園寺自身が考えていたより以上に単独内閣排撃の声は強まっていると思ったのであろうか。二十日には高橋臨時首相、倉富枢府議長、牧野内府と会い、二十一日には若槻、清浦奎吾、上原元帥、荒木陸相、二十二日には東郷元帥、大角海相と会った。これらの重臣の意見は各人各様であったが、西園寺は原田に「若槻前総理の話がもっとも筋がとおっている」と話したという。若槻の回顧録によれば、「私は政党内閣論者だが、軍紀の規律が弛緩して、このような事態になったのだから、いたずらに政党内閣を主張すべきでなく、意志の強固な軍の衆望を集めることのできる者を推薦せらるるのが至当」と伝えたといい、山本権兵衛を適任と思っていたという。だが山本自身は斎藤を推したという。重臣たちがだれを推薦し、どのような考えを述べたかは定かでない。『西園寺公と政局』（原田熊雄述）などによると、高橋は単独内閣は無理といい、牧野は斎藤を推した。上原は「西園寺公のお眼鏡に適つた人ならば、誰だからいかんの、之だからいいのいふやうなことは一切申しません」と言った。このとき上原は「……結局若い者達（注、青年将校のことをさす）は自分達のやうな上官を非常に馬鹿にしてゐる。予算を請求してもそれが通らん。そのために武器に非常な不便を感じたりなどしてゐるので、上原の奴は意気地がないぢやないかと言つて自分達を笑ひます……」と泣き言をいっている。いわば軍のなかにある〈下剋上〉を暗に認めたのであった。また荒木は政党内閣では困るといい、具体的に平沼内閣擁立とはいわない。大角海相は政治のことはなにもいわず、海軍内部からの事件であることをひたすら恐縮していた。東郷元帥は平沼がいいが、斎藤でもいいと言った。西園寺の興津を出るときの政党内閣を継いでいくという考えとは逆に、東京での様子は予想よりもはるかに厳しいものと思ったのだろう、西園寺は政党政治の一時的な休止として、斎藤を推すことを考えるようになった。斎藤が温厚篤実の士であることも、気にいったであろうし、なにより明治末の西園寺内閣のもとで海相でもあったから、性格をよく知っているという利点もある。斎藤であれば軍や政党との間を円滑にもできるし、なにより重臣の反対がなかったのも西園寺の決意を揺ぎのないものとした。「スローモー」と綽名される斎藤であれば、こういう時期にはなにかするよりもなにもしないほうがいいという考えも西園寺にはあった。

斎藤内閣の成立を新聞は挙国一致内閣と言ったが、結果的に西園寺の一時的な妥協は政党政治崩壊につながっていった。この内閣を西園寺は中間内閣と称したが、中間内閣の役割を「……結局軍に引張られるが、他面軍に対して極力ブレーキを掛け、ブレーキを掛けてもなほ四囲の情勢からやむを得ない場合に譲歩する。譲歩しても、その結果が実際に現れることを出来るだけ先に延ばすやうにする。更に譲歩することによつて生ずべき種々の危険も亦最少限度に止める……」と考えた。しかしこの考えは、結果的にまったく甘かったのだ。

政友会は五月二十日に鈴木総裁推戴の党大会を開き、単独内閣をつくりファッショを排撃するという格調の高い大会となった。翌二十一日には有志代議士会を開いて、護憲の気勢を上げるという熱っぽい雰囲気となった。が、森はこの会合が軍部を刺激しては……と強硬に中止を要望し、鈴木総裁もまたこれを受けいれた。政友会幹部のあいだでは、重臣や長老が西園寺と話をつづけてみて、単独内閣の様相が薄れていくことに気づくと、あわてて鈴木総理であれば挙国一致内閣でもよいといいはじめたが、すでにおそかった。斎藤は組閣にあたって西園寺や長老、政党有力者、軍関係者と会った。焦点になったのは、政友会と民政党がどういう態度をとるかである。民政党はひそかに山本や斎藤を推しているのだから、斎藤からの組閣への協力にはなんのためらいもなく応じた。しかし政友会の内部は微妙であった。本来なら超然内閣、挙国一致内閣反対で協力依頼を拒否しなければならなかったのである。だが党内は意見の一本化などできそうもなく、大命が下りなかったのを機に、独自の行動をとろうと主張する一派もあった。が、その声は大勢を制するまでにはいかず、結局政友会として斎藤内閣に入閣し、協力することになったのである。

五月二十六日、斎藤内閣が発足し、親任式が行なわれた。首相兼外相・斎藤実、内相・山本達雄、蔵相・高橋是清、陸相・荒木貞夫、海相・岡田啓介、文相・鳩山一郎、農相・後藤文夫らである。荒木陸相の再任は一般には納得されなかった。五・一五事件参加者は士官候補生とはいえ、れっきとした陸軍の軍人である、その責任はどうなっているのか、という声は各方面から寄せられている。「中央公論」（昭和七年、夏季特輯《とくしゅう》号）で阿部真之助は「……犬養を倒したものは陸海軍人の共謀だ。大角がその責を負ふなれば、荒木も責を負ふのが当然だ。これには一点の疑もない筈である。荒木も責任を認め、慚愧に堪へぬといつてゐる。にも拘はらず留任した訳は、よくよくの事情があるか、よくよくの鉄面皮か、二つより外はない」と書いた。よくよくの事情——というが、それはたいしたことではなかった。陸軍の課長連が上司に荒木の留任を進言し、陸軍はあげて荒木支持を崩さなかったからである。陸相就任以来の荒木人事が着々と実っていたのである。

斎藤首相のもとには、五・一五事件についての脅迫状や抗議の手紙が数多く寄せられた。

たとえば無名の抗議の手紙は、この事件は荒木陸相の責任だから、軍部には強い態度であたれという内容であった。また、五月二十一日には海軍青年将校団の名で、「意見書」と称する文書も届いている。その文面は、「貴公ハ今次事件が何ニ起因シテ生ジタルカハ夙《つと》ニ熟知セラル事ト信ズ……今ヤ軍内ノ大勢ハ公等老朽者ノ出ヅベキ時ニ非ズ……」という内容で、斎藤に大命が下りるのを阻もうとする脅迫状であった。こういう脅迫状に類する手紙が、斎藤の手元には数多く寄せられている。

ともあれ斎藤内閣はスタートした。民政、政友両党の協力内閣だから、両党間の政権獲得をめぐっての政争はこれでひとまずおさまるだろうといわれた反面、両党の思惑は同床異夢でどこまでつづくかという予想もあった。そしてその後の動きは、後者のほうであった。だからますます政党は自分で自分の首をしばっていった。〝政党はだめだ〟という評価を自ら明らかにしたのである。そして政友会内部では「挙国一致的民政党内閣兼政友会出張所」といういらだちで親軍部的動きが目立ち、議会政治擁護派とより一層対立を深めていったのである。――〝ステップ〟はこうして終わった。

8　塾長はどこへ

昭和七年五月十七日、十八日、十九日のいはらき新聞の見出しが、県下の困惑を伝える。〝村の聖者〟が一転して、テロ事件に加担していたからである。

帝都不祥事件の一脈を辿り

俄然県警察部大活動
昨夜来警視庁の警部以下数名来県
捜査の手、八方に飛ぶ
（記事の内容は、愛郷塾の家宅捜索、橘孝三郎氏旅行中のため、林正三氏、杉浦某らを水戸署に同行、上京したまま行方不明の塾生を捜索中というもの）（五月十七日）

農民決死隊の黒幕は何者か
（記事の内容は、橘孝三郎氏が県の嘱託で満州に行っていて、塾生もついていった。だが何らかの裏がありそう）
林氏の身辺に疑惑深まる
（川崎長光を匿ったのは、林正三氏の線らしいということがにおわせてある）
変電所破壊の一味
（塾生が変電所襲撃の犯人らしいとにおわせてある）（五月十八日）

問題の愛郷塾を
公認援助した
県当局立場に窮す
袋の鼠となつた

愛郷塾関係逃走者
（塾生の逃亡ルートが明らかになり、逮捕は時間の問題と伝える）
愛郷塾とは？
兄弟村が大きくなつて農本主義の誕生まで
（愛郷塾の説明）

（五月十九日）

農民決死隊の黒幕は何者か——という見出しの記事は、「橘孝三郎氏は渡満しているし、この事件に参加するわけはない」というニュアンスが出ている。だが愛郷塾がはっきりと連座しているとわかったとき、そのニュアンスは消えた。県当局はすっかり狼狽してしまったらしく、つぎのように釈明している。

「即ち橘氏は率先して多角的経営により、有畜農業、組合農業等を実施するに至つたが、これらの農業経営は県の指導方針と全く合致するので大いに賛成し、同氏の計画に対しては技術的方面には援助を惜しまなかつたものであり、今回の満州移民計画も同様の意味から援助したものであるが、思想的方面ファッショ的傾向については何等知るところがなかつた」

孝三郎は、移民の視察のために満州に行くといって県当局を説いたのであろう。しかし、孝三郎の日ごろの著述や講演では、満州に行くまえに日本でまだまだ働く場はあるといっているのを知れば、県当局はみごとに欺されたといえようか……。

塾生たちはどのようにして逮捕されたか。

まず決死隊の隊長格であった後藤圀彦は、十五日に東京駅を出て、松江の知人宅に隠れた。だが事情を知った知人に自首を促され、十九日に松江憲兵隊に自首している。憲兵隊に自首したのは、軍人に呼応した行動であり、単なる刑事犯ではなく国事犯という意気ごみであったのかもしれない。圀彦は孝三郎とちがって、幼いときから勤皇思想をもっていて、この事件への加担も公判では、「自分の行動は全く私の大和魂が然らしめたのでありますが、国法を犯し陛下の御膝下《しっか》を騒がせ悩まし奉ったのは実に重大と考えています」と証言している。彼はこの事件を農本主義者としての決行より、日本主義者としての行動と、しだいに考えていたと思われる。

圀彦を除いた塾生たちは、それぞれ隠密裡に芝区本芝の新村某家へ集まり、しばらくはそこに潜伏しているはずだったが、そこはすでに警官が包囲している。彼らはその様子を知ると、いかにも自分にふさわしい行動をとる。横須賀喜久雄は敦賀《つるが》から定期船に乗り、朝鮮の元山に寄港したとき、張り込んでいた警官に逮捕された。矢吹正吾は敦賀に向かう列車のなかで、不審訊問を受けつかまった。決行前にビールを飲み、目白変電所に向かった小室力也は、このような事件に加担するタイプではないと報じられたが、十六日夜潜伏先の知人の家で逮捕された。高根沢与一は茨城県の実家に帰ったところを逮捕された。満州へ行きたさに大貫についていったばかりに、彼は歴史に名をとどめることになった。温水秀則は二十四日、警視庁に自首している。

これらの塾生たちが、〝手榴弾を投げる行為〟と〝満州に行く行為〟をどのように考えていたかは定かでない。明らかに満州へ行くついでに手榴弾を投げていくといった塾生もいる。そして、そのことが愛郷塾の素顔であったといえないか。愛郷塾というのは、茨城県下と一部の農民運動家に知られているだけだったが、その素顔はこの事件によって広く全国に〝紹介〟されるかたちになった。

「橘塾長はどこへ‼」という声は県下でも広がり始めた。満州へ行っているにちがいないが、いや満州に行くように見せかけて北海道にいるのだとか、水戸市内で見たとか、さまざまな根拠のない噂がとんだ。しかし警視庁は、孝三郎の行く先を容易につかむことができたはずだ。満州へ行くまえに多くの人間に紹介状を書いてもらっているから、そこを当たれば簡単に逮捕することができたはずだった。しかし軍人たちが憲兵隊に自首というかたちの逃亡をしたように、いちど軍の囲いのなかにはいってしまうと、警察は手をつけることができなかった。とくに満州では関東軍の囲いのなかにはいると、あとはどうにもならなかったのである。しかも孝三郎は茨城県選出の代議士山崎猛の尽力で秦拓相から八田満鉄副総裁、山岡関東軍長官への紹介状までもらっている。そういうルートには逃げこまないにしても、古賀からは霞ヶ浦にいた小林省三郎少将への紹介状ももらっていたから、容易にそのルートにはいるだろうと考えられた。

小林省三郎は一月二十二日の土浦の「霞月」での孝三郎の講演を積極的に聞いていたひとりである。小林は熱心な革新将校であり、藤井斉らは「陸軍は荒木、海軍は小林でなければならん」と言っていたという。だが、革新運動には関心をもちつつ、非合法活動にはのり気でなかったといわれている。

孝三郎は五月十四日午後奉天に着いた。奉天に着くと春田をつれて、小林省三郎の所属する海軍部に行った。トランクをもち鳥打ち帽子をかぶっている姿はただの旅行者にしか見えなかっただろう。東京を出て奉天に着くまで彼がただの旅行者でないことはひとりの検閲官だけが知っているはずだった。門司《もじ》に寄港したとき、検閲官が乗りこんで来て乗客の所持品検査をはじめた。検閲官は三等船室で畳に正座している孝三郎のまえにも立った。トランクをあけてなかを調べ、五十冊も入っている本に驚き、問いかけた。

「これはどういう本か」

と言って五十冊を抜きだし、取りあげようとした。『日本愛国革新本義』というタイトルもさることながら、なかを開くと「行動へ！　行動へ！」という物騒な言葉もならんでいる。しかし検閲官はぱらぱらとめくっただけだった。だが理由もなく五十冊も持っているのは、充分疑ってかからねばならないと思ったのだろう。押収するかどうかしばらく考えていた。

「待て。もっていかれては困る。これは日本の現状を憂えている本だ。同時に満州にもって行くことで役立つのだ」

と言って取り返した。

「おまえは何者だ」

孝三郎が渋々茨城県の嘱託辞令を見せると、やっと納得したように離れた。しかし検閲官は警察から〝こんな男は乗っていなかったか〟と問われれば、すぐに孝三郎を名ざしできることだけはまちがいなかったろう。

小林は孝三郎を笑顔で迎えた。だが孝三郎が翌日に起こる帝都襲撃のことを話すと、小林はおどろいて首をふった。〝とんでもないことをしてくれる……〟そんな表情を見せた。大川周明が四月三十日から五月十一日まで満州に来ていたが、小林は大川に会い、当面は起つ意思のないことを確認していたのだ。小林は自治指導部笠木に連絡して、孝三郎が来ていると伝えた。資政局長の職にあった笠木は、すぐに迎えをよこした。孝三郎も口田康信に電報を打ってあり、資政局という孝三郎の渡満を歓迎する人脈がこうしてはじまった。笠木の意を受けて、口田の部下と雨谷菊夫が孝三郎を迎えにきた。

次の日の夜、奉天の宿で孝三郎は、五・一五事件を知った。雨谷、口田と満州での日程などを打ち合わせているときに、号外がもちこまれたのである。号外は陸海軍の軍人が、首相官邸に犬養首相を襲い殺害したという内容だったが、変電所襲撃はまだ一行も報じられていない。号外を見ながら、孝三郎は〝やった、やった〟と思ったという……。

孝三郎は口田や雨谷に〝なぜ満州に来たのか〟を改めて説明しなければならない。

「実はこの事件にわたしは関係している」

と言うと、ふたりはことばを失って、孝三郎を見た。信じられないという表情であった。

「どうにもならんというのが日本の現状だ。自分ではやむを得なかったと思っている。塾生たちもあとからこっちへくることになっている……」

「そうか、橘君。できるだけのことはするが、君もここに到っては名前も知れているから、名前を変えるとか君であることを証明するものはいっさい始末してくれ。それにしてもせっかく満州に来てくれたと思ったら、そんな事情があったとは……」

口田康信にしてみれば、かつて愛郷塾に孝三郎を説得に行ったとき、「……そのうちにわかりますよ」といったことばが、はからずもいまわかったのである。

翌十六日、孝三郎は満州資政局の課員に守られ新京に行った。新京にある某機関の手で逃亡のルートがつくられることになったのだ。満州建国で自治指導部が資政局になったが、そこには関東軍のさまざまな特務機関や諜報機関との関連があったのだろう。孝三郎はそれらの機関でかくまわれることになった。初めは旅館に、やがて別な隠れ家にひそんでいると、新京新政府の職員が孝三郎をまた別の家につれていった。多分、中国の地主の家なのだろう、天井が高かった。当時は満州国の官吏の研修所になっていたという。三つ並んだ部屋のまんなかの部屋で、孝三郎は春田と寝起きした。ときおり、その隠れ家に大雄峰会の青年や資政局の職員が顔を見せて情報を伝えた。そんなときに、満州で発行されている日系紙を見て、変電所襲撃のことを知った。襲撃の記事を読みながら、孝三郎は泣いた。その涙はどんな涙であったのだろうか……。

五月二十日ごろ、大雄峰会の青年がたずねて来て情報を伝え、部屋を出て行くときに、

「先生、いざとなったら天井裏がありますから……」

と言った。天井までの高さは六尺五寸ていどで、そこにも隠れることはできるという意味だった。すでに新京には非常線がはられているという。警視庁から腕利きの刑事が十数人やって来て、新京市内をかたっぱしから捜索している。いくら資政局や特務機関が後盾になっているとはいえ、公にかくまうのは無理だったのだろう、しだいに孝三郎の居所は知られ始めているようであった。刑事たちは、事情を知らない人たちには、

「共産党の大物が逃げこんでいる」

と説明し、新京の警察官を動員して非常線をさらに強めているという話も、孝三郎には伝えられた。こうした話を聞いて孝三郎は、逮捕される覚悟をした。そして、「いま来るか、いま来るか」と待つ気持になった。一日部屋にとじこもり、そのまま動けないというのは苦痛でもあったし、まとめて届けられる新聞には塾生たちの相次ぐ逮捕が伝えられてもいた。

隠れ家にはいって五日目の五月二十一日の朝七時すぎに電話がなった。孝三郎がでると押し殺した声がはねかえってきた。

「八時頃、〝検事と警官〟が動きます。これからむかえに行きます」

と言うなり、電話は切れた。聞かれてまずい所でいそいでかけたような声だった。孝三郎は感情のこもっていない、きわめて事務的な声がだれの声であるか、はっきりとはわからなかった。

「先生、変ですねえ。だれが迎えに来るんですか」

「……」

「どんな意味だろう……」

「警告だよ、この電話は」

「警告ですって」

「そうだ。こっちに警官が向かっているという警告だ」

孝三郎は〝天井裏がありますから……〟ということばを思いだした。

「春田、わしはまだしなければならないことがある。このままふんじばってしまわれたらなにもできん。まだ書き残しておかなければならないこともある」

「……」

「まずおまえだけつかまってくれ」

「わかりました。先生は天井裏に隠れてください」

テーブルを重ねて踏み台にし、天井の板をはずし天井裏にもぐりこんだ。座布団を置いておくとふたりいたということがわかるので、それも天井裏にもちこんだ。桟に座布団をしき、身体を柱にもたせてじっと息をひそめる。すこしの音もたてることはできないから、その姿勢はいくら疲れても崩すわけにはいかない。

孝三郎が天井裏にもぐりこんですぐに、玄関の戸があけられ、どたどたと人のはいってくる気配があった。いくつかの唐紙が開けられたあと、孝三郎のいる部屋もあけられた。

「春田か」

「……」

「春田だろう、塾長はどこに行った」

「先生は外出している、いまはいない」

「どこへ行った」

「わたしは知らない」

「いつ帰るといった」

「知らない。聞いていない」

春田が警官にうながされ、連行されるのが天井裏からわかった。警官たちの相談する声が聞こえてくる。二、三人の警官を残してあとは引きあげていった。

「帰るのをしんぼうづよく待ってくれ」

と命ずる警官の声が聞こえた。

警官たちは別に話をするふうでもなく、じっと黙って坐っているようだった。ときどきお茶を飲む音が聞こえ、食事どきになると弁当を取り寄せて食べているふうだった。

孝三郎はすこしでも動けば見つかると考え、じっと坐っているだけだった。筋肉がつかれても身体を動かさない。人間が同じ姿勢でじっとしているのは実にたまらないものだと思いつつ、孝三郎はすこしも身体を動かさなかった。小便が洩れては、たとえひとしずくでも下に落ちては、この努力も水の泡になる。座布団に小便をもらしながら、孝三郎はおなじ姿勢をとりつづけていた。

孝三郎の帰りを待つ警官たちも、一言も話をせずにひっそりと待ちつづけている。ときおり、「電話をかけてくる」とか「弁当をとり寄せる」という声が聞こえてくるだけである。警官は交互に寝ていたが、孝三郎は眠ると身体を動かしてしまうので、眠ることもできない。大便はがまんしつづけた。気を失いそうになると、身体をつねり、目を見開いて空《くう》を眺めつづけた。

こうなると肉体的な責苦を精神がどれだけ凌駕するかということになる。

9 自首

このころ孝三郎をどうするか、ということが関東軍と資政局のあいだで話し合われている。関東軍参謀和知《わち》鷹二《たかじ》と資政局長笠木良明とが話し合い、和知は、関東軍は孝三郎の逃亡に全面的に協力すると伝えたという。そのせいかどうかわからないが、四日目の朝、すなわち五月二十四日、警官がそっと足をしのばせるようにして出て行った。

しかし孝三郎はそのままじっとしていた。出て行くふりをして、様子をうかがっているのかもしれないと考えたからである。三晩もじっとしていたのだが、そんなに長い時間だとは、孝三郎には考えられなかった。

やがてこんどは勢いよく、唐紙があいて人の入ってくる足音がする。

「先生、もういませんよ」

という声が聞こえた。それでも信じられなかった。もういちど、

「先生、いませんよ。出て来てください」

と呼びかけてきた。

天井板をのけて、部屋を覗くと、そこには刑事たちの姿はなかった。それを見て、孝三郎は急に身体から力が抜けた。何人かの手で天井からおろされた。すぐにまた善後策が練られた。

「どこに行こうか……。どこがいいかな」

特務機関に所属する山口と名のる男が青年たちに相談をもちかけた。孝三郎を護衛する青年たちであった。大雄峰会や資政局に出入りする青年であり、大学で学んだ知識を満州建設のために捧げるのだと話す青年であった。

「とにかく先生を秘密の場所にお連れしなくては……」

「ハルビンはどうでしょう」

「いやぁあそこは危ない。警官や憲兵がうようよいる」

そのとき孝三郎は、小林がハルビンに行って橋本の所へ行け、と言っていたことを思いだした。橋本というのは橋本欣五郎である。十月事件の失敗のあと、橋本はハルビンの特務機関に転属になっている。ハルビンだと、橋本の所があると、孝三郎は思った。

彼らはさかんにどこにかくまうかを話していたが、ハルビンは危ないという説といや危ないからかえっていいのだという説があった。結局、山口が「危なく見えるところが、い

ちばん安全なのだ」と断をくだした。

「先生、われわれは先生を護衛してハルビンに行きます。先生は〝農業視察団〟というたすきをつけてください。農業視察団ならわかりっこありませんし、いまこっちには内地からずいぶん農業視察団が来ていますから、刑事だって憲兵だってわかりゃしませんよ。若いのが十二、三人護衛しますからね、安心してください。しかし新京から乗れば、駅は刑事でいっぱいだろうから、つぎの駅まで歩くことにします。もうしばらく我慢してください」

身体中に針を刺すような激痛がくる。そんな激痛が周期的に孝三郎を襲った。だがそれを言うことはできない。食事も四日も絶食しているから食べないほうがいい——ということになり、すぐに隠れ家から出発することにした。すでに真夜中である。

新京の街は静かだった。非常線はもう張られていない。山口が先頭に立ち、孝三郎がそのあとにつづく。その周囲を青年たちが、拳銃を懐に入れてつづいた。満蒙線ぞいに次の駅ゲンボンまで歩くのである。皮靴を履きなれない孝三郎は、足が豆だらけになった。次の駅までといっても、日本とはちがって中国ではかなり長い。満蒙線沿線はほとんどが農家である。夜明けに中国人農家の家に入る。六十町歩ばかりの農家である。子供たちが庭でがちょうを追いかけながら遊んでいる。その光景は孝三郎に息子や娘たちのことを想像させたであろう。中国人夫婦が出て来て、彼らを〝歓待した〟——。そしてねぎを煮込んだ料理をだした。彼らは、その味に慣れているのだろうが、空腹だった孝三郎にはその味は一生忘れられない味になった。

ハルビンには午後九時ごろ着いた。改札口にはたしかに憲兵隊員が数人立っている。乗客のなかに交じって、「農業視察団」というたすきがけの一団が降りて来たのだが、憲兵はじろっと一瞥しただけでなにも言わなかった。駅には特務機関が迎えに出ていて、孝三郎を迎えた。ここで山口とその青年の一団の手から、ハルビン特務機関の手に引き継がれた。

迎えに出ている青年は、孝三郎を中国人の経営する旅館に案内した。そこに特務機関や満州国政府の職員で大雄峰会の会員でもある青年が数人駆けつけて孝三郎を歓迎してくれる。このころから孝三郎は妙な気持になった。かくまってくれるのだから、あまり詳しい話は聞いていないが、つかまえようとすればつかまえることができるはずなのに、追及の手がゆるめられているような気がしてしかたがなかった。たとえば、あれだけ執拗にねばった刑事が四日目にはすっと姿を消してしまっている。また追及の手がいっこうに身近に迫ってくる気配がない。それは孝三郎をかくまう組織や人間がかなり満州で影響力をもっているからかもしれない。それにしても手際がよすぎる……。そう思いつつ、孝三郎はひたすら感謝していた。

……橘孝三郎は満州に〝ある期待〟をもっていたのではないか。その〝期待〟というのは、関東軍の後盾で孝三郎の説く理想社会の実践を行なおうとする期待である。とすれば五・一五事件は……それは関東軍や軍部との最大の接点になる主体的な行動である。

満州某重大事件、満州事変、いずれも火つけ役を担当した軍人たちはうやむやにして、責任を免れた。そうした既成事実に訓を得て、五・一五事件に加担し満州に行った。しかし、孝三郎は軍部から見て〝常人〟である。逃亡が関東軍が主導権をもたずに、資政局が中心になったのは、なによりもそのことを物語るではないか。関東軍に期待し、満州へ行った……だがそこは孝三郎の考えていた状態ではなかった……。しかしかくまうことだけはした。それが孝三郎と満州国の関係ではなかったか。

そして、のちに明らかになったことだが、満州国が孝三郎を積極的に追わなかったのは、『日本愛国革新本義』を読んだ検事が「これは共産党ではない。東京の刑事は嘘をいう」と怒ったためだという。

ハルビンの旅館に落ち着くと、そこには連日青年たちが集まった。毎日、歓迎会と称して談笑していった。そんなある日、ある青年が孝三郎に伝言を渡した。ハルビンで孝三郎の逃亡を助けていた里見良作からのもので、「この使いの者についてくるように……」という内容だった。このことは逃亡ルートが、里見から別な人間に移ったことを意味していた。

旅館を出て四、五分歩くと街並みが切れ、野原があった。そこに里見が恰幅のいい紳士と待っていた。大沢隼と名のった。大沢は東京外語を出て満鉄に入り、その後ハルビンに来てロシア語の新聞「ハルビンスコエ・ウレミヤ」を発行していた。この新聞社に多くの白系露人が働いていた。

大沢は初め、ある白系露人の家へかくまった。しかしそこはじめじめとして、孝三郎の身体には無理だった。そこで大沢は、自分の会社で働いているニコライ・パウリック大尉の家にかくまおうと言った。このニコライ・パウリック大尉はニコライ王朝の血をひいていて、ロシア革命でハルビンに逃げのびたという。白系露人のなかには、このニコライ大尉に忠誠を誓う者が多く、ハルビンにはこれら白系露人の一個師団があった。すでにハルビンにはソビエト政府の領事館があり、外交活動をしていたが、市内ではときおりソビエト政府系のロシア人とこれら白系ロシア人のあいだに衝突が起こった。

孝三郎が、このニコライ大尉の私邸に身をひそめるようになってからも、そんなもめごとを実際に見聞することができた。あるとき、白系ロシア人が数人興奮してニコライの家に駆けこんで来ると、地下室に降りて行き、そこでフィルムを回しはじめたことがあった。英語とフランス語で聞きだしてみると、ソビエト政府系ロシア人の主催で、ロシア革命の記録映画会が開かれることになったらしい。彼らはこの会場に武装して乗り込み、映写技師にピストルをつきつけ、フィルムを没収してきたのである。その没収したフィルムを実際に見てみようというのであった。映写機が回ると、決起する大衆が宮殿を襲い、そして襲ったあとの宮殿の姿がはっきりとスクリーンに映しだされた。抵抗した白軍の兵士たちの死体もいくつか映しだされた。フィルムが回るうちに、彼らは興奮し、いまにもスクリーンを裂きそうなくらいの怒りを示した。いまこうして追われながら、縁もゆかりもないロシア人の家でロシア革命のフィルムを見るのは奇縁というべきかもしれない。だがこのような映像は、革命というものが所詮こんなものなのだという考えとなって孝三郎をとらえたことだけはまちがいなかったろう……。

ニコライ大尉の家は、ハルビン市内の住宅街にあった。門がまえの大きな家で、日夜機関銃を構えた兵士が三人ほど玄関とかベランダとか門のまえに立っている。彼らは仲間同士で口をきくこともなく、機関銃をかまえたままベランダや玄関の石畳を行ったり来たりしている。夕方になってニコライ大尉が帰ってくると、なにやら別室にとじこもって話し合い、また護衛に立った。

ニコライは王朝の血をひく貴族だけに、整った顔を神経質そうにしているが、孝三郎にとくに話しかけるわけでもなかった。しかし社長の大沢の頼みだから面倒を見ているんだという態度でもない。こまかいことは聞かなくてもおたがいにわかっているのだ……というポーズがその物腰にはあった。彼が勤務にでたあと、護衛の兵士が孝三郎の部屋を重点的に回っているのは、ニコライの配慮だと孝三郎には思えて、内心では頭を下げた。ときおり、大沢はニコライとともに孝三郎の様子を見にやって来た。くるたびに、これからどうするかということが話の中心になった。

「満州を理想的な国にしなければならない。そのために先生にできるだけのことをやって欲しい。さしあたり、本でも書いたらどうか」

と勧める。そのたびに孝三郎は返事をにごしていた。本を書くよりもっと先にすることがある、なんとか追手を撒いて、満州で自分の考える理想社会をつくるか、それとも同志を確保して再び日本に帰り決起するか、という考えは彼の頭から離れなかったのだが、情勢はそれほど彼に味方をしているわけではなかった。すでに大沢の口から、満州国でも孝三郎の逃亡は知れ渡っており、このままでいくと結局は警視庁、内務省と満州国とのあいだに厄介な問題を生むことも予想できる事態になっていると告げられてもいた。

いっぽう孝三郎自身の考え方もしだいに変わってきた。五・一五事件の関係者はほとんど逮捕されている。だが、だれが五・一五事件の本質を伝えるのか……。古賀や中村であれば、たぶん単なるクーデターとしてしか人々は見ないだろうというのが、孝三郎の考えであった。なぜ農民が参加したか、農村の実情を具体的に説明し、そのうえで、この五・一五事件は農村革命であることを説くのは、自分をおいていないという自負があった。大沢はそのことばを聞くと、原稿を書くのを承知したと思ったのか、原稿用紙や鉛筆をつごうして来た。

すでに六月も半ばだった。ハルビンも入梅の季節だった。水戸ほど雨が降るわけではなかった。しかしじめじめした天気のなかで、孝三郎は一日じゅう机にむかって原稿を書きはじめたのである。原稿はどのていどの長さになるかはわからなかったが、彼は二十一日で書きあげるという誓いをたてた。それから自首しようと決めた。正三や圀彦や塾生たちが獄中にいるのに、自分だけが安穏としていることは申し訳ないとも考えるようになっていたのである。事実、彼はそんなことを大沢に打ちあけはじめていた。すでに彼は満州に来て、ひそかに考えていた計画を放棄する気持になっていたのであった。

ニコライの妻バライが運んでくる食事を終えると、机に向かって原稿を書きつづけた。もし二十一日でできなければ……いや死んでもいいからその期間で書きあげるのだと決意した。二十一日間というのは別に根拠もなく、それはたぶん書きはじめた日が七月一日と区切りがよかっただけのことだからであろう。

バライはロシア貴族の娘で、当時のロシアの上流階級がフランス語を日常会話としていたためか、流れるようにフランス語を話す。一高時代にフランス人に会話をならった経験が役立ち、孝三郎はバライとフランス語で会話を交わした。それでもときおりロシア語を教えてくれ、孝三郎は軽い日常会話を話せるほどになった。彼が終日机に向かって原稿を書きつづけているとバライや護衛の兵士が、「あまり無理をするな」と案ずるように部屋に入って来た。

バライは、そんなに熱中していると身体をこわすと言って、孝三郎を外につれだす。ルバシカを着せ帽子をかぶせて、

「オー、チャーミング」

という。大正時代の日本のアナーキストにはやった服装であった。

バライは市の中央にある大隊本部に行く。それがハルビンにある白系露人の一個師団の統轄本部であった。大隊本部の中庭に入ると、バライはござをもって来て、いきなり着物をぬいで全裸になった。孝三郎の目の前で裸になると、うつぶせになり日光浴をする。そ

れが格別恥しいことだと思っているふうはない。ロシアの上流階級では、そんなことはあたりまえだったのだ。陽の少ないモスクワでは、そうして日光にあたったのだろう。そんなとき、バライは言う。

「日本でなにをしたの」

「新しい国家や社会をつくろうとした」

「じゃあ革命ね」

「革命、いやそんなものでもないだろう。農民が食べられる社会、そんな社会をつくろうとしたのだが……、失敗した」

「あきらめることはないわ。一度や二度の失敗なんか。わたしたちだって、いつかいまのソビエトを変えようとしているんだから……。そのためにわたしだってなんでもやるわ。革命だってなんだって……」

バライは平然と言う。孝三郎はスラブ系の人間は北一輝と井上日召を足したものなのではあるまいか……と漠然と思った。革命は民族の血が左右するのではないか、と孝三郎は漠然と思いつづけた。

日光浴にあきると、バライは着物を着て、

「さあ、革命の練習に行きましょうよ」

と言う。そして大隊本部の地下室に降りていく。そこには若い女性や兵士がいて、拳銃が箱のなかにあり、そこで的を目がけて射撃練習をしている。彼らはルバシカ姿の孝三郎を見ると、「チャーミング、チャーミング」とかけ寄ってくる。バライがロシア語で、彼女たちに孝三郎を紹介している。たぶん日本の革命家なのよとでもいっているらしい。

「じゃああなたも射撃練習をしなければ……」

と一梃の拳銃が孝三郎に渡された。孝三郎は拳銃の射ち方は知らなかった。的をめがけて拳銃を射つと、銃口は発射の瞬間に上を向き、弾は天井にあたってはね返って来た。なんど射っても的にあたらず、とんでもない方向に飛んでいく。

それにくらべて若い女性や兵士は手慣れた様子で引き金を引き、的に命中させた。バライもまた見事に的を射た。孝三郎はとんでもない方向に飛ぶ弾を見ながら、ある種の諦念みたいなものをもちつづけていたのだった。

七月二十一日、孝三郎は一千枚の原稿を脱稿した。これまで彼の書いた著作の集大成ともいうべき内容に満ちていた。

この著作のなかで、孝三郎はいまあきらかに変貌をとげつつあった。それはかつての著作が裸一貫で愛郷塾の書斎で書かれたものであるのに、この著作は孝三郎にとってはある意味で恵まれた条件のなかで書かれたものである。それは当然農民と同じ次元から離れ、農村指導者から日本主義者、皇道主義者への転換の萌芽をもっていた。文中に彼の痛憤があったが、対象とするのは愛郷塾や農民だけでなく、日本の国民への呼びかけにかわっていたのである。原稿は大沢の手に渡され、そこで二部ずつコピーがとられた。一部は大沢の手もとに、そして一部は憲兵隊司令部に、そして残りの一部、すなわちなまの原稿は孝三郎がもつことになった。

孝三郎が原稿を書きあげてから自首するというのは、大沢から里見へ、そして里見から小林へ伝えられた。特務機関の要職にある小林は、ハルビンの憲兵司令部に「橘さんは犯罪者ではないからそれなりに扱うように……」とかけあい、憲兵司令部もそれを了承したという。七月二十四日の昼すぎ、孝三郎はバライに別れを告げ、ニコライに挨拶してから、大沢隼に付き添われて憲兵司令部に出頭した。いろいろ面倒なことがあるだろうという予測に反して、憲兵司令部はきわめて紳士的に扱う。憲兵隊員は「橘さん」と、〝さん〟づけで呼ぶ。五・一五事件はすでに報道禁止になっていて、新聞では孝三郎のことを「愛郷塾頭、〇〇〇〇」となっていたが、報道のゆき届かない裏側では、孝三郎は国士扱いを受けていたのである……。このころの憲兵の威力は絶対的なもので、軍人だけではなく、一般民間人でさえ逮捕し、取り調べをすることができた。その憲兵隊が孝三郎をこんどは堂々と壁をつくり、新聞記者や世間の好奇心から守りながら、東京に護送した。

東京憲兵隊に着くと、そこにはすでに風見章から届けられた夏羽織や袴、単衣《ひとえ》、白足袋《たび》があった。あじの缶詰やハム、野菜サラダの昼食が出され、秦憲兵隊司令官が直接取り調べにあたった。秦はこの事件の犯人を国士扱いするようにと命じたほどだったから、取り調べといっても、それはむしろ労をねぎらうという意味もあったのではなかったろうか……。

午後二時、袴と夏羽織、白足袋に着がえ、孝三郎は憲兵隊から警視庁に身柄を移された。昭和七年七月三十日、満州に行ってから八十日目の東京だった。

10「祖国を守れ」か

五・一五事件が起こったとき、マスコミはどのような社説を書いたのだろうか……。多くの新聞が正面からは軍部の暴力を批判しなかった。ひとつの暴力が次の暴力を生み、さらに相乗作用で暴力が拡大されていくのは歴史が証明している。血盟団事件にたいして正論を吐いた新聞が、五・一五事件では軍部を恐れてペンを止めた。もちろんなかには犬養首相を惜しむというかたちをとって、遠まわしにこの凶変を批判した社説もあった。しかし、そういう遠回しは結局犬養個人の死を悲しむだけで終わり、犬養が首相であってもなくても変わらない考え方ともいえた。要は犬養の死を惜しむのではなく、首相が白昼暗殺され、その犯人が堂々と自首し、しかも国士扱いされるような日本の状態を惜しまなければならなかったであろう。

五月十五日夜、軍部と内務省が戒厳令と報道禁止をめぐって対立をつづけているとき、在京新聞社の代表は東京会館に集まって、報道と主張にたいして注意すること、報道禁止は人心を不安ならしめる――と決議をし、鈴木内相にこの決議を提出している。それが精一杯の抵抗だった。報道禁止は、直截的に言ってしまえば、〝判断力のない人間になれ〟〝政府のいうことを信じよ〟ということである。当時、内務省は情報の操作を一手に握っている。ひとつひとつの記事に干渉があるわけではないが、自在に報道禁止の権限をもっていた。このときも陸軍の報道禁止に反対しつつ、実は翌十六日から部分的に報道禁止をしている。たとえば、事件に関連ありそうな人物は伏字にするという具合にである。

こういう情勢にあって、在京新聞社のこの要請は最低限の要求であったのだが、かつて普選要求の決議をして、普選実施に一役買った勢いは失われていた。

五・一五事件の批判をした新聞もいくつかある。昭和八年五月に報道解禁になってからは、さらに厳しく批判した新聞もある。だが解禁になったとき、五・一五事件の影響は着実に浸透していたから、批判の意味はきわめて薄くならざるを得なかった。事件直後の批判的な記事としては、たとえば信濃毎日新聞の五月十七日のコラム「拡声機」がつぎのように書いた。

「◇犬養さんも、つまらない最後、お気の毒に堪へない。◇『軍人ならば、会つてやらう』と気を許したのが運のつき。犬養さん、狂人に対する認識不足だつた。◇狂人といひたいが、寧ろ『狂犬の群れ』だね。◇この狂犬の群れが『祖国を守れ』か……」

また五月二十日には、つぎのように書いた。

「◇白昼、一国の首相を射殺した兇漢を帝都に徘徊せしめた『当の責任者』が、後継内閣の待機首相としてほくそ笑む。◇そしてその兇漢をその配下から出した『当の責任者』が、申訳なしともいはず、後継内閣へ注文をつけて政治に狂奔する。◇この前代未聞を不思議と思はない。事ほど日本のたがは弛んだ。◇大臣の首さえあれなんだから、国民の首なんか、裏の畑の水瓜か大根だ。」

また、福岡日日新聞はこの事件を徹底的に批判した。伝統的に軍備拡張反対論をもち、国力と軍備は平衡関係にあるべきと説く新聞だった。五月十六日には「首相兇手に斃《たお》る」、十七日には「敢て国民の決意を促す」と題した社説が掲載された。

「敢て国民の決意を促す」には、つぎの一節があった。「……今回の事件は白昼公然として首相官邸に押入り、然も陸海軍将校等隊を組んで兇行に及びたりと言へば、暗殺といふよりも一種の虐殺であり、虐殺といふよりも革命の予備運動として之れを行つたものと見なければならぬ。」「此事件は昨秋より明白に予見せられたる事件である。その予見せられたる事件を傍観して今日の結果を招来した責任は何人にありや。検察当局なりや、政府当局なりや、将又《はたまた》検察当局と、政府当局との事実に於て如何ともすべからざる軍部それ自身なりや。国民は厳粛にそれを知らんことを要求する。」

この社説を書いたのは、主筆の桐竹淳である。桐竹は議会政治を守る立場に立ち、その視点から五・一五事件を批判した。桐竹にしても、桐生悠々にしても、軍部を批判するときは軍人勅諭や五カ条の御誓文を武器にした。その意味で明治人であり、それだけに、現代の視点からみれば批判の内容にも、また批判さるべき点も見受けられる。事実、現在はその点をつく書も多い。しかし、このような時代に〝時代を普遍させうる論を書く〟勇気があったこと、そのことがもっとも桐竹淳や桐生悠々の名を高からしめるのではなかったか。

この社説が掲載されたその日に、福岡日日新聞に久留米にある第十二師団の情報係、井上参謀から取消と謝罪を要求してきた。昼すぎには、数人の軍人が新聞社内に乗りこみ、「新聞を発行できないようにするぞ」と脅した。翌日には爆撃機が数機社屋の上空を旋回し、一機ずつ急降下しては屋根すれすれに飛び威嚇をつづけた。こうした威嚇に福岡日日新聞社内では、永江副社長ほか重役陣、論説スタッフが一致して桐竹を支持し、威嚇にこたえた。中、少佐でつくる桜会の会員や青年将校からは連日脅迫状がまいこみ、連隊司令部の意を受けて、在郷軍人会が福日の不買運動にのりだした。だが読者からは絶讃の投書が山のように編集局に積まれた。この一件は閣議でも問題になり、高橋是清が荒木を厳しくたしなめたので、一カ月ほどしておさまったという。二・二六事件ではすこしでも軍部を批判すると裁判所から呼ばれて取り調べをうけるという事実を考えると、この五・一五事件を正面切って批判したのは「言論の自由」を細々と守ろうとする最後の〝火〟だったといえるだろう。

11　救農国会

愛郷塾がもっていた〝権威〟は、この事件によってあっけなく崩れた。集まりはじめていた自治農民協議会の署名はすっかり止まった。署名集めに歩いていた会員がすっかり怖気づいてしまったからだ。当時のいはらき新聞によると、五月二十日の紙面で「……署名集めは各支部とも数名が捺印しただけでうやむや」になったと報じている。

事件に関係ないということで、すぐに釈放になった徳次郎が塾の再建にのりだしたが、軌道に乗る状態ではなかった。塾生たちの多くは家に帰ってしまい、会員たちは塾へなぞ訪ねてこなかったからだ。内務省警保局の『昭和七年中に於ける社会運動の状況』には「愛郷塾・五・一五事件以後の状況」として「……世の視聴を集めるに到し半面、会員中に累の自分に及ぶこと恐れて、或は支部を解散を為し、或は脱会するもの続出の兆ありしを以て……」と報告されているくらいだった。

しかし、愛郷塾の署名集めは中断したが、長野朗、和合恒男、稲村隆一、宮越信一郎らの署名集めは、かえって順調に回転しはじめたのである。〝農民が止むに止まれず起ちあがった〟という心情が、拍車をかけたのである。しかも五・一五事件に農民が参加していた事実は、改めてマスコミの注目をひいた。新聞、雑誌が競って農村の恐慌を書きたてた。「農村はこんなひどい状態なのか」という感覚が、行間に出ていて、弁当をもってこれない生徒がいるとか娘が売られているとか、人びとを驚かす事実が詳細に報道された。世論はしだいに、政党はなにをやっているのだとなっていく。五・一五事件の本質がきわめて巧妙に分極化されていったのだ。だれが意識したわけではなく、それまでの病根が一気に吹きだしてきたのだ。

政友、民政の両党はあわてて党内に対策委員会をつくり、その解決策に農村出身の代議士が積極的に動きはじめた。農村問題はすでにほうっておけない情勢だというのが、政党の考え方となったのである。

このような国民世論を背景に、昭和七年六月二日第六二臨時国会が開かれた。斎藤挙国一致内閣のもとで、与党が政友会、民政党で、野党が五人の無産政党とわずかの中立派を除いてはいないのだから、初めから論戦は期待されていなかった。しかし農村の窮乏を打開せよ、という自治農民協議会や各市町村の決議をもって、農村からは農民がぞくぞくと集まってきた。まず第一陣として、開院式を終えてまもない衆議院に長野朗が自治農民協議会を代表して請願書をもって来た。長野の知人である政友会の竹下文隆に十六県三万二千人の署名が届けられた。竹下は紹介議員になることを引き受け、今議会を農村救済国会にしてみせると豪語した。長野の請願書のなかには、愛郷会が事件前にどうやら集めた三千人の署名もはいっていた。次いで長野県の北信不況対策会の十三人が県内の農民五千人の署名を集め、長野県選出の代議士のもとにこの請願を寄せた。

自治農民協議会と北信不況対策会は共同戦線をはることになり、そのあと押しで六月六日、竹下や風見などの手によって「農村のモラトリアム即時実施」が改めて衆議院と貴族院に提出された。この請願は衆議院請願委員会で採択された。六月八日には群馬県の町村長が訪れ、陳情書をだし、斎藤首相に面会して農村を救済して欲しいと訴えた。さらに農会長の集まりである道府県農会長協議会が決議を行ない、局面打開に穏健な方法を選びつつ、そのために不況打開を要望するといった。その他全国町村長会、全国農民組合と全国労農大衆党もモラトリアム断行など四項目を要求した。あらゆる農民組合がいまや国会に請願書をぶつけるまでになったのである。

　政党側も各派有志代議士会を開かねばならなかった。政友会も民政党も対策委員会で農民救済の具体案を打ちだし、次期国会で法律と予算案を提出するよう内閣に求めた。そのために、衆議院では憲政史上はじめてという第三臨時国会の早期召集が決議された。このときに政友会、民政党の一致で満州国承認促進も合わせて決議されている。

　第六二臨時国会が閉会してから、八月二十二日までの第六三臨時国会のあいだに請願運動が各地で広がりを見せはじめた。自治農民協議会はまた請願内容をつくりなおし、精力的に署名集めをした。この請願運動は長野朗が中心になり、進められたが、愛郷塾もまた活発に動いた。

　すでに五・一五事件に連座していた者と、そうでない者とのあいだに一線が引かれ、まったく事件を知らなかった会員たちは参考人として呼ばれたていどで、従前どおりの活動をつづけていいことになったのである。しかしこの年の一月に内務省では、特別高等警察網の拡張を企図しそれを閣議で了承をとっていたから、要視察人の警戒にはきわめて厳重になっていた。愛郷塾もまた茨城県警の視察の対象となり、指導的な役割を担っている会員たちの行動は厳しく監視されることになった。

　たとえば信彦がそうだった。彼は茨城県警から短刀や証拠品の湮滅《いんめつ》をはかったとして、一応は取り調べを受けた。軍部からなんらかの圧力があったのだろうか、取り調べはそれほどひどくはなく、結局短刀を川に捨てたことを認め、それも理由も聞かずにただ捨てただけだという申立てで許されたかたちになり、釈放になった。だが以来毎日刑事が尾行するようになった。そのため信彦は思うように動けなかったが、愛郷会幹部の大槻敬三や弓野征矢太らが積極的に動いた。署名は順調に集まり、こんどは茨城県下で一万人もの農民が捺印したという。

なぜ愛郷会が六月の中旬から八月上旬までの短期間にこんなに署名を集めることができたのか……。

それは新しく幹部になった大槻や弓野の穏健な路線にたいする安心感もあっただろう。しかし、たとえば七月七日付で徳次郎名で会員や塾関係者、県内の有力者に送られた暑中見舞で、愛郷会は再興し、合法的に運動を進めると述べ、塾生が最終的に四人やめたが、新しく二人入塾し、事件前と変わらない、今後は具体的に孝三郎の愛郷精神を継いでいくとタイプ九枚に刷って配布した挨拶状なども、人々を安心させたのであろう。そしていっぽうでは、町村長のなかにはすでに「愛郷塾農民に関する件嘆願」を書き、農民に署名捺印を求める動きまででるくらいの同情が集まりはじめていたのだ。「茨城県布川町長、小池銀次郎」名で七月にだされた嘆願書などはそうした動きのひとつであろう。小池は言う。「一死ヲ以テ蹶起《けっき》ス之レ愛郷塾農民子弟ナリ。彼ラノ奉スル所ノモノハ農ノ大本ニ拠ツテ皇軍ノ万全ヲ期スノ大旆《たいはい》ヲ以テス……」。こうした動きが、農民に影響を与え署名集めが容易になったのだろう。そして、これがのちの異常なまでの減刑運動の伏線になったのだ。

署名集めが容易だったのは、なにも愛郷会だけではない。長野県、福島県やさらに新しく十五県がこの署名運動に加わり、全国的な規模で広まっていった。富山県では請願運動署名デーが設けられたほどだった。文部省が農漁村の欠食児童二十万人と発表したが、それもまた署名を容易にしたろう。政府は、第六三臨時国会を前にして、時局匡救費《きょうきゅうひ》八億円の財政支出計画案を発表し、農民に期待を与えもした。そしてこの過程で、わずか数団体にすぎなかった農本主義団体が全国で三十二団体にふえ、会員も約二三〇〇人になった。このうち愛郷会が五〇〇人を占めていたのであった。ちなみに、このころの茨城県の農民組合は右派（全日農）が県下に三十支部で組合員は六〇八人、左派（全国全農会議）は二十八支部で二二四人だった。

五・一五事件後の茨城県の農村運動は、こうした社会主義系の農民組合の組合員たちを動揺させ右翼へと転向させた。茨城県警察部の『最近ニ於ケル小作事情ノ概説』（昭和十年）の一節もその事実を裏づけている。「昭和六年末ヨリ擡頭シツツアリタル右翼運動及水戸郊外橘孝三郎ヲ中心トスル愛郷塾ハ農村救済問題其ノ他ニヨリ相当共鳴者ヲ出シ、昭和七年五・一五事件ノ後ヲ受ケ県農民組合員中一時右翼運動ニ転向セントスル者出デ、一時組合運動稍《やや》下火ニナラントシタリシモ、ソノ後本部（全国農民組合）ヨリノ指令ニ基キ会議派及本部派ガ既定方針ニ邁進スベク農村不況ヲ理由トシテ農村救済、飯米闘争或ハ村会ヲ召集セシメ……」とあり、一時的な組織のぐらつきがあったことがわかる。

だがこの署名運動が異常に燃えあがったのには、もうひとつの因がある。体制側から充分組織化されていない農民のエネルギーを吸収しようという動きがあったからだ。在郷軍人会や除隊した兵士たちの熱心な動きは、そのことをものがたる。在郷軍人会の軍人たちは、しだいにそれぞれの地方の政治に参加してゆき影響力をもつが、この請願運動はその第一歩となったともいえた。それは期せずして軍部の意向を汲んだかたちになり、新潟県ではより露骨に首長の手をとおさずに地区連隊の司令官をつうじて上奏する動きさえ見せている。半面、請願運動はみごとに監視されていて、ちょっとでも集団的行動の気配が起こると弾圧された。政府や内務省は大正七年の米騒動の二の舞を恐れていたからである。そのために、農民のエネルギーを監視しておかなければならなかったのである。内務省は第六三臨時国会を前にして、「……最近左右両派の煽動的運動が次第にその度を高め来り、或は潜行的に或は合法的に諸種の種を以て農民を惑はし或は陳情請願に名を藉《か》りて各地に集合大衆的運動を起さんとする傾向があり……」と述べ、厳重に監視体制を布いている。この監視にひっかかり解散させられた集会や団体は多かったが、それらは新聞には報道禁止で少しも報じられなかった。

そういう集会や団体として日本農民組合山梨県連合会員二百人は上京を阻止され、また東京深川では「米よこせ会」が弾圧され、指導していた関東消費組合の指導者たちが相次いで検挙されている。

第六三臨時国会は八月二十四日に開会式が行なわれた。自治農民協議会をはじめとする各種農業団体の署名は三十数県から二十万通の請願書となって集まった。その請願書は八月八日にできたばかりの国民同盟に所属する風見章の手によって議会に提出された。この臨時国会は、別に救農国会といわれたが、その冒頭にふさわしい請願書であっただろう……。

だがこの六三臨時国会は政友、民政両党の対立と党内の対立が複雑にからみ、救農国会といいつつ、実質的にその機能は果たせなかった。とくに政友会はときに斎藤内閣を攻撃する側にさえたった。政党の対立が著しかったのは、米穀法改正案である。結局、会期まぎわに妥協が成立し法案はとおった。いっぽうこの国会が救農国会といわれたのは、農村匡救費の支出が決議されたためである。農民の労働を高い賃金で買うため——の予算であり、二億七千万円が計上された。内務省、農林省などで土木事業を起こし、それで農民への現金収入に当てさせようというものであった。

このころ農民の負債総額は三十七億円あった。だからそういう資金はまったくなんの足しにもならなかった。むしろ借金の利子棚あげなど実質的な効果を農民は願っていたが、それらは結局陽の目を見なかった。この匡救費を生みだすため公債が発行され、この臨時議会では総額七億八千二百万円もの公債が発行された。いずれインフレになり、このはねかえりが結局は農民の懐をしめつけるというめぐり合わせになっていたのである。

結局、あれほど燃えあがった請願運動はなにひとつ実効されず、わずかに時局匡救予算となって農民に〝淡い期待〟をもたせたにすぎない。三年間にわたっての計六億円の匡救費が、福音のように聞こえたが、それは農業そのものへの援助ではなく、失対事業並みの援助にすぎなかった。

茨城県でも時局匡救臨時県会が開かれ、国会でまだ成立もしない予算をあてにして県予算をつくるほどのスピードぶりだったが、それも農民の要求がかなり鋭かったからであった。そして、昭和七年十月からはじまった農林大臣訓令の自力更生運動より先に、九月には阿部嘉七知事が「自力更生ノ告諭」を発表して、「徒《いたず》ラニ他力ニ依頼セムトスル弊風を排して、「生活全般ノ更新ヲ図ルト共ニ益々公共奉仕ノ精神」で「邁進セラレンコトヲ望ム」という精神主義を農民に呼びかけたのである。この時代には、そうした生活の苦しさも精神論でのり切るということが平然と語られたのである。

救農国会が実は窮農国会であったのは、その二年後に明らかになる。たとえ失業者並みの救済予算でも農民は淡い夢をもったにもかかわらず、軍事予算の膨脹のため、九年には打ち切りになったからだった。

しかしこの国会が重大だったのは、知識人に完全に政党政治への幻想を断ち切らせたことである。軍部の圧力に抗しながら、政党政治から一歩後退した挙国一致内閣はまた政争を露骨に見せつけた。たとえばこの議会にはかられた中小企業者のための負債整理法案が政党の党利党略によって廃案になったのは、その法案の成立を待ち望んでいた中小企業経営者をも失望させた。この負債整理法案と米価改正法では、政友会からの大臣と後藤農相や民政党からの大臣が衝突し、内閣は二分されることになり、政友会の斎藤内閣倒閣を狙う議員の思うつぼとなったが、結局足して二でわる妥協案で収拾がはかられた。このような動きは、軍部に隙を与えるもとであった。非常時といいつつ常時的な政党の争いは、それをほくほく顔で見ている反政党反議会主義の軍人や右翼を充分喜ばせるものだった。

12 壊滅

農村自治協議会の署名集めが燃えさかっているころ、すなわち七月二十六日のいはらき新聞紙上に「自首した愛郷塾長　懐中に国事を思う建白書　直ちにハルビン憲兵隊に収容」という見出しで、孝三郎の自首が報じられた。孝三郎の自首は、改めて愛郷会の関係者や県下の人びとにさまざまな噂となって流れた。

たとえば経済的窮乏という説があった。恐慌で愛郷会自身が経済的にゆきづまり、こうなれば……と軍人の呼びかけに応じたというのであった。ノイローゼ気味であり、神経が昂ぶっていたからだという者もいた。また、頼まれて仕方なく参加したのだという説もあった。頼まれれば断わりきれないという水戸っぽだから……というのである。昭和維新を夢見たという説もあった。明治維新の口火は水戸浪士によって切られた、だから水戸人として参加したのだろうというのであった。そして、愛郷塾の理論は結局ああなるのだという説もあった。没落するブルジョワジーの典型的な姿だというのである。

どの説も、半面は当たり、半面はちがっていたであろう。真相をさぐるために、新聞記者や雑誌記者が相次いで取材に来た。だがだれも真相がわからず、どの説かが強調されていた。昭和七年九月号の「文藝春秋」誌上で、風見章と評論家の鈴木茂三郎と会員と徳次郎が座談会を行なっている。鈴木の質問はなかなか厳しく、それはまた本質をついていた。だが答はそれにかみあっていなかった。鈴木の質問をのみこめずにいる会員に、傍から風見が解説を加えていた。そしてはからずも、一部の会員がもっている小作人蔑視が明らかになっている。ある会員は「共同販売、共同購入をやる時は、（小作人は）利益ばかり主にするから、滅茶苦茶になる」と言い、別の会員は「現在の小作人はさういうことをする余裕がない。さういう意味で、（愛郷会は）中産階級が立つたといへる」と言っている。

塾長代理——それに一言附加へますが、階級はないんです。思想的にいへば同胞主義ですから、一律一体のもの、だから自作小作と争ふことは要らんのです。その中原理が分ればどん〳〵入つて来ます。だから塾長は理論ばかりでなく、どういふやうに百姓をすれば飯が食へるかといふことをまづ示す。今の世の中ではどんな百姓でも飯が食へませんから、この主張で実行すれば飯が食へるぞといふ所を摑んで居ります。こゝに新らしい文化の改造といふ基礎があるので、私どもの本質とするのは闘争ぢやありません。

鈴木——愛郷会の本質はさうでせう。人類を平等に見るといふのでせうが。所が現在の実際はやはり経済的の基礎が違つてゐる訳ですね。それでいま一寸私たちが——都会に居るものの考へ方ですけども、窮乏の一番大きいのはどこにあるかといへば、資本主義の影響が一番大きく、強いと思ふんですね。

それで次には村々でいひますと、やはり小作人、或は自作兼小作にしましても、折角実際に働いて、農耕主義から行きますと、実際に働く農民の事であると思ひますけれども、さういふ実際働いて居る自作、自作兼小作、それに小作と分けて、それの一番負担の重いものは小作人ぢやないかと思ひます。その小作人に一番大きくかぶさつて居るといへますが。その小作人が愛郷会にはいつて来ますと、それの解決にお当りになつたことなど、支部にはございませんか。

会員G――それは自分たちの村から申しますと、小作人と地主といふもの、間に於てお互の隔たりといふ関係はない。お互に融和し来たつたといふのが茨城県の特長ですが、一般に小作人と自作の者の争ひといふものはありません。

孝三郎を頂点とする愛郷会、愛郷塾の会員の思想は、以上の談話に集約されている。すなわち農村の自作農、いわゆるプチブルジョワジーに立ち、すべてそこからしか視点をもたないこと。孝三郎が帰農してから遍歴した軌跡は、こうした会員にみごとに受け継がれていたのであった。鈴木茂三郎は翌月の同誌上にこの座談会の感想を書いている。そのなかで、鈴木は、ナロードニキ運動と比較している。しかしナロードニキと愛郷会は本質的に相違があり、それは「没落資本主義の今日、階級対立の激化した今日、中農層を基礎としておこつたところの諸運動、その一つの愛郷会運動は反動ファッショ以外の何物でもあり得ないということである。塾長はファッショと言はれることを迷惑としてゐるさうであるが、貧農――小作人を軽蔑するのみか、小作争議がおこると塾長が出かけていつて地主と貧農階級対立を愛郷精神で圧殺して了つたといふ実践、それは明かにファッショである」と決めつけた。

また鈴木は、五・一五事件への参加は農業恐慌で兄弟村や中農の基盤が揺らぎ、無抵抗主義を捨てたと見て、それが愛郷会の理論と実践の第一次破綻だとした。これが〝愛郷会は必ずこうなる〟というときの、有力な視点であった。いっぽう、茨城県選出の衆議院議員山崎猛は、「中央公論」（昭和七年夏季特別号）で、ある評論家に言っている。「水戸の学風といふと語弊がありますが、要するに天下の志士を以て自ら任ずる壮青年が多いんです。……水戸の浪士が桜田門外で井伊大老を屠り、国内改革の晩鐘を撞いたことなぞが、かれらの若い血を、今日に到るも、大いに湧かせたりするんでせうね」――。これは、昭和維新を夢見たという説の代表的な見解であった。

自治農民協議会の請願運動は結果的になんの役にもたたなかった。残された愛郷会の会員たちは、五・一五事件への参加を〝路線〟の誤りでなく、〝指導者の性格〟によるものとみていたから、合法運動へはさらに積極的になった。路線を守るかたちで、県議会の補欠議員選挙に自治農民協議会系のメンバーを立候補させ、その応援に走りまわった。権藤成卿や長野朗が応援にかけつけたが、政友会の候補者に敗れた。農民の支持を得ることはできなかったのだ。

こうした事件後の動きは、決して関係者に歓迎されたのではない。風見章は休塾にして、もとの兄弟村にもどれと説いた。風見は愛郷塾との関係が密接だったので、司直の取り調べを受けたが、終始孝三郎をかばった。それだけに兄弟村にもどれということばには、納得させうる力があった。その意向を汲んで、政治運動から手を引くべきという意見も会員のなかには強くなった。

信用していた愛郷塾に裏切られた感じの県の有力者たちも協力的ではなくなった。七月には県知事が交代したが、それもこの事件のためだと噂された。また県議会では、県民が他の地方で職を求めることができなくなり、一夜の宿さえ茨城県民であるがゆえに断わられているという質問がもちだされ、知事も血盟団事件、五・一五事件とつづいての凶変に、答弁に窮していることもあった。それに、当然のことだが県の農業資料からは愛郷会の名が消えていき、かわって警察側の資料にたっぷりと記載されていった。

事件から半年を経た。

十二月十八日に徳次郎を中心に、再興愛郷会の総会が開かれた。すでに多くの会員が去っていた。この総会で、すでに掌握のできなくなっている支部は独立させて、独自に活動させることが決まった。本部は相互の連絡機関となった。このことはひとりのカリスマ的指導者に代わって集団指導をとることを意味した。本部には七つの部があり、そのなかの共済部は理想社会をつくるために、どうしても医療機関が必要だとして、孝三郎と正三が正三の弟を東京帝大医学部に進めたのが、やっと一人前の医師となって帰ってきたためにつくられたのであった。愛郷会の中に医療機関をつくるのは、水戸市内の医師会の反対で頓挫していたが、事件後執拗に県に働きかけてどうやら許可がおりた。会員が共済金をだしあい、そのかわり病気にかかっても一切が無料というのであった。

徳次郎が会首代理、塾長代理になり、塾の教師には弓野征矢太が小学校教師の職を止め、塾生に教えることになった。弓野は新しき村に三年間住みつき、茨城に帰ってからも愛郷会によく出入りしていたが、非合法活動には批判的で、孝三郎の建設的な面を受け継ぎつつ、新しき村のように個性尊重の塾にしようという考えをもっていた。そのため、塾生は週一回座談会を行ない、集団討議をして自分たちの生活を律するという、以前よりは自由な生活が送れるようになった。

しかし愛郷塾は再び破綻した。

かつての塾生のひとりが、孝三郎の減刑嘆願を直訴しようとしたためだった。彼は愛郷塾を退塾し、昭和八年一月に「橘孝三郎先生を直ちに出獄致さしめ救国の大道に立たしめ……」という直訴状をもち歩いているところを逮捕された。警視庁では徳次郎、弓野、大槻ら再興愛郷会の幹部が扇動し教唆したとして検挙し、塾生たちも取り調べを受けた。この直訴事件は、雑談の合間にそういう話をする塾生はいたが、別に具体的な動きはなかったと現在は関係者も証言している。

多くの者には寝耳に水だったが、これで愛郷塾は完全に壊滅することになった。もういちど再興して動こうにもすでにその余力はなかったのである。

Ⅷ　人身御供

1　内務省発表

〈昭和七年〉
▽10・6　大森で銀行ギャング事件（共産党内に入ったスパイの挑発事件、河上肇の義弟も逮捕される）▽11・21　国際連盟理事会で松岡洋右《ようすけ》主席全権、リットン報告に反駁　▽12・19　全国一三二新聞社が日本言論機関の名で満州国独立支持の共同宣言発表

〈昭和八年〉
▽1・12　河上肇検挙さる　▽1　三原山で心中続出　▽（1・30）ドイツにヒトラー内閣成立　▽2・20　小林多喜二が検挙され、虐殺さる　▽2・24　国際連盟対日勧告案を42対1で採択、日本は国際連盟を脱退（松岡「連盟協力限界に達した」と述べる）　▽（3・4）ルーズベルト、米大統領に就任　▽4　ヨーヨー大流行

昭和七年、八年と日本の歴史はたしかに曲がり角にあった。

五・一五事件は軍部勢力の拡大となった。軍部は政治へくいこむ足がかりをつかみ、さらにその歩を進めようとしていた。斎藤内閣は軍部と政党の妥協内閣だが、西園寺が考えていたのとは逆に政党政治にもどすための暫定的な色彩をしだいに失っていた。相かわらず政争をつづけ、軍部につけこむ隙を与えていたし、政党の側からはより積極的に軍部に近づく政治家がふえていた。森恪は昭和七年十一月に肺炎をこじらせてあっけなく死んだが、安達謙蔵らは国民同盟を通じて、軍部に近づいた。

民間右翼は五・一五事件によって期待が達せられた感をもち、表面的にはなりをひそめていた。かわって無産政党と知識人、大衆の側に政党政治嫌悪のムードが起こり、軍部に接近する者がでた。たとえば社会民衆党の亀井貫一郎は、大川周明や軍人と接触しているのを得意気に語り、軍人から馬鹿にされている有様だった。

とはいえ、このころはまだファシズムを防ぐことのできた時代だ。軍部の力が強まっていたといっても、政治の中枢へは入りこめなかったし、なにより大衆の間にテロ事件に対する怒りがあった。国家主義団体は五・一五事件被告の減刑嘆願を集めようとしたが、まったく集まらなかった。こういう土壌のなかで、政党が強力にリーダーシップをとったら局面は充分変わりえたのだ。

もちろん政党政治家がすべて軍部に媚態を示したのではない。斎藤内閣は政党、軍部、官僚の寄り合い世帯ではあったが、定期的に五相会議を開き、意思を統一していた。五相会議というのは、斎藤首相、高橋是清蔵相、荒木貞夫陸相、大角岑生《みねお》海相、広田弘毅外相で構成され、外交、国防、予算など各省間の意見を調整する機関であった。斎藤、高橋らいわば穏健派と荒木、大角の急進派が外交問題や財政問題で意見が対立することがあっても、西園寺公望、牧野伸顕らの後押しを受ける斎藤や高橋の意見が荒木や大角を押さえ、軍部の意見を押さえた。だが一面では五相会議は政党の軽視につながり、いわば軍国主義的風潮のなかで、政党の存在自体が非国家的であるという軍部の批判が国民に許容されることになった。

国民のあいだには自暴自棄の処世観が生まれた。三原山心中……、エログロ・ナンセンス……、東京音頭の大流行……、そして殺伐な事件の続出……。共産党の岩田義道、小林多喜二の特高による虐殺。「共産党員なんか殺してもいいのだ」と考える特高、そんな感覚が末端にまで浸透したのは、この時代の病理そのものを象徴していて、人びとの心は荒んでいった。

こういう背景のもとで、司法省は法務省、陸軍省、海軍省の連名で「五・一五事件の全貌」を発表した。昭和八年五月十七日である。この日から新聞記事も解禁になった。

司法省が発表した全文は二万字に及ぶ膨大なもので、第一から第四に分かれ、犯罪の動機及び目的、事件の経路及び計画、行動の概要、事件の処分と分かれて記されている。この公文のなかで、「第一、犯罪の動機及び目的」は、つぎのように伝える。陸軍省、海軍省、東京地方裁判所の予審判事が、一年間にわたって各被告を取り調べたうえでの結論だった。

「近時我が国の情勢は、政治外交経済教育思想及び軍事等あらゆる方面に行詰りを生じ、国民精神亦頽廃を来したるを以て、現状を打破する非ざれば帝国を導くの恐れあり。而してこの行き詰りの根元は政党、財閥及び特権階級互に結託し、只私利私慾にのみ没頭し、国利民福を思はず腐敗堕落したるに依るものなりとなし、その根元を剪除して以て国家の革新を遂げ真の日本を建設せざるべからずと請ふに在り。然れども彼等の建設せんとする真の日本なるものは各自の抱懐する思想の相違によりて多岐に亘れるものの如し」

彼らの目的がまったくばらばらであり、そこにはなんの共通性がないことを認めている。だが、この事件を仔細に追ってみれば、彼らがもっていないはずの目的はみごとに達成されている。そのための操作——「行為は悪いが心情はわかる」式の地盤が、この発表とともに徐々に醸成されはじめたからだ。まずこの発表のあと、荒木陸相、大角海相が述べた見解は、為政者から大衆へ〝被告に寛大なムード〟が滝のように流れ落ちる前兆そのものであった。

荒木陸相は言う——。

「本件に参加したものは少年期から漸《ようや》く青年期に入つたやうな若いものばかりである。これら純真なる青年がかくの如き挙措に出でたその心情について考へれば、涙なきを得ない。名誉のためとか私慾のためとかまたは売国的行為ではない。真にこれが皇国のためになると信じてやつたことである。故に本件を処理する上に、単に小乗的観念をもつて事務的に片付けるやうなことをしてはならない。この事件を契機として三省再思もつて犠牲者の心情を無にせざらむことを切望する次第である」

事件のあと辞職し、またかえりざいた大角海相も言う――。

「……ただ何が彼等純情の青年をしてこの誤をなすに至らしめたるかを考へるとき粛然として三思すべきものがある。……罪とか刑罰の問題を離れ、ただ彼等青年の心事に想到する時涙なきを得ぬのである」

これより先、この発表文がつくられる過程で、軍人と民間人の罪名について、軍部と司法省に対立があった。陸海軍側は、軍人らは政治的、国家的な目的に向かって行動したのだから、爆発物取締罰則違反、殺人並びに殺人未遂とすべきでないと主張した。そして民間側にも反乱罪を認めてもいいが、刑法に反乱罪はなくても、陸、海軍刑法の反乱罪を広義に解釈すればいいと言った。そうすれば陸軍、海軍、民間のそれぞれの犯人に擬律の統一ができるというのである。

これに対して、司法省の検察官側は「陸海軍側の法律について容喙《ようかい》するのではないが、軍人被告の行為といえども反乱罪ではない。何となれば反乱罪とは国権を冒さんとするものので、すなはち逆賊の行為を指すものと解釈する。もしたとえ反乱罪が妥当であるにしても、この罪は陸海軍のみに適用されるべきで民間には適用できない」と主張し、陸海軍刑法からひき離したい意向を示した。

陸軍側は、陸軍刑法の反乱罪には第二十五条から第三十四条まであり、今回適用されるのは第二十五条（注・「党ヲ結ビ兵器ヲ執リ、反乱ヲ為シタル者ハ左ノ区別ニ従テ処断ス」とあり、首魁は死刑から付和随行の懲役五年以下まで記してある）で、この事件は明らかに反乱罪であり、反乱罪とは何等目的がないものを言うのだと反論した。このようなやりとりのあと、結局、軍人側には反乱罪を適用し、民間側は殺人または爆発物取締罰則違反で起訴することで話がついた。

このやりとりがつづいているとき、民政党小泉又次郎、富田幸次郎、鈴木富士弥の三議員から、林検事総長と小山法相に、意見書がだされた。この意見書は「一、擬律の統一二、内乱罪の性質　三、武士の情　四、軍刑法と軍法会議　五、刑事政策の性質　六、武官被告の休職」の六項目から成り、とくに「一、擬律の統一」では、かなり綿密な批判をくり広げている。その批判というのは、つまり「……五・一五事件予審の終結に直面し、軍部は軍刑法の反乱罪を以て之を問擬し、司法部は刑法内乱罪の適用をせず、普通の殺人罪その他の罪名を以て之を断罪せんとするやの噂あり。……世上一般の法律常識は同一国家の刑罰権発動に付き、仮令《たとい》表面上にもせよ、かくの如き行違ひを許さず、……この際司法部及び軍部は、歩調を一にして本件被告に対し同一罪名（即ち軍人は反乱罪、非軍人は内乱罪）を以て処罰するを妥当なりと認む」ということだった。

だが、結局、東京地裁予審部は民間側十九人の被告の内訳を、橘孝三郎、後藤圀彦、林正三、矢吹正吾、横須賀喜久雄、塙五百枝、大貫明幹、小室力也、春田信義、奥田秀夫、池松武志、川崎長光の十二人が、爆発物取締罰則違反、殺人および殺人未遂罪、高根沢与一を爆発物取締罰則違反および殺人、杉浦孝を同取締罰則違反および殺人幇助《ほうじょ》、堀川秀雄、照沼操、黒沢金吉を同取締罰則違反、および殺人未遂教唆、大川周明、本間憲一郎、頭山秀三の三人は同取締罰則違反および殺人幇助としたのであった。いっぽう海軍軍法会議は五月十七日に予審を終え、反乱罪および反乱予備罪で十人を起訴した。陸軍軍法会議もまた反乱罪および反乱予備罪で十一人の陸軍士官候補生を起訴したが、それ以前に海軍の軍人たちは休職になり、陸軍士官候補生は退校となっている。

擬律の統一は、この裁判のなかで終始問題になった。軍人たちは軍部が後盾になっているから反乱罪、反乱予備罪で刑が軽くなることは予想されたが、司法省はなんらかのかたちで司法権の独立を守るために〝いけにえ〟が必要だったのだ。それには民間側被告が恰好の材料であったことはまちがいない。軍部から見て、民間側被告はふたつの面から切り離したいという希望があったろう。そのひとつは民間側の影響は軍部の首脳にとって迷惑きわまりないから一線を引いておくこと、そしてもうひとつは軍人の決起はよくわかるが、民間側の決起はよけいなことだという認識である。事件決行後、軍人は憲兵隊に自首し、愛郷塾側は孝三郎と圀彦を除いて警視庁に逃走中を逮捕されるという意味は、実は決行者側にも軍部が主で民間が従という役割があったと考えられる。

そうしたことは一見もっともらしく見える公判の日程にもあらわれていたのではなかったか――。公判は海軍側を皮切りに陸軍側、民間側と順次開かれることに決まった。まず海軍側は七月二十四日から横須賀鎮守府軍法会議法廷で高須四郎海軍大佐を判士長として、陸軍側は翌二十五日から第一師団軍法会議法廷で西村琢磨陸軍砲兵中佐が判士長となって開かれることになった。民間側は陸海軍の進行具合によって、日程が決められることになった。軍法会議はいわば軍内部の身内の裁判みたいなものである。最高長官は陸海軍大臣であり、文官の法務官と武官の判士によって行なわれる。このときも判士四人と法務官一人で判事が構成された。ふつうの裁判官とおなじ知識をもっているのは法務官ただひとりで、あとは軍部の代弁をするにすぎない。

徹底した軍部優先……こういう裁判所での裁判がどんな具合になるか、そんな危惧は事実となってあらわれてきた。

2 獄中からの通信

孝三郎や愛郷塾生にとって、検事の取り調べを受けるのは、はじめてのことだった。取り調べには〝素直に応じた〟という。知っていることは、なんでも話したわけである。――たとえば、孝三郎は言っている。「わしは答は同じだ。予審だろうがなんだろうが、わしはどこへ行っても同じことを答える。隠しだてもしない、弁解もしない。わしは同じことをいう。なかんずく、公判のとき、陳述をしたが、あとにも先にも陳述をあれだけ（時間を）もらったものはなかった。……」

このころ警察に逮捕された右翼、左翼の思想犯が自らの行為を正当化したり、あるいは仲間をかばったりするのは当たりまえだった。また拘置所での肉体的な疲労や精神上の不安から自白になんらかの手を加えるのは当然ともいえる。——現在、現代史を調べるにあたって、裁判資料は眼光紙背に徹しなければ本質をつかむことができないといわれるが、それにはこのような含みがあるからだ。

孝三郎と愛郷塾生に関していえば知っていることはなんでも話したから、話すときに孝三郎をかばうのを差し引いて資料を読めば、ほとんど正確なまでに彼らの当時の考え方はわかる。愛郷塾生にとって、天皇の名のもとに行なわれる裁判で虚偽の自白をするのは、天皇への冒瀆であると考えたためだった。行為をひとことも弁解せず裁きを受けるのは当たりまえのことで、なんら矛盾を生むものではない。したがって予審の取り調べは順調に進み、陸軍、海軍よりもあっさりと終わった。予審の取り調べが終わったあと、彼らは公判まで未決囚として獄につながれているのだが、思想犯の大部分がそうであるように獄中はまた彼らの勉強部屋となったのである。孝三郎は日本の古代史からはじまる日本歴史を調べはじめ、平行しながら、裁判長あての上申書を書いていた。また塾生たちは宗教の本を差し入れしてもらい読んだ。

月に一回という獄中からの通信は、彼らにとって楽しみでもあった。家族や肉親への手紙が一本の糸のようにつながり、その糸があるときは伸びたり、あるときは縮んだり、またあるときは切れたりしながらつづいた。孝三郎と正三の獄中通信は、昭和八年七月号の「改造」で「愛郷塾を思ふ＝近親への通信」として二六ページにわたって紹介されている。そのなかで孝三郎は妻につぎのように書いている。

「……兄弟村及愛郷塾に押し寄せて来た暴のどんなに恐る可きものであつたかを想像する事が出来る。私は、それでなくてさへ、お前様及子供達の前途を考へ寝ても寝就かれん時があるのに、その事を聞き知つてどんなに心配したか。しかし来る可きものは遂に来るのだ。どうしても避けられない。そこでお前様には充分の覚悟をしてゐてもらはねばならん。（以下略）」（昭和八年三月十九日）

また公判の三週間まえに妻に宛てた手紙はつぎのようになっている。

「……お前も霜毛が生へたか、おれも生へたよ。満州へ行つて急に生へたのだ。露人の家に厄介になつたとき、ふと鏡にうつる自分の頭に著しく霜毛の生じたのを見て驚いた。

アナトリの心に秘めし悲しみは
　鏡に映る初霜毛哉

露人の家で私はアナトリと呼ばれてゐたのだ。秋が来るとまたばかにこんな方面の事を考へさせられるものだなあ。

　○

夜をこめて風のあれつつ秋立つか
　さやかにのぞく獄窓の月

　○

求めてか求めなくてかこほろぎの
　何をなくなる獄房に来て

（中略）身体の具合も頗るいゝ、頭もとみに冴え渡つて来た。畢生《ひつせい》の努力を傾けて事に当らねばならんのは申迄もないこと。正々堂々の陣を張つて、平素抱懐せる経綸を獅子吼《しし く》する。たゞ一すぢに、自他一切の為に良き事より更により良き事を希ひ求めつつ真心の極みをつくして生きんとするの願望の存する所だ。

ひたすらに祈り求めてただ祈れ

ただひたすらに祈り求めて

必ず通ず可きこの求道の真心である。おれがかうした生活を辿ると云ふのも天意・神慮だ。祖国日本は勿論亡ぶるものではないのだ。」（昭和八年九月六日）

林正三は獄中から妻にあてて書いている。

「……自分は自分の選んだ道に踏込んだのだから如何なる苦しみをも甘受する。また耐へられる。どんな裁に合ふとも深く服する。心にかかるのはお前達だ。どうか如何なる事があらうとも取り乱してくれるな。人を悪くむに非ず世を呪ふに非ず、愛すればこそ、事比処に到つたのだと云ふ事は、お前はよくわかる筈だ。勿論冷静に反り省て、それが最良の方法であつたとは思はれない。ただ止むに止まれなかつたのだ。クリストを思へ、十字架を思へ――とは云ふものの恁《こう》して独房にゐて何事も聞かず、見ず、語らずに済むのとは違ふからなあ。人の罵言や讒謗《ざんぼう》も耳にはいるだらうし、冷笑にも侮蔑にも会ふであらう。女のお前には身を切られるつらさであらう。だが耐へ忍んでくれ。幸ひにも兄弟の愛が包んでゐてくれる。愛だ。愛だ。愛は神なり。神は愛なり。何もかも忍べ。（以

下略)」(昭和八年六月六日)

また子供たちにはつぎのように書いている。その内容はこの事件への彼の考え方を明らかにしている。

「……一応父の心中も話しておこう。父はたゞ苦しんでゐる農民とこの危ない日本を心から思つたのだ。お前達も見たり聞いたりして知つてる様に今農民は大そう困つてゐる。このままにしてゐるうちには農民と農村とはつぶれてしまう。農民がまゐつてしまつたら日本はどうなるか、なによりも大切な米はだれが作るのか、国を護る軍人、健全な青年はどこから生れるか、五百五十万戸三千万人の農民が物を買へなくなつたら商業や工業はどうなるか、農村がまゐり商業や工業が衰へて日本は立つて行けるか、農村は国の台所の様なものだ。大きな港や立派な都会は丁度お座敷や玄関、日本は今玄関やお座敷は大変立派だ、然し台所の米びつはからつぽだ、それなのにたれも〳〵自分のこと自分の欲を満足させることばかり考へて人がどんなに苦しからうが日本がどうならうが一向みむきもしない、有富な人はその有富のために腐敗し貧乏な者は貧乏のためにやけくそになつて働かず働いても食つて行けず、たれもかれもてんでんばらばら世界にほこつてゐた日本人の愛国心、団結心は日に日に衰へて行くのだ。(略)人をにくむのではない世をのろふのではない、人を愛し世を愛すればこそかうした事になつたのだ。何か利を得やうとか名を得やうとかそんなくさつた考は毛ほどもない。全くこの一身を同胞のため日本のために捧げたのだ。

(別の封緘《ふうかん》はがきにつづく)

（其の二）勿論今になつて静かに考へて見れば父らのなした事は最も善い方法、手段でなかつたと思ふ、然しどうにもかうにもならぬ程心が熟してゐたのだ。父等は今罪人として問れてゐるそれは止むを得ない、罪は罪としてどんなさばきにもいさぎよく服する、もとより捧げた身だ。考の浅かつた罪だ。国に報ひんとして国の罪人となると言ふことは残念だが仕方ない、さうした事実は歴史に沢山見ることだ。（略）大きな強い意志をもて、お前達は立派だ、その年少でありながらこの父の代りとなつて暗いから暗いまで働き兄弟村を支へてゐるのだ。立派な人と言ふのは財産や位や名誉や智識の高い豊かな人と云ふのではない、心の高い豊かな人を云ふのだ、愛の心に満ちた人だ、わかり易く云へば『我身をつねつて人の痛さを知れ』といふのも愛『己れの欲する所を人に施せ』と云ふのも愛『身を殺して仁をなす』といふのも愛『強きをくぢき弱きを助く』と云ふのも愛『人もし汝の右のほほをうたば左をも向けよ』と云ふのも愛『汝らの仇を愛し汝をせむる者のため祈れ』と云ふのも愛、君を思ひ国を思ふて身命を捧るのも愛『親に孝、兄弟に友に、朋友相信ずる』のも愛だ。愛の心には貪慾もないいかりもないぐちもない犠牲があり信頼があり希望があり喜びがある。兄弟主義精神はこの愛の心だ。この愛の心の強く大きい人そして実行する人が立派な人、内からかがやく人と云ふのだ、百姓でいい牛乳屋でいい花屋でいいのだ。兄弟村はそのまま立派に再び立上るのだ。（以下略）」（昭和八年六月六日）

　こうした獄中書簡はのちに公刊され、この事件の側面をはっきりと露出していった。

愛郷塾生たちは獄中のなかで、事件から一年目を迎えたとき、さまざまな感慨をもった。たとえばある塾生は、それまで徹底的に変電所を壊さなかったことを悔やんでいた。だがしだいに時が経つにつれ、結局あれでよかったのだと思うようになった。もし手榴弾を投げ人を殺傷していたら……と考えたとき、怖れが襲ってきたのだった。またある塾生はそれまで感激とか興奮とか苦悩とか、よく人がつかう抽象的な次元のことばを実感としてもったことはなかった。彼は自分が感性に乏しい人間ではないかと思っていた。それまで涙を流したことがなかったのだ。〝悲しくて泣く〟という経験がどんなものなのか、彼は知らなかった。だが拘置所で宗教書に触れ、肉親のことを思ったとき、彼ははじめて泣けた。自分の起こした事件の重さを知った——そのとき、彼ははじめて〝悲しみに泣く〟ということがわかった。

十八歳から二十二、三歳までの塾生が、世のなかを改革しようとしながら、その実改革すべき社会がどんな社会なのか、さらに、改革した社会がどういう社会になるのかをまったく知らないのは当然だったかもしれない。愛郷塾の指導者ともいうべき孝三郎や正三はどんな社会になるかを知ってはいたろう。そして軍部との統合を叫んだ瞬間から、決行者たちは軍部の戦略のなかに組み込まれ、軍部の戦略が歴史の渦に吸収されていくのを予知はしていたろう。だが反政党、反財閥を唱えながら、その実彼らの渦が結果的に資本主義そのものをさらに補完し、補完されたが故により強く農民が惨めな状況になっていくことを愛郷塾は知らなかった。そうした例はこの時代にほかにもあった。すでに満州国の建国理念を担った石原莞爾が兵器本廠《ほんしょう》付きとなって満州を去ってから、日本の植民地として傀儡化する過程と同様に、起爆となるエネルギーは、あくまでそれ自体にほかならないというあの鉄則とおなじであり、塾生たちがそれを知ったのは早い者が公判中に、そして遅い者でも刑務所をでてからのことだったろう。

社会の枠組みからはずされ、はずされただけでなく踏みにじられた農本主義思想が叫ぶ怨嗟の声は、工業化に伴う農村共同体の破壊への怒りと相まって、切り捨てられた人たちの声であったろう。しかも切り捨てられた部分が軍隊への重要な供給源であったことを考えたとき、下士官や在郷軍人がその怨嗟の叫びに唱和するのも当然であった。農業というきわめて精神的色彩の濃い営みがもつ反近代性、いわば近代化していく社会へのもろもろの焦りがさらにその唱和をヒステリックにし、その頂上に軍部の皇道派ともいうべき一派があったのだ。そういう図式がこの時代にはあったのだ。

意図したのではなかったにせよ、軍部が動きだすには五・一五事件の軍人や民間側が反省したり、人間的側面を見せたり、政党政治への憤りを述べてくれたりすることがぜひとも必要だった。彼らのそういう語らいこそ、大衆の情緒に訴える最大の武器になるからである。古賀が獄中で書いた『ざん悔録』は、大角海相が議会で一部を朗読したほどであった。軍部当局者は、行為を為した人間が真に日本人らしい日本人であり、その行為は悪いが志はよいという裏に、行為の結果はだまっていてもひとりで歩くものだということを知っていたであろう。いや〝ひとりで歩く〟のではなく、〝俺たちがつれて歩いてみせる〟という自負があっただろう。軍人や愛郷塾生の書簡が次々に雑誌や新聞に発表されたのは、そのための小道具であったのだろうか。あるいは軍部はすでに国民を代弁しうる勢いをもっていたのだろうか。

そのどちらであるにせよ、彼らを裁く法廷は絶好の舞台であった。

3 軍人側裁判

陸軍側公判は七月二十五日から八月十九日まで八回にわたって開かれたが、それは裁判というより陸軍の一大宣伝戦といったほうがふさわしかった。被告は泣き、裁判官も泣き、弁護士も泣き、これを報じる新聞記者のペンも泣き、読者も泣き……。涙、涙の大キャンペーンだったのである。

陸軍側裁判で、まず士官候補生たちは「信念に従い行動したのだから死はすでに覚悟の上。今更弁護の力で生き長らえるつもりはない」と弁護士を拒否した。だがそうもいかず官選弁護人八人が、被告十一人の弁護を分割して行なうことになった。〝彼らの信念に打たれた〟という特別弁護人歩兵少佐大熊貞雄、中村次喜蔵、細見惟雄と中川孝太郎、平松市蔵、角岡知良、山田半蔵、菅原裕の八人である。大熊、中村、細見は彼ら士官候補生の教官でもあった。検察官は第一師団法務部長匂坂《さきさか》春平である。

公判第一日に士官候補生の後藤映範《えいはん》が陳述をした。彼は五・一五事件についてはつぎのように陳述している。

「古今東西の歴史に現はれたる大改革の跡を観察すると凡そ三段階に分れてゐます。第一段は先覚者の思想的覚醒、第二段は先覚者の具体的行動、第三段は一般の覚醒即ち本格的改革と云ふ発展経過を取つてゐます。（略）第二段の犠牲的行為が最も困難に感ぜられます。是を維新史に徴するに、明治維新の歴史的進行にとつて一転機を為したる桜田門の義挙は、即ち第二段に属する最も効果的なる犠牲であります。私共も昭和維新の改革的段階に於ける一覚醒者として、自己等の当為を自覚し、その理論的根拠を、この歴史的事実から得たのであります……」

そして愛読書として北一輝『日本改造法案』『支那革命外史』、権藤成卿『自治民範』、徳富蘇峰『日本国民史』などをあげ、陸軍の革新派将校らとの接触でしだいに政党、財閥、特権階級への批判をもつようになったと言った。現在の心境については「日本が純正皇国日本に還元するまでは飽くまで素志貫徹に邁進します」と言う。これにつづいて、士官候補生たちが陳述したが、政党を罵倒し、都会のエログロ・ナンセンスにストイックなまでの反論を行ない、農村恐慌を叫ぶ点では共通していた。そして犬養首相暗殺については篠原市之助がつぎのように話した。

「……政党は師団半減論、軍部縮小を唱え軍部を圧迫しつづけている。しかし私はそれ自体を恨むのではない。制度により動かされる人を恨むのです。犬養閣下は立派な人でした。清廉潔白な民衆政治家であつたと承知してをります。支配階級の犠牲として生命を落されました。全く御気の毒に思ひます。私は支配階級が犬養閣下の逝去によつて覚醒し、その英霊を弔はんことを念願してやまないのであります」

と言い、わしづかみにした手拭で涙をふいた。

また吉原政巳は砲兵科の首席で、二カ月後には恩賜《おんし》の銀時計をもらえるはずだったが、西郷隆盛の「名もいらぬ金もいらぬ名誉もいらぬ人間ほど始末に困るものはない」という遺訓にうたれ、非常時日本が要求するのはこういう始末に困る人間なのだと言った。郷里福島県の農村の病弊を語るときには涙を流し、傍聴人もまた泣いた。

こういう具合にまだ二十歳前後の彼らの信念は法廷で思う存分に吐露することが許された。判士が訊問中にいたわりのことばをかけるなど、被告をかばう様子がありありと見え、ときに判士もまた涙をふくという有様である。第一日目の公判で西村判士長にいたっては控室にもどるや、被告たちの陳述に感激して巨体を震わせて泣いていたという。角岡弁護人が当時の雑誌（「文藝春秋」昭和八年十月号）に書いているところによれば、司法記者も、「こんな感激に満ちた公判に立ち会ったことはない」と異口同音に言っていたという。これでは新聞記事が被告に甘くなっていったのは当然のことだろう。

八月十九日に匂坂検察官の論告、求刑が行なわれた。

——被告らの行為は陸軍刑法第二十五条の反乱罪（党を結び、兵器をとり、反乱をなす）に相当する。爆発物取締規則違反、殺人、殺人未遂の罪名はこの反乱罪に包含されるとし、反乱罪のなかの第四（合同体の計画に基づいて首魁の命令により特定任務に従事した者）に該当し、三年以上十五年以下の有期懲役か禁錮の量刑に相当する。だが被告らは私心がなかったことや指導的地位になかったことなどを考えて、被告に一律八年の禁錮刑を求刑するとした。

この論告のなかで、匂坂検察官は「……恰《あたか》も此等の事実存するが如く広く世上に流布せられたから、被告等の之を信じたのは毫《ごう》も異とするに足らぬ……」と言い、暗に被告の行為を是認している。八年という求刑は決して本心ではなかった、もっと少なくしたいという願望がありありとこの論告の文脈として流れていた。

海軍側の公判は横須賀海軍軍事法廷で行なわれた。判士長が海軍大佐の高須四郎、判士は海軍少佐大和田昇、同大尉藤尾勝夫、木阪義胤、法務官高瀬治、検察官には山本孝治、そして特別弁護人に海軍大尉朝田肆六、同中尉浅水珂浪、弁護人には塚崎直義、清瀬一郎、林逸郎、稲本錠之助、福田庫文司らで法廷が構成された。出廷する被告はいずれも新しい海軍の軍服を着て、肩章もつけていた。被告たちの同期生が贈ったもので、判士長もまた「憂国の国事犯」として着服を認める寛容さであった。

法廷の空気はどうだったか。雑誌「キング」は法廷ルポを「泣いて五・一五事件の公判を聴く」というタイトルで報じたが、まさにそのことばにふさわしい風景であった。しかも弁護人には、軍上層部から公判の進行具合をあれこれいってきていた。戦後、「週刊読売」（昭和二十九年五月九日号）で弁護人だった林逸郎はつぎのように語っている。「公判が開かれると、東郷元帥は有馬正文少佐を、海軍軍令部長だった伏見宮殿下は南雲忠一少佐を通じて、私に士官たちの志は十分わかっているから、彼らの志を国民に知らせると同時に足りないところは援助してやって欲しいとの忠告があった。……」

公判は七月二十四日から九月二十日まで二十回にわたって行なわれた。山本検察官の公訴事実の陳述があったのち、高須判士長、高瀬法務官から被告人への訊問が始まった。この訊問で被告十人の考え方が明らかになったが、各人の間にはっきりとした意思統一はなく、直接行動を起こすことで国内改造を行なうという暗黙の了解があったにすぎないことがわかった。そして国家改造運動へのきっかけは、藤井斉に説得されたためで、多くの者は井上日召に傾倒していることを明らかにしている。

彼らの主張は特権階級を葬らなければならぬ、政党を清算せねばならぬ、農村を救わなければならぬ、国威を傷つけてはならぬ、ということであるが、それにしてもどうして決行に加わったのかと問われて、中村は「実に已むに已まれずしてやりました。自ら外道《げどう》の形になって国を救はなければならぬと決心しました」と言い、黒岩は「……合法運動に疑を持ちましたのは、ロンドン会議につき、色々宣伝があつたけれどもすつかり無効であった。三大原則でなければ日本の国は持てないと、講演会、宣伝文等を以て合法的にやりましたが一つも効を奏して居らない。教化総動員、議会浄化、政界革新などの合法運動は何等の効果を見ず」と答えた。第十七回公判の古賀清志への訊問では、高瀬法務官とのあいだにつぎのようなやりとりがあった。古賀が事件のもつ重さに悩みはじめていたのだ。

（問）被告は獄中でざん悔録とも見るべき可なり大部の手記をなしてゐるが、いまの心境はこの手記そのままか。

（答）事件後の六月半頃までは大川、陸軍青年将校、長野朗の農民請願運動の連中が続いて改造運動断行をやると思つてゐたが、その内に私の牧野内府射ちもらしが四面楚歌となり、また西田税暗殺を頼んだ川崎長光が、いやだいやだといつてやつたと聞いて私は非常に精神的な打撃を受けた。かくて七年の末、私は反動的心境になり過去の行為は全て誤まりである、悪である、その立場から認めたものが即ちこの感想録であります。今日から考へてこの中には真のものあり、反動的のものもあるが本年四月頃よりさうした国家革新運動のごとき根本問題は宇宙の実在や人生の本質等哲学的根拠から出発せねばならぬと考へいろいろ考へたが、結局何が何やらわからなくなり不可解な懐疑の暗黒に入つてしまひ現在に於ては然りであります。

古賀が牧野内府を射たなかったということは、被告たちのあいだでも不審がられていた。とくに陸軍士官候補生は「古賀中尉は牧野はいるかどうか判らん、威嚇に止め警視庁に決戦があるからとのことだったが、候補生三名は牧野をやらぬのは残念だと思った。……海軍に全部任せたのは不覚でした」と公判でも言っている。――この件については、現在でもいろいろな推測がされている。大川周明と牧野は通じていて、それで古賀に暗殺を止めさせたのだという説も広く伝えられている。だが、これも確かではない。

ともあれ海軍の公判でも被告たちは充分な陳述を行なった。いや充分な心情の吐露を行なう場が設定された。新聞、雑誌にはきわめて情緒的に報道された。決行前に病身の家人に黙って家を出たとか遺書を懐に入れていたとか……、主君の仇を討つために何人にも知らせず出むいた赤穂浪士にたとえられ、彼らの私心なき行為は賞められて当然だという意味をもつ記事まで発表される有様だった。

九月十一日に山本検察官からの論告・求刑があった。この論告は法廷の感傷さを排した見識のあるものだった。被告たちの行為を批判し軍人は政治に干与すべきでないと説いた。まず統帥権干犯については被告たちの認識が甘いとして、その証拠として被告らが予審の段階で直接行動に訴えたのを懺悔している事実をあげた。被告たちは公判で予審の懺悔は刑を軽減させたり、一時的な気の迷いであるとは言っていたが、それを論告のなかでは認めなかった。「……かくの如き慎重審議の上成立したる次第でありますから、その経過に関し各機関の間に多少の経緯があつたとしても、これをもつて直ちに被告人等が統帥権干犯の事実ありと見たるは首肯し能はざる所であります。またいはゆる、上奏阻止の問題についてはなほ公判廷においてはこれを肯定する何等の資料もありませんから、単に被告人等の陳述は根拠なき陳述として聞き置くにとどむるの外ありません。……」

さらにこの論告は、五・一五事件を暴挙と断定し井上日召、橘孝三郎、権藤成卿、大川周明ら被告人に影響を与えた人々の思想を批判し、なかでも軍人と政治の関係については詳細に触れ、「軍人勅諭」を引用して軍人は政治に干与すべきでないと徹底して五・一五事件を批判した。「被告人等は、まだ複雑なる世故に慣れてをりません。従つて……種々なる処士横議の徒と相交はりまして彼等の言ふ所をきき……すべて真実なりと信じ遂には本件条約に直接関係なき某将官をも非難攻撃するに至りましたることは……海軍軍紀のために誠に遺憾な次第であります。かくの如き問題を深く考究せず、確実なる資料に基づかずして彼これ批判致しまするることは、軍紀上大いに戒飭《かいちょく》すべき問題であると信じます」

そして、海軍刑法二十条の反乱罪および反乱予備罪に当たるとし、古賀、三上、黒岩に死刑、中村、山岸、村山は無期禁錮、伊東、大庭、林は反乱予備罪として禁錮六年、塚野には禁錮三年を求刑した。

この求刑は筋のとおったものであり、論告の内容もその犯罪性を鋭くついたものであった。陸軍側の検察官が被告らの行動に若干の理解を与えていたのに、山本検察官の論告はそうした要因を是認せず、あくまでもこの行為が法律にのっとるとこうなるという明確な判断だった。弁護人はこの論告・求刑にもっぱら道義をもちだして反論した。大津事件、星亭《とおる》、原敬暗殺事件の被告人ですら無期徒刑になったではないか、彼らの純真さが命を捨てて魂を手榴弾として国民に警鐘を打ちならしたのではなかったか、などという論がだされた。ある弁護人は、小学校の教員から送られてきたという手紙を読みあげ、論告を批判した。その教員の手紙には「論告に従えば小学生に忠君愛国を何と教えたら良いか、ジレンマに苦しむ」と書いてあった。こうした教員の手紙は、犬養首相を暗殺するというテロ行為を省いて、ひたすら忠君愛国を教えようとする錯覚が当時の日本の美談にまで高まっていることを如実にあらわしていた。

海軍の青年将校たちは、この求刑を聞くと一斉に「論告反対」の決議をし、特別弁護人の朝田肆六大尉に至っては「われらはこの見解に対して軍人として大なる侮辱を感ずるものである」と言い、ロンドン条約への不満をあからさまにした。また軍令部の中佐以下全将校も反対を決議し、判士長に決議文を届けた。山本検察官の論告は「改造」や「中央公論」で賞讃されたが、いっぽうでは感情的な批判の論調が幅をきかせ、最終弁論で清瀬一郎が、検察官を低能ではないかと論じたときに「……これを聞く山本検察官はただじっと頭を垂れるのみであった」と報じるくらい、山本検察官は憎悪の対象とされたのである。理性より感情が、法律より同情が、日本じゅうを襲っていたのである。

これより先、公判がはじまってまもなく陸軍士官候補生や海軍側の被告の法廷での陳述が新聞にいく分の同情をもって報道されると、減刑運動が起こった。東京朝日新聞に報じられた減刑嘆願運動を追うとつぎのようになっている。

「日本主義の徹底」を標榜する日本国民社が、二万四千人の署名を荒木陸相にだす。新潟県からは人間の小指九本を小箱に入れて荒木陸相に送りつける者もあった。「……ついては我等の微意を表する意味を以て小指を切つて閣下に捧呈する」という手紙が同封してあった（八月十九日付）。後藤映範の陳述のあと、嘆願書はさらにふえ、一日に一万通を越す日もあった。二十五日からの陸軍省公判には六万九五五〇人（裁判長にあてたもの五万五七二一通、陸相あて七一一九通）の署名が寄せられた。このなかには血書が多数あった（八月二十五日付）。これまで比較的地方に多かった嘆願運動が東京でも火がつく。淀橋、渋谷、中野の三区で署名運動が起こり、一万六千人が署名（八月二十六日付）。犬養首相の選挙区であった岡山県都窪郡、吉備《きび》郡、岡山市一帯でも減刑運動が起こる。会社重役、医師などが同志数十人の署名をもって陸軍側、海軍側に嘆願書提出（九月八日）。論告求刑がせまると運動はさらに白熱し、日本国民十字軍がその後五千人の署名を陸軍省にだす（九月十日付）。国家社会党は減刑運動のため、各地の支部で六万二千人の署名を集め陸軍、海軍の軍法会議にわたす（九月十六日）。また関西地方にある大日本進興クラブは京阪神在住の戸主一万人の署名を集め秦憲兵司令官に提出（九月十六日）。横須賀海兵団満期退団兵一〇三七人は退団後、すぐその場で在郷軍人の資格で署名捺印した五百通をまとめ海軍軍事法廷に提出、さらに国家社会党も新たに六万一二一〇通を軍法会議に提出した（九月十七日付）。東京在住の将校夫人の間に減刑運動が起こり、街頭で一日に五百人の署名を集める（九月十七日付）。陸軍公判の総決算として、減刑嘆願書は三九万名の署名が師団部に山とつまれている。被告人への慰安の手紙は一人に一日五通でおよそ二千五百通と推定される（九月二十二日）。差し入れも多く、なかには漁師から七寸もある大鮎を贈ってきたケースもある。海軍側弁護人団は嘆願書数を発表したが、それによると裁判長、弁護人の下に集まったのは六九万七〇四四通。そのうち血書血判は一〇二二通。東京府三一万三六三五通（うち血書四九四通＝以下同じ）、大阪一万四六五通（三一）、茨城一万一六六六通（一一）、佐賀七三六四通（五四）で、なかには指一本、髪一束もある。十一月にはいってからは、満州、朝鮮、上海、ロスアンゼルス、オークランド、シアトルの日本人からも嘆願書は寄せられている（十一月十九日）。

陸軍側の判決は九月十九日に西村判士長から宣告された。ほぼ検察官の論告趣旨を認めたが、「本件犯罪の原因動機及目的等については之を諒とすべきものあるも至厳なるべき軍紀を紊《みだ》したる点は特にその情甚だ軽からざるを以て各被告人に対し禁錮刑を選択し……」と禁錮四年を一律に言いわたした。海軍側の判決は、最終弁論が終わってから二カ月あとの十一月九日に高須判士長から宣告された。この二カ月の間に海軍部内の動きはきわめて不穏なものがあり、もし死刑になったら水兵一千人が被告を法廷から奪還して浦賀に立てこもるとか、若手将校が軍上層を脅かしているというような噂も流された。事実、判決いい渡しの前日には、大角岑生海相が海軍部内に自重を促す声明文を発表しているほどであった。判決は罪は重いが憂国の至誠は諒とするとして有期禁錮刑を選択し、古賀、三上は十五年、黒岩は十三年、中村、山岸、村山は十年、反乱予備罪に問われた伊東、大庭、林は二年で執行猶予二年、塚野は一年で執行猶予二年が宣告された。陸軍、海軍とも軍事法廷では上訴せず、また検察側も控訴せず刑は確定した。判決を聞いた小山法相は「量刑問題については何も言えぬ。ただ高須裁判長以下各判士の苦心の程がしのばれる」と語っている。

こうして法廷での大キャンペーンは終わった。確信犯にとって、法廷とはつまり宣伝の場ということかも知れないが、それにしても五・一五事件の法廷はこのころなんども開かれている共産党員の法廷に比べると、あまりにもちがう。そのちがいは、共産党員の裁判では憎悪が、五・一五事件の被告には同情が、巧みに演出されたことだった。こうして、五・一五事件の行動そのものはたいしたことはなかったのに、その影響は官民一体となった情緒国家への一大転換となっていったのである。

陸軍の判決いいわたしがあったその日の新聞は、「三井王国の転向」と題して池田成彬の銀行筆頭常務の辞任を伝えた。そして今後は三井合名へ専任すると伝えたが、これは明らかに五・一五事件の影響である。法廷で被告たちが財閥の腐敗といったとき、かならずドル買いをあげた。しかも農業恐慌で弱っている農村にまで行って農産物を買い上げ、売り惜しみをしたことは広く世間の反感を買っていた。三井はその財閥の頂点にいたからだ。

池田成彬は三井への風当たりを弱めるために、いくつかの手を打った。まず三井の一族を守ることに全力を傾けた。批判が三井本家に直接向かうのを避けようとしたのだ。つぎに三井財閥の持株を一般市場に公開した。株式を公開し、三井の事業は三井だけのものではなく、社会の事業であると証明しようとした。だが世間ではそれを三井の欺瞞政策であると決めつけた。たしかにそういう事実が起こった。三井物産会長の安川雄之助は自らつくった東洋レーヨンの株を公開するとき、不正行為で十八万円のプレミアムをかせいでいたからである。さらに、池田は基金三千万円で「三井報恩会」をつくった。利益を社会に還元し慈善事業を行なおうとしたのだ。この「三井報恩会」は、昭和九年から活動をはじめ、文化事業や社会事業にも寄付はしたが、多くは軍事関係、軍人団体、民間右翼への寄付であった。なにがなんでも鉾先をかわそうとしたのである。政治に道義が要求され、経済にも道義がもちだされてくる——それはともすれば道義を叫ぶ側の独裁政治につながり、統制経済になっていくことを意味していた。事件のあとニューヨークタイムズは「日本のテロリズム」と題する社説を掲げた。そのなかで「……日本国民がこれらテロリストの手段に乗って国家の目的から後退し、驚きのあまり恐慌状態に陥り、もしもテロリストたちに動かされてしまうならば、日本国民は文明国民としての誇りを維持することが出来ないことを自覚せねばならない……」と書いた。アメリカと日本の土壌の違いはあれ、その懸念はあたっていたといえるだろう。

4 政治干与の確認

五・一五事件の陸海軍の裁判は、一般大衆にはきわめて感情的に受けとめられた。陸軍側の判決の日には、初老の婦人が傍聴席のまえに進み出て、涙をこぼし、手すりにつかまりながら、

「裁判長さま、どうぞこの若い青年たちに温かい判決をお願いいたします」

とまで言っている。

清沢冽は、当時「改造」（昭和八年十一月号、「五・一五事件の社会的根拠」）誌上で言っている。

「五・一五事件について海軍士官の被告に対する山本検察官の論告は、完全に日本を二分

した。それはほとんど一人の中立も許さなかつた」

「一方は『日本主義』を代表する大衆である。この大衆は熱烈に五・一五事件の被告に同情して、山本検察官の三名に対する死刑の求刑と、及びそれよりも国法の守護を叫んで断然暴力行為を排する態度に（四字伏字）。これに対する統計は元よりないが、私の想像が許されるならば、日本の社会をピラミッド型にし、恐らくは頭の五分の一ぐらゐを除くの外は、その求刑を否としたであらう」

「残る他方はピラミッドの五分の一——先の方は尖形をなしてゐるだけに数にすれば、遥かに少ない人々である。この人々は被告達の心事を悲しむことにおいて大衆と同じであるけれども、しかし法律の制裁はそれとは別に秋霜の如く厳正でなければならぬと感ずる人々である。これは『西洋流の教育』の影響を受けたる人々の殆んど全部であつて、そこに左翼主義者と資本家の区別なく、渾然として一致したと思ふ。われ等はこれを大衆層に対して、仮りにインテリ層と呼んでをかう」

なによりも動機を評価する日本的な発想、公判で明らかにされたのは、すこしの邪悪もない青年たちの心からの行動であるということである。清沢洌が言うように、国民の五分の四の層にみごとに火がつけられたのである。「裁判長さま、温かい判決をお願いいたします」という婦人の声は、その素朴なあらわれである。そして、この婦人が決して真のヒューマニストでなく、単なるその場限りの、ある意味ではまったく無責任といっていい歪んだ便乗者であるといえるように、その層は〝動機を評価した〟ことによる結果の負債を決して被害者としてではなく背負いこんでいるはずである。斎藤首相の手元にも、こういう種類の嘆願書が殺到している。そして、ちょうど五分の一という割合で、抗議文も来ている。時代批判会（といっても本部名も記されてなく、個人と思われるが）は、「裁判長と被告がグルになって軍部の宣伝につとめている。一刻も早く裁判を正常な姿にもどせ」と言っている。こういう視点がなによりこの時代には望まれていたのだ。

軍部がこれほどまで意図したのはなにか——ということになるが、実はこの裁判は軍部自体も矛盾する論理のなかにいたのだ。公判に当たって軍部がとるべき道は二つあった。ひとつは決行者の行為が大日本帝国憲法への挑戦であり、軍紀を紊乱し軍人勅諭に反する公然とした事実であることにいかに対処するかということである。もし刑が軽いとすれば、軍部自らが、憲法を認めず軍人勅諭に反逆することになる。〝刑は軽いが軍部は憲法にも反せず軍人勅諭にも反逆していない〟といったとすれば、軍部はそれ自身政治的意思をもち、政党政治を否定したことになる。

もうひとつは被告に内乱罪で重刑を科すことである。いわば法的根拠にもとづいて裁く。これはなにを意味するかといえば、軍首脳が革新派将校と絶縁し、軍部はあくまでも建軍の本義を守り、政治的野望をもっていないことを宣言したことになる。革新派将校の動きは、「軍人は政治に干与せず」の勅諭に反していたのだから、それに一線を画すことを意味する。

被告の刑が軽くなるか、重くなるか、軍法会議はすなわち軍の意思である。結局、軍部はふたつのうちの初めの道を歩いた。政治的意思をはっきりと宣言したのである。その舞台は、減刑嘆願書殺到という興奮でおおわれていて、その宣言は巧みにそらされたのではあったが……。そしてよく公判の推移をみると、陸軍と海軍の宣言には明らかに強弱の差があり、岡田海相が海軍側被告への判決を控えて、部内に自重を要望したのは、海軍側の革新派将校への絶縁を意味し、積極的に革新勢力であることを止めたのであった。このちがいが終戦時までのもっとも大きな違いとなって、あらわれていたのだった。

海軍のこうした見解には、東郷平八郎の意思もあったし、それなりに若干の譲歩を青年将校には行なっている。たとえば、ロンドン条約のときの条約派である山梨勝之進大将らの予備役編入だ。このため、強硬派が表面に出て昭和九年の軍縮条約破棄を行なっている。

そういう動きはあったが、二・二六事件で海軍が参加しなかったのは、こうした一連の動きのなかで当然の結果であったと考えられる。

陸軍と海軍の政治的意思の宣言は、判決が下された直後の動きにもはっきりとあらわれている。陸軍は士官候補生への判決が下り、海軍側への判決がでるまえ、すなわち昭和八年十月中旬には重臣に恩赦を打診している。『木戸幸一日記』十月十二日にその記述がある。西園寺の秘書原田熊雄は木戸につぎのように語っている。

「近衛公に、荒木は此際人心を一新する為に、五・一五事件の関係被告を始め右・左双方の犯罪被告に対し恩赦を敢行し、人心を新たにすることが最も緊要なりとし、此決心は相当強固にして、此の成否には職を賭し居るものと窺はる、而して此の問題は十六日の閣議に提出せらるるやも知れずとのことなり。尚、中島商相は之に賛成せりと」

この話は西園寺に伝えられもしたが、西園寺はあまり乗り気ではなかったらしい。十三日には木戸は牧野内大臣を訪れ、この件をもちだすと牧野はつぎのように言ったという。

「……人心を安定し得るよりも却って不安に陥るる結果となるに非ざるか。（略）五・一五事件関係の裁判終了の上、時を暫くにても経たる後なれば兎に角、裁判進行中に恩赦を云々するは大権の干犯にあらざるか。（略）にはかに賛成すること能はず」

木戸は宮内大臣にも伝えると、反対だということだったが、宮内大臣はつぎのように話した。

「田中光顕氏と会談したるとき、五・一五事件の被告に減刑の希望あり。（井上）日召の如きは人物にして、他日国家の御役に立つこともあるべければ、殺すは惜いとの話あり」

重臣のあいだのこのような意見の違いは、近衛内閣ができたとき、はっきりとかたちをとってくるのである。だが、重臣のあいだには、減刑運動が盛りあがったのが意外に影響を与えていたことをうかがい知ることができる。そして荒木陸相の根回しは、判決がでてすぐから始められていたことも知ることができるのである。

5 減刑運動

後藤信彦は昭和八年春、茨城県といっても千葉県の県境に近い稲敷郡に転勤になった。

本人の希望もあったが、県の学務課も頭を痛め、それにどの学校の校長も二の足を踏んだのだ。愛郷塾の関係者といえば、事件のあとは周囲の人びとの目も冷たくなった。信彦のばあいも同僚は近づいてこなかった。厄介なことに巻きこまれたくないという表情であった。

塾生の直訴事件のときも信彦は取り調べを受けた。誤解が解けると、警察で「教師をやめて欲しいとあなたたちは思っているだろうが、それでは困るのでどこか遠くへでも転勤させてほしい」と言うと、それが学務課に伝わり転勤になったのである。稲敷郡は東京に近く、塾生たちの差し入れに通うには好都合であったが、利根川を渡るまでは茨城県の、渡ってからは千葉県の特高の刑事がついて来た。

こんなときに世論が好転した。

減刑運動が広がり、周囲の信彦を見る目が和らいでいった。日曜日には塾生の差し入れに行ったが、未知の人からの差し入れも急にふえてきて、塾生はとまどった表情をしていた。信彦自身、たまに五台村に帰っても、農民たちは逃げることはなく、むしろ笑顔を見せながら近づいてくる変わりように、どうしてなのだろうととまどった。

東京に出ると、風見の所に行ったが、そんな話を聞きながら、彼は笑いとばした。

「後藤君、自称君の親戚もふえたなあ……」

信彦も言いかえした。

「世間っていうやつは、こんなものなんですねえ」

内務省は減刑運動の昂まりのなかに、不穏分子がいないかと目を光らせ、〝一般国民の純真な嘆願書づくり〟には協力せよ、との指示をだしている。いわば官制の減刑運動にせよといっているわけである。

しかし減刑運動の昂まりは、ある面からいうと自然発生的な様相もあったのだ。事件直後から、民間右翼団体や軍人が「この事件は国民の思ふ所を代つて行なつたのだ」と主張し減刑運動を進めたが、それはまったく受け入れられず、右翼団体は沈静化した。国民にとってテロは理由がどうあれ、納得できないのにちがいなかった。ところが減刑運動が盛りあがりそうになると、あらゆる団体がこれを勢力伸長の道具につかった。

それだけではない。政党に不満をもつ大衆が、議会政治への失望から、反射的に署名集めをしたケースもあった。地方で減刑運動の口火をきったのが医師であったり、中小企業経営者であることは、そのことを充分にものがたっている。そして農民も減刑運動に一役買った。自治農民協議会もすでに有名無実化していたが、長野朗や和合恒男らが署名集めを行なっている。

だが減刑運動が陸軍、海軍に百万通もの嘆願書が来るほどの勢いになったのは各個ばらばらに行なったのではないだろう。ある背景のもとで意図的に行なわれたことにちがいない。それを乱暴に推測することはできないが、日本ファシズムが特定の為政者だけの掛け声だけで存在したのではなく、広く国民一般にそれを許す素地があったということである。

それがこの減刑運動にもみごとにあらわれている。いやこの減刑運動をみることによって、百万通の署名をした人が五・一五事件の加害者に位置したということを知っておかなければならないのだ。なかんずく小指を切って陸相官邸に送るなどという常軌を逸した行為は、直接の加害者である軍人や愛郷塾生たちよりもっと徹底したテロリストとさえいえるのではなかろうか。しかもこの行為は、卑劣なことに一時の感情を爆発させる激情行為で、その責任はだれにも問われないし、五・一五事件の加害者を国士あつかいしようとする嫌らしさにも満ちている。

このころの日本の階級構成（昭和五年）は次頁のようになる（『日本の階級構成』大橋隆憲編著、岩波新書）。

このⅠ、Ⅱ、Ⅲの比率を見ると、それぞれ四・一％、二二・五％、七三・四％となる。このころの日本資本主義は明治期、大正期とは階級構成をまったく変えるに至っている。労働者数は小作貧農層をはるかに凌駕し、小作貧農の相対的な減少は労働者として工場に吸収されていることを物語る。さらに明治期からの階級構成とくらべると、中間層がしだいに減少していることもわかる。減少しているという意味には自営業者の景気変動による切り捨てという意味もある。

事実、農業恐慌のあと、とくに五・一五事件のあと農村では農村更生運動が起こった。農林省には有識者を集めて農村経済更生委員会がつくられた。農林省が目的としたのは、五カ年計画で五千町村にたいし経済更生計画を樹立させ、各種産業団体の更生活動を助成させるというものだった。さらに産業組合法も改正され、全国的に拡充運動が起こった。さまざまな試みが行なわれているが、かつて孝三郎が主張した協同組合組織が茨城県では参考にされたふしもあった。というのは孝三郎の考えた新興農場が昭和七年末の県議会では可決されていたのである。――このような農村の産業組合活動は中小商工業者に反撥を与え、昭和七年から八年にかけて肥料商を中心に全国的な反産運動が起こり、それに対応するため農民の側から、反「反産」運動が巻き起こった。中小商工業者にとって産業組合運動の購買、信用、販売、共済の四部門の拡充は死活問題でもあった。愛郷会が愛郷畜産購買利用協同組合をつくり、日用品の購入を行なったとき、商店からの厭がらせがあったのとおなじ図式が全国的に示されていたのである。

そういう事情があったにせよ、一般的に中小商工業者が没落に向かっていったのは、この時代の必然的な動きであった。そしてまた経済的に中間層が減りつつあるといっても、知識面では天皇制絶対主義のもとでいかなる集団であっても指導者たりえたのは、やはりこの中間層である。すなわちⅡの部分である。この部分が日本のファシズム醸成にかなり大きな役割を果たしたとするのはこれまでも指摘されてきたことである。学校、職場、宗教団体、町内会、政治団体、その指導部にあったのは中間層である。吸収された被支配階級は、その指導部の〝命令〟を実践する部隊としての存在であった。しかも悪いことに、主体的に自らの役割をつかむだけの環境と知識をもたなかった彼らは、その激情のおもむ

階　級　構　成（昭和10年）

（単位：千）

〔Ⅰ〕支配階級		(799)	
(A)	政治的存在(人)	49	天皇, 皇族, 貴族, 勅奏任官
(B)	寄生地主(人)	160	5町歩以上所有者
(C)	資本家(人)	52	資本金10万円以上, 5人以上雇用資本家
(D)	恩給生活者(人)	65	奏任官以上
〔Ⅱ〕中間層		(4,371)	
(A)	政治的存在(人)	209	判任官
(B)	農民(戸)	1,699	5町歩以下，自作農
(C)	漁民(戸)	236	営業税納税者
(D)	商工自営(戸)	1,122	〃
(E)	独立技能者(人)	972	医師，教員，技師，神官，僧侶，自由業
(F)	恩給生活者(人)	133	旧判任官
〔Ⅲ〕被支配階級		(14,298)	
(A)	貧農(戸)	3,879	小作，自小作
(B)	自営業(戸)	398	営業税免税者
(C)	労働者(人)	9,175	
(D)	下級公務員(人)	846	雇以下
	計	19,468（Ⅰ＋Ⅱ＋Ⅲ）	

くままによき実践者として最大限に利用された。〝利用された〟というのは客観的すぎる言いかたであるとすれば、命令され屈服し行動することの極点にある興奮を味わっていたということになるだろうか……。

実は減刑運動はそうした現象のひとつなのだ。いま減刑運動を呼びかけたり、減刑運動の発起人になった団体や個人をいくつか選んでみるとつぎのようになる。

まず団体にはどんなところがあったか。

明倫会、皇道会、日本国家社会党、大日本新興クラブ、社会大衆党など。そのほか、『昭和八年に於ける社会運動の情勢』（協調会編）によると五・一五事件のあとつくられた民間右翼団体は約四十団体ある。これらの団体はほとんどが五・一五事件に共鳴し、なかでも組織力のある団体は署名運動を行なった。明倫会、皇道会、日本国家社会党などはその代表的な例であろう。いかに五・一五事件に共鳴していたかは、出版警察法によって「五・一五事件を礼賛し、非合法、国内煽動をするきらいあり。禁止」とされた日本国家社会党の大阪府常務局の機関誌に掲載された「五・一五事件闘争歌」なるものを見てもわかる。歌詞のなかには、「記憶せよ五・一五　我等は君に誓ふ　国憂ひ決起せる　農民前衛に」、さらに「皇民よ起ち上れ　昭和維新せる　忘れるな五・一五　亡国資本主義倒せ」という一節があるほどだ。また『昭和八年中に於ける社会運動の状況』（内務省警保局編）をみても、もっとも積極的だったのは、日本国家社会党である。中央から地方へ、なんども通達がだされ、活発に署名行動、講演会の開催を行なっている。その趣旨は「……我等が減刑運動を行はうとする根本的見解も実に五・一五被告の精神と念願を忠実に応へんが為、国民大衆を啓蒙し教育し動員の貯水池を導く事にある……」というものだった。さらに〝極右翼〟とマークされていた新日本国民同盟も八月には減刑運動を積極的に行なえと地方支部に指令をだしている。

なお、この資料によると、減刑嘆願書は昭和八年末までに百十四万八千通となっていて、国家主義団体関係八十万七千、在郷軍人関係六万四千、その他二十七万七千といっている。

個人ではどんな階層の人が減刑運動の主導権をとっていたか。

新潟県農民、大阪の中小工場社長、岡山の会社重役、医師、京阪神の戸主、将校夫人、外地の日本人会、筑豊の炭鉱主などが新聞では紹介されている。個人で五十通、百通集めた人はかなり多いと思われるが、新聞に発表になっているのをぬきだすとこのような人たちが音頭をとっていることがわかる。このほか末松太平著『私の昭和史』によると、在満将校、兵士のあいだでも嘆願書が集められたという。新聞社のなかでも、たとえば伊勢新聞社のように、紙面をあげて被告の擁護に立ちあがった社もある。九月十八日の朝刊では、「臨時議会を召集し、国民輿論裁判に附せ」という見出しをつけ、「無罪か？　極刑か？一つあるのみ共に船出せん」と公判での被告の弁を紹介している。

陸軍三十九万通、海軍六十九万通の計百八万通という莫大な署名は、多分双方に提出しているもの、あるいは意図的に数字をふやしている分もあるだろうから、実数はその半分ていどになるのではないか。それにしてもこの数は多い。個人で集めた分を見ると中間層、なかでもより軍部寄りと見られる人たち、あるいは思想的に政党政治への批判をもっている人たちと思われる。そういう人がもっぱら〝被支配階級〟に属する自分の経営する工場の工員、炭坑夫、農民から署名を集めたのだ。

そして団体のなかでは、明倫会、皇道会、日本国家社会党、社会大衆党がよく集めたと推測される。平沼騏一郎の国本社、あるいは高級官僚などが集まってつくった国維会などは、嘆願書集めなどはしていない。むしろそういう風潮が盛りあがったあとの状況を巧みにつかもうとしていたのだから、自らそういうことはする必要はなかったといわれている。だが仔細に見ると、国本社の各支部が署名集めをしたのではなかったか、と思わせる節はある。それは明倫会、皇道会の動きである。明倫会は、五・一五事件のあとこの種の事件の再発を防止するとして、在郷軍人の任務を強調する目的で田中国重大将らが中心になってつくられた。昭和八年五月十六日に東京会館で発会式が行なわれ、議会主義に賛成するが既成政党は打倒すべしという綱領を決めた。ここに結集された在郷軍人は地元で署名集めをした。しかも国本社の支部と同じような構成であったというから、かなり嘆願書集めに名を借りた〝無血の五・一五事件〟を行なったのではなかったろうか。しかも明倫会は結成されて初の行動として減刑運動に取り組み、一年後には四十カ所の支部、分会をつくったのである。減刑運動にいかに積極的に取り組んだかがわかる。また皇道会は昭和七年十一月に等々力森蔵、高田豊樹両中将と在郷軍人の手で、皇道主義確立のために結成が進められ、八年一月二十日の日本農民組合大会で皇道会との提携が決められ、兵農一丸の政治結社となった。結成大会では「非国家的財閥の走狗たる政党内閣の出現に対して我等は断乎反対す」と言い、減刑運動にも取り組んだ。在郷軍人と農民組合との結びつきは、嘆願書集めに奔走する人々を喜ばせるほどの集まりようであっただろう。

減刑運動の背後には、こうした国家主義団体のほかに現役の軍人と農民組合の指導者、無産政党からの転向組があったとみることもできる。しかも署名集めの主導者は中間層のうちあらゆる層にわたり、嘆願書に名前をつらねた人はただ言われるままに捺印したのではなかったかと思われる節もある。「改造」（昭和八年十一月号）の読者欄に「須田生」が、減刑運動の裏側にある面を指摘している。「……然しかかる減刑運動に参加せざる人々を非国民呼ばはりし、又小学生、中学生等をも参加せしめることは如何のものであらうか。（略）遮二無二減刑運動を行ひ、国民全体にその参加を強制し、何等批判力もなき小学生、中学生等も教師の命によつて、参与せしめ、その数の多きを誇りとするが如きは、裁判の何たるやを理解せざる行動であつて、兵力量に対し門外漢がとやかく云ふに等しい」

一部の農民や労働者が「非国民」といわれるのを恐れて、署名捺印した事情がたしかにあったのだ。しかも教師が小学生や中学生まで動員して署名集めをした事例もあったのだ。この署名運動にはもっと大きな動きがあるのではないか……と思えるが、それはいまの資料ではわからない。

茨城県は東京に次いで署名が多かった。茨城のばあいはどんな具合になっていたのだろうか。当時のいはらき新聞には、減刑運動はまったく書かれておらず、それは県下では表だって行なわれる雰囲気ではなかったことをものがたっている。しかし一万余通も集まったのは、在郷軍人会などの無言のあと押しがあったのと町村長自らが村民を説いてまわった事例もあるためだ。

このころ、愛郷塾は閉鎖になっていた。直訴事件で打撃を受け、組織は機能しなくなったのだ。孝三郎のふたりの兄と正三の弟や大槻敬三らが九人の塾生と、またもとの兄弟村の規模で農業経営にあたっていた。愛郷会はすでに動きはなく、かつての会員たちが減刑運動をそれぞれの村で行なっていた。だが減刑運動の盛りあがりが刺激になったのか、昭和八年十一月に茨城自治農民協会がつくられている。長野朗らが応援し、愛郷会の会員は、自治農民協議会の茨城支部ともいうべきこの団体に流れこんだと、各種の資料には記述されている。

減刑運動の盛りあがりは、また愛郷会を直截的に政治の場にひきだしもした。昭和九年の初めに、橘徳次郎を会長とする愛郷自治連盟が結成されたからだ。しかしこの組織はほとんど活動しなかった。具体的な活動の素地がなかったからである。そしてなにかあるたびに愛郷会に近づき離れ、離れ近づく農民たちは、愛郷会を利用し、また冷たい目で見、そしてまた利用し、といった接近をとったのであった。

風見章が後藤信彦に言った、

「あちこちに親戚ができたなぁ」

ということばは、愛郷会とふつうの農民とのあいだをもっとももうまくつかまえたことばであったろう。そして、それこそが愛郷会が保っていた農民との関係であったといえるであろう……。

6 民間側公判

民間側の公判は昭和八年九月二十六日からはじまった。すでに陸軍の判決はくだり、海軍の最終弁論も一週間まえに終わっている。世間では陸軍側が禁錮四年だが未決勾留三カ月をさしひくと三年九カ月であるから、民間側はもっと低いだろうと予測した。客観的にみれば、事件そのものへの加担はまったく〝従〟にすぎないし、しかもその内容は軍人側とくらべるとかなり比重が薄いのがはっきりしているからだった。「橘孝三郎獄中通信」によると、孝三郎は公判がはじまるまで上申書を書きつづけている。神垣裁判長が同情を寄せて、

「いく日かかってもいいから、できるだけのことを陳述しろ。しっかりやってもらいたい」

と激励したためである。

上申書は四百字詰原稿用紙三百枚にのぼる。これを公判劈頭《へきとう》から陳述させると約束したのである。孝三郎は、そこで思いのたけを言うつもりだった。そのために公判がはじまる日を待ちつづけていた。公判一週間まえに、愛郷塾に宛てた手紙には「……とにかく公判

はやるよ。やってやってやりぬく考である。満天下を向ふに廻してな。これも天意、神慮といふものだ。ただ一片この赤い心、この真心」と書き綴ってあり、とにかく法廷で自分の考えを述べることに異常なまでの情熱を傾けていた。

法廷の構成は、神垣秀六裁判長、立会検事は木内曾益、吉江知養で、弁護人には茨城法曹団の五十八人がついた。審理は孝三郎、愛郷塾関係と大川周明、頭山秀三、本間憲一郎を分離して行なわれたが、検事の公訴事実の陳述が終わると、弁護人は茨城県から集まった減刑嘆願書や大阪法曹団から寄せられた激励の手紙を読みあげた。弁護人がつぎつぎと立ち、それぞれに送られてきた数十通の手紙を読みあげた。減刑運動は相かわらず盛りあがっていていっこうに衰えていないことをものがたっていた。神垣裁判長は「整理のうえ拝見する」と答え、それらの手紙を受けとった。だが公判がはじまってすぐに、司法省では減刑嘆願書に規制を加えた。それは直接には愛郷塾への嘆願書を対象にしたのではない。ある傷害致死事件に関して、大審院の判決が「裁判所に提出する嘆願書は請願令にいはゆる請願書に該当せず」となっていることの確認をしたのである。いわば嘆願書を裁判所は受けとってはならないとしたわけである。これによって、自動的に民間側被告の嘆願書は裁判所が受理せずとなった。したがって嘆願書はさしたる意味をもたなくなった。軍人側への判決があったのと相まって、これを機に減刑運動は一気に冷えていった。減刑運動が結局は軍部にとっての便法だったということを意味していたことになるであろうか。着々と権力を掌中におさめつつある軍首脳にとって、民間右翼の暗躍は重臣や政党政治家にたいする具体的な例証としては必要であったが、それ以上のことはむしろありがた迷惑であったということだろうか。だからありていにいえば民間側の公判はさしてさわぎたててもらいたくなかったともいえる。そして皮肉なことに、そういういわゆる皇道派と呼ばれた当時の軍首脳もまた、のちに権力を握っていく統制派に、結果的にだが泳がされていたとはいえまいか――。さらに大きく考えれば、しだいに精神国家の様相を強める日本は英米など組織重視、機能重視の近代国家に世界史のうえで泳がされていたことになるのであろうか……。歴史はつねにそうした相対のなかにあるのではなかったろうか。

この公判で孝三郎は、つごう七日間にわたって陳述を行なった。判決言い渡しのあと神垣裁判長は「被告等にその言わんとするところを充分言わせた事は公判進行上に良い効果をもたらし、自分としても顧みて満足である」と言った。まず言いたいことを全部言わせるというのは、第二次共産党事件での公判にもちいられた方法だが、ひとりが七日間にわたって陳述をつづけたのは初めてのことで、また塾生たちが法廷内でメモをとることを許されたのも異例のことだった。こうした例外的措置がどうしてとられたかは定かでない。

しかし法廷では裁判長が、

「だいぶ疲れているようだが、差し支えはないか」

と言って励ましているのをみても、やはりふつうの裁判風景とはちがっていた。

この陳述で、孝三郎は幼児期からの自分の経歴を述べた。岡田式静座法で霊に目ざめ、帰郷したいきさつから愛郷会、愛郷塾設立までの経緯を語った。このなかで孝三郎は「一高では主として西洋哲学を学び、ドイツの観念論つまりカント、ヘーゲルの研究からはじめてショーペンハウエルから英国のウィリアム・ジェームス、さらにアンリ・ルイ・ベルグソンに移り、マルクス経済学、生物学、社会学等をも研究したが、この間において私に大きな感化を与えた本が二つありました。それは石川三四郎氏の『西洋社会運動史』と北一輝氏の『国体論及び純正社会主義』でありました。しかし私はこれに満足したわけでなく、ロバート・オーエンの思想及び事業をかえりみて、いわゆる革命的破壊的行動よりもオーエンの社会改造論に共鳴しオーエンにならって、日本で精神的物理的に理想的な社会を建設したいと考えました。……」と言った。新聞記者は「しだいに熱を帯びると手を前方につきだす、こぶしをかためて卓をたたく、それでもまにあはず天井にむかってきりもみのやうなことをする。背を反つてみたり、こごんで見たり、忙しく変化する、眼はらんらんと輝き、長髪をふり頰を紅潮させ腹の底からふりしぼる胴声は仕まひにはしはがれてしまふほどだつた」とも書いている。

学者や言論人の一部が孝三郎の法廷での証言に関心をもった。すなわち十九世紀の後半から起こった生哲学の流れが、孝三郎にあったからだ。これまでの主知的な認識論や論理主義に対抗して起こった生哲学は、つまるところ生そのものの体験をとおして実在の内面を把握するという主張である。結果的に、この主張は政治的に反動の役割を担ってしまったが、その主張には多元的な意味が込められている。この生哲学の主張者にはニーチェ、ベルグソン、ジェームス、ハイデッガー、タゴールなどが含まれる。彼らの主張の共通項といえば、人間の野性的な活動の源泉をよみがえらせるということになる。

生哲学の主張者たちは、行動の優位性を説く。もっとあからさまに、行動から分裂した理論には価値がないという。理論は行動の過程から生まれるもので、つぎの行動を伴うときに価値がある。新しく刻々と流動する現実は行動となってあらわれ、理論はそれを補完していく。だから、彼らは過去よりも現在を、現在よりも未来を、生命意思の認識拡大ととらえていく。こうした彼らの考えを、歴史原則に照らして考えれば、歴史を創造するのは過去の行動に基づく理論ではなく、むしろ歴史性を無視した超能力や人間の根源的な霊性などが行動の活力になるというのだ。

彼らの生きた時代、そしてその思想をつくりあげた時代は、資本主義の発達で実利的、理論的、科学的発想が定着しはじめていたからで、その反動で個人の能力をとことんまで見つめる哲学はそれぞれの時代の知識人が要求していたことでもあったのだ。だがニーチェの権力意思がドイツ・ファシズムの根源に、そしてハイデッガーが結局はヒトラーに協力し、デューイがジェームスをさらに徹底させて思惟は環境への適応のための道具であるというに至り、その歴史的役割は彼らの意図とは別にきわめて頑迷なファシズム理論に組みこまれていった。

孝三郎にとって、これらベルグソン、ハイデッガー、ニーチェ、ジェームスは五・一五事件に連座するまでの潜在的な師であった。ロバート・オーエンやクロポトキン、そしてテンニースは具体的に農業経営のための教師ではあったが、それは師とはいえない。ミレーや木喰上人はその生き方に共感を覚えたのであろうが、それも師ではない。師はあくまでもベルグソンとジェームス、ハイデッガーであり、彼らの道を孝三郎は歩いたと分析されたのだった。それが孝三郎の系譜にはあるという考え方であった。

孝三郎は、農業を〝生あるもの〟としてとらえている。農業と農民は、〝まごころ〟で結ばれた関係であり、これが資本主義的経済関係に隷属させられるのは我慢できなかったのであり、それがひいては反資本主義を唱えるものであれば……となった。孝三郎が軍人から蹶起を促され、そしてそれをいつも「理論ではない。彼らはまじめで純粋であったから……」加わったというのは、まぎれもなくベルグソン、ハイデッガー、ニーチェ、ジェームスの実践篇だったのである。それが当時の日本で政治的にどんな役割を果たすかは知っていたにしてもである。それが法廷での彼の陳述の奥にひそんでいた。

法廷は公判を重ねるごとに、湿っぽくなっていった。涙、涙、涙になっていった。傍聴人のそこかしこから、すすり泣きが聞こえるようになった。陳述をつづける孝三郎もまた、涙を流しつづけ、

「これ以上は話せません」

と言い、なんどか中断した。

九月三十日の法廷では、孝三郎が、農村婦人がいかに苦労し耐えているかを話すと、傍聴席が泣き、十月五日の法廷では、飢える農民がなんらなすすべもなく、おたがいにこそ

こそと盗みあっている状態を述べ、道義心がすっかり頽廃していると訴えた。どの新聞もそこまでひどかったのか、と言いつつ、「橘、法廷に泣く」と感傷的な見出しを掲げていたのである。そしてどの新聞も孝三郎の言った「……農民はかにのようにインフレと言っては、むすびをとられ、デフレといっては折角つくった柿の実をとられる。これで農村に騒動が起らぬのは不思議だ」ということばを伝えている。

　裁判長から、

「ではどんな建設意見をもっているのか」

と問われて、孝三郎が答えたのは、古代中国の禹《う》である。国民共同体として、道義的関係で結ばれ、人を軸にして〝もの〟をその隷属下に置く結合体の結成であると言った。孝三郎がこう述べるに至ったのは、権藤成卿の影響であった。国民共同体、つまりゲマインシャフトである。この理想社会、それを歴史上にあてはめるだけの例を彼はまだもっていなかったのである。だからこそ、権藤成卿からの影響を色濃くもっていたのではなかったか。

　彼が、五・一五事件は統治への挑戦ではなく、単なる抗議にすぎないというていどの考えを脱していないこの頃は、実は「ではどんな意見をもっているのか」という問いこそ、もっとも孝三郎のとまどいをよんだ問いであったともいえるであろう。

　孝三郎の陳述の翌日の東京朝日新聞は、「農民の正しき指導、これ国家安泰の道――陳述の結論」と伝えた。すでに農民は正しき指導を受けるための〈客体化した存在〉にほかならなかったのだ。そうした客体化した存在、すなわち農民のためと言いつつ、孝三郎の陳述は生哲学の流れに沿った自らの体験を普遍化することを意味し、またさまざまな新聞の論調もそれを暗黙に認めたものであった。具体的には、日本の農本主義が十九世紀末からの生哲学をもちながら、ここで無用の長物としてそうした精神性を切り捨てたことを意味した。

七日間にわたる延べ三十時間にわたる陳述で、孝三郎はまだ充分言い足りなかった。言い足りなかった点は、自らの国体論をなにひとつ言わなかったことである。北一輝を批判しつつ、そこに自らの国家像を訴えることができなかったことだ。このことは、獄中で改めて服役の身になって、新たな彼の主題となった。複雑な農本主義思想が裁判で断片的に話され、それはまた新たなかたちで練り直されることになったのである。

7 判決言い渡し

陳述はつづき、後藤圀彦、林正三、その他の塾生とつづき、それぞれ事件参加の経過とその信条を語った。各人各様のちがいが、少しずつ明らかになっていく。

圀彦は、幼い頃から勤皇の思想をたたきこまれ、大和魂、忠君愛国の思想を植えつけられたと言う。そのことばは孝三郎や塾生たちの陳述とはちがった。彼らがこの公判以後にそうした思想に傾斜していったのとはちがって、圀彦は根っからの勤皇思想をもっていたのだ。だから愛郷塾関係者が、五・一五事件は農民の抗議といったとき、圀彦の第一義に識するとしないとにかかわらず、王政復古、天皇親政ということだったのだ。五・一五事件の被告たちは、意識するとしないとにかかわらず、「君側の奸を排除する」という目的をもっていたが、二・二六事件でそれが純粋にあらわれたこととはちがって、この事件の被告たちはそこまで充分理解していなかった。と同様に、圀彦もそうだったろう。彼は公判では、天皇親政の具体的な内容はなんら話さず、むしろ陳述の内容は終始自らの教師の体験と農村を慷慨《こうがい》するというていどに終わっている。教師時代に見聞した事実、たとえていえば、圀彦からみて、〝真面目な教師が左遷になり〟〝茨城県教育界は地位を買うために贈賄がふつう〟ということは、直接的に「不純なもの、不正なものが立身出世する世の中です」ということばにつながった。そういう〝純粋さ〟が、君側の奸を排除すると考えていくのちの軍人の行動の原形であった。

圀彦につづいて、正三が陳述した。事件直前には、水戸市内の学校の講師も兼ねていた彼は、裁判長の質問にこたえて、「当時はやむにやまれぬ気持で計画したが、今となっては誤っていたと考えます」と心境を語った。高根沢与一は、決行直前までどんな事情かも知らず、大貫から説明を受けても「陸海軍の将軍たちを倒すとばかり思っていた」と話し、法廷で爆笑をうけた。また杉浦孝は、農村婦人について語りたいと前おきして「彼女らの奴隷的存在は遊びたいざかりの少女時代にすでに始まり売るものを売りとばしてまだ足りない負債のため、お守、年季奉公にやられ、甚しいのは白粉《おしろい》奴隷にまで身を沈め、ぜいたくな都会人の慰みものにされ、又、ある者は男子に倍する労苦をなめさせられている」と激して語った。杉浦は孝三郎の継承者として愛郷塾では見られていたが、杉浦が機関誌「農村研究」に書いている論文の傾向には明らかに反戦思想が汲みとれる。たとえば事件直前の昭和七年三月号の原稿である。この原稿で、彼は正義の名において戦われた戦争で、いつも涙を見るのはだれだったか、その涙の上でぬくぬくと利益をつかんでいるのは誰だったか、と糾弾している。「誰が最も大きな利益を摑んだか、申す迄もなく政商、資本家であつたのだ。事実、我国の資本主義は戦争の度毎に加速度的進展を遂げて来たといふ事は、余りに明かな事ではないか。そして、農民に残されたものは、莫大な借金と中堅青年の白骨でしかあり得なかつた」——。

孝三郎の傍に、十八歳から二十六歳までの八年間、秘書のように従っていた杉浦にまだ残っている反戦思想は、なぜ理論的に組み立てられなかったのか。たしかに杉浦がこの事件を孝三郎から打ち明けられ、「おまえは絶対に参加しちゃいけない」と戒められたのは、孝三郎、正三、杉浦、そして愛郷会の合法建設面の人脈を想定してのことであったろう。その合法建設面は、正三、杉浦という指導層を獄中に入れたまま、やはり再興することなく挫折してしまったのであった。もしこの部分が事件とは関係なく、初めに孝三郎が考えたようにまったく事件に関係をもたなければ、愛郷会はまたかたちを変えてつづいたであろうと推測される。だから杉浦と圀彦の格差、その思想上の違いは、孝三郎の両面であり、杉浦に「おまえは参加するな」といったのは、孝三郎の二面性をあらわしていた。

塾生がさかんに陳述したのは、この事件が塾生の意思であって塾長には関係のないことで、塾長はむしろわれわれにひっぱられたのだということだった。相互にかばいあう発言がなんどかくり返された。たとえば、塙は「変電所襲撃はわれわれ塾生等の共同責任であり独り橘先生のみを重く見るべきではありません。御処断にもこの点にご留意願いたい」と言う。すでに減刑運動の波は静まっていたが、これがまた法廷での師弟愛として伝えられもした。

十一月十六日からは、証拠調べにはいり、弁護側からは証人として、つぎの人々を呼びたいという申請があった。

徳富蘇峰（東京日日新聞）、中野正剛（国民同盟）、風見章（同）、長野朗、稲村隆一、和合恒男、松岡洋右、本多熊太郎（元駐独大使）、田中光顕、田中智学、加藤令治（海軍）、末次信正（同）、海軍側古賀清志、中村義雄、山岸宏、三上卓。

弁護側は、この事件は海軍側が民間をひっぱり、民間はそれに巻きこまれたとの図式を描こうとしていた。さらに、この事件そのものがロンドン条約と農村病弊に因があるとして、国民的議論の場にもちこもうともした。孝三郎と弁護人の打ち合わせが行なわれたときも、そういう意向が孝三郎に伝えられた。それに刑の軽減という意味から、海軍にひきずられたという方向にもっていき、その点を強調するほうがよかったのだ。

「橘さん。この事件の主体は海軍にある。古賀の勧めで決起した。いわばあなたたちは幇助したわけだ。そうでしょう」

「ちがう。いやちがう。あくまでもわしの責任でやった」

弁護人たちは、法廷で、海軍主犯、民間幇助にもっていこうと孝三郎への訊問でも手をかえ品をかえ、その点を衝いた。しかしそのたびに孝三郎がつき離し、あまつさえ法廷で弱気を見せる塾生には、

「しっかりしろ」

とどなりつける有様だったから、法廷はむしろ重刑を科する場に、被告のほうでもっていったくらいだった。孝三郎や塾生のそうした感覚は近代的な法意識とはまったく異質だった。

弁護側の証人申請は、不充分な法廷テクニックを盛り返そうという意味もあったのだろう。だが、二十人近い証人申請にたいして、木内検事は「被告等の政治思想、農村問題については橘が十分述べている。あとは農村政策に詳しい風見章代議士を呼ぶだけでいい」と言った。結局、裁判長は風見と和合恒男と変電所の技師を呼ぶことにした。この証人調べで、風見は孝三郎との交流を述べ、五・一五事件の影響を述べた。三時間近い発言のなかで、風見は孝三郎の愛郷運動を称賛しつづけた。

「由来農村問題について政府並に政党はこれを第四次、第五次なるものとして取り扱い、殆んどかえりみられなかったが、五・一五事件によって彼らはがくぜんとして色を失い、農村問題を中心として再度臨時国会をすら開くにいたったのであります。如何にこの事件によって一般が覚醒されたかを立証することが出来ようと思う。現に政界に於いては既成政党の中に党員個々の口には政党解消論すら起り、無産政党方面でも同様な叫びがあげら

れておるのであります。また財界にありても三井あたりが三千万円を投げだしたと聞いても一般国民は当然のように考えている。これなども以前ならば最大級の讃辞を各方面から呈上したに違いない。（略）一方また農村の子弟も徒《いたず》らに農村を捨てて都会へ、都会へと走って村を忘れて一瞥も与えないというふうであったが、かくて農村問題が喧《かまびす》しく論議さるるに到っては漸くにして土に目覚め、故郷荒れんとすというような考えを起して真底から農村を憂うるようになったのはまことに喜ばしい影響であります」

十月三十日、木内検事による論告、求刑が行なわれた。木内検事はこの事件を「我国憲政史上一大汚点を印したるもの」と断じ、民間側被告は受動的ではあるけれども、集団の動員が孝三郎の指導力によってなされ、しかも変電所襲撃の分担が孝三郎の指示にもとづいてなされたと指摘した。また「被告人等の行為が憂国の至情より出でたることは之れを認むるも其の執りたる手段は不当不法にして之れに対しては国法の定むる処に依り重き責任を負わねばならない」と言い、この処分を寛大にすることは、類似事件が激発する危険性があると述べた。そして、求刑にあたって量刑は犯罪の動機よりも、その犯罪が社会に与えた影響や将来への予防警戒を含めて検討すべきであるとした。

孝三郎は無期懲役、圀彦は懲役十五年、正三は十二年、以下塾生は七年から十年の求刑だった。

この求刑は愛郷会関係者にとっては、大きな衝撃であった。検察側の論告求刑には、みじんも陸軍、海軍側のような甘さがなかったからだ。だが五・一五事件の内容についていえば、この刑は当然だともいえた。

孝三郎は、内心すでにハルビンの憲兵司令部に自首してでたときから、〝生きて二度と世間に出られるわけはない〟と覚悟は決めていた。権藤成卿から届いた密書、〝こんど日召のような事件を起こすとまちがいなく「死刑」だ〟と書いてあったあの書簡を見てから、参加することはそのまま死刑の覚悟をもたなければならないと考えていた。無期懲役の求刑であれば、すこしは量刑がそれよりは軽くなるかもしれないが、たとえそうなっても、身体の弱い自分は二度と生きて社会にもどれないという覚悟だけはもっていたのだ。

「なんとか命はいただいたなぁ……」

そんな感慨が「無期懲役」ということばの裏で、ふつふつと彼に充満していたのである。

論告求刑から百日近く経た、昭和九年二月三日午前十一時四十五分から東京地裁陪審一号の大法廷で民間側二十人に判決が言い渡された。この言い渡しは、二月十一日の紀元節に行なわれる恩赦をまえにして、予定より早めたといわれた。

刑はつぎのように宣告された。

無期懲役　（求刑無期懲役）　橘孝三郎（四一）
懲役十五年　（懲役十五年）　後藤圀彦（三三）
懲役十二年　（懲役十二年）　林正三（四一）
懲役七年　（懲役十年）　矢吹正吾（二三）

懲役七年　（懲役十年）　横須賀喜久雄（二三）
懲役七年　（懲役八年）　塙五百枝（二三）
懲役七年　（懲役十年）　大貫明幹（二五）
懲役五年　（懲役七年）　小室力也（二三）
懲役三年六カ月　（懲役七年）　春田信義（二八）
懲役十二年　（懲役十五年）　奥田秀夫（二五）
懲役十五年　（懲役十五年）　池松武志（二五）
懲役三年六カ月　（懲役七年）　高根沢与一（二四）
懲役三年六カ月　（懲役七年）　杉浦孝（二六）
懲役八年　（懲役十二年）　堀川秀雄（二九）
懲役五年　（懲役十年）　照沼操（二五）
懲役五年　（懲役十年）　黒沢金吉（二七）
懲役十二年　（無期懲役）　川崎長光（二四）
懲役十五年　（懲役十五年）　大川周明（四九）
懲役八年　（懲役十年）　頭山秀三（二八）
懲役十年　（懲役十年）　本間憲一郎（四五）

神垣裁判長は、検察側の主張をほぼ全面的に受け入れ、求刑に近い宣告となった。この宣告は、弁護側にとっては驚きであった。弁護席では、あっけにとられた表情が並び、

「うっ」という声がもれたという。そして、軍部と民間側の当時の社会に於ける〝差〟を歴然とこの判決は示したのであった。

大川周明、本間憲一郎、頭山秀三の三被告は東京控訴院に上告した。孝三郎ら愛郷塾側も弁護人から上告を勧められている。

判決宣告の四日後、すなわち二月七日、市ヶ谷刑務所で弁護人と孝三郎の打ち合わせが行なわれた。孝三郎は、この判決はあまりにも重いと考えていたが、上告するというのはさらに卑怯な行為という考えであった。「橘孝三郎、男でござる。そんなまねができるか……」——彼は刑務所のなかでそんなつぶやきをもらしていた。弁護人も最後は、孝三郎の意思を尊重することになり、控訴取り下げが決まった。

彼は弁護人にもらしている。

「こんどの裁判を通じて国家のなかに二つも三つも対立した意思があると思った。だがこれは自分の誤解かもしれぬ。自分に与えられた無期の判決は青年将校の身代りになり得た事と思われる事が光栄である。これより既知未知の同志が将来ぞくぞく起って国家維新に当ってくださるだろうと思う」

そのことばは弁護人を通じて、新聞記者に伝えられ、やがて新聞に発表された。——だがこのことばのなかにひそんでいたと思える彼の憎悪をどれだけの人が理解できたであろうか。孝三郎の軌跡を追うとき、彼は甘えや寛容をあまり見せてはいない。それだけでなく、一途なまでに自分にも、そして他人にも完璧さを要求する。いま判決のとき、彼の屈折したことばとして、〝自分はいけにえにされた〟ということばがでた。自分は身代りになる、その認識は客観的にみてあたっている。身代りになり得た事と思われる――だからそのことこそ、彼の新しい門出の宣言そのものだった。

新しい門出の宣言、それはかつて青年将校を前にして〝天意を与えられた志士の一団〟と遠まわしにベルグソン、ジェームスの生哲学を鼓吹した位置から、さらに登りつめる道をさぐりあてるための布石になったのである。

8 御供

民間側への判決そのものにたいしては、さほどの反響はなかった。いやむしろ批判的な反響はこの期には表にでない時代であった。この判決に批判的であるということは、すなわち軍部への批判を意味する。だから表にでた反響といえば、たとえば海軍側弁護人と陸軍側弁護人の遠慮深い感想であった。海軍側弁護人の塚崎直義は「……いささか失望した。判決理由を聞いていると、唯、客観的に被告等がかかる社会状態である故かかる行為に出たものであることのみ述べている」と言い、陸軍側弁護人の角岡知良は「擬律に疑問が残る。何故反乱罪の適用ができないか」と述べた。だが、どちらの弁護人も奥歯にものがはさまったような発言である。ことに陸軍側の弁護人たちは、この発言のほかに「(民間側の判決は)個人的な見方からすれば非常に重いとの感を深くする」とあくまでも個人的な立場として言うだけであった。この判決が意味したのは、軍服を着て殺人事件を起こしたら軍法会議という〝裁判所で保護〟され、軍服を着ていなければ計画の連絡役をつとめたくらいでも三年六カ月の実刑を科せられるという、軍部の政治勢力の大きさが露骨になったことをはっきりと人々に教えたことであった。

二・二六事件のあとの議会で、政友会の斎藤隆夫は反軍演説を行ない、五・一五事件をつぎのようにいい、満州事変以後の軍部の政治干与を厳しく批判した。この斎藤の考えは、政友会、民政党両党の内部の政党政治擁護を旗印とする派の代表的な見解でもあった。

「……山本検察官の身上には刻一刻と危険が迫る、多数の憲兵を以て検察官の住宅を取巻いて之を保護する、家族一同は遠方に避難する、斯う言う事態の下に於て、裁判の独立、裁判の神聖がどうして推進することが出来るか……」

「……同じ事件に連累して、其の為したる役目は違うと雖も、或る者は一国の総理を殺害したにも拘らず、其の人が軍人であり且つ軍事裁判所に管轄せらるるが為に、比較的軽い刑に処せられ、或る者は僅に発電所に未発の爆弾を投じただけであるにも拘らず、其の人が普通人であり、普通裁判所の管轄に属する者であるが故に、重き刑罰に処せられた……」

こういう事例は、軍部が政治に干与し、いや干与どころか国防が政治に優先するのだという着実な既成事実としてかためられていったというのである。斎藤の指摘は的を射ていた。だが、それは〝すでに遅し〟という感じで受け止められたのでもあった――。

民間側の判決がくだったこの時期に、どうして批判が起こらなかったのだろうか。

昭和八年十二月九日に、陸海軍は唐突に「軍民離間の声明」を当局の談話のかたちで発表している。「近年の軍部批判は軍部と民間の離反を企図するもので無視できない」との内容だった。この声明は陸軍省と海軍省が協議したうえで発表になったもので、その思惑は昭和九年の予算編成を狙って行なわれたと一般には受け止められた。そしてこの声明の背景には五相会議で荒木陸相がいくつかの陸軍当局起案の原案をもちだすが、高橋是清蔵相がこれを論難し、ひとつひとつ葬り去ることへの反感もあった。たとえば軍当局が起案した「皇国国策基本要綱」は軍中心の農村漁村救済案であったが、高橋蔵相が唱える自力更生論に簡単につぶされた。こういう事態は陸軍省幕僚や青年将校たちのあいだで、荒木への評価がしだいに崩れていくことにつながった。また高橋蔵相にたいする憎悪の念も青年将校のあいだにはひろまり、それが二・二六事件での高橋殺害の因にもなった。

とはいえ、昭和九年度予算のなかの農村予算はふくらみつつある軍事予算のために、大きく削減されてしまった。軍部が農村を救うといいながら、その実予算をふくらませるときの常套手段はとどのつまりが農村救済予算の削減であることがなによりも軍部の性格をものがたっている。そしていっぽうでは農村組合や帝国農会などは、五・一五事件の減刑運動を通して軍部との提携を進め、その陳情先もかつての大蔵省や農林省にかわって、荒木陸相へ直接陳情するという、いわば軍部の威を借り、その力で農村予算の獲得をはかっていたのだから、どちらもどちらということができるのであった。だが、農村予算が軍事予算の犠牲になったことは、農民のなかの自覚する部分、あるいは政党政治家のなかの反軍部議員には、恰好の攻撃対象であった。陸海軍省が発表した声明というのは、実はこういうくすぶり始めた軍部攻撃をする者への脅迫でもあった。

しかもこの声明は、五・一五事件の民間側被告への判決のまえにだされているが、こうした軍部の恫喝は、〝なぜ軍人は刑が軽いのか〟という判決への感想そのものを軍民離間の策動にすりかえようとの巧妙な布石だったようにも思える。事実、この裁判の不明さは大きな問題となるわけではなく、立ち消えになってしまったのである。そして、軍部は民間側の被告を〝いけにえ〟にすることで、大きな〝実〟を得た。「国防は政治に優先する」という既成事実、軍人が民間人の上に君臨するという既成事実――。

この軍民離間声明は議会で一応は問題になった。政友会、民政党のなかには、ファッショ排撃、議会政治擁護、政党活動の信用回復などを共通項にして、提携を進めるという打ち合わせがあった。それらはいわば、真の政党政治家であり、この時代にあっては〝良心派〟ともいうべき議員たちである。安藤正純、斎藤隆夫、島田俊雄らだが、彼らのまとめ役になっていたのは中島久萬吉《くまきち》商相である。これらの議員が先頭になって、軍民離間声明を攻撃した。安藤正純は言う。「……多数国民中幾分左様なことをいうものがあっても、国軍の幹部が陸海軍共同して、声明書を出すとは、余りに狼狽した態度である。社会不安の最も大きな理由は、流言蜚語《ひご》の横行である」――。

反軍気勢はしだいに盛りあがった。このころはまだ政治家は鋭い批判を議会でぶつけることはできたのだが、大衆の側は満州事変への素朴な共鳴、五・一五事件の減刑運動など軍部の思惑にまきこまれていたのである。しかも政府がこの反軍攻勢に「軍部をできるだけ刺激しないように……」という警告を発したこともあって、反軍の気勢をあげた政治家はしだいに孤立の様相を深めた。政友会、民政党両党提携の中心にいた中島商相は、数年まえに雑誌に発表した「足利尊氏論」を親軍派の議員や軍部にもちだされ、「中島は怪しからん。朝敵である尊氏を賞めた」というだけの理由で攻撃され失脚させられた。

親軍派の議員や軍部、そして軍部に近い狂信的な右翼団体は、軍を攻撃する者はどんな手段をつかってでも失脚させるという第一弾である。滝川事件、帝人事件、美濃部達吉の天皇機関説と、九年から十年にかけて、その第二弾、第三弾がつぎつぎと放たれていった。そうした火勢は軍部のなかにも燃えあがっていって、あれほど軍部内で衆望を集めていた荒木でさえ、政治の領域で政党政治の常道に従いすぎるということで、青年将校たちの圧力で昭和九年一月には陸相を辞任するしまつであった。

昭和八年五月十七日に記事解禁になってからは、競って五・一五事件に関する著作物が発行されている。それだけではなく、孝三郎の著作、獄中通信の類まで幅広く出版された。事件を扱った著作の大部分は、〝志はわかるが行動は悪い〟しかし〝彼らの志こそ日本人のなかの日本人だ〟という点で共通しているといえようか。これらの著作物はいずれもかなり売れた。それがまた減刑運動の有力な武器にもなった。——昭和八年秋から昭和九年にかけて出版された五・一五事件関係の著作物は二十冊近くもあり、著者は新聞記者、農村運動の指導者らである。しかし軍部に近いと思われる出版社の著作物には、なぜかあまり民間側は触れられていない。陸軍側、海軍側の陳述はかなり意図的に紹介されているが、民間側被告の陳述はとおりいっぺんに記述されているだけだった。

孝三郎の著作物もまた昭和八年、九年に、『農村学（前篇）』を刊行した建設社から数冊たてつづけに刊行されている。

このほか、やはり建設社から『林正三獄中通信』、圀彦やその他の塾生たちが肉親に宛てた『獄中より愛郷塾を想ふ』が刊行されている。

『橘孝三郎獄中通信』のまえがきは、建設社社長の坂上真一郎と橘孝三郎の対話になっている。そこで坂上は獄中通信を出版することに少々抵抗している孝三郎に、「世間では注目しているから……」と説得している。いわば〝橘孝三郎とはどんな人物であり、どんな考えをもち、なぜ五・一五事件に参加したのか〟という世間的な問いが、かなり坂上のところに寄せられているというわけである。

いっぽう、そうした著作物によると、五・一五事件のあと日本村治派同盟の発起人たちは、孝三郎や愛郷塾にさまざまな援助を与えたらしく、下中弥三郎は「愛郷塾生の家族のなかには目下困窮してゐる者が相当あるので、これを救済すべく準備中である」と発言している。愛郷塾への援助は、こうした村治派同盟系の人々や風見章や愛郷塾にさまざまな援助をした斎藤茂一郎らの手で、事件以後もつづけられた。風見は愛郷塾が政治運動に進出するのを忠告しながら、個々の家族や獄中の孝三郎や塾生たちには、差し入れや激励などをつづけた。獄中通信には、風見への感謝が再三再四にわたって語られている。

また判決が言い渡されたあと、愛郷塾には東久邇宮殿下も激励に来たという。当時、東久邇宮は陸軍の参事官であり、陸軍大将であった。

――孝三郎は現在つぎのように話している。

「……徳次郎だけを招んで〝判決はひどい。しっかりやってくれ〟と言った。そんなときも安田銕之助、安田中佐がやってくれたのだ」

安田銕之助中佐は、昭和八年七月の神兵隊事件の資金担当者であった。『木戸幸一日記』によると、安田中佐の逮捕には憲兵司令部も困惑したと記述されている。大正七年に陸大卒業後、参謀本部、陸大教官などを経て、昭和五年に現役を退いてからは、国家主義運動に投じるという経歴をもっていた。少佐当時に井上日召と知り合い、親しくなったという。日召の線から孝三郎や愛郷塾に関心をもったと思われる。このころ、安田中佐は東久邇家の一隅に寄居していたが、神兵隊事件の発覚で重臣の間では、これは好ましい傾向ではないと憂慮の声があがったことをやはり『木戸日記』は伝えている。

上告しないと決めたあと、彼らは刑務所に移された。昭和八年二月九日である。懲役十年以上の者は小菅刑務所に、五年から八年の者は豊多摩刑務所に、それ以下の者は巣鴨刑務所に収容された。そこで独房に収容された。二畳余りの狭い部屋で彼らの人生の何分の一かを過ごすことになったのだ。と同時に彼らは、五・一五事件がなんであるかを獄中で確かめることになったのだ。そのためにまず本を差し入れてもらい、読書が始まり勉強が始まった。そして、ある者は宗教書を読み、読経《どきよう》に明け暮れたり、またある者は農業史を読み、またある者は日本史を学んだ。獄中は彼らにとって〝自己を確認する場〟となった。それが彼らをして、〝真の五・一五事件決行者の位置〟にもっていった。しかし、それに納得できなかった者は改めて自らの生き方を模索し、ちがった人生の道を歩んでいった。

孝三郎にとってもまた〝真の五・一五事件決行者の位置〟の模索がはじまった。彼が他の服役者とちがったのは、生きて帰れるとは思わないということだった。自分の身体の弱いことを知っていたから、〝死〟は充分彼のまえには覚悟のこととして存在した。そのことを覚悟したうえで、彼の〝勉強〟が始まった。かつての一高時代のようにである。獄中になん冊も本を積み読んだ。初めはルヨ・ブレンターノを読み、イギリスの下層労働者、農民の状態を知った。そして、日本農業史を調べつづけた。

だがやがて服役してまもなく、孝三郎は日本の歴史と家族論を中心にとりくみはじめた。〝まごころ〟の対象としての家族、そして農民、日本国民……。自らの思想の基盤に家族を置き、そこから彼の右翼理論家としての出発が始まった。再び〝生きて帰れる〟とは思わずにそれははじまった。

孝三郎の公判が始まってまもなく、孝三郎になんらかの影響を与えた人たち、それら孝三郎より一世代上の人たちにもそれぞれの変容があった。

一高入学時の校長だった新渡戸稲造は孝三郎の公判がはじまったころ、カナダで客死した。太平洋会議に日本側理事長として出席した、その帰りであった。新渡戸は、満州事変をアメリカに説明するのに骨折ったといわれ、それがまた彼の経歴を傷つけ〝変節漢〟と謗る声もあった。太平洋の掛け橋になることを願った彼は、アメリカとの関係を気にしつつ死んだ。

また木下尚江は岡田式静座法の伝導者になってから沈黙を守りつづけた。だが満州事変ののち彼は社会的な発言を志した。それはかつての同志が無産政党の指導者から雪崩を打って国家主義陣営に走った事実を見たからだった。彼は雑誌に原稿を書いた。このころ発表した「神の解放」の冒頭はつぎのようになっている。

「年少の者よ。僕は『神』と云ふ言葉なしには、生きて行かれない男だ。『神』と云ふ言葉に包まれた思想とか感情とか云ふものは、断えず遷り変はる。二十年、三十年、四十年、斯う遡つて考へて見ると、全く似ても似つかぬ姿に成り果てて居る。此の陰影の奥の見えないもの、其れを僕は『神』と呼ぶ」

老社会主義者は、心の奥深くでちろちろと燃える炎を「神」という。木下尚江にあって、その炎はいま再び点火されようとしているのであった。かつて水戸中学時代に木下尚江を通じて知った孝三郎の炎は、大きく揺らぎながらいまやまったく木下尚江とは対置する場所で炎となって燃えあがろうとしているのであった。おなじように、炎を燃やしつづける資質をもちながら、それはまったく交差することのない炎であった。

そしてまた権藤成卿も強まる官治統治に反撥をもちながら、活動をつづけていた。五・一五事件後彼の思想は農民運動に急速に浸透していき、議会への請願文にもその影響が色濃くあらわれていった。だが、彼自身はなかなかペンをとらず、血盟団事件、五・一五事件、二・二六事件のあと初めて彼は『血盟団事件　五・一五事件　二・二六事件　其後に来るもの』を書いた。左翼運動も右翼運動も社会組織に因があるためだとし、明治以来の中央集権国家批判をつづけ、「若し此の漸《すす》み化し移り変る可き順運を壅塞《おうそく》し、阻止すれば、忽ちにして平地に波瀾を起し、乾坤《けんこん》闇黒の時代となるか、否《しか》らざれば陰柔屈縮狡険奸猾の社会相を現はすか、右すれば白、左すれば赤、陰伏陽迫、勢の変ずる所は実に恐る可きである。賢明なる当局諸公は、之に対し如何なる観察を下し、其措置に任じて居る者であらうか」と書いた。

軍部独裁を批判する権藤は、実は昭和十二年一月の浜田国松が寺内寿一陸相へ行なった軍部攻撃の草稿を書いたのだともいわれている。

――そして孝三郎にもっとも影響を与えたと思われるベルグソンは、昭和七年に『道徳と宗教の二源泉』を刊行し、機械文明、物質文明を超克する精神文明への回帰を呼びかけていた。その著作が孝三郎をとらえ、「エラン・ビタル」はその後の彼の著作にも散見されるようになった。

エピローグ

昭和十五年は紀元二千六百年だった。神武天皇が即位した辛酉《しんゆう》を紀元と定めた戦前の国史では、この年がちょうど二千六百年にあたったのである。

五・一五事件から八年、日本の情勢はすっかりかわった。そのかわりようは、新聞を広げてみればわかる。〝広大無辺の皇国〟とか〝昭和維新の大業の一助〟という言葉が、紙面には日常用語として使われていた。こうした言葉は、五・一五事件のころは、青年将校と民間右翼の間でしか認知されていなかった語であったが、このころにはすでになじみのある国民用語となっていた。それだけでなく、この昭和十五年にはぞくぞくと新しい用語も誕生した。「新体制運動」「八紘一宇」「一億一心」「枢軸」……。

すでに昭和十二年には日中戦争が宣戦布告もなしに、日本の武力侵略というかたちで進んでいた。ヨーロッパでは、ドイツがフランスに侵略し、イギリスは孤立していた。こういう世界情勢のなかで、陸軍は日独伊枢軸を主張し、昭和十五年の九月には三国同盟がベルリンで調印された。国民精神総動員本部ができ、戦時食糧報国運動が実施され、週一日の節米デーが行なわれた。鬱積した庶民感情は押しつけられた〝非常時〟という言葉のなかでより強く閉塞した時代であることを知らなければならなかった。桐生悠々はささやかに個人雑誌「他山の石」を発行していたが、彼はこういう時代を「……見てはならない、聞いてはならない、喋舌つてはならない『死の世界』に棲まされている」と言ったが、それは悠々だけでなく、誰もが感じる実感となっていた。

事件から八年の間に、内閣は九回も代わり、そのたびに政党と軍部との力関係が開いていき、政党はすでに声をだせなくなっていて、かわって重臣と軍部との対立がつづいていた。ファッショ平沼といわれた人物が、前年には内閣を組閣する時代である。ファッショ、日本主義者というレッテルが、むしろ国内では不利に機能するのではなく、有効に機能するほどの時代に変わっていた。

この年の十月には、第二次近衛内閣が誕生した。組閣するまえから新体制運動を唱えていた彼は、軍部には国民に人気のある首相として、国民からは軍部に抗しうる首相として、背反する期待をにないながら最後の切り札として登場したのだ。近衛内閣ができると、各政党は競って近衛の唱えていた新国民組織としての大政翼賛会に代わった。バスに乗りおくれるな——が流行語となって、この様子が国民に伝わった。近衛自身の背後には昭和研究会があり、新体制をつくって軍部を牽制し、あわよくば軍部は満州国の共和会のような組織にして、日中戦争に当たろうとしていた。近衛内閣の背後にはさまざまな層のさまざまな思惑が重なっていたのだ。

風見章は第一次近衛内閣でいきなり書記官長に抜擢されたが、その後は近衛の側近として政治活動をつづけていた。この第二次近衛内閣にも法相として入閣していた。風見が抜擢されたのは、政界どころか本人をも驚かせたが、それは近衛が昭和六年に森恪から、〝有望な新人〟と言われてずっと注目していたためだった。そういう風見のところには、獄中の孝三郎からなんどか上申書や書き物が届いた。たとえばそれは「支那建設案大綱」「日本皇道国体本義」などとなっていたが、風見がそれをどう処理したかはわからない。

近衛は第一次近衛内閣を組閣したときから、二・二六事件の真崎甚三郎に同情し、積極的に大赦を考えていた。この大赦には、もちろん五・一五事件の被告もはいっていたが、閣議では平沼系の大臣からの同調も得た。それに陸軍部内の圧力もあったであろうが、しかし近衛自身が皇道派に関心をもっていたためというのがもっとも大きな理由だった。この大赦計画には元老、宮中筋から反対があり、なかでも西園寺は「近衛はこれでは傀儡に終わってしまう」とさえ言った。結局、恩赦だけが行なわれた。

だが昭和十五年には、紀元二千六百年を祝してということで、大幅な減刑が行なわれた。米内《よない》内閣のもとで行なわれたこの恩赦で、血盟団、五・一五事件、二・二六事件の被告たちの刑は大きく軽減された。翌年に始まる太平洋戦争をまえに、たしかにこの年は日本も転回点をむかえていたのだ。ここにいきつくまでの数々の事件の清算が行なわれていたともいえる。井上日召、橘孝三郎が仮釈放になった一カ月後には、最後の元老西園寺公望が死んだ。九十二歳だった。この死は、そうした転回点のなによりの象徴であった。

昭和十五年十月十九日付の東京朝日新聞第二面に小さな記事が掲載されている。「橘氏ら出所」という見出しで、「小菅刑務所で服役中だつた五・一五事件の元愛郷塾塾頭橘孝三郎（四八）及び血盟団事件の盟主日召こと井上日召（五二）の両氏は十七日午前九時仮釈放となり出所した」と報じられた。注意しなければわからないほどの扱いであった。孝三郎は服役後三回目の刑期変更通知を受け、懲役十一年三カ月に短縮され、二千六百年の大詔渙発《たいしょうかんぱつ》で仮釈放が決まったのであった。

孝三郎が仮釈放になったとき、すでに塾生は出所していた。しかも彼らは復権令によって、五・一五事件の被告としての立場から一市民にもどっていた。杉浦や横須賀、大貫らは風見の紹介で満州に行き、共和会の一員となっていた。共和会が建国当時にもっていた〝理想主義的な断面〟は、まったく削られ、いまでは統制派の押さえるところになっていたが、彼らはそこで職員となって働いた。しだいに有力な幹部となり、戦争末期にはある省の副省長にまでなった者もいた。それも〝五・一五事件〟のためといわれていた。正三は愛郷塾で、大政翼賛会の茨城版をつくるために、塾を解散し、新体制運動樹立に力をいれていた。圀彦は判決宣告一週間後に、花井忠、風見章の媒妁で獄中結婚し、出所したら結婚生活にはいることになっていたが、昭和十一年三月に豊多摩刑務所で病死した。塙は出獄後、八溝山にひとりではいり、一年にわたって座禅を組み、経文を読みふけった。そして法華経を唱した。

孝三郎は獄中で、自ら名づけた「恐寒病」に罹っていた。底冷えのする寒さが身体をとらえ、全身をずきんずきんとうつのであった。一千冊近い書物を読み、知識を体系化しようとしていた身にその痛さはこたえた。出獄して愛郷塾に帰ると、彼はこんどは国士型の農民ではなく、皇国農民魂をもった農民を養成しようと正三と話し合っている。仮釈放になったとき、新聞記者に「今私は昭和皇道と維新の国史未曾有の否世界史未曾有の大革新の渦巻の只中に自らを見出さなければならぬ。ただ天皇道にささげきつて……」と言ったが、皇国農民魂の農民というのは、その宣言の実践であった。農民が「義農」であることを要求されていたこのころに、〝義と情に富み、不平を言わず働き、よいと思ったことを断行する気概をもち、増産につとめる〟という義農像は、孝三郎の考えとまた合致したのであった。

孝三郎は獄中で霊示を受けていた。独房の中で、彼は夢を見た。その夢にあらわれたのは明治天皇であった。その夢がまたしだいに彼をとらえるようになった。彼が自らの転回点に立ったとき、あらわれる霊示――それがまた彼をとらえたのだった。彼がいきついた先は天皇道を書きあげることである、というのであった。仮釈放はそのために、天が与えた機会だというのであった。

この夢を見てから、彼はそれまでの思想の層のいくつかを捨てた。のこったのはベルグソンに代表される生哲学であった。ベルグソンのいうエラン・ビタルこそ皇道哲学の入門であるとした。彼は獄中でこの夢によって再び転生したのだった。そのための読書と著述が彼のこの先の仕事であるとした。ときおり、西洋文明の超克を呼びかける講演を行なうほかは、彼はひたすら天皇道の著述に明け暮れた。

それは直接には兄弟村、愛郷会の道とはちがっていたが、彼のいうまごころが、いきついた先であった。五・一五事件では海軍の士官たちが、「天皇」による赤子観《せきしかん》を叫んだとき、彼はそれとはちがった地点に立っていた。五・一五事件がなんであったのか、というのは、孝三郎にとっては獄中からの霊示によって明らかになったというのであった。彼は出獄して自らの立場をしだいに確認していった。

彼の求めていた〝まごころ〟と〝愛〟は、いま、具体的なイメージとして「天皇」に定着したのであった。

そこからまた孝三郎の時間をかけての著述活動がはじまった。

あとがき

五・一五事件から一年後、この事件に関する著作が数多く出版された。その内容は大同小異であるけれども、軍部への同情が集まるように巧妙に書かれていることは否定できない。逆に二・二六事件は事件直後ほとんどといっていいくらい著作は刊行されていない。かわって戦後二・二六事件はあらゆる視点から調べられ書かれている。ところが、戦後五・一五事件の著作はまったくない。また、このふたつの事件をよくみると、人びとの同情の集まり具合もみごとに分かれていることに気づく。五・一五事件では決行者に同情が集まった。ところが二・二六事件では決起した兵士によって殺された警官に同情が集まり寄金も相次いだという。

このふたつの事実は事件の内容をあらわしたのではなく、むしろ事件を受けとめる側の推移をあらわしていると考えることができるだろう。乱暴にいえば、もし五・一五事件で決行者にではなく、犬養首相や射たれた警官や新聞記者にもっと同情が集まっていたなら、二・二六事件は起きなかったといえるのかもしれない。

今日、五・一五事件は昭和の軍国主義の幕明けになり、それが日本ファシズムの導火線になったとされている。こうした見方に私はとりたてて異論をもっているわけではない。そのような指摘は事件の本質をとらえているとは思う。だが、この事件が内容は単なるテロ事件にすぎなかったのに、なぜあれほどの人びとが法廷に駆けつけたのかということはいまはあまり具体的に検証されていない。学問としての歴史上の史実「五・一五事件」はともかくとして、そこに動いた人間のさまざまな姿は、わたしたちに教えることが多いと思う。

なかでもわたしは陸軍側の判決言い渡しの日に、ひとりの婦人が「裁判長さま、どうぞこの若い青年たちに温かい判決を……」と訴えた事実、新潟県の農民が小指を切り落として減刑嘆願をした事実を充分考えなければならないと思う。この婦人や農民に象徴される〝大衆の一面的な情緒〟を考えなければならないと思う。そして、実はこの〝婦人や農民〟の考え方や具体的に生きた軌跡が、わたしたちに五・一五事件の意味を語り継ぐのではなかろうかと思えるのだ。

この婦人や農民は肉親が戦争で死んだり、あるいは戦争の犠牲になったという経験をもち、そしてもし四十年後のいま生存しているとして、五・一五事件での自らの行為をどう考えているか、本当はこれを知りたいと思う。このことが学問としての歴史ではなく、人間として生きるひとりひとりが汲みとらなければならない歴史の重みであると思うからだ。

わたしは五・一五事件を調べていて、わたしの世代とそれ以前の世代には多くのちがいがあり、一方でまた幾つかの共通点をもっていることを知った。わたしは昭和二十一年に小学校に入学したのだが、そのとき時代はたしかにかわっていた。そういうかわり目のなかで小学校四年生のときにはまだ「陸軍大将になりたい」と言って、教師に殴られていた生徒もいたし、復員してきた教師は生徒に自習をさせてはひとりで教室で泣いていることがあった。そういうひとりひとりの歴史を生きる重さが、なぜわたしたちの世代に充分に伝わらないのか、なぜ伝えないのかとわたしは不思議に思った時代があった。

「君たちは本当にいい時代に生きている」と教師は言い、わたしの周囲も言った。そしてわたしもまたそう思う。だからこそ、その時代と極にあった時代を知っておかなければならないと思う。そういう一連の考えのなかで、わたしは五・一五事件を調べ書いた。できるだけ事実関係の集積につとめ、この事件について、〝客観的〟に書いたつもりである。歴史のひとこまとしての〝客体化した事実〟に実は時代を越えて普遍するものが多いと思ったからだった。

さて、本書を書きながら、わたしにはいまの時代風潮のなかに明らかに暴力への志向がまったく新しい世代にでているように思えた。つきなみなことだが、わたしはわたしの生きた時代（それは戦後民主主義ということだが）の価値観に束縛されているし、そこから踏みだす考えはないのだが、そのような目でみるとこの新しい世代の人たちは結局暴力の底位をなす憎悪にとらわれているように思える。それはまたなんの意味ももたないのではないかと考えられてならない。そういう人たちが、現代史をできるだけ調べ、その愚を知るべきだろうとも思う。

本書ができあがるまで、多くの人の協力をいただいた。昨年春に橘孝三郎氏に唐突に手紙をだし、五・一五事件について知りたいという申し出につごう二十時間ほどの時間をさいてもらった。氏は老齢にもかかわらず話は一貫していて、細部についてもかなり正確に記憶していることには驚かされた。それと塙三郎（五百枝）氏にも資料や当時の事実について、いろいろと語ってもらい、後藤信彦氏にもとくに愛郷会の初期のころを教えていただいた。改めて謝意を表したい。なかんずく、考え方の相違は別にして客観的な事実の集積をしたいというわたしの申し出に多くの話を聞かせてくれた塙氏には感謝のことばもない。

さらにかつて愛郷塾の塾生だった人たちにも取材に応じていただいた。感謝したい。その他茨城県立図書館、いはらき新聞社など取材のため、突然訪れたわたしにいろいろ話を聞かせてくれたうえに、資料の存在を教えてくれた人びとにも謝意を表したい。また、草思社の加瀬昌男氏にも改めてお礼を言いたい。

昭和四十八年十一月下旬

保阪正康

文庫版あとがき

本書を著してから四十五年が過ぎている。一九七三年から二〇一九年までの現在、私は著述業に列する形で生活を続行してきた。七十九歳の今から振り返れば、三十三歳のときに本書を執筆したことになるが、改めてこの書に目を通してみれば、かつての「私」がそこかしこにいることに気づく。

たとえば私は、この書を著すために当時水戸に住んでいた愛郷塾の塾頭だった橘孝三郎氏のもとに月に一回から二回、一年半余にわたって通い、話を聞いた。どうして私が橘に会うことができたかということになるが、私は、五・一五事件の檄文に目を通したときにその末尾にあった「農民同志」という一語に関心をもったからだった。農民同志とはどのような人たちを指すのだろうか。私は当時の史料などを調べて、農民同志とは水戸にある農本主義団体の愛郷塾だということがわかった。この団体の指導者だった橘孝三郎氏宛てに、唐突に取材申し込みの手紙を書いたのである。

当時の橘氏は右翼の大物とされていて、私はまったくとくべつの予備知識もないままにとにかく、「大正時代にトルストイアンであった先生がなぜ昭和に入ってこの事件に参加したのですか。そのころの心情を知りたいのですが……」との手紙を送ったのである。まもなく返事が届いた。四百字詰め原稿用紙の中央に、二文字「諒解」とあった。それ以外は何も書いてなかった。私はとにかく橘氏のもとを訪ね、そこで塙三郎氏（橘氏の女婿）と会い、それから前述のように取材を続けることになったのである。

余人を交えずに二人だけの取材であった。それは学問上の学びにも似ていた。五・一五事件に連座したことはともかく、私は橘氏の人間的な魅力に会うたびに魅かれた。私は氏から個人教授を受けているようでもあった。とにかく私の疑問に思っていることに的確に答えてくれるからであった。「君は古典を読んでいるかね」と尋ねられたときに、それほど手にとっていなかったのでその旨を正直に答えた。すると、ベルグソンを読め、デカルトを丹念に読め、ショーペンハウエルは手にしてもいいが詳細に読むことはないと助言してくれるのであった。正直にいうが、私は、橘孝三郎という「人間」に多くのことを教わったし、そして密かに畏敬の人と名づけているのである。

もとよりそれは五・一五事件を肯定し、讃美することではない。私は、橘氏を五・一五事件と切りはなしてみているのである。

私が、五・一五事件に至るまでの橘孝三郎と愛郷塾の軌跡について質問を続けているうちに、ときに橘氏は、「君の質問内容はあまりにも戦後民主主義に毒されている」と顔をしかめ、それでも丹念に答えてくれた。私は大体午後一時から話を聞き、午後四時ごろになると橘氏は、「今日はこれで終わり。帰りたまえ」と促した。私は、橘氏の家から国道に向かって歩いていくときに、何人かの青年たちと、ときには壮士風の人たちとすれ違うこともあった。俗な言い方になるが、民族運動や農本主義運動に携わっている人たちであったのだろう。私は知っている人もなく、すれ違うだけであった。のちに橘氏は、「私のもとにも理論の勉強に来ている志のある者もいる」と洩らしていたが、そのような人たちは運動にもかかわっているようでもあった。

橘氏は、そのような人たちをただの一人も私に紹介しなかった。私も紹介してほしいと頼んだことはなかったのである。そこに橘氏らしい配慮があり、私はそのような心づかいこそ、氏の世で生きているときの処し方だということを理解したのであった。

くり返すことになるが、本書が文庫版になるにあたって、大正時代、昭和前期に身を置いた橘孝三郎のその思想や生き方を改めて歴史のなかに刻みこんでおきたいと思う。橘氏を日本型ファシズムの一典型とみる論に、私は抵抗を感じているが、橘孝三郎という農本主義者は基本的には、近代日本の農村共同体の申し子であり、その共同体の理念や生活規範を守ろうとした思想家だったと定義していいのではないかと思う。さらに大正時代の近代日本が大衆社会を生みだしていくときに、その社会が資本制のもつ非人間的側面によって人格崩壊が起こるだろうとも橘氏は予想していたのである。

農村共同体の農民ひとりひとりが、農業のもつ神秘性に目ざめ、そこに自らの精神的な拠り所を求めることが人間本来の生の姿である、と橘氏は主張しつづけた。それなのに昭和に入って、なぜ軍事的テロでもあった五・一五事件に加わったのか、それこそがもっとも重い問いかけであると私は考えているが、その問いは今なお私自身が抱いている。本書を改めて読み直してみてなおのことその感が強まってきたことも告白しておかなければならない。

本書の文庫化にあたって、誤字、脱字や一部表現の不鮮明な部分は手直ししたが、その論点や記述の手法などは一切変えていない。もとより現在の私からみれば、四十五年も前の自らの思想や思考の枠組みをそのまま受け継いでいるというわけではない。本書には、生硬の戦後民主主義的表現が幾つかあるのだが、あえてそのような表現もそのまま生かしている。なぜなら、私自身そういう表現にこだわったときがあったということを自らも強く認識しているからである。

この五・一五事件の内容についても、その後幾つかの史料類が発見された。たとえば二〇一〇年ごろであったが、一九四〇年、小菅刑務所で服役中だった橘氏は、近衛文麿内閣にあてた上申書を書いている。しかし基本的に私の解釈には変更を加える必要がないとも考えた。そのことを読者諸氏には理解してもらいたい。

本書は私にとって二冊目の単行本であった。その書を当時草創期であった草思社から刊行してもらった。当時の加瀬昌男社長を始め、編集部の人たちに協力をいただいた。この社書のあとはほとんど交流がなくなったが、往時の同社の空気は活気に満ちていて、この社と関わりをもっていた著作者の方々との交流ができたことも私にとってその後の財産となった。この点は感謝しなければならない。

本書を刊行してまもなくの一九七四年（昭和四十九年）三月三十日に、橘氏は八十一歳の人生を閉じた。最晩年に一年余にわたって直接に話を聞けたことに、私は感謝している。その後多くの人に会って話を聞いてきたが、橘氏から発せられた時代と向きあったときの懊悩《おうのう》の言ほど深い意味をもつ言はなかったとの思いがしてならない。

本書が改めて文庫化されたのは、筑摩書房文庫編集部の青木真次氏の尽力による。緻密に本書の内容や表現を再チェックしてもらったが、その正確な仕事ぶりに敬意を表したい。また「解説」を寄せていただいた長山靖生氏、ありがとうございました。

平成三十一年（二〇一九年）三月

保阪正康

参考文献

〔事件関係〕
▽『皇道政治樹立を謀る「五・一五」の全貌と解説』忠誠堂編集部編、昭和八年、忠誠堂 ▽『五・一五事件と愛郷塾の全貌』昆貞、昭和八年、高瀬書房 ▽『五・一五事件の真相』津田光造、昭和八年、軍事教育社 ▽『五・一五事件の真相』昭和八年、警察思潮社 ▽『血で描いた五・一五事件の真相』関東朝日新聞社編、昭和八年、共同館 ▽『五・一五と血盟団』富岡福寿郎、昭和八年、水戸弘文社 ▽『五・一五事件の人々と獄中の手記』雑誌「日の出」昭和八年十一月号附録、新潮社 ▽『造化の秘鍵・五・一五事件の弁論』清瀬一郎、昭和八年、日本講演通信社 ▽『五・一五事件背後の思想』伊福部隆輝、昭和八年、明治図書出版協会
〔橘孝三郎著作物〕
▽『農業本質論』昭和七年、建設社 ▽『農村学（前篇）』昭和六年、建設社 ▽『土の日本』昭和九年、建設社 ▽『家族的独立小農法』昭和九年、建設社 ▽『橘孝三郎獄中通信』昭和九年、建設社 ▽『皇道国家農本建国論』昭和十年、建設社 ▽『大東亜戦の本質』昭和十八年、水戸愛郷塾
〔愛郷塾〕

▽『本県農村副業案』昭和四年、茨城農工銀行 ▽『農村青年に檄す』(パンフレット)昭和六年 ▽「愛郷塾生と農村問題を語る座談会」「文藝春秋」昭和七年九月号 ▽『林正三獄中通信』昭和九年、建設社 ▽『獄中より愛郷塾を想ふ』昭和九年、建設社 ▽『後藤圀彦を偲ぶ』昭和四十三年 ▽「農村研究」愛郷会機関誌

〔茨城県の農業関係と県の状況〕

▽『茨城人名辞書』水戸弘文社、昭和五年 ▽『茨城県農業史』(第三巻)県農業史研究会編、昭和四十三年、茨城県農業史編さん会 ▽『茨城県農業史年表』茨城県農林部農業組織課、昭和三十四年 ▽『茨城県議会』(第四巻)昭和七年通常県会速記録 ▽『茨城県産業組合裏面史』砂押重達、昭和四十七年 ▽『綜合郷土研究』茨城県師範学校、昭和十四年、茨城県発行 ▽『明治大正の水戸を行く』いはらき新聞社、昭和三十四年 ▽『茨城の明治百年』毎日新聞社水戸支局、昭和四十三年

〔農業関係〕

▽『日本農業年報』日本農業研究会編、第一輯から第四輯まで(昭和七年、八年)、改造社 ▽『日本農民運動史』稲岡進、昭和二十九年、青木書店 ▽『日本近代農業史年表』川崎甫、昭和三十四年、明文堂 ▽『日本資本主義と農業』東畑精一、宇野弘蔵、昭和三十四年、岩波書店

〔その他〕

▽『社会運動の状況』(内務省警保局編)昭和七年、昭和八年、昭和十五年 ▽『昭和七年史』三宅雄二郎、安部磯雄監修、昭和八年、年史刊行会 ▽『出版警察法』七七号、昭

和十年 ▽『森恪』山浦貫一、昭和十五年、森恪伝記編纂会 ▽『昭和政治経済史』池田健、昭和二十二年、国民教育図書 ▽『平和と自由への驀進』馬場恒吾、昭和二十三年、高山書院 ▽『岡田啓介回顧録』、昭和二十五年、毎日新聞社 ▽『近衛内閣』風見章、昭和二十六年、日本出版協同社 ▽『西園寺公と政局』原田熊雄述、昭和二十六年、岩波書店 ▽『軍閥興亡史』伊藤正徳、昭和三十二年、文藝春秋新社 ▽『検察官生活の回想』木内曾益、昭和三十年 ▽『現代史資料、国家主義運動㈠、㈡』昭和三十八・三十九年、みすず書房 ▽『私の昭和史』末松太平、昭和三十八年、みすず書房 ▽「現代史資料月報」昭和三十九年、みすず書房 ▽『政界五十年の舞台裏』木舎幾三郎、昭和四十年、政界往来社 ▽『木戸幸一日記』昭和四十一年、東大出版会 ▽『秘録日本の百年（下）』木下宗一、昭和四十二年、人物往来社 ▽『昭和思想史への証言』昭和四十三年、毎日新聞社 ▽『ドキュメント日本人』昭和四十四年、学芸書林 ▽『昭和の軍閥』高橋正衛、昭和四十四年、中央公論社 ▽『宰相近衛文麿の生涯』有馬頼義、昭和四十五年、講談社 ▽『北一輝』（増補）田中惣五郎、昭和四十六年、三一書房 ▽『日本の農本主義』綱沢満昭、昭和四十六年、紀伊國屋書店 ▽『権藤成卿』滝沢誠、昭和四十六年、紀伊國屋書店 ▽『二・二六事件への挽歌』大蔵栄一、昭和四十六年、読売新聞社 ▽『近衛文麿』岡義武、昭和四十七年、岩波書店 ▽『橘孝三郎』松沢哲成、昭和四十七年、三一書房 ▽『昭和の原点』横地尚、昭和四十六年、行政通信社 ▽『昭和軍閥の時代（日本ファシズムの形成過程）』前島省三、昭和四十九年、ミネルヴァ書房 ▽『桐生悠々反軍論集』大田雅夫編、昭和四十四年、新泉社 ▽『昭和八年に於ける社会運動の情勢』（財）協調

会発行　▽斎藤実のメモ帖と書簡（国会図書館憲政資料室所蔵）

〔雑誌〕

▽「婦人之国」（大正十四年七月号）▽「改造」、「人の噂」、「中央公論」、「文藝春秋」、「セルパン」、「日本評論」の昭和八年の各号　▽「週刊サンケイ」（昭和二十八年五月）▽「週刊読売」（昭和二十九年五月）▽「週刊東京」（昭和三十一年五月）▽「知性」（昭和三十一年十二月号）▽「日本週報」昭和三十四年臨時増刊号　▽「思想の科学」（昭和四十五年）▽「土とま心」（昭和四十八年夏季号）橘学会

このほか、東京朝日新聞といはらき新聞の昭和七年五月から昭和九年二月までの新聞記事も参考にしている。

解説　昭和史にささる棘

長山靖生

保阪正康氏は昭和史を中心に、近代日本史のさまざまな局面を描いてきた。当事者の証言などをも得《え》ながら、いわば関係者の心の内側まで掘り下げる手法にはいつも感服するが、本書はそんな氏の初期の代表作のひとつだ。本書の中心となっているのは、水戸に生まれた農本主義者の橘孝三郎である。

水戸人、という言葉がある。現在の茨城県水戸市の市民というより、旧水戸藩領の気風を残す人というニュアンスが強い。その水戸人の心にささった棘《とげ》のような事件が二つある。ひとつは幕末に起きた桜田門外の変であり、もうひとつは昭和八年の五・一五事件。いずれも水戸人が起こしたとみなされた事件であり、ある種の論理性に出発しながら次第に行動が過激化して要人暗殺という事態に至り、時代の転換点となった。しかもそうして訪れた新しい局面は、彼ら自身が望んでいたものとは異なっていることも、二つの事件に共通している。

五・一五事件を主導したのは一部の海軍将校だったが、橘孝三郎は農本思想家としての知名度や著作のせいもあって首謀者と目された。裁判では犬養毅首相を射殺した青年将校が禁錮十五年とされたのに対して、橘孝三郎は無期懲役の判決を受けている（昭和十五年に恩赦）。そんな橘孝三郎に対する水戸人の気持ちは複雑だ。私は子供の頃、一度だけ橘孝三郎を見たことがある。曾祖父の法事で見かけたその人を指して、父は「あれが橘先生だ」と教えてくれた。しかし当時の私はその人を知らず、姿もよく記憶していない。それでも、敬うような畏れるような忌むような父の口調だけは今もよく覚えている。

孝三郎は生まれながらの農民ではなかった。それが彼を古くからの農村共同体の秩序を守るのではなく、理想主義的な農本思想——ベルグソン流にいえばエラン・ビタル（生命の跳躍）へと向かわせたのかもしれない。水戸市内の富裕な商家に生まれた彼は、旧制水戸中学から東京の第一高等学校に進学。哲学を志し、当時のインテリ学生らしくデカルト、カント、ショーペンハウエルを耽読し、やがてウィリアム・ジェームスやベルグソンに傾倒することになる。またトルストイにも感銘を受けた。哲学的な懊悩から学業半ばで帰郷した孝三郎が農業をはじめたのは、生活のためではなく、トルストイ流の理想的な人間主義の思想を実践したいという思いからだった。

「人はパンのみにて生きるにあらず」という時、人はしばしば土を耕すことの尊さを忘れる。農村で生きるということは、ただ食うために働くだけではなく、人間の根幹を支える最も大切な、本来の務めを果たしているのだという誇りと思想をもって生きることであるはずだ。そう考える孝三郎は、農村生活に文化や芸術を持ち込みもした。彼の初期の活動は、武者小路実篤の「新しい村」とならび称されることもあった。

彼のもとには、篤農家や向上心のある農村青年が集まってくるようになる。孝三郎の側は、理論はさておき実践的な農業には不慣れだったために彼らから学ぶことも多く、両者の互助的関係から次第に愛郷会の組織が立ち上がってくる。

保阪氏は多くの関係者に取材し、また膨大な資料を駆使して、当時の社会情勢、軍部の動向、労働運動、農村が置かれていた実情、井上日召が指導した血盟団の動向など、五・一五事件に至る背景と事件の全容を描き出している。なかでも重要なのは、橘孝三郎本人に対する長時間に及ぶインタビューだろう。著者は五・一五事件に対する評価はさておき、橘孝三郎の「人間」に惹かれ、畏敬の念すら覚えると告白している。これは私も、孝三郎と直接接したことのある水戸人からしばしば耳にした言葉だ。

事件発生後の裁判で、実行犯だった塾生たちは、事件参加は塾生の意思であり、橘塾長はむしろ塾生に引っ張られたのだと盛んに陳述した。弁護士は、この事件の主体は一部海軍将校であり、あくまで軍人主導、民間側幇助を唱えようとした（そしてそれは事実だった）が、孝三郎は頑なに自分の責任だとした。法廷テクニックを考慮しない姿勢もまた、彼の人間性をよくあらわしているだろう。

保阪氏は三島由紀夫の死に衝撃を受けて、昭和八年に起きた「死なう団事件」を調べることになるのだが、そんな氏にとって、橘孝三郎と愛郷塾の関係は、三島と盾の会のそれに似たところがあったのかもしれない。志を同じくする者たちが集まり、気持ちが純化してゆくうちに、思わぬ地点にまで踏み出してしまう。そこには宗教的な香りさえ漂う。

実際、本書でもしばしば繰り返し述べられているように、孝三郎はクリスチャンではなかったものの、その思想にはキリスト教的な理想主義が感じられる。あるいはロマン主義的といってもいいのかもしれない。

めざめよ　みたまに　かへれよ　土に
われらがよるべ　われらがしるべ
わがふるさと　わがふるさと

橘孝三郎による「愛郷道歌」はまるで讃美歌のようだ。

平穏な日常の努力を重んじ、農村改良運動でも政治運動は有害無益だとする純粋主義の立場を取った彼の思想は、周囲には時に微温的で迂遠と見えこそすれ、決して革命的とは映らなかったはずだ。孝三郎は末端での労使対立よりも都市と農村にみられる構造的搾取に注目し、農村に暮らす弱小地主と小作人は協力して都市の大資本に対抗すべきだと考えていた。選挙制度にも批判的だったが、民主制に反対してのことではなく、党派を立てて選挙で争う対立的手段は民意を汲み取るのに適さず、国民の代表も人物本位で選ばれるべきだと考えてのことだった。唯物論に対する彼の距離感も、それが経済効率優先の思想である点では資本主義と変わらないことに由来していた。彼本来の思想は、ある意味で究極の平和主義、対話主義であって、ファッショではなかったのだが、混同される要素はあっただろう。

それでも五・一五事件で愛郷塾のメンバーが直接手を染めたのは、東京に送電している変電所を爆破するという行為だけだった。これは事件への参加を求められた孝三郎の側から提案した作戦である。海軍将校側からは新聞社や放送局の襲撃を求められたが、孝三郎は変電所に固執した。あるいはそれは、事件計画に関わってしまった彼に出来るぎりぎりの平和的選択だったのかもしれない。

本書のなかで橘孝三郎は「そうだ、東京を暗くするんだ。二時間か三時間、暗くするのだ。そうすれば人びとは考えるかもしれん。〝自分たちが当たり前と思っていることが、実は当たり前ではない〟ということを考えるかもしれん」と語っている。あまりにナイーブな発想に啞然とするが、それだけにこの人物の人柄がますます気になる。なお、この頃の疲弊した地方都市では電気を止められている家も少なくなく、文字通り街の灯が消えていたし、まだ電気を引いていない農家さえあった。そんな現実が農村にはあったのである。孝三郎の発想は、そんな困窮生活者の心情に寄り添うものであったことも考えねばならないと思う。もちろんそれは彼が正しかったことを意味はしない。それでも情緒において何か感ずる人は今も少なくないだろう。

変電所爆破で思い出す最近の物語がある。二〇一六年に公開されて大ヒットした新海誠監督のアニメ映画『君の名は。』だ。山間部の町に彗星の破片が落下する危機が迫っていることを知った高校生たちは、町中の明かりを消して住民たちに危急の事態を知らせようとする。彼らのお陰で人命は救われるのだが、けっきょく町は落下時の衝撃で破壊されたまま衰亡してしまう。それが美しくとも過疎が進んだ地域の運命なのかもしれない。ちなみに主人公の名前は立花瀧だ。

知的にも人間的にも優れた人物でも、時代の行き詰まりと、置かれた立場によっては、蛮行に踏み出してしまうことがあるのだと、本書は教えてくれる。これは経済格差拡大や地域格差、さらには老朽化が進むインフラや国際競争力の低下など、多くの問題を抱えて先行きに不安のある現代日本を生きる私たちにとっても、しっかり嚙み締め、肝に銘じなければならない教訓だ。

（ながやま・やすお　評論家）

本書は、一九七四年一月に草思社より刊行され、
二〇〇九年七月に中公文庫に収録されました。

現代語訳 舞姫 森鷗外 井上靖訳

古典となりつつある鷗外の名作を井上靖の現代語訳で読む。無理なく作品を味わうための語注・資料を付す。原文も掲載。監修＝山崎一穎

こころ 夏目漱石

友を死に追いやった「罪の意識」によって、ついには人間不信にいたる悲惨な心の暗部を描いた傑作。詳しく利用しやすい語注付。（小森陽一）

英語で読む 銀河鉄道の夜（対訳版） 宮沢賢治 ロジャー・パルバース訳

“Night On The Milky Way Train”（銀河鉄道の夜）賢治文学の名篇が香り高い訳で生まれかわる。文庫オリジナル。井上ひさし氏推薦。（高橋康也）

百人一首 鈴木日出男

王朝和歌の精髄、百人一首を第一人者が易しく解説。現代語訳、鑑賞、作者紹介、語句・技法を見開きにコンパクトにまとめた最良の入門書。

今昔物語 福永武彦訳

平安末期に成り、庶民の喜びと悲しみを今に伝える今昔物語。訳者自身が選んだ155篇の物語は名訳を得て、より身近に蘇る。（池上洵一）

私の「漱石」と「龍之介」 内田百閒

師・漱石を敬愛してやまない百閒が、おりにふれて綴った師の行動と面影とエピソード。さらに同門の友、芥川との交遊を収める。（武藤康史）

阿房列車 ――内田百閒集成1 内田百閒

「なんにも用事がないけれど、汽車に乗って大阪へ行って来ようと思う」。上質のユーモアに包まれた、紀行文学の傑作。（和田忠彦）

教科書で読む名作 夏の花ほか 戦争文学 原民喜ほか

表題作のほか、審判（武田泰淳）／夏の葬列（山川方夫）／夜（三木卓）など収録。高校国語教科書に準じた傍注や図版付き。併せて読みたい名評論も。

名短篇、ここにあり 北村薫 宮部みゆき編

読み巧者の二人の議論沸騰し、選びぬかれたお薦め小説12篇。となりの宇宙人／冷たい仕事／隠し芸の男／少女架刑／あしたの夕刊／網／誤訳ほか。

猫の文学館Ⅰ 和田博文編

寺田寅彦、内田百閒、太宰治、向田邦子……いつの時代も、作家たちは猫が大好きだった。猫の気まぐれに振り回されている猫好きに捧げる47篇‼

ちくま文庫

五《ご》・一五《いちご》事件《じけん》　橘《たちばな》孝三郎《こうざぶろう》と愛郷塾《あいきょうじゅく》の軌跡《きせき》

二〇一九年四月十日　第一刷発行

著　者　保阪正康（ほさか・まさやす）

発行者　喜入冬子
発行所　株式会社　筑摩書房
東京都台東区蔵前二―五―三　〒一一一―八七五五
電話番号　〇三―五六八七―二六〇一（代表）
装幀者　安野光雅
印刷所　株式会社精興社
製本所　加藤製本株式会社

ISBN978-4-480-43587-3　C0121